经济学科的方法论探索

流行范式批判

经济学的庸俗化取向

朱富强◎著

THE
CRITIQUE
OF
CONVENTIONAL
PARADIGMS

The Trend of
Vulgarization in
Economics

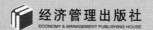经济管理出版社
ECONOMY & MANAGEMENT PUBLISHING HOUSE

图书在版编目（CIP）数据

流行范式批判：经济学的庸俗化取向 / 朱富强著 . —北京：经济管理出版社，2020.8

ISBN 978-7-5096-7558-8

Ⅰ.①流… Ⅱ.①朱… Ⅲ.①经济学—研究 Ⅳ.① F0

中国版本图书馆 CIP 数据核字（2020）第 169675 号

组稿编辑：王光艳

责任编辑：许　艳

责任印制：黄章平

责任校对：董杉珊

出版发行：经济管理出版社

　　　　　（北京市海淀区北蜂窝 8 号中雅大厦 A 座 11 层　　100038）

网　　　址：www.E-mp.com.cn

电　　　话：（010）51915602

印　　　刷：唐山昊达印刷有限公司

经　　　销：新华书店

开　　　本：710mm×1000mm/16

印　　　张：21.75

字　　　数：402 千字

版　　　次：2020 年 12 月第 1 版　2020 年 12 月第 1 次印刷

书　　　号：ISBN 978-7-5096-7558-8

定　　　价：88.00 元

在我们这个领域里有"材料专业户"和"意义专业户"。前者贪恋事实的咽喉只能用卷宗、统计材料和调查材料来填塞，但他对新思想的精致却感觉迟钝。后者的贪婪却因日益更新的思想提炼而败坏了对事实的胃口。真正的艺术气质，……通常恰恰是表现在，通过把已知的事实与已知的观点联系起来，善于创造出新的东西。

——韦伯

在经济方法论方面，过多的作家把他们的作用看作只不过是把经济学家争论的传统方式合理化，这也许是普通的现代经济学家对于方法论的探讨没有多大用处的原因。完全坦率地说，在训练现代经济学家方面，经济方法论没占什么地位。这一切也许正在改变。在对他们的学科的科学地位自我满足了多年之后，越来越多的经济学家开始自问他们究竟在做些什么这样的更深刻的问题。无论如何，怀疑经济学所建立的大厦里面并非一切都很好的人数不断增长。

——布劳格

经济学家之所以如此轻易地忘记不断改变着经济大风景的小变化，原因之一很可能是他们愈来愈关心总体数字，总数字显示了比细节变化更大的稳定性。

——哈耶克

人们有时说，我们最优秀的学生可谓是无所不知，但就是对常识一无所知。

——萨缪尔森

导　言

 方法论研究的现代意义

马尔库塞曾指出，经历商品经济与社会达尔文主义的竞争观念的多番轰炸，绝大多数人已经几乎丧失了政治革新的热情，而被迫接受了现实社会，因为大众的政治参与最主要是追求生活需要的满足，而这种需要最初是以粗陋的现实需要为主要形式的。同样，单向度性也深深地浸透在现代经济学的研究之中，绝大多数经济学论文的撰写目的都只是基于个人生活的需要，从而也就会刻意地遵循和依附主流的分析框架。也正是经过专业化和技术化的单向度改造，现代经济学就蜕变为一种烦琐的八股之学，并由此形成了只有"章句之师"而无"传道之师"的当下局面。相应地，经济学科就面临着类似韩愈"直指人伦，扫除章句之繁琐"的革新。有鉴于此，笔者追随康德而数十年如一日地躲进小楼，游离于社会杂务之外，将所有精力都用于文献的梳理及思辨的追寻之中，尤其是积极吸收和契合其他社会科学的研究思维和理论认知，并由此来审视和发展现代经济学。

一般地，对主流经济学体系的审视主要基于两大问题意识——关注理论与经验之一致性的现实意识和注重理论体系之内在逻辑一致性的理论意识；进而，对具体经济理论的审视则主要基于两大推理视角：逻辑推理的前提假设和推理过程。其中，基于两大逻辑视角的审视主要属于理论问题意识范畴，因此，即使逻辑前提和逻辑关系都不存在显著缺陷，它所获得的也仅仅是"逻辑的真理"，而与"事实的真理"之间很可能出现脱节。相应地，这就需要运用批判性思维去审视理论与事实之间的关系，需要引入强烈的现实问题意识，而这又涉及理论研究所根基的哲学思维。在很大程度上，正是由于现代主流经济学缺乏对自己所根基的哲学思维进行反思的意愿和能力，从而就造成目前这种只关注表象且缺乏批判性反思的学术取向。有鉴于此，笔者基于两大问题意识以及两大推理视角对现代主流经济展开系统的审视和剖析，并完成了六大批判：数理逻辑批判、流行范式批判、研究定向批判、理论硬核批判、普适性批判和纯粹市场批判。

当然，正如库恩强调的，一门非常规科学的研究，不能局限于对现有常规科学范式的批判，而必须给出一个可以替代它的更好的新范式；同时，只有新范式具有更强的分析力和说服力，才能真正实现范式的转换和理论的发展。这意味着，真正有价值的学术研究不应局限于批判层次；相反，只有当提供一个更为合理和可行的替代方案时，批判才会具有建设性意义。相应地，系统的学说研究就需要将批判与建设相结合，不仅要有解构，更应有建构。有鉴于此，笔者又进一步基于从解构到建构的逻辑而展开全面的学术思考，进而，上述六大批判也就对应了四套丛书的基本主题：数理逻辑批判和流行范式批判是对经济学方法论的反思而形成《经济学科的方法论探索丛书》，研究定向批判和理论硬核批判是对经济学中人性假设的反思而形成《经济分析的行为逻辑丛书》，普适性批判是对经济学本土化的探索而形成《中国经济学的范式构建丛书》，纯粹市场批判则是对市场神话的经济政策进行审视而形成《社会秩序的扩展机制丛书》。

在很大程度上，本丛书就集中对现代主流经济学方法论进行剖析，进而对流行学术规则和传统智慧进行审视。正是由于本丛书不是遵循大家都熟悉的研究范式，从而就不容易为时下学人所接受。关于这一点，奥地利学派学者沃恩就写道："当奥地利学派经济学家试图谈论有关规则的时候——比如为什么他们不喜欢主流经济学的规则或者为什么他们认为他们的规则会更好一些——人们便指责他们太过于专注于那些'不过是些方法论'的东西，而方法论普遍被认为是只有那些做不了真正的经济学研究的人才去做的事情。我们常常听到有人说：如果奥地利学派的人能够忘掉他们的那些方法论而实实在在地去做一些经济学分析的话，那他们的名声会好一些。然而，如果你的方法论遭到那些主流规则的人所误解或不屑，你又如何能够做令人信服的经济分析呢？"①

在过去的学术生涯中，笔者也曾多次听到一些同仁的抱怨：你与其从事学术批判和研究方法论，还不如集中批判几个关键定理，或者提出一些影响社会发展的政策。现代主流经济学界也流传这样一句话：往往只有那些思想和学说

---

① 沃恩：《奥地利学派经济学在美国——一个传统的迁入》，朱全红等译，浙江大学出版社2008年版，第3页。

创见匮乏的人，才会转而研究所谓的方法论。那么，为何又要专门探讨方法论呢？门格尔所给出的理由是，只有在错误的方法在学科中取得了支配性地位的时候，"方法论的探究才确实是对于学科的发展来说最重要、最紧迫的问题"。[①]在很大程度上，正是感受到历史学派的方法思维已经严重阻碍了对理论经济学的探索，门格尔就掀起了一场方法论大战。由此推之，现代主流经济学正日益陷入"我向思考"的封闭逻辑之中，严重影响了对现实世界的认知和分析，因而目前也需要有一场新的方法论交锋。

其实，固然我们可以集中对现代主流经济学的基本原理和具体理论进行审视，也确实已经有大量的文章对现代经济学教材中的几乎所有理论都做了批判，但现代主流经济学的地位依然稳如泰山。这是为什么呢？一个重要原因是，迄今为止并没有任何一个理论能够称得上（绝对的）真理，现代主流经济学的理论都建立在它自身的一套分析框架和理论体系之上；相应地，除非你提出的理论能够对所有这些理论都形成完整的批驳和替代，而不是零星的批判，不然就很难驳倒其他理论，更不要说，那些对主流经济学理论提出替代的各个理论也都源于不同的范式和框架，从而具有显著的不可通约性。熊彼特很早就指出，"即使在我们这个时代，距离那种不消一页纸的短文就能像物理学上那样形成国际思想的日子，还远得很呢！"[②]正因如此，我们对主流经济学的批判，并不能仅仅着眼于某个观点或定理，而应该从哲学思维入手剖析它的分析逻辑，由此来揭示它在方法上的缺陷，并提出更好的替代方法，然后后继者才能在此基础上发展出一个个替代理论。

最后，我们关注经济学的方法论问题，也是当前经济学的学术环境和学术使命所决定的。首先，在学术环境方面，兰德雷斯和柯南德尔指出，经济学"行业本身没有鼓励非正统思想，而是质疑非正统观点的正当性。因此，非正统经济学家一般倾向于关注研究方法，因为通过方法，他们才能质疑主流经济学家既定的假设、范围与方法的正统性。超越方法来建立自身的分析，并提供一个可行的竞争性研究计划，是几乎所有非主流集团都要面对的一个问题"。[③]另外，在学术使命方面，兰德雷斯和柯南德尔指出，"在你开始研究解决问题之前，你必须决定你将研究什么以及你将采取什么方法——你必须做方法上的决策。一旦你着手于一项研究，你就会变得太潜心于此，以至于不能改变你的

---

① 门格尔：《经济学方法论探索》，姚中秋译，新星出版社 2007 年版，第 5 页。

② 熊彼特：《经济分析史（第 1 卷）》，朱泱等译，商务印书馆 1991 年版，第 375 页。

③ 兰德雷斯、柯南德尔：《经济思想史》，周文译，人民邮电出版社 2011 年版，第 8 页。

做法"，"要获得年轻经济学家对方法研究的支持，没有告诫是做不到的：浅尝方法论是极端危险的做法。对方法的研究是会上瘾的；它哄骗你去考虑你正在做什么，而不是怎样去做。方法上的问题被复杂因素所淹没，新的尝试者可能会错过完全使他或她的见识失效的细微点。"①

 二 丛书的研究架构和内容

（一）本丛书的研究重心

本丛书对应于六大批判的前两个，致力于从逻辑关系角度对现代主流经济学进行批判性审视，由此揭示"逻辑的真理"与"事实的真理"相脱节的方法论原因。它包括四部书稿：《数理逻辑批判：经济学的建模和计量》《流行范式批判：经济学的庸俗化取向》《帝国主义批判：经济学的契合式发展》和《中国经济学怎么走：学术精神和制度批判》。它们分别从主流经济学的思维逻辑、应用经济分析的流行范式、经济理论发展的契合路径以及中国经济学的现实困境这四个方面展开对现代主流经济学方法论的全方位审视和反思。

第一，《数理逻辑批判：经济学的建模和计量》。数理建模和计量检验是现代经济学的主要方法论特色，相应地，该书主要从这两个维度对现代经济学进行反思，集中从理论上剖析了经济学数量化发展中的内在逻辑问题。由此，该书主要展开以下探索：①为了更深入地洞悉经济学数理化发展中潜含的问题，该书系统审视了科学的内涵及其划界标准，并进而剖析经济学科的科学特性及其方法论要求；②为了更好地辨识经济学数理化的成因及其缺陷，该书又对其哲学和方法论基础——逻辑实证主义展开系统审视和批判，尤其是指出嵌入其中的逻辑缺陷；③为了理解经济学数量化何以如此偏盛，该书又系统考察了经济学数量化发展过程的历史背景、学科认知以及相应的学术制度。

第二，《流行范式批判：经济学的庸俗化取向》。从理论层面上说，数理建模和计量实证对经济研究具有一定的积极意义，它有助于一些直观看法的严密化和初步检验；但是，当数理建模和计量实证局限于现代主流经济学范式时，经济学研究就呈现出明显的方法导向特征，进而衍生出追求形式的变异形态。正因如此，当前经济学研究就注重形式规范而偏离科学认知，从而带有强烈的庸俗性。尤其是，受制于狭隘的知识结构以及功利的学术风气，中国经济学人

---

① 兰德雷斯、柯南德尔：《经济思想史》，周文译，人民邮电出版社 2011 年版，第 11 页。

还热衷于使用这种方式分析具体现实问题，进而偏重于应用政策而非基础理论的研究，这使主流分析范式的原有缺陷被进一步扩大。为此，承接《数理逻辑批判》一书，该书转而从现实应用层面对现代经济学范式的庸俗性展开深刻的审视和批判。

第三，《帝国主义批判：经济学的契合式发展》。现代经济学的研究范围已经远远超越了传统的经济领域，却没有积极吸收其他社会科学所开辟的思维和所积累的知识，而呈现出单向度的扩张，这就是经济学帝国主义。经济学帝国主义致力于将原本就存在严重缺陷的经济分析方法从工程学以及传统经济领域拓展到更为广泛的社会生活领域，结果就造成研究方法与研究内容的进一步脱节。事实上，生活世界具有不同于自然世界的根本性特点，人类行为也不能人为地分割成不同领域并做割裂式研究；相应地，经济学与社会科学而非自然科学更为接近，更应该充分契合社会科学各领域所提供的知识和思维，而不是简单地引入自然科学的研究思维和分析工具并进而将之单向地拓展到生活世界以分析纷繁芜杂的社会经济现象。同时，知识和思维的契合也对经济学研究提出了这样的要求：既要具有广博的知识结构和高超的智性能力，又要具有包容性的学术态度和多元化的学术思维。因此，该书基于整体论思维来审视经济学帝国主义的发展路向、认知缺陷以及现代经济学人的知识局限，进而寻求构建统一经济学科的基本路向和合理途径。

第四，《中国经济学怎么走：学术精神和制度批判》。前面三本书是对现代经济学的思维和范式批判，该书则是转向对中国经济学的现状批判。经济学研究的根本目的在于指导社会实践，理论假设也应来自人伦日用；但是，现代主流经济学的基本范式却越来越抽象和形式化，从而导致了理论与现实的脱节。与此同时，儒家社会崇尚的"知行合一"观可以更好地将理论探索与生活体验及理想发展结合起来，从而受儒家文化影响的经济学人应该且可以对现代主流经济学的基本思维及其经济人假设展开反思。问题是，中国经济学界根本上却缺乏这种反思精神，而大肆贩卖现代主流经济学的思维和学说。为此，该书基于从本质到现象的研究路线对当前中国经济学界扭曲性的研究倾向及其原因作系统性的探索，进而将经济学理论研究所需的学术素养与目前中国社会的学术环境、社会风气以及共生的制度安排结合在一起展开交叉性的思考；由此，就不仅可以深刻地解答钱学森之问，而且还可以寻求有效变革的方向和途径。

（二）本丛书的主要内容

本丛书主要是基于理论问题意识层面的反思，扣紧了社会经济现象以及社会科学的基本特性；同时，它主要是基于逻辑关系维度的反思，集中剖析现代主流经济学的数理化趋势，剖析了其紧密相连的一系列分析逻辑所内含的缺陷。实际上，理论逻辑包括形式逻辑和行为逻辑两个方面，而现代主流经济学中获得充分发展的主要是形式逻辑，它注重数理推理的一致性和严格性。但是，经济学研究的根本对象是由心理意识所促发的人类行为以及由社会互动产生的社会经济现象，这不仅远比自然现象更复杂和多变，而且更难以用不变的定量关系来刻画。有鉴于此，本丛书集中于对经济学科的基本特性及其方法论要求进行解析，重点研究议题如下。

第一，方法论对经济学的理论研究而言非常重要，尽管从事经济学研究的人并不一定都会成为经济学方法论专家，但每位从事经济学理论探究以及打算将经济学理论应用于实践的人至少对经济学的研究思维都有一定的了解。然而，现代经济学人却越来越热衷于在特定的新古典—凯恩斯经济学分析框架下作模型构造，并且偏重工具而不关心方法。为何如此呢？本丛书致力于对经济学方法论展开深入探索。

第二，如果缺乏合理方法论的指导，所谓的研究往往只能是观点的陈述，或者只是做些机械的数据处理工作。同此，所谓的研究根本就上升不到理论层次，而只会落入庸俗实用主义的窠臼之中，从而必然无法全面地认识经济现象和经济规律。那么，目前为现代主流经济学人所遵行的研究范式合理吗？本丛书致力于对现代主流经济学的方法论以及由此获得的一些重要论断进行审视。

第三，从根本上说，完整的经济学理论研究包含了四个基本层次：首先是方法论层次；其次是理论构建层次；再次是表达工具层次；最后是实证检验层次。但现代主流经济学基本上舍弃了方法论和知识契合这两个基本范畴而偏重于工具表达和实证检验这两个辅助性范畴，从而导致了数理经济学和计量经济学的偏盛。那么，经济学研究究竟应该遵从何种方法论呢？本丛书致力于构建经济学研究的基本路线和分析框架。

第四，任何学科的研究方法都应该与其研究对象相适应，不同学科会因其研究对象的差异而呈现迥异的特征以及偏重某种独特的研究方法。显然，作为一门社会科学，经济学的研究对象根本不同于自然现象，从而在研究方法上也不能简单地模仿自然科学。但现代主流经济学的根本问题恰恰就在于，它把经济学当作自然科学来研究。本丛书致力于经济学与自然科学在分析思维和方法论上的差异比较。

第五，现代主流经济学极力强调经济理论的普遍性和客观性，强调推理逻辑的严格性和精确性，乃至将科学化与客观化进而和数学化等同起来；结果，数学工具的使用程度就成了衡量经济学论文水平的重要标准，这最终导致经济学蜕变成为应用数学的一个分支。问题是，经济学的科学性并不同于自然科学，经济学的数量化也不等同于科学化。本丛书致力于探究科学的本质以及经济学科的科学性内涵。

 三 本书的内容结构与观点

（一）本书的研究重点

本书致力于剖析现代经济学研究的流行取向尤其是中国经济学研究的具象性表现，由此来反思现代主流经济学的问题。它主要由以下五大部分构成：第1篇"计量实证的价值审视"集中审视计量实证对经济理论的意义，进而考察新理论的传播机理；第2篇"数量分析的庸俗取向"集中剖析数量经济学在中国的庸俗化取向，进而揭示其深刻的学术和社会的原因；第3篇"常规范式的变异思潮"集中反思现代主流经济学范式下衍生出的两种变异思潮，进而批判性地审视了数量拜物教的成因和恶果；第4篇"经济学科的范式转型"集中剖析经济学科的本质特征和研究要求，由此来探索现代经济学应有的范式转向；第5篇"经济学科的革新运动"集中审查了现代主流经济学的学术贡献，进而考察了"黑板化"带来的问题及其激发的革新运动。

第一，实证主义的偏盛导致时下经济学界将不借助计量分析的经济学文章贬斥为虚妄的和不入流的。问题是，计量实证能够揭示出社会经济规律吗？能够证实或证伪一个经济理论吗？有哪个经济理论是由计量分析发现的？甚至，经济现象之间存在确定的数量关系吗？进而，经济理论又何以能够换代或进步？这源于这些理论在预测上的成功吗？本书对计量实证的理论价值以及新理论的传播机理做一系统剖析。

第二，中国经济学人热衷于将现代主流范式下的数理推导或计量实证所获得的结论应用于社会实践之中。问题是，基于常规大势的计量结果具有多大的实践价值呢？基于过去数据的趋势分析可以预测未来发展吗？有多少计量分析预测到了黑天鹅的来临？进而，中国经济学人为何又如此沉迷于计量实证？其中又有多少计量分析结论得到了真正的应用？本书对中国经济学界的庸俗化数量取向做一深层原因的考察。

第三，主流经济学范式还衍生出这样两大变异倾向：①将经济学视为一门艺术，经济研究也被等同于艺术构造；②注重对细枝末节问题的自圆其说的解释，经济研究也被等同于故事编撰。问题是，任何科学研究都在于揭示事物的内在本质、作用机制和因果关系以提高认识和改造世界的能力，经济学研究也不例外。那么，艺术构造和故事编撰能够实现这一根本宗旨吗？本书致力于挖掘这些形式取向的哲学缺陷。

第四，方法导向式研究使得经济学人局限于新古典经济学框架而对细枝问题作模型解谜和计量检测。问题是，这种研究取向能够真正洞悉具体的现实问题吗？能够给出有效的解决方案吗？难道不会陷入现代主流经济学批判的教条和僵化吗？进而，作为泰斗的诺贝尔奖得主们又为经济学做出何种"贡献"呢？又如何扭转目前这种方法导向式的研究呢？本书探究了经济学研究的范式转向以及新近的革新运动。

（二）本书的主要观点

当前，数理模型和计量工具朝日益精微化的方向迈进，但根本上说，无论是计量实证还是数学推理都无法提供新知识，进而也就无法深化社会认知。由此，我们就需要审视由此产生出方法导向而非问题导向的研究：它根本无法提出有效的应用政策，进而也就根本无法指导社会实践。其原因就在于，社会经济现象的影响因素是纷繁芜杂的，而且是在不断变动的，乃至一些重要的根本性因素根本无法量化；相应地，使用所谓精确化的数量分析根本上就是"在街灯下寻找丢失在草丛中的绣花针"，在没有问题的地方花费精力。正因如此，近年来西方经济学界就出现了一浪高于一浪的反思浪潮，进而，这也构成了本书对现代经济学的应用分析范式之审视和批判。本书的主要观点如下。

第一，主流经济学的分析范式具有方法导向而非问题导向的强烈取向，这将现代经济学引入了一个致命误区。其实，相对于自然科学，经济学关注的社会经济现象根本上缺乏量化的基本特性；但是，数学泛滥却形成了以数学公式推演替代经济理论探究的倾向，而数理命题并不能反映和解释真实的经济规律。

第二，要实现揭示经济现象间因果关系以促进经济理论发展的原初目的，计量经济学就需要将计量分析工具和经济理论有机契合起来。然而，时下经济学教育却使计量实证者缺乏足够的理论素养，这导致所谓计量经济分析只是文献资料的整理和统计，并由此展开一系列严重缺乏解释力和预测力的伪回归分析。

第三，实用主义偏盛导致中国经济学界的计量实证泛滥，这些计量分析与其说是探究真正的社会现实，不如说是为发表文章以获得各种私利的手段。结果，在数理建模和计量实证的应用过程中，工具就成了价值，形式成了目的；相应地，经济学研究变得日益形式化和庸俗化，呈现出"上不顶天、下不着地"的景象。

第四，在当前中国社会，经济学庸俗化也根基于深厚的社会环境之中。具体表现在这样两方面：①研究者日益狭隘的知识结构，这使他们无法深入揭示事物的本质，而只能偏好于对事物表象的解释；②学术界日益盛行的功利主义，这使他们的学术研究充满了商人心态，进而偏向容易被接受的主流化路向。

第五，现代经济学人往往将经济学当成一门艺术，将经济研究也等同于艺术创造，从而热衷于数理模型的构造和优美水晶球的创造。但显然，这种认知混淆了科学研究和艺术臆想之间不同的根本目的：科学追求的是真理，而艺术追求的是美感；同时，也混淆了理论研究和应用政策，必然导致基础理论的式微。

第六，现代经济学人还热衷于将经济研究等同于故事编造，试图利用流行理论来阐述中国故事。但从根本上说，这体现了经济学研究方法的严重蜕化。其实，故事编造式研究倾向在欧美经济学界的兴起有其特定的社会背景和功利学风，而中国社会面临着与欧美诸国明显不同的社会经济问题。

第七，现代经济学还以使用数学工具的复杂程度作为区别主流和非主流以及学术水平的基本标准。这就导致经济研究进一步形式化和庸俗化，进而导向了一种数量拜物教：尽管模型的优美性往往以与现实相脱节为代价，但商人心态使大多数学人往往对之不加理会，更不会接受批评。

第八，遵循库恩范式，现代经济学囿于凯恩斯—新古典经济学的常规范式而展开数理建模和计量实证，并由此形成了提出问题、文献综述、建立模型、理论推导或经验检验的八股格式。问题是，常规范式主要适用于研究对象相对稳定的自然科学领域，而不适用于研究对象复杂多变的社会科学理论。

第九，方法导向的研究取向导致不少经济学文章往往集中关注"伪问题"。原因是，所提出的问题往往不是源于理论本身的逻辑或者见微知著的现实，而主要来自其他文献，并且是基于单一思维体系自我繁衍出来的。显然，这与现代科学的方法论相背离，尤其与致用之学的经济学研究相背离。

第十，理论发展应该秉持基于多种理论共同竞争的多元主义理念，而基于一元主义的封闭路径则会陷入神话困境。显然，现代经济学恰恰存在明显的一元化倾向，强烈排斥来自其他流派和学科的批判，导致所使用的理性选择分析范式具有强烈的功能主义和先验主义特性，从而窒息了理论的真正探讨。

第十一，诺贝尔经济学奖和克拉克奖推动经济学朝数理化方向发展，进一步扭曲了经济学的发展方向。原因在于它们奖励的主要是发展分析工具的数学家而非提供思想洞见的经济学家，这就导致现代经济研究日渐脱离社会科学其他分支而蜕化为应用数学的一个分支，进而成为一门自我演绎的"我向思考"学科。

第十二，现代主流经济学的形式化和黑板化促成了过去 20 多年来西方经济学反思运动。但是，在现实问题更为凸显的当前中国社会，大多数经济学人面对这种经济学反思浪潮却无动于衷；究其原因，这就涉及功利主义和崇洋主义学风问题，也涉及当前中国的社会经济环境以及学术制度问题。

第十三，经济学研究根本上在于发现和解决具体的现实问题，由此承担现实预测和实践指导的功能。为此，经济学既不能蜕变成一种自洽性的公理体系，也不能蜕变为一门解释性的学说。显然，正是基于这一基本使命，就产生了对现代主流经济学的反思，进而不断激发经济学革新运动。

绪　论

现代经济学的方法论反思与理论发展

> **导　读**
>
> 　　现代主流经济学热衷于照搬自然科学的研究思维和方法，这种强烈的方法导向而非问题导向把经济学引入了一个致命误区：经济学相对于自然科学缺乏定量的特性；数学泛滥形成了以数学公式推演替代经济理论演绎的倾向。尽管如此，大多数经济学家却依旧保持熟视无睹的心态，甚至把反思者嘲讽为分析上的无能力者。其实，经济学具有不同于自然科学的学科特性，它研究的是社会现象背后的本质以及相互之间的作用机理。因此，我们不能用形式逻辑一致性来评估经济理论的科学性，相反，经济理论的发展往往有赖于研究者的知识素养和人文关怀。

 一 前言

　　19 世纪，自然科学的研究方法取得了极大成功，从而导致实证主义风靡一时；相应地，这也大大影响了近代西方社会科学的思想与方法，以致社会科学家有意无意地倾向于以自然科学方法来研究问题。事实上，自边际革命以来，经济学说史就被一种寻求普遍性原理和不变规律的追求所统治，它模仿自然科学尤其是物理学的研究方法，从而在以后的半个多世纪呈现出明显的数学化和形式化趋向。① 例如，经济学界两本最主要的杂志——《美国经济评论》《经

---

　　① Mirowski P., 1989, *More Heat than Light: Economics as Social Physics, Physics as Nature's Economics*. Cambridge: Cambridge University Press.

济学杂志》就体现了这种变化：1930 年仅有 10% 的文章使用代数方法，而到
1980 年则达到了 75%。[①] 在很大程度上，正是出于对新古典经济学过度抽象化
而脱离实际的反思，凯恩斯发动了经济学革命。但是，凯恩斯的继承者们却又
逐渐重新回到了新古典经济学的分析框架，更甚地，后来还企图将经济学建构
成一个类似几何学的公理体系，从而进一步拉大了现代经济学理论与社会现实
之间的距离。同时，在弗里德曼的逻辑实证主义影响下，现代主流经济学在很
大程度上又为一种庸俗的实证主义所支配，以致时下的主流学术刊物几乎全部
为数量文章尤其是实证文章所占据，而任何探究内在逻辑机理以及对人类行为
进行思维审视的文章则因被视为形而上学而遭到否弃。然而，也正是在这种氛
围下，现代经济学的理论研究就越来越失去了思想性，进而也失去了现实性，
乃至沦落成了一种纯粹数字的逻辑游戏。布劳格感叹说：一个世纪以前，经济
学就被宣判为"沉闷的科学"（Dismal Science)，但昨日的沉闷科学远不如今
日令人昏昏欲睡的烦琐哲学更为沉闷！[②]

　　同时，由于新古典经济学取得了强大的主流地位，在半个多世纪里大多数
经济学家都失去了讨论方法论的兴趣。不过，进入 20 世纪 70 年代后，随着人
们对现代经济学理论的期待落空，越来越多的学者开始重新审视经济学方法论
问题，特别是，大量的科学哲学家、经济史学家、社会科学家以及经济学方法
论者都对经济学的现状提出了不同角度和不同层次的批判。Pfouts 就指出了其
中两大原因：一是方法论构成了任何经验科学之基础的重要部分；二是某领域
专家对方法论的兴趣以及特定方法论问题的代际争论也意味着该领域正趋于成
熟。[③] 一般地，只有当包括方法论之类的基础性问题得到解决，经济学才可以
撇开此问题在成熟的方法论框架下进行知识的积累。那么，我们就要思考：现
代主流经济学极力模仿自然科学方法的研究取向解决经济学的基础性问题了
吗？其实，经济学的研究对象与自然科学的研究对象存在很大的性质差异，因
此，简单地照搬往往就潜伏着工具主义谬误，这也已经为越来越多的经济学
方法论专家所认识。例如，仅仅在 1992 年，英语世界就出版了四本影响广泛
的经济学方法论著作：布劳格的《经济学方法论：或经济学家如何解释》（第

---

① 谢拉·道：《经济学方法论》，杨培雷译，上海财经大学出版社 2007 年版，第 14 页。

② Blang M., *2002, Ugly Currents in Modem Economics.* In：Makill.（ed.），*Fact and Fiction in Economics.* Cambridge：Cambridge University Press.

③ Pfouts R.W.，1973, Some Proposals for a New Methodology for Economics，*Atlantic Economic Journal*，1（1）：13–22.

2 版）、①豪斯曼的《经济学：不确定的和分裂的科学》、②罗森伯格的《经济学：数理政治学或收益日益下降的科学》③以及博兰的《经济学原理：我的老师教给我的一些谎言》④，它们都用不同的方法或明或暗地重申了方法论和科学哲学在经济学研究中的重要性。那么，现代主流经济学范式下数理建模和计量实证究竟存在什么问题呢？流行的方法导向式研究又是如何形成的呢？它对经济学科的发展造成什么问题呢？进而，经济学的方法论又应该有何种特性和要求呢？经济研究路向又该如何转变呢？这些也就是本书致力探究的问题，而绪论部分则先进行简要说明。

 ## 二　现代主流经济学的方法论问题

　　现代主流经济学有这样两大基本特征：①就其研究的主要领域而言，主流经济学强调市场机制的有效性，并集中研究具有稳定的外在偏好并作最大化选择的理性行为；②就其研究的主要方法而言，理论研究主要是在一定条件约束下进行正式的数理建模，在应用研究中则以计量实证分析做补充。⑤正是因为现代主流经济学基于理性逻辑致力于打造逻辑化市场，所以就信奉市场有效的信念；但同时，它也逐渐失去了对现实中不合理现象的关注，进而倾向于将一切问题推给市场，由此就严重误导了社会认知和实践。

　　一方面，现代主流经济学热衷于数理建模，因而逐渐偏离了致用之学这一经济学的根本特质，反而蜕化为一种封闭性自我生产的智力游戏。中国台湾地区的何宗武写道："在依赖数学模型的研究方法之下，经济学知识的产生过程，如同制造业一样。可以透过一个标准化的生产线，大量生产出来。这类型的知

---

①　Blaug M., 1992, *The Methodology of Economics: Or How Economists Explain*. Cambridge: Cambridge University Press.

②　Hausman D. M., 1992, *The Inexact and Separate Science of Economics*. Cambridge: Cambridge University Press.

③　Rosenberg A., 1992, *Economics: Mathematical Politics or Science of Diminishing Returns?*. Chicago & London: Chicago University Press.

④　Boland L. A., 1992, *The Principles of Economics: Some Lies My Teachers Told Me*. London & New York：Routledge.

⑤　Robeyns I., 2000 , Is There a Feminist Economic Methodology, *Feminist Economics*, 1（3）: 110–118.

识，没有历史内容，没有语言逻辑，也没有社会性。只有抽象的市场和复杂的数学运算符号"，于是，"'什么是经济活动的知识'在经济问题的研究中，已经不再被人关心，因为知识成了商品：一堆由标准化规格的知识商品成了一种消费品，没有波兰尼所宣称的'个人知识'的内涵。这种知识商品引导了经济研究流行化的现象：'寻找新的数量方法，时髦的议题'"。①

另一方面，经济学家还热衷于将这种封闭系统创造出来的知识应用到社会实践之中，并据此来设计一系列社会的、经济的和政治的制度。于是，一个个社会水晶球被制造出来，这使人类社会变得越来越脆弱。从某种程度上讲，2008年的全球性经济危机就是这种理论指导的必然结果。正如何宗武指出的，"我们所面对的市场，不是生活中的一环，许多是根据经济理论的数学结构打造出来的。例如，金融市场的衍生性商品；只要财务过程能设定均衡条件且解出相关参数，这个商品就可以被规划一个市场继而上市。政府和国际组织规划许多的金融制度，其中所界定的游戏规则，也是以市场运作的数学条件为基础的"。②

在很大程度上，这种模仿自然科学的研究具有强烈的方法导向而非问题导向的特性，从而使经济学研究具有强烈的庸俗性：不仅滋生了远离科学研究的变异思潮，而且严重误导了应用政策经济学，乃至整个经济学研究都陷入了致命的发展误区。

第一，相较于自然科学，经济学更缺乏定量的特性。经济学和自然科学的研究对象存在很大的性质差异：自然科学所研究的是由观察和实验所肯定的自然事实，经济学所研究的则是由人类行为所产生的心灵事实。同时，由于人类行动往往受到一定的思想所指导，存在一定的目的性；因此，经济学的研究必须揭示经济现象背后的人类动机，从而对经济现象的理解往往只能是定性的。正是基于这种差异，米塞斯指出，"数学在自然科学中的重要性完全不同于在社会学和经济学中的重要性。这是因为物理学能发现在经验上不变关系，这种关系可以用方程式来表示。从而以物理学为基础的科学的工艺学就能用定量的确定性解决一些既定的问题。……（但是）在经济学中不能证明这些不变的关系……认为从有关某些商品供求关系的统计研究中可以得出适用于这种关系未

① 何宗武："经济理论的人文反思"，载黄瑞祺、罗晓南主编，《人文社会科学的逻辑》，松慧文化2005年版（台北），第424页。

② 何宗武："经济理论的人文反思"，载黄瑞祺、罗晓南主编，《人文社会科学的逻辑》，松慧文化2005年版（台北），第425页。

来状况的定量结论是错误的。无论可以用这种方式确认什么，它只具有历史意义，而像确定不同物体的特殊重力这种事情才有普遍准确性"。[①]

　　然而，现代主流经济学却有意无意地混淆不同学科的知识特征和科学特性，试图用科学的谬误去不断地摧毁那些不可替代的价值。为此，哈耶克提出了强烈批评："逻辑实证主义长期以来一直都在努力证明，所有的道德价值都是'毫无意义'的，甚至是纯粹'情感的产物'；此外，逻辑实证主义还完全无视这样一种观念：由事物进化或文化的进化选择出来的那些情感性的回应方式，对于一个发达社会的凝聚力来说具有至高无上的重要意义。再者，从唯科学主义的唯建构论渊源中衍生出来的那种知识社会学，也试图以同样的方式贬损所有的道德观念，因为它生成这些道德观念的捍卫者乃是为了他们自己的利益而主张这些观点的。"[②] 在某种意义上讲，正是这种科学至上主义和唯理主义导致了国家经济计划的盛行，并最终引发了"二战"以后整个西方世界的"滞胀"现象；为了吸取这一历史教训，20 世纪 80 年代后的新凯恩斯主义者开始主张国家对经济实行"粗调"，并从对数量调节的重视转向了对质量调节的强调。

　　第二，无处不在的数学造成了以数学公式推演替代经济理论演绎的倾向。基于根深蒂固的自然主义思维，以及 20 世纪 70 年代以来日益偏盛的功利主义和庸俗主义，欧美经济学界刻意地模仿物理学等自然科学的研究方法，极力强调经济学理论的客观性，从而过度偏重形式的数理逻辑而忽视实质的行为逻辑；结果，各经济院校所教授的经济学就越来越由正规技术分析占据优势地位，由此排除了历史和制度的理解。事实上，当前理学专业出身的数理经济学家已经控制了经济学界的主要学术资源，甚至已经把经济学转变为数量经济学的专属领地；相应地，出于各种利益关系的考量，大多数经济学子也就倾向于数理经济学和计量经济学。正因如此，经济学界就呈现出数学的滥用和思辨的不足，以致经济学理论也日益偏离实际。

　　然而，尽管数理模型和计量实证号称要使经济学更为科学、客观乃至具有可操作性，但显然，无论是在理论认知还是实践应用上，数理化的不断偏盛都没有提供多少实质性的帮助。究其原因有二：①尽管现代经济学热衷于量化分析，但问题是，对绝大多数社会因素却并没有获得明确的"定性"，社会现象

---

　　① 米塞斯：《经济学的认识论问题》，梁小民译，经济科学出版社 2001 年版，第 114 页。

　　② 哈耶克：《法律、立法与自由》（第 2、3 卷），邓正来等译，中国大百科全书出版社 2000 年版，第 526 页。

的内在作用机理也没有得到清晰的认识；在这种情形下，所谓的定量分析就只能流于形式，甚至成为一种骗术，以致经济学的理论研究似乎与现实无关。例如，在中国社会对法律的性质和内涵还存在巨大分歧的情况下，一些经济学人就试图对法律与经济增长之间的关系进行实证分析。试想，法本身就有良法和恶法之分，怎能仅仅由于当前法律数量在增长以及经济也在高速增长就通过计量来确定两者之间的正相关关系呢？②社会经济现象是人类行为互动的产物，因而经济现象的内在逻辑根本上应该体现人类行为机理，而不能用形式化的数理逻辑来替代人们的行为和选择；相应地，社会经济现象之间的联系也就难以简化为确定性的数字关系。米塞斯就指出，"（一个陈述）用数学术语的进一步精练能否有用取决于最初的非数学陈述的正确性。的确，如果数学精练本身是错误的，即使它可以从正确的陈述出发，也将得出错误的结论；但数学分析决不会揭示不正确的陈述中的错误"，"甚至自然的数学科学也不把自己的理论归功于数学推理，而归功于非数学推理"。①

事实上，经济学的这种状况已经引起了很多学者的警惕，批判性的书籍和论文也逐渐问世：如奥默罗德（Omerod）的《经济学之死》、②卡西迪（Cassid）的《经济学的衰落》、③佩雷曼（Perelman）的《经济学的终结》、④坎斯(Kanth)的《反对经济学》⑤以及海尔布罗纳(Heilbroner)和米尔博格(Milberg)的《现代经济思想中的视野危机》⑥等。与此形成鲜明反差的是，时下中国经济学界却依旧以欧美的主流为"是"。相应地，在大力引进西方主流经济学的分析工具、基本原理和范式框架的同时，大多数经济学人似乎根本不关心这些思维和方法论产生的时代背景以及相应的适用条件，也根本不关心西方主流经济学的时代合理性及其变化趋势。正因如此，现代主流经济学的缺陷在当前中国经济学界就得到更为充分的呈现，不仅真正的理论研究一直阙如，而且所谓的应用研究也具有相当的肤浅性。

例如，宏观经济学通常会关注中国宏观经济的走势及其可能会出现的问

① 米塞斯：《经济学的认识论问题》，梁小民译，经济科学出版社2001年版，第114页。

② Omerod P., 1994, *The Death of Economics.* London : Faber.

③ Cassid J., 1996, The Decline of Economics. *The New Yorker*，December 2 : 42-49.

④ Perelman M., 1996, *The End of Economics.* London: Routledge.

⑤ Rajani K., 1996, *Against Economics.* Aldershot: Ashgate Publishing.

⑥ Heilbroner R., Milberg W., 1996, *The Crisis of Vision in Modern Economic thought.* Cambridge: Cambridge University Press.

题，而根本性影响因素则是社会制度。那么，如何对社会制度问题展开研究呢？一般地，要评估制度的好坏，主要在于剖析它如何影响人类行为以及由此产生何种后果，这是微观的分析。但是，一些经济学人却热衷于采用计量手段来作效率比较的宏观分析，进而将不同社会中的效率差异或增长率差异归结为制度残差。但要知道，影响宏观效率的因素有很多，国际经济环境的变化或领导者的变更都会引起明显变化。那么，这种计量分析又如何说明制度对经济的影响呢？况且，广义的社会制度具有非常之广的外延，这种计量分析又能揭示出哪种制度的影响作用呢？既然如此，这类研究又有何意义呢？

再如，微观经济学通常偏好于关注企业组织的效率问题，而其中引入的一个重要变量就是企业家精神。那么，又如何说明企业家精神在企业经营和发展中的作用呢？一些欧美经济学者通常用企业的出生和死亡率来量化企业家精神，并由此来分析企业家精神与一个地区经济增长之间的关系；相应地，一些中国经济学人也采用此种方法来分析中国地区经济的发展差异。问题是，在经济发展已经处于相对成熟的平稳期以及社会制度和社会环境相对稳定的情况下，这种方法固然具有一定意义，但又如何简单地运用于社会急剧动荡、经济快速起飞以及法制规章极不健全的当前中国社会呢？按照这一分析思路，一个经济动荡下的社会中往往有更高的企业出生和死亡率，这岂非意味着，经济越落后，社会越动荡，法律越缺位，该社会中的企业家精神就越强大吗？

可见，正是由于社会经济现象具有不同于自然现象的特征，经济学的科学性并不等同于自然科学的"科学"性，那种片面强调两者一致性的做法只会使经济学沦落为实际上的"伪科学"。哈耶克就强调，"不但在我本人的领域（即经济学领域），并且普遍地在与人有关的其他学科中。貌似科学的方法其实是最不科学的。进一步说，在这些领域，我们所能期待科学达到的目标，是有着明确界限的。这意味着，把科学方法无法做到的事情委托给科学，或按照科学原则去进行人为的控制，有可能招致令人悲哀的后果"[①]。而且，正因为经济学的学科特性与物理学等自然科学之间存在如此差异，我们必须探究与经济学研究对象相适应的研究方法，并批判性地审视目前这种片面向物理学攀亲而滥用数学的倾向。哈耶克写道："人们相信，既然物理学是所有经验科学中最先进的科学，因此应当认为它值得所有其他学科加以模仿。但是……某些典型的物理学方法不一定是普遍适用的，其他学科中的一些方法，无论它们属于'自然

---

① 哈耶克：《经济、科学与政治：哈耶克思想精粹》，冯克利译，江苏人民出版社 2000 年版，第 466 页。

科学'还是'社会科学'，可能不同于物理学的方法，这并不是因为它们不够先进，而是因为它们那个领域的情况在一些重要方面不同于物理学的情况。"[1]

 ## 三 现代主流经济学的方法论态度

经济学科的基本特性及其现实情形都反映出，经济学要取得理论进步，就需要积极吸收社会科学其他分支所提供的研究思维和理论知识，由此来完善自身研究思维和充实自身理论认知。相应地，这就要求经济学者有正确的学术态度：不应抱持经济学帝国主义的殖民态度，进而将本身还很不成熟的研究方法拓展到其他领域，并以地盘的不断扩大为荣光。郎达内就指出，"在具有不确定性的领域，只有通过放弃所有的霸权，并且也只有这样做，人们才能继续期望经济学家面临的挑战有望得到解决——最终使他们的学科变成硬科学"。[2]

不幸的是，尽管现代主流经济学的片面性如此明显，但大多数经济学人却依然抱持熟视无睹的心态。就如米洛斯基所说，在很长时期内，竟然"没有一个方法论学者认为值得花费自己的时间去考虑，经济学的数学化是否可能存在着一些显著的社会学方面的因素，对一个学科的结构改造（主要是为了强化其特权地位）是否也可能存在着一些显著的社会学方面的因素"。[3] 即使一些方法论专家对现代经济学的形式主义倾向提出了质疑和批判，也很难引起主流经济学人的关注；相反，这些经济学人会不断"重复数学是纯粹的不掺假的逻辑学这个陈腐的笑话"，以此来维护当前的数理取向。对此，博兰就写道："回溯自纳维尔·凯恩斯以来的方法论文献，就很难发现它与一般的经济文献有任何直接的关系。从那些应用经济学家和经济理论家的视角看，直到最近，方法论都是完全无用的。唯一例外在于，方法论在有助于我们理解经济学说史方面能

① 哈耶克：《经济、科学与政治：哈耶克思想精粹》，冯克利译，江苏人民出版社 2000 年版，第472 页。

② 朗达内："科学的多元化：经济学与理论物理学比较"，载多迪默、卡尔特里耶编：《经济学正在成为硬科学吗》，张增一译，经济科学出版社 2002 年版，第 100 页。

③ 米洛斯基："问题是什么"，载巴克豪斯编：《经济学方法论的新趋势》，张大宝等译，经济科学出版社 2000 年版，第 85–86 页。

够发挥一些非常有限的作用。"①

　　那么，现代主流经济学为何会存在这种冷漠呢？根本原因就在于混杂着根深蒂固的"被殖民"心态和市侩心态。一方面，"被殖民"心态来自自然科学相对于社会科学所取得的成功，进而使社会科学家产生一种自卑心理。受"被殖民"心态驱使，现代主流经济学对那种视为硬科学的自然科学充满了崇拜和迷信，乃至极力仿效物理学等自然科学的研究思维，进而也将经济学的发展视为一个不断进步的过程。另一方面，市侩心态来自功利主义和商业意识带来的逐利心，进而产生一种羡慕和依附强者的行为动机。基于浓厚的市侩心态，现代主流经济学轻视和不屑那些比它更"软"的其他社会科学，极力否定社会科学的研究思维，刻意地与它们保持距离，并忽视它们所提出的批判。正因如此，现代主流经济学对自身缺陷往往就会置若罔闻，甚至失去了反思和否定的能力。

　　事实上，面对科学哲学家和方法论专家的批判，现代主流经济学人的态度就如博兰所描写的："他们是在什么基础上来评价这些经济学家的呢？他们指责经济学家不科学嘛？有谁在乎呢？如果经济学家想要成为物理学家的话，他们就已经去研究物理学了。他们又是在什么基础上来评价方法论的呢？他们说我们不配接受哲学家对我们的优秀辅助性工作的称赞么？有谁在乎呢？谁说哲学家具有思想的垄断权呢？谁说我们必须解决哲学家许多世纪以来未能解决的一切问题呢？而通过评定某人的理论或方法论原则又解决了什么问题呢？"②更为甚者，那些方法论研究者以及现代主流经济学的反思者常常还会遭到嘲讽，被视为分析上的无能力者。例如，萨缪尔森就宣称：有科研能力的人，从事科学研究；没有科研能力的人，就闲聊科学方法论。③在这种环境下，即使那些完全明白其中局限的方法论者，也因为"已经收到足够多的谩骂，他们也没有心情去加入这种明显的受虐狂的行列"。

　　关于这一点，甚至门格尔在《经济学方法论探究》中也写道："最重大的科学成果都出自那些不怎么关心方法论的人士之手，而最伟大的方法论专家反倒很少能够证明自己是某门学科中非常杰出的学者，尽管他们极其清晰地阐述

---

① Boland L. A., 1984, On the State of Economic Methodology, In：Samuels W. J.（Eds.），*Research in the History of Economic Thought and Methodology*. Greenwich, CT：JAI Press.

② 博兰：《批判的经济学方法论》，王铁生等译，经济科学出版社 2000 年版，第 205 页。

③ 转引自汉兹：《开放的经济学方法论》，段文辉译，武汉大学出版社 2009 年版，第 1 页。

了这门学科的方法。"[①] 不过，门格尔同时也指出，当学术研究为一种错误方法所支配时，就需要对方法论展开深入的探索和甄别。相应地，正是感到历史学派正在将经济学带向错误的道路，门格尔发起了与历史学派有关归纳和演绎的论战。同样，当认定目前占主流地位的新古典经济学也正在将经济学研究导向错误的抽象化和数量化方向时，当代奥地利学派学者也大多致力于方法论的探索和争鸣。沃恩就写道："当代奥地利学派经济学的著作就反映了这样的困境：一是有过多对主流经济学进行批评的作品；二是不寻常地有太多关于方法论的作品。但这非但不会成为它的弱点，相反，这是由奥地利传统特性所带来的必然结果……从最起码的意义上讲，奥地利学派经济学对于当代经济学的方法、内容以及局限性做了全新的解释；从最深远的意义上说，它是对经济学的一次激进的甚至是革命性的重建。"[②]

既然如此，现代经济学界为何又会嵌入如此之深的被殖民心态和市侩心态而反对方法论的反思呢？除了西方社会根深蒂固的自然主义思维这一根本性因素外，还在于受 20 世纪 30 年代以来盛行的逻辑实证主义的直接影响。正是根植于逻辑实证主义，弗里德曼在《实证经济学方法论》一文中提出了"假设的现实无关性"假说。当然，弗里德曼本身并不是方法论专家，它的方法论文章基本上也是非哲学的，而"是由一位实践经济学家为实践经济学家们而写的"。[③] 但是，它却获得了主流经济学界的普遍认可和欢迎。这样，主流经济学人在新古典经济学分析框架下通过各种免疫策略来为其理论辩护，这种辩护的结果就是，它不但可以像物理学那样作纯粹的逻辑推理，同时又可以避免像物理学那样所应该承受的检验。正因如此，现代主流经济学人可以心安理得地着手不需要经受任何检验的逻辑游戏工作，这是一种"我向思考"（Autistic）的封闭路径。

同时，嵌入在逻辑实证主义中的哲学偏见还认为，只有科学活动是有意义的，而其他（包括方法论以及哲学本身）则都是无意义的。相应地，当一些学者对方法论进行反思，进而对数学滥用提出批判时，他们通常就会遭到主流经济学人的人身攻击。正是在这种学术环境下，在很长一段时期内，经济学领域逐渐失去了以往对方法论探讨和争论的风气；相反，现代经济学就为一种强大

---

① 门格尔：《经济学方法论探究》，姚中秋译，新星出版社 2007 年版，第 5 页。

② 沃恩：《奥地利学派经济学在美国——一个传统的迁入》，朱全红等译，浙江大学出版社 2008 年版，第 4 页。

③ 汉兹：《开放的经济学方法论》，段文辉译，武汉大学出版社 2009 年版，第 53 页。

的逻辑实证主义所支配和统一，尽管它的逻辑基础是如此脆弱。在很大程度上，正是由于功利主义和实用主义的盛行，现代经济学人无论是在理论取舍还是方法论界定上往往都是各取所需。譬如，就弗里德曼的实证主义而言，经济学界支持和反对的几乎各占一半，而且支持者恒支持，反对者恒反对，这就是源自"各取所需"。博兰写道："所有对弗里德曼论文的批判都是错误的，然而那些依靠这些批判中的一项或多项而反对该论文的人，实际上是在各取所需。同样可以认为，那些把弗里德曼的论文作为适用于一切'眼前目的'而加以接受的人，实际上他们的方法论也是在各取所需。"[①]

此外，现代主流经济学人通常还认定方法论研究与实际科研活动无关：因为专门的方法论专家并没有取得理论的洞见，从而也就无法评价科研活动。事实上，即使作为杰出的经济学方法论专家，博兰也曾指责说，方法论专家们往往借助外来的权威对经济学的研究逻辑进行批判，从而不能真正理解经济学本身所希望达到的目的。问题是，如果科学哲学方法论家没有资格批判主流经济学家的工作，那么，谁有这个资格呢？难道是阿罗、萨缪尔森、索洛、弗里德曼、卢卡斯、贝克尔、施蒂格勒以及法玛这些主流经济学家自己吗？要知道，这些学者之所以能够在当今经济学界取得如此显赫的地位，正是他们坚定地持守和维护着现代主流经济学的研究范式。而且，我们确实经常能够听到一些"主流"经济学人鼓吹他们的研究是多么科学，但试问，他们所理解的科学究竟是什么呢？如果这样的话，难道他们竟然连对科学的含义都不愿检视一下，这不正反映出这些主流经济学家的傲慢以及严重的闭锁心态吗？在很大程度上，正是由于现代主流经济学不但不能自我反思，不能察觉其研究内容所发生的变化并着手调整其方法论，反而极力拓展它那早已干瘪的抽象研究；结果，经济学并非像它表面所展示的那样已经建成了庞大的统一帝国，相反在整个人文社会学科领域中变得越来越"孤独"。

可见，正是由于极力排斥乃至蔑视外来的批判，现代主流经济学就倍显"黔之驴"之窘态：它不但已经不是凯恩斯所说的"经济学的艺术"，而且，还以其晦涩枯燥和干瘪的经济学形式使自己逐渐淡出思想界和大众的视野。譬如，在中国出版界，那些以注重思想著称的三联书店、商务印书馆、中国社会科学出版社等就很少出版现代经济学类的书籍，而另一些热衷经管科目的出版社则主要感兴趣于通俗读物或教材。即使如此，大多数主流经济学人对当前这种困境也似乎毫不在意，反而试图进一步把生搬硬套来的自然主义思维贩售给

---

① 博兰：《批判的经济学方法论》，王铁生等译，经济科学出版社 2000 年版，第 60 页。

其他社会科学，试图将人类社会领域的一切行为和现象都纳入统一的成本—收益分析框架之下；这不仅包括对社会、政治、法律、宗教的解释，而且，也以此来对文化、伦理的形成进行解释以及对此的优劣进行比较。不过，迄今为止，经济学帝国主义的扩张进程并不顺利，经济学帝国所依赖的基础也并不扎实。关于这一点，韦伯很早就有了远见卓识："对经济学的文化分析的目的所作的这种解释，部分地是科学兴趣转向某些受经济制约的文化问题的某种历史状况的结果，部分地是一种狂热的科学本位主义的结果。……仅仅归结为经济原因，这在文化现象的任何领域，即便是在'经济事件'的领域里，无论如何也都是不完善的。"①

四 现代经济学发展的方法论要求

波普尔的证伪主义认为，任何理论根本上都无法通过简单的归纳来获得，而是要借助猜想—反驳机制来筛选现存的各种理论。问题是，如果说这种思维对科学的研究具有实际的指导意义的话，也主要体现在自然科学领域而非社会科学领域。究其原因有三：①自然现象是外在于观察者的，而社会现象却内生于人的思想和行动；相应地，自然科学只要根据外部现象就可以进行相应的分析和解释，而社会科学却必须探究事件背后的一系列思想。例如，我们在分析森林中树木的长势时，只要分析阳光、雨水以及其他空气养料就可以了；但是，在分析社会中人口的变动时，则必须考虑社会的人口思想、收入分配以及福利政策等。②自然现象具有相对的稳定性，而社会现象却呈现复杂多变性；相应地，社会科学规律不具有类似自然规律的普适性，而是具有非常严格的适用条件。例如，分子之间的万有引力具有相对的普适性，万有引力的解释力并不受时空的影响；但是，人与人之间的相互作用却很难有固定的模式，经济人对不同时空下的人类行为的解释力很不相同。③自然规律所依赖的条件往往是可实现的，而社会科学理论所依赖的条件则是虚拟的；相应地，自然科学理论在一定程度上可以通过实证或否证来进行检验，而社会科学理论却不仅无法通过少量的经验归纳来发现，也无法借助证伪主义来否弃。例如，热力学第二定律就可以在给定质量的气体下通过对温度、体积以及压力的度量来进行证明，即使天体运行也可以借助历史观察资料来进行检验；但是，经济学中的一般均

---

① 韦伯：《社会科学方法论》，李秋零等译，中国人民大学出版社 1999 年版，第 14 页。

衡理论却永远不能实现，从而具有不可证伪性。

正是由于社会现象的复杂性和不确定性，社会科学理论就无法像自然科学理论那样基于特定的可控实验进行证实或证伪。这也意味着，本质上作为社会科学的经济学很难通过基于可控实验的外部标准来对其理论进行检验，而主要是依据内部标准进行检验，从而形成了不同的研究范式。例如，Lind 就强调了经济学与自然科学间的差异，认为经验规则性（现象规律）不能独立于理论被陈述，从而不能作为证伪的经验基础。[1] 这一点，也为博兰[2]和豪斯曼[3]等众多经济学方法论者所认识。其实，尽管波普尔的证伪主义标准在自然科学领域影响深远，但现代经济学在将其引入之初就已对其作了很大的修正，并越来越依据于内部标准：基于对推理逻辑严密性的强调而导致了数理经济学的勃兴，它把经济学的逻辑等同于数理的逻辑；基于归纳问题的弥补而导致了逻辑实证主义的兴起，它在特定的解释共同体内把实证结论逻辑化。问题是，这些不同的研究范式又如何进行优劣比较？这就涉及对内部标准的界定问题，因为评估社会科学理论的内部标准往往不同于自然科学。

一般地，社会科学理论不仅要解释事物的外在表象，更要揭示现象背后的内在本质之间功能联系。也即它所揭示的不仅是表象之间的功能关系，更重要的是事物之间相互作用的因果机理。正因如此，社会科学的内部标准主要不是体现形式逻辑的严格一致性，而是实质逻辑的时空一致性。事实上，人类社会的行为逻辑不同于自然世界的数理逻辑，这也正是经济学理论的内部逻辑的特性。那么，体现因果机理的实质逻辑是如何建立呢？这就需要充分发挥人类的知性思维能力，在基于经验实证的基础上借助人的知性思维发现超验的内在机理，这是劳森近来倡导的超验实证主义。进一步地，人类的知性思维和推理逻辑又有何特点呢？一般地，任何科学理论的生命力都在于：对更多经验材料的解释力，对更多现实问题的解决力。社会科学理论也不例外，它需要通过对历史事件背后的思想的挖掘，来探究社会现象的发展变化趋势，从而为理解和改变现实提供思路。

---

① Lind H. , 1993, A Note on Fundamental Theory and Idealizations in Economics and Physics, *British Journal for the Philosophy of Science*, 44：493–503.

② Boland L. A., 1992, *The Principles of Economics: Some Lies My Teachers Told Me* . London & New York: Routledge，P.20.

③ Hausman D. M., 1992, *The Inexact and Separate Science of Economics*. Cambridge：Cambridge University Press，P.187, 188.

当然，由于社会现象的复杂性，任何具体现象和问题的解释和解决往往都需要结合其他方面的知识。从这个角度上讲，社会科学的理论研究与历史以及思想史是分不开的：社会科学的理论主要源自历史素材以及思想史的启迪，甚至是思想史的逻辑化和系统化，把过去的思想组织成为一套发展体系。正是由于社会科学与历史之间的密切关系以及这门科学必须立足于特殊前景下对意义的理解，哈贝马斯强调，社会现象仅仅能被解释学加以阐明，而无法进行充分的实证分析，因而将经验事实与伦理道德完全隔离开来的做法是绝对不可接受的。也就是说，经济学理论不是基于数理逻辑的推演和基于数据计量的实证，不能仅仅建立在超验的纯粹推理之上；相反，它源自人的生活经验，是将经验事实逻辑化、体系化，从而发现社会现象中一般性的规律或趋势。因此，为了更全面地揭示这种规律或者超验的内在机理，就必须尽可能多地观察人类的历史；只有通过对历史的剖析才能更好地接近认识事物的本质，尽管可能永远不能达到理论（或真理）的终点。

同时，作为社会科学的经济学不能仅仅停留在揭示现象之间的关系这一层面，而是要深入揭示隐藏在现象背后的问题及其成因；为此，它不能像新古典经济学那样仅仅基于静态均衡的视角来对现状进行解释，而是要分析经济现象的演化轨迹以及演化动力，从而真正发现和解决问题。正因如此，作为社会科学的经济学，其理论研究根本上应该遵循从本质到现象的研究路线，只有认清事物的本质，同时剖析现实中的缺陷及其成因，才能找到解决问题的合理办法。当然，正是由于社会事物自反馈效应所造成的复杂性，任何严谨的学者都必须认识到，人类是无法完全认识到事物本质的。其实，无论多么伟大的学者，所能做到的也仅仅是深化对本质的已有认识。而且，在人类社会发展过程中，对事物本质的任何微小的接近都是建立在充分借鉴和利用人类社会所积累的一切材料和认知之上，而从事这种工作的就是那些具有高度学术理念的学者。正是由于一代代学者对人类所积累的思想作潜心梳理，才使"往圣之绝学"得以流传；正是在文献爬梳的基础上，后人得以不断修正或补充新的思想，从而使得人类的认知不断深入。正是从这个意义上讲，后人是站在前人的肩膀上对问题进行分析和探索，既不能弃前人的看法于不顾，也绝不能把它们当教条来接受。显然，要对人类所积累的材料和思想进行充分而系统的梳理，就必须有甘坐冷板凳的精神，这是理论研究的基本要求。

正是从人类社会不断演化的角度，早期的诸多经济学大家如马克思、凡勃伦、马歇尔以及熊彼特等都把经济学视为一门演化的科学，强调经济学的理论应该与具体的社会、历史和文化联系起来，而不是仅仅基于边际的均衡状态来分析人的行为，也不是基于投入—产出的生产函数来分析收入变化。例如，凡勃伦就写道："对于现代经济学家来说，发展和变迁现象最为明显，随之而来的结果在经济生活中有目共睹。要理解现代经济生活，过去两个世纪的技术进步——例如生产技艺的进步——是最为重要的事实；但是，边际效用理论并未关注这个问题，这个问题也和边际效用理论无关。……它们既不能从理论上揭示过去或者现在的技术进步，也不能在技术上和形式上描述技术进步在当代经济进程中的作用。对于以现代财产关系形式不断前进的变迁序列，它也无能为力，快乐主义的预设及其'可微效用'的命题都没有用于、也不能用于考察发展现象——尽管边际效用经济学的整个领域也属于财产现象的范围。它们根本没有谈到商业惯例和便利条件的进步，也并未涉及伴随而来的那些支配着人们金钱关系的行动原则的变化，这些变化受到商业关系变迁的制约，反过来又制约和导致了商业关系的变迁。"①

其实，现代经济学研究本身也存在着两种路向：一是把经济学视为一门艺术科学，在象牙塔里基于逻辑推理而享受乐趣，强调的是"模型"逻辑；二是把经济学视为一门思辨科学，从基于不同视角对具体现象进行思辨的过程中获得认知的增进，注重的是"文字"逻辑。B.Ischboldin 认为，"文字"逻辑"用表达共同经验把握现实世界的语言进行的思想分析"，而"模型"逻辑则是"数学和符号逻辑模型在定量（经济）数据中的应用，而这个模型既可以有也可以没有现实对等物"。② 显然，正是由于对"模型"逻辑的推崇，现代主流经济学日益走上了数字游戏的道路；相反，一些非主流经济学则试图把研究对象从人控制物的工程学领域转向人与人互动的伦理学领域，探讨具体而复杂的社会关系之下的人类行为，从而偏向使用"文字"逻辑。正是在后一研究路径上，"诗无达诂"而开启了众多学者的想象，从而产生出经济学的新分支学科，包括对策论、制度经济学、比较经济学、新发展经济学、社会经济学、伦理经济学、福利经济学、实验经济学以及"后—我向思考"经济学，等等；特别是基于经济学理论具体可应用性的考虑，这类经济学家越来越倾向于走跨学科研究的交叉道路。而且，上述第二种路径可以使研究者从认知的增进中获得乐趣并深化致用之学：尽管不同智力以及具有不同知识的人所能获得的认知程度是不一样的，但毕竟在此过程中每个人都可以不同程度地提高自己的认知，

① 凡勃伦："边际效用的局限性"，载豪斯曼编：《经济学的哲学》，丁建峰译，世纪出版集团、上海人民出版社 2007 年版，第 114 页。

② Ischboldin，1960，A Critique on Econometrics，*Review of Social Economy*,18（September）: 11.

因而应该成为那些并非天才的绝大多数人所因循的研究路径。实际上，社会科学界的天才是很罕见的，那些经济学大师的成就大多是建立在艰苦的知识积累之上，无论是斯密、马克思、穆勒、马歇尔还是凯恩斯都是如此，即使像阿罗这类以技术性贡献著称的经济学家，之所以能够广泛涉猎社会和社会哲学等方面，主要也是少时刻苦攻读的结果。

五 尾论：自然科学和经济学的方法论差异

任何学科的研究方法都要与其研究对象相适应。显然，不像自然科学，经济学理论更明显地体现了特定研究者的个人认知，而这种认知又是建立在一定的方法论思维之上的。正是基于不同的方法论，研究者确立不同的假设前提或参照系，并基于一定的逻辑推理构建了自圆其说的理论体系，由此也就形成了不同的经济学说和流派。这种理论体系由一系列的硬核和保护带构成，从而很难为细枝末节的经验事实所证伪，除非面临巨大社会形势的变化。正如何梦笔指出的，"经济思想的内部动力学可能更多的是由隐含的方法论冲突而非经验和理论问题所驱动的，但所有的作者都把后者看做是首要的"。[①]正因为任何理论体系都以一定方法论为前提，因而如何对方法论进行选择以更有效地认知社会经济现象和解决社会经济问题就是至关重要的。胡佛（Hoover）就曾指出，方法论的考虑对任何学科来说都是不可避免的，经济学也应该努力寻求一个好的方法论。[②]那么，经济学的研究方法又该有何特点呢？这也正是本书的主旨。

一般地，经济学研究的根本目的在于揭示社会现象背后的内在本质以及相互之间的作用机理。显然，这并不存在一个普适性的认识。①本质是事物的根本属性，是隐藏在事物表象背后的内在性质。显然，不同观察主体基于特定的时空背景以及不同的研究视角往往会得出不同的认知，从而导致在本质认知上往往充满了争论，即使暂时取得的共识也会随着时空变更而为新的共识所取代。②社会事物之间本来就形成了一种相互作用的错综复杂的共生关系，而不像自然事物那样存在着一种单一的万有引力或分子引力。显然，这就需要剖析

---

① 何梦笔："演化经济学的本体论基础"，载多普菲编：《演化经济学》，贾根良等译，高等教育出版社 2004 年版，第 87 页。

② Hoover K. D., 1995, Review : Why Does Methodology Matter for Economics? *The Economic Journal*, 105（430）: 715–734.

它们之间相互作用的因果机制以使得解释能够保证两个事件之间的联系的确实"必要性"，而这种因果机理往往潜含了认知主体的知性思维。相应地，包括经济学在内的社会科学之理论都具有这样的双重特点：一是它必然会包含某种价值判断，却不能简单地停留在对某个问题的主观愿望上，以个人判断来替代逻辑推论；二是它必然会包含某种经验事实，却不能仅仅停留在经验数据上，而是要充分借助人类的知性思维。由此就可以明白，在包括经济学在内的社会科学中，一个学者对本质的认知深浅在很大程度上体现了其知识的渊博程度，这就对学者提出了比自然科学领域更高的知识要求。首先，要能够以开放的胸襟对待其他社会科学，积极从其他社会科学领域中汲取营养，要使得自己的规范性认识更具系统性和全面性，解决的方法更具现实性和可操作性；其次，要具有丰富的人类关怀情怀，积极关注公共领域中出现的不良现象，从而促进社会制度的不断改进。

因此，正是基于不同于自然科学的学科特性，经济学的理论研究就不能简单地模仿自然科学的研究方法，不能过度地强调经济学理论的客观性，更不能简单地用数量化程度来界定它的科学性。不幸的是，自弗里德曼 1953 年发表《实证经济学方法论》一文以来，实证主义就成为支配经济学研究的基本思维；相应地，那些希望涉及经济学方法论的经济学教材作者大多也将弗里德曼这一观点作为权威写入书中并向青年经济学子进行传授，尽管有关弗里德曼此文的方法论文章大多持批判态度。显然，其中就潜含了一个明显悖论：方法论研究批判它，而经济学教材赞扬它。那么，经济学教材的作者为何会如此忽视来自方法论专家的批判呢？[①] 在很大程度上，就在于新古典经济学的自然主义思维所产生的根深蒂固的影响，在于这些教材作者本身所受的经济学教育和训练。其实，如果真正解除主流思维的"枷锁"，我们就可以正视现代经济学的方法论问题了。

关于这一点，即使在经济学数学化思潮处于鼎盛时期的 20 世纪四五十年代到 70 年代，也有很多非主流经济学家对主流经济学中的数学滥用现象提出了强烈的批判。例如，缪尔达尔在 1971 年的美国经济学会会议上就指出，经济学科正处于严重的危机当中，而其中的关键就是要进行方法论的革命，需要引入制度的分析，用制度经济学范式来取代以新古典经济学为代表的主流经济

---

① 　Boland L.A. , 1979, A Critique of Friedman's Critics , *Journal of Economic Literature* , 17（2）: 503–522.

学范式。[①] 而在经历了 25 年后，布雷特和蓝塞姆在为其 1971 年出版的《经济学家的学术思想》所写的出版 25 年后记中说："我们强烈地感觉到，过去 25 年中经济学研究的变化使经济学专业偏离了我们所愿见到的方向。许多新兴经济学家的兴趣越来越狭隘"，"大学中为了技巧而进行的技巧训练很可能产生新一代知识企业家，其广泛的兴趣以及强有力的说服技巧只能激励较少的学者追随他们。刚刚过去时代的伟大经济学家们必定会有其继承者"。[②] 既然如此，为何还有如此多的经济学人在刻意地维持这种研究范式呢？加尔布雷思就说："（现代）经济学最大的功能，就是创造与维持经济学家的就业。"[③] 正因如此，本书尝试就流行的经济分析范式做一系统的审视。

---

① Myrdal G. , 1973, Crisis and Cycles in the Development of Economics, *Political Quarterly*, 44（1）: 9–21.

② 布雷特、蓝塞姆：《经济学家的学术思想》，孙琳等译，中国人民大学出版社、北京大学出版社 2004 年版，第 305、306 页。

③ 赖建诚：《经济史的趣味》，浙江大学出版社 2011 年版，第 146 页。

第1篇　计量实证的价值审视

　　当前中国经济学界盛行一股强盛的计量实证之风，似乎只有使用计量分析的文章才被视为客观的和科学的，而没有计量分析的文章则上不了高雅学术的台面。那么，计量实证果真有如此价值吗？首先，计量实证分析可以发现理论吗？事实上，理论体现为对事物的内在结构以及作用机理的揭示，而计量实证主要停留在事物的表现以及相互之间的功能联系。其次，计量实证分析可以预测现实吗？事实上，计量分析仅仅反映了过去的大势，而预测的价值体现在对事物变异的洞悉。最后，计量实证分析可以给出定量关系吗？事实上，回归分析所揭示的自变量和因变量之关系只有在其他变量相对稳定的情况下才有意义，而现实社会因素具有高度的变动性。在很大程度上，上述三个层次就对计量实证的学术价值提出了挑战，这种挑战同样适用于数理建模。因此，本篇就此做一解析。

如何理解计量经济学的理论价值？

——基于理论和现实的二分视角

导读

从理论上说，计量经济学要实现揭示经济现象间因果关系以促进经济理论发展的原初目的，就需要将计量分析工具和经济理论有机契合起来；相反，如果缺乏足够的经济学理论素养，就只能得出非常片面的论断，而无法真正揭示事物的内在本质和相互间的作用机理。但在实践上，从事统计分析或计量实证的经济学人大多缺乏足够的经济学理论素养，从而往往基于机械的统计数据分析而得出一系列荒谬的论断；更甚者，这些经济学人还热衷于将统计学关系转变为政策主张，由此就会造成更为严重的灾难。

 一 引言

在古典经济学时期，经济学的研究主要源于对经济史和经济学说史的梳理和提炼，并且与道德哲学以及政治学等学科结合在一起，它在很大程度上就是一门注重社会制度改良和生活改善的福利经济学。但是，到了古典经济学中后期，经济学逐渐摆脱经济史和经济学说史的影响，并与道德哲学相分离，从而逐渐发展成一门非价值取向的并适用于一切社会形态的"纯理论"科学。发生这种转变的一个重要原因是，经济学受到了牛顿革命和物理学发展的影响，以致学院派的经济学家开始刻意地将政治经济学规律当作"社会物理学"规律、社会进化规律来规范和研究；在这种情况下，边际革命将经济学从古典的"政治经济学"话语体系转向了"经济学"的话语体系，在个人主义和主观主义的方法论指导下开始注重演绎分析，并开始大量使用数理逻辑，从而促进了数理经济学的发展。与此同时，纯理论研究的兴起使经济学将其研究重点从"应该是什么"转向了"是什么"，这就促成了实证主义思潮在经济学中的壮大，乃至逐渐成为经济学理论和方法论的哲学基础；这样，到了20世纪初叶，经验和逻辑相契合的逻辑实证主义开始取代了旧实证主义在方法论中的地位，并成为20世纪中期西方经济学方法论的哲学基础，由此产生了一门新的经济学分支——计量经济学。

计量经济学侧重于对数据的处理，并从数据之间的相关性中获得变量之间的关系，由此来发现社会经济规律和提炼经济理论。有鉴于此，现代主流经济学人就宣称，传统经济学无论在研究方法还是具体理论上都已经过时了，从而也就不再注重从经济史或经济思想史中汲取营养。问题是，学术研究和思想发展果真可以抛开前人的智慧吗？当前的经济学人果真比以前那些经济学大师更加高明吗？施特劳斯就写道："我们莫名其妙地相信自己的观点能高人一等，甚至比最伟大的思想家还要高明——要么是因为这些观点属于我们这个时代，而这个时代既然迟于最伟大的思想家生活的年代，就理所当然地优越于他们的时代；又或是因为我们相信每一位最伟大的思想家就其观点角度而言是正确的，却未必如他们声称那样完全正确。……使我们蒙蔽于现实的谬论最终会得出以下结论：事实上我们比（或者能够比）史上最智慧的人还要聪明。因此，我们被诱使成为指挥者或者训狮人，而不是做专注温顺的聆听者。……导致这种境况的原因是因为我们丧失了所有能够信任的、权威的传统，丧失了本可以给我们权威引导的习俗，因为我们最直接的老师，甚至老师的老师相信，完全理性的社会是可能实现的。我们每一个人都被迫凭一己之力，寻找自己的方向，哪怕这么做存在严重的缺陷。"[1]

在很大程度上，正是这种狂傲自大和自以为是的心态，使现代经济学人发表了一篇又一篇貌似"前沿"的论文，但仔细推敲又会发现，这些文章并没有带来多少新的认知。有学者甚至认为，现代主流经济学的思想深度总体上还没有超越19世纪古典经济学家的水平。[2]有鉴于此，本章对当前流行的计量经济学在经济学理论发展中的意义和问题做一剖析。

---

[1] 施特劳斯：《古今自由主义》，马志娟译，凤凰出版传媒集团、江苏人民出版社2010年版，第6—7页

[2] 亨特：《经济思想史：一种批判性的视角》，颜鹏飞总译校，上海财经大学出版社2007年版，第323页。

二 计量经济学旨在契合统计方法和经济理论

计量经济学是以一定的经济理论和统计资料为基础，运用数学、统计学方法与电脑技术，以建立经济计量模型为主要手段，定量探究具有随机性特性的经济变量关系的交叉性学科。显然，扎实而严谨的计量模型分析对揭示事物之间的因果关系和作用机理是有帮助的，因为描述经济现象之间联系的理论模型是整个理论分析的出发点，也是理论检验的必要阶段，从而有助于提升理论与经验事实之间的一致性。首先，即使仅限于对数据处理的统计分析而言，它对经济理论的发展和完善也有这样两方面的作用：①提出以经验为根据的规律，它可能或不能进行演绎的阐释；②通过检查演绎推理的结果并将它们呈送实验进行检测，能够对演绎推理予以补充，甚至促使理论前提的修正。[①]其次，计量经济学是数学、统计技术和经济分析的综合，因而在形成之初就被赋予了一定的经济学特性；相应地，计量经济学在理论性方面远远超越了传统的统计学，其目的也就在于对因果关系和作用机理的揭示。

这也意味着，我们不能简单地将计量经济学等同于统计学，而是要清晰地认识到两者之间所存在的根本性差异。事实上，这一点在弗里希为《计量经济学》杂志创刊号所写的发刊词中就已经得到了说明：用数学方法探讨经济学可以从好几个方面入手，但任何一方面都不能与计量经济学混为一谈：计量经济学与经济统计学决非一回事，也不应视为数学应用于经济学的同义语；同时，计量经济学也不同于我们所说的一般经济理论，尽管经济理论大部分具有一定的数量特征。在弗里希看来，对于真正了解现代经济生活中的数量关系来说，统计学、经济理论和数学这三者都是必要的；但是，任何一项又都不是充分条件，而只有三者结合起来才构成计量经济学。这一点，法学家耶林也有同感："在各种科学中，都只有专业人士才能够写出该科学的历史，因为唯有他们能找到并指明其知识来源，并且获得真正的理解。"[②]

一方面，统计学往往只是描述事物本身"是什么"的事实。譬如，我们可以根据统计知识来说明一个国家在一定时期的生产和消费状况，也可以根据统

---

① J.内维尔·凯恩斯：《政治经济学的范围与方法》，党国英、刘惠译，华夏出版社2001年版，第225页。

② 耶林：《法学是一门科学吗？》，李君韬译，法律出版社2010年版，第74页。

计资料来显示一种事物或行为的分布状态。不过，即使在描述"事实"方面，以统计学来描述复杂的社会关系时也存在严重缺陷。哈耶克就写道，"人们往往认为，因复杂结构包括众多要素而产生的困难，可以利用统计学的技术获得解决"，"但从本质上说，统计学是通过消除复杂性来处理大量数据的，它有意识地把它所计算的每个要素，看成它们之间仿佛没有系统地联系在一起。它通过用出现率信息取代有关个别要素的信息，避开复杂性问题，它故意不考虑一个结构中不同要素的相对位置也会有一定作用这个事实。……在这种情况下，统计学可以使我们通过用单一属性代替一个集内的无法确定的各个属性，重新获得简单性并使工作变得更易于处理。然而也正是因为如此，它无法解决涉及不同属性的个别要素之间的关系的问题"。①

另一方面，计量经济学的根本目的在于，揭示统计所提供的事实之来源和后果，阐明各种"事实"之间的因果联系。这意味着，计量经济学的研究不能蜕化为仅仅提供"事实"而缺乏对事实之间相互联系的探究，否则它就失去了存在的意义，更无法由此提出政策建议。例如，萨伊很早就曾指出，没有一个荒谬理论或狂妄言论未曾援引事实以作说明，使政府当局往往受到迷惑的也正是事实。正因如此，欧美学术界对这两门学科的性质往往区分得非常清楚：一个是提供事实，另一个是机理探讨。有人甚至认为，对那些统计学家来说，观察事物就是简单地收集大量数据，除此之外就无事可做了；因此，统计学家仅仅是捆好小麦给他人去打场脱粒的人，而他们本身的思想是贫乏的。而且，与中国社会混淆两个学科的研究者乃至把统计学家视为理论经济学的权威不同，西方学术界对这两个领域的学者也界定得很清楚：经济学家并非统计学家，而统计学家也不是想当然的经济学家。譬如，卡拉巴（R.Kalaba）是动态规划的创始人贝尔曼（Bellman）的主要伙伴，一生发表过600多篇经济学论文和12本书；但是，没有人认为他是经济学家，很多人甚至认为他不懂经济学。② 目前，甚至一些被奉为经济学权威而受到吹捧的诺贝尔经济学奖得主也是如此，他们本质上并不是经济学家，他们对经济学理论和社会经济现象也知之甚少，只是开发了一些被主流经济学所使用的分析工具或模型而已。

一般认为，计量经济学诞生的根本目的在于，对经济理论进行检验和预

---

① 哈耶克：《经济、科学与政治：哈耶克思想精粹》，冯克利译，江苏人民出版社2000年版，第504页。

② 宋小川："也为左大培说几句公道话：也谈我国的学术讨论环境"，《海派经济学通讯》2004年第4期。

测，并通过对理论的检验而推动假说上升为科学。显然，这是一个逻辑严密的系统过程，而不是简化为数据处理过程。波普尔曾指出，一个假说的检验包含了四种不同的途径："第一，在这些结论中进行逻辑比较，以此来检验系统内部的逻辑一致性。第二，考察理论的逻辑形式，决定该理论是否具有一种经验理论或科学理论的特征，或者决定它是否具有其他特征，如累赘重复等。第三，与其他理论进行比较，以决定在该理论经受住我们的各种检验后，是否构成科学的发展；第四，通过从该理论推导出的各种结论的经验应用来检验这种理论。"波普尔还强调："最后一种检验的目的，在于发现该理论的结果在多大程度上经受住了实践的检验，而不管这些实践是由纯粹的科学实验提出的，还是由实际的技术应用提出的"。[①]事实上，是否可以通过对数量之间的定量分析来"发现"理论一直是一个引起争论的话题，丁伯根和凯恩斯曾就经济计量学的本质和有用性展开激烈的争论：凯恩斯认为，经济计量学仅仅是对已经在性质上知道正确的经济关系给出一个定量的精确分析；丁伯根却认为，回归分析可以帮助验证理论并能提出新的经济学理论。

但不管如何，迄今为止，人们还没有发展出能够证实或证伪经济理论的具有完美逻辑的计量方法，相反，当前流行的各种检验工具都存在明显的内在缺陷，而大多数理论计量学家对这一点都非常清楚。譬如，就 20 世纪 30 年代发展起来的内曼—皮尔逊假设检验而言，米洛斯基就认为，它是"一个有着深刻缺陷的关于归纳推理的理论"，因为"如果没有相应的随机化技术、抽样设计技术以及控制技术，这个假设检验将迅速变成一种对假设为科学的程序所进行调控的合理化过程，这个假设为科学的程序几乎可以产生调查者渴望的任何结果"；同样，这种自我证实的检验也存在其他方面的问题，例如，"如果有无限的自由可以改变变量和判断程序，那么，所谓的'需求率'仅仅忽视一个指令，一个要不断尝试可选择规格直到得到关于一个价格变量的负系数为止的指令"。[②]正因如此，基于回归分析看似获得了一个"客观"的计量结论，但这很可能是极不可靠的。事实上，无论把什么数据放进计算机，只要足够多，回归分析总会给你一个"验证"的结论；与此同时，把数据调来调去，或加进新的，这结论又很容易被另一个分析推翻。为此，西方学术界很早就有学者体会

---

① 波普尔：《开放的思想和社会：波普尔思想精粹》（米勒编），张之沧译，江苏人民出版社 2000 年版，第 133–134 页。

② 米洛斯基："问题是什么"，载巴克豪斯编：《经济学方法论的新趋势》，张大宝等译，经济科学出版社 2000 年版，第 88 页。

到回归分析是一个自欺欺人的玩意，对计算机处理数字也有"废物进去，废物出来"之说。例如，经济统计的泰斗戴尔·乔根森（D. Jorgenson）就直言，回归分析的困难在于它的不可靠性。

最后，需要指出，我们在评估计量经济学在经济理论发展中的作用时，还需要进一步区分理论和应用这两个层次：理论计量经济学主要研究如何运用、改造和发展数理统计的方法，使之成为随机经济关系测定的特殊方法；应用计量经济学是用经济计量方法来对既有的经济学理论进行检验，或者在一定的经济理论的指导下，以反映事实的统计数据为依据，来对经济现象的发展进行预测。一般来说，社会经济现象要比自然现象复杂多变得多，因此，即使理论计量经济学已经具有相当的逻辑严密性，但由于在影响因素的确定、隔离、抽象以及量化上的困难，它在进行理论检验和预测应用上也面临相当的问题。这意味着，即使今天理论计量经济学的研究成果很可能成为未来经济学实证研究的主要资产，但是，它在当前的应用价值也依然很值得怀疑。有学者就认为，当前实证应用一般要落后方法上的创新达 30 ~ 50 年。巴克豪斯等则指出，直到经济史学家能够更充分地利用可得到的数据库资源和现代计算技术之前，对一些领域的更严格的数量分析是不可能的。[1] 也即理论计量经济学的研究也许具有很大的（研究基础）价值，但应用计量经济学却很难有实际意义。正因如此，在西方学术界，那些功底深厚的统计学家转向研究计量经济学时基本上都集中在理论计量学方面，因为他们只有在这个领域才可以专注于方法上的研究而发现研究的意义；相反，他们不用关心那些自己心里根本无底的经济含义，而后者本身就是他们的弱项。

（三）经济理论欠缺下的伪计量实证

计量经济学本身是基于对经济理论进行严密化这一目的而产生的，计量实证本身是理论探究的一个重要过程，它注重的是对事物间因果关系和作用机制的揭示；进而，计量经济学要实现它的原初宗旨，就需要将计量分析工具和经济理论有机契合起来，要运用人的知性思维对计量结果进行系统分析，并将之

---

① Backhouse R., Middleton R., Tribe K., 1997, "*Economics is What Economists Do*", *but What do the Numbers Tell Us*? Paper for Annual History of Economic Thought Conference, University of Bristol, September : 3–5.

与现有理论进行系统的比较分析，这包括假设前提、影响因素以及数据处理等各方面。这体现在两方面：一方面，我们不能简单地因为一次或少量的实验结果就"证伪"原有理论，除非我们能够建立起一套逻辑严密的解释体系；另一方面，我们又不能简单地以计量结果来预测未来事件或者指导实践，除非我们对计量的假设前提与现实的各种因素作了仔细辨识。

在很大程度上，只有揭示出事物间的因果关系和作用机理，我们才可以获得认知的增进和理论的提升，才能为人们所接受。举一个例子：1847 年奥地利妇产科医生塞麦尔韦斯（I. Semmelweiss）发现，如果医生在为待产孕妇接生前将手洗干净就会大幅减少产妇的死亡人数，但当他将这一发现告诉医学同行并劝他们改变行为方式时，得到的却是嘲讽，甚至他自己也被逼疯而以自杀了结一生。究其原因，塞麦尔韦斯还没有发现洗干净手减少孕妇死亡的因果机理，也就没有建立起一套真正的理论。事实上，直到后来巴斯德（L. Pasteur）和利斯特（J. Lister）完成了细菌理论，对卫生为何至关重要作出了因果机理的解释，医生们才认为手术前洗干净手是必要的。同样，半个多世纪以前，有人就写信给英国的《自然》杂志，声称不同动物的平均怀孕期（从兔子到母牛）都是 π 的整数倍；而且，证据是大量的，统计一致性也很好。但时至今日，科学界始终不理睬这一观点，原因就在于，找不出任何理由来说明两者之间的关系。在很大程度上，正是由于缺乏足够坚实的理论基础，时下流行的计量经济分析往往就会导致伪回归结果。

（一）滥用计量之一：认知趋于肤浅

亨利·庞加莱曾写道："科学是由事实逐步建立的，正如房子是由石头渐渐垒砌的一样；但是，一堆事实并不是科学，正如一堆石头不是房子一样。"[①] 在很大程度上，单纯的计量实证至多能够提供有关"是什么"的事实，却无法揭示"为什么如此"的原因，从而也就无法直接由现象导向理论。正因如此，计量分析必须与经济理论结合起来：只有具有深厚的经济理论功底，才能从计量实证中挖掘出因果机理并将之上升为理论；相反，如果缺乏足够的经济理论指导而简单地依靠计量分析，就不仅无法揭示作用机制，反而常常得出一系列荒谬的论断。不幸的是，当前从事统计分析或计量实证的经济学人大多出身于数学、统计学或物理学等领域，他们往往缺乏足够的经济理论知识以及其他

---

① 庞加莱：《科学与假设》，转引自 M. 霍奇逊：《经济学是如何忘记历史的》，中国人民大学出版社 2008 年版，第 87 页。

人文社会科学素养；这样，他们往往仅凭一些非常片面而狭隘的数据处理就得出结论，从而就经常上演"瞎子摸象"和"见树不见林"的闹剧。这里可以举几个例子。例如，传统的观点认为，饭后不要马上就躺下不动，所谓"饭后百步走，活到九十九"；但是，目前一些学者凭借其狭隘数据的实证研究却提出了相反的观点，"要活九十九，饭后不要走"。再如，传统观点认为，必要的性生活对维持一个人的身心健康是必要的，它有助于舒缓人的精神压力进而活跃人的思维；但是，最近的一些实证研究却提出了相反的观点：性生活会钝化人的智力。所有这些结论似乎都有数据的支撑，从而符合现代经济学强调的客观性要求；但与此同时，所有这些结论又都没有能够揭示其内在机理，没有解释"为什么会如此"。

读者不要急于反驳说"这些似乎根本与经济学研究无关"：不仅它们所研究的东西不属于经济学的研究领域，而且分析的结论也与经济学理论似乎没有任何关系。事实上，确实有相当一部分经济学家就在做这种不是经济学的研究，因为现代经济学人已经将盛行于经济学界的计量方法和实证分析推广到绝大多数领域，而不管这个领域是否属于传统经济学。例如，笔者在英国 Exeter 大学经济系访学期间参加了系列研讨课（Seminar），其中一位主讲者的题目就是"人的胖瘦与学术成就的关系"，他在计量的基础上得出"研究"结论：肥胖会妨碍学术成就。再如，一个更为荒谬的实证研究是英国华威大学的青年经济学人巴克斯所做的，他自我感觉长相不差，但在 30 岁之前却有 3 年找不到女友，因而写出了一篇《为什么我没有女友：应用德雷克公式在英国找寻爱侣》的论文而宣称，在茫茫人海寻觅真爱仅比在浩瀚星海中寻外星人容易一点。其做法是：把 1961 年发明的德雷克外星文明数量公式（Drake Equation）中符合外星文明条件的变量转为自己的择偶条件，先考虑全英女性人口，再以"伦敦女性人数""适合年龄层（24~34 岁）""有大学学位"以及"外型具吸引力"等因素逐步缩窄范围；运算结果表明，全英 300 万女性中仅 26 人可能成为他的理想女友，而一晚外出可以结识到这些女子的机会仅为 0.0000034%。[①]显然，这种研究是荒谬的，因为人类的真爱本身是社会性，需要互动和相互付出才可以得到，而不是符合某些客观条件。事实上，如果按照经济学的这种思维，真爱反而很容易获得，因为只要将个人偏好输入互联网进行配对就行了。

---

① "英国经济学家：比寻外星人容易一点 找到真爱几率 0.0000034%"，http://dailynews.sina.com/bg/news/int/sinchewdaily/20100114/23221114015.html.

（二）滥用计量之二：无视根本因素

为了让读者对当前庸俗化的计量分析有更直观的认识，我们再来看一个例子。10 多年前，有一位在计量分析上小有成就的青年同仁告诉我，他找了几个合作者打算写一篇《性与消费》的计量文章，而且希望在英文期刊上发表，但是迄今还没有形成明确的思想，初步的看法大致是，性生活越频繁的社会，对奢侈品的消费就越高。但是，我马上打断他说，这个想法是肤浅的，而且缺乏坚实的理论基础。实际上，性生活更主要与文化有关，而这种文化并不必然会产生奢侈性消费偏好，后者更大程度是社会收入结构、享乐主义以及基于社会攀比的相对效用的函数。例如，在资本主义起飞阶段，随着宗教动力的式微和经济动力的偏盛，社会上就盛行开了攀比消费之风，而收入差距的拉大则为少数人进行奢侈型消费提供了可能；但与此同时，由于社会文化和传统习俗依然存在，社会大众的性生活还是受到很大约束。与此相对应，到了 20 世纪 70 年代后，随着享乐主义的盛行和性革命的出现，日益自由化的性行为开始进入寻常百姓的生活；但此时整个社会并没有形成对奢侈品的异常追求，社会大众反而开始认同大众化的消费。从中西方社会的对比中也可以发现：性行为频繁且开放的西方社会在饰品消费上所追求的往往并不是奢侈而是时尚和个性，相反，性行为依旧保守的中国社会却更热衷于奢侈品的消费。为什么会这样呢？简单来说，对奢侈品的消费与社会文化和消费目的有关。

在很大程度上，西方社会中性交往的男女基本上处于平等地位，一个女性往往仅因为一个男子的谈吐和外表就会跟他发生关系，第二天也许就会忘记昨晚发生关系的对象是谁；而且，婚前曾与多个男性发生关系的女性也不会受到社会的歧视，即使结了婚后很快离婚或再婚也是寻常之事。因此，当前西方人男女之间发生关系主要是追求愉悦之感，并不是以此来追求其他物质等需求；相应地，他们的消费主要是为了凸显个性而非追逐异性，更不是试图通过一次性的奢侈消费付出而永久性地占有特定异性。与此不同，中国社会中性交往的男女所处地位并不平等，一个女性通常不会因一个男子的谈吐和颜值而随便跟他发生关系，除非确定他是可以终身托付的对象；而且，一个在婚前曾与多个男性发生关系的女性，往往会受到社会的歧视，进而会影响到以后的生活水平。因此，当前中国女性不会随便与他人发生关系，因为这仅仅是寻求可以托付的男性所派生的；同时，为了获得这种男性，女性也就倾向于追求化妆品等奢侈型消费，因为往往通过这些消费才可能获得接近这些男性的机会。[①] 正因为性与消费之间的简单计量说明不了什么问题，所以我建议这位同仁不如去研究"个体主义和集体主义价值观与消费的关系"。究其原因，个体主义必然与功利主义联系在一起，而两者的结合往往会衍生出及时行乐的享乐主义，从而会激发奢侈品的消费；相反，集体主义则与社会责任联系在一起，这种责任对个体享乐是一种制约，从而会抑制奢侈品的消费。这意味着，虽然这类研究在起步期就没有真正搞清楚要研究的变量或对象，但最终却依然可以写出一篇漂亮的现代经济学论文。

（三）滥用计量之三：无关经济理论

纵观当前的计量经济学文章，大多数都呈现出这样的特点：要么是无关经济理论的，所"研究"的问题根本不属于传统经济学领域，或者研究者根本不具有该领域的基本知识；要么是反经济理论的，其结论与经济学理论明显相悖，根本没有有说服力的解释。究其原因，在实证拜物教以及求新求异学风的支配下，现代经济学对实证研究的推崇已经到了匪夷所思的程度：经济学家可以与任何学科进行联合研究，却不需要相关方面的基本知识。例如，目前经济学界就有很多文章探讨教育的收益、教育对经济增长的作用以及最优教育水平的选择等问题，但是，这种"研究者"却对教育在人类社会中的角色几乎一无所知，不了解公共教育与私人教育间的差异，不了解自然科学教育与人文社会科学教育间的差异，不了解教育收益的社会外部性，甚至也不了解教育对个体偏好的影响。再如，南开大学的一位经济学人发表的《行长面部宽高比影响银行绩效的路径研究》一文引起了网上热议，该文提取银行行长的面部宽高比这一易于定量识别的生理指标表征其个人偏好特征与行为倾向，运用2008～2016年中国商业银行的微观数据来分析银行行长的面部宽高比对其所在银行内外部绩效的影响，进而得出结论：银行行长面部宽高比通过体现出的权力感影响银行内部绩效，通过他人对其相貌的认知影响银行市场评价。为何会选择这样的议题作研究呢？一个重要原因就是西方学者也有类似的研究《经济学人》的一篇文章就选取了1994～2015年在1901家机构供职过的3228名男性对冲基金经理为样本，通过对其业绩和面部宽高比的统计对比，最终得出结论：脸更宽的基金经理年化收益率比脸窄的更低。中国学人的这篇文章只是

---

① 更进一步地，在古代社会，女性的生活水平严重依赖于她所嫁入的家庭，无论是中国女子的缠足还是欧洲女子的束胸都是为了吸引富裕家庭男子所支出的奢侈性消费。

把研究对象从基金经理换成了银行行长，而变量选择和研究方法则完全是拿来主义。

同时，一些经济学人热衷于运用计量分析对一些新领域进行分析，并往往会由此得出一些新的结论，却不去探索其内在的作用机理。例如，最近突然冒出了很多研究方言与经济增长的文章，其基本结论是，方言的存在严重制约了经济增长。既然如此，为何联合国以及各国都在努力保护方言和地方文化呢？如果像作者所说，他的研究仅仅关注效率问题，那又如何解释西方拉丁世界的资本主义崛起正是发生在各地方言兴起并取代原来统一的拉丁文之时的？本质上说，多元化可以防止无法预见的冲击：如果一方因某种冲击而泯灭，另一方则还能够生存下来。[①] 就人类历史来看，正是由于多元文化的存在，欧洲成为各种思潮及制度的孵化和实验场所，形成了各种各样的制度模式——君主制、君主立宪、共和制，虽然它们相互竞争，但迄今依旧实行不同的制度模式。所以，查尔斯·泰勒很早就指出，语言和文化等所提供的公共品是异质的，它们具有不可化约的社会性，从而也就无法运用统一标准来进行比较和评判。[②] 事实上，早在 1947 年库普曼斯（T. Koopmans）在《无理论测量》一文中就批评当时的标准做法：专门研究时间序列数据（如国民生产总值或利率）的统计特征以找出有助于做出预测的现行指标，是希望能有基于对深层次人类行为的实际观察而获得的一些理论。他写道："不同于时间序列所体现出来的观察结果，这些积极理论基于对消费者的动机与习惯，以及对企业盈利目标的了解，这种了解部分基于内省法，部分基于访谈或根据观察到的个人行为得出的推论，简而言之，就是对人类行为及其动机或多或少地系统化的认识。"[③]

（四）滥用计量之四：结论基本无用

即使在传统的经济学领域，基于计量实证的肤浅性和荒唐性也展现得淋漓尽致。譬如，有研究认为，高额累进制税率会降低富人的积极性，从而使经济变得没有效率；但有些研究却表明，税率的高低对富人的行为实际上并没有那

---

① 谢拉·C. 道：《经济学方法论》，杨培雷译，上海财经大学出版社 2005 年版，第 186 页。

② Taylor C. , 1990, Irreducibly Social Goods, In Brenan G. , Walsh C. (Ed.), *Ralitionality, Individualism and Public Policy*, Canberra: Centre for Research on Federal Financial Relation, PP.45–63.

③ Koopmans T. , 1947, Measurement without Theory, *Review of Economics and Statistics*, 19（3）: 161–172.

么大的影响。再如，有些研究认为，政府增加对学校的资金资助将会对教育和社会发展带来很大影响；但还有些研究则表明并没有不同，因为政府只会将钱浪费掉。那么，这些研究究竟有何价值呢？关键是要揭示导致不同结果的机制。例如，富人在不同社会制度和文化传统中会有何种行为？哪种制度可以减少政府支出中的耗损？但这些计量分析根本无此目的，从而往往就只能得出非常肤浅的结论。再举一个更为典型的例子，过去二三十年里发展经济学家十分钟爱的"跨国增长回归"的统计学方法就主要依赖于数据集的精心收集整理，这些数据只要能够描述大量国家多年的 GDP、政治体制、教育程度以及其他变量，就将这些数据输入计算机，然后观察一国经济中有哪些特征与经济增长相关。但显然，这种研究策略可以并已经得出了太多的答案了。2002 年，发展经济学家罗曼·瓦奇亚克 (R.Wacziarg) 用尖刻的笔调写道："那些宣称可以促进人均收入增长的灵丹妙药中，包括高有形资本投资率……低生育率、距赤道远、低热带病发病率、临海……和条件适当的外国援助"，而且，这个名单"正变得越来越长，永远列不完。"[1] 那么，这些研究究竟有多大价值呢？

事实上，利用这种跨国增长回归证明的大量统计学关系中，往往有不少是相互矛盾的：如有的证明外国援助能够促进增长，有的则说不能促进增长，还有的论证可以在特定条件下促进增长。更具嘲讽意味的是，赫尔辛基大学的博士生 Westling 的论文《男性器官与经济增长：尺寸有关系？》利用"跨国增长回归"方法并在其中加入一些相当反常规的数据后却发现，一个国家的国民收入与该国男性器官的尺寸有关。[2] 而且，Westling 强调，他采用的是标准的统计方法，结果具有鲁棒性；这种相关性无论在统计学上还是经济学上都具有重大意义——换言之，这项统计结果大到不容忽视的地步，不会只是巧合而已。当有学者问 Westling 如何看待自己的研究论文，他提出了"嘲讽经济学"这个术语，并补充道："从科学角度讲，这篇论文很可能和当代经济学大多数论文一样毫无价值可言。"[3]

（五）滥用计量之五：严重误导社会

不幸的是，尽管统计结果在很大程度上站不住脚甚至是荒唐可笑的，将统

---

[1][3]　蒂姆·哈福德：《嘲讽经济学》，金融时报 2011 年 8 月 18 日，何黎译。

[2]　Westling T., 2011, *Male Organ and Economic Growth: Does Size Matter*? University of Helsinki, Discussion Paper No. 335, July. http://www.slideshare.net/roadpizza/male-organ-economic-growth-does-size-matter.

计学关系转变为一项可行的政策本身就非常困难，但现代主流经济学人却往往要基于这种实证研究而提出政策建言。为说明这一点，这里再以近年来在西方社会正日益勃兴的气候和环境经济学为例。经济学家对人类经济活动影响大气和环境的作用机制知之甚少，要简单地通过数据的处理来对相关问题指手画脚。譬如，2009 年下半年哥本哈根全球气候会议之际，笔者在英国 Exeter 大学参加的一个 Seminar 就涉及这类主题，主讲者的大致结论是，计量数据表明，GDP 的增长以及二氧化碳的排放与全球温度上升并没有正相关性，因此，长期被认定的"二氧化碳排放量增加会引起'温室效应'"的结论是不成立的，全球气候会议制定的二氧化碳减排方向根本是"庸人自扰"。确实，迄今为止所使用的气候模型大多未能预测近年来的温度骤增情况。但这又能说明什么呢？很大程度上可能反映出：这些模型的构建本身就存在问题；目前有关二氧化碳排放量的数据本身也存在问题。

同时，即使研究所选取的数据没有问题，目前也没有二氧化碳排放与温度上升之间正向关系的研究发现，也不能由此得出"不应减排"的主张和论断。基本理由包括：①影响气温变化的因素除温室气体之外还有其他诸多因素，如浮尘对阳光的遮挡、城市化产生的"热岛"、海洋对热量的吸收而导致大气变暖的滞后，以及地球本身也许正处于"寒冬"周期，等等；②即使二氧化碳排放导致的气温上升可以为其他因素的变化而抵消，也不能得出二氧化碳减排无足轻重的结论，因为二氧化碳排放也会为人类带来其他危害，包括环境污染导致的基因变异、疾病暴发，甚至直接影响人们日常生活和工作的心情，等等。而且，即使气温变暖已经成为一个确切的事实，我们也无法由简单的计量模型来证实高温是由气体排放造成的温室效应所引起的，相反，很大程度上只能依靠逻辑机理的分析以及其他经验的推测。物理学的基本理论已经表明，二氧化碳分子能够吸收红外线辐射，从而使温度变高，这也很容易在实验室中得到检测；天文学的观察也表明，有高密度温室气体的金星地表温度达到了水的沸点的多倍，而缺乏温室气体的火星的地表温度非常低以致水无法以液态形式存在。

由此，我们也就可以审视下 2018 年诺贝尔经济学奖得主诺德豪斯在气候研究上的意义。诺德豪斯获奖的主要理由是，发展了研究全球变暖的经济学方法，并提出从排放许可制度转向征收碳排放税的主张。且不说温室气体排放是否会导致全球气候变暖还没有定论，即使经济学家通过数据的计量发现两者间呈正相关性，但这有什么理论价值和现实意义吗？根本上，理论研究的任务在于揭示因果关系和形成机理，进而寻求解决的方法。就温室气体与气候变化之间的关系而言，统计分析最多只能发现相关性，而因果关系和产生机理都是物理的，要考察热辐射，而解决方法也主要依靠对技术的使用和技术进步，这些都是自然科学的范畴。正因如此，使用统计分析来研究工业化过程中气候变化的学者很多都是来自自然科学领域（包括地球环境学、统计数学等）。当然，也不是说经济学与此问题没有任何关系，毕竟对技术的选择性采用以及对温室气体和污染的排放都是人类行为的结果，这些显然涉及了经济系统。问题是，这里涉及的也就是外部性、搭便车等造成的公地悲剧，而其中的理论逻辑早已为其他经济学人所揭示，并且提出了一整套的社会政策来解决这些问题（如征税、禁止、强互惠等）。至于"气候变化影响经济系统的生产过程和最终产出"问题，根本上也是自然科学的范畴。根本上说，经济学研究的对象是"人"，进而要做以下系列研究：人如何行为；由此衍生出何种社会经济现象；对社会经济发展又会带来何种危害；如何制定正式和非正式制度安排来影响和制约人的行为而实现更好的结果。

可见，尽管作为处理经济数据以剖析经济现象之间关系的一种日益精确的工具，实证方法和计量工具在经济学研究中运用是无可厚非的：它可以使纷繁芜杂的社会关系变得清晰，从而可以更清晰地对现象进行描述和刻画；它因借助数学逻辑而有助于认知的严密化和精确化，从而有益于思想的发现和传播。但是，我们必须明白，计量结论仅仅告诉了我们一些事实，而这些事实并不能展示现象背后的本质和因果机理。哈耶克很早就写道："大多数经济学家在今天仍然热衷于使用的那些统计测量数字，或许从历史事实的角度来看是颇具意义的；但是，对于从理论上解释那些自我维续的模式来说，这种量的资料却是没有多大意义的；正如我们所知，当人体生物学所侧重解释的恰恰是那些碰巧被拿到解剖室里的不同人的人体器官（不如说胃和肝）的不同的尺寸和现状的时候，上述那种量的数据对于这种人体生物学也是没有多大意义的。"[①]事实上，事物的本质以及事物之间的因果机理本身就是超经验的东西，因此，要深化对社会事物的本体论认知，促进社会经济理论的发展，根本上需要依靠研究者的知性思维。同时，不同学者对同一"事实"的解读往往也是不一样的，从而就产生了不同的学说观点，进而发展出了不同的流派。此外，对数据解读的合理程度往往与学者的知识结构和理论素养有关：一个学者的知识结构越广、理论素养越深，那么，他就越容易通过现象挖掘本质，得出的结论也就越

---

① 哈耶克：《法律、立法与自由》（第2、3卷），邓正来等译，中国大百科全书出版社2000年版，第506页。

真实。

　　不幸的是，随着现代主流经济学的教育越来越偏重于数学技能而越来越忽视基本的思维训练，现代经济学的实证分析者也越来越缺乏足够的经济理论素养；相应地，他们就无法正确合理地使用计量分析工具，甚至往往误读了计量结论。所以，诺思写道："在整个人类历史上，我们误解现实的概率远比正确理解现实的概率大得多，因而认识现实的本质就很重要。"[①]尤其是，在计量分析缺陷如此明显的情况下，当前很多从事计量实证的学人却关注如何应用这些计量工具而毫不关心应用的实际效果；相反，为了促使人相信他们的研究成果，从而能够使论文得以发表，他们还极力宣扬其研究方法的科学性和研究结论的客观性，这反而使当前这种研究具有极强的"伪科学"性。现代经济学人往往将基于数据以及精确分析之上的计量结果视为客观的，但实际上，仅仅以数据来支持和维护的论断恰恰是不客观的；其原因很简单，针对任何一个以数据为支撑的结论，我们都可以找到同样以数据为支撑的相反观点。为此，维多利亚女王最为宠爱的首相迪斯累利就指出存在三种谎言：谎言、该诅咒的谎言和统计资料。就当前而言，这里的"统计资料"改为计量分析更为恰当，因为以前的统计资料固然存在很多的不足，但它的应用还是受到很大限制，统计学家在使用统计分析时还存在很大的敬畏心；然而，自从计量分析得到发展并大肆应用到经济分析中之后，它就失去了使用领域的限制，反而被鼓吹为最为科学的方法。其实，大逻辑学家奎因就指出，科学本身是常识的继续，而科学家和普通人在迹象辨识力上没有区别，除非科学家更仔细。[②]但是，目前那些大量形式优美却没有经济理论内涵的计量结论往往很难经得起思辨逻辑的耙疏，甚至很多结论本身就是缺乏基本常识的，不可思议的是，它们却往往被当作"创新"和"洞见"而被传播。正因如此，我们对这些"洞见"应该持有最大限度的审慎。

四　审视流行实证分析的理论意义

　　一般地，任何理论或者一套系统的假设（H）都是对一系列实际情况（R）

---

　　① 诺思：《理解经济变迁过程》，钟正生、邢华译，中国人民大学出版社 2008 年版，第 5 页。

　　② 哈丁：《生活在极限之内：生态学、经济学和人口禁忌》，戴星翼、张真译，世纪出版集团、上海译文出版社 2007 年版，第 51 页。

的一般性表述。不过，究竟是从 H 到 R 还是从 R 到 H，却引起了方法论的争论；其中，前者也就是演绎法，后者则是归纳法。显然，实证主义就是把从 R 到 H 的推理过程视为最重要的，而波普尔的证伪主义则是对这一推理路径提出的反思。不过，无论是证实主义还是证伪主义，两者都是基于归纳法：证实是事前的归纳，证伪则是事后的归纳。那么，理论归纳能够出有效的理论命题吗？[①] 其实，尊崇实证主义的经济学家往往认为，基于计量工具的实证分析能够使研究者在研究过程中保持客观性。问题在于：不仅实证研究所使用的工具和规则本身就是随时间而不断变化的，而且对数据的选择以及变量的取舍等都具有强烈的主观性；对于何种问题与研究相关以及应该采取何种方法论标准等问题，往往会因不同学派的本体论观念和理解而存在实质性的差别。正因如此，我们无法通过孤立的实证分析而获得一般性的理论命题，理论的形成过程也无法依赖一个客观的先验标准；相反，理论往往源于大量事实的观察和内省，依赖于知性思维的过程。

新理论的出现往往不是基于常规范式的抽象研究，而首先是源于经验直觉的系统化，其次再寻求进一步的验证，而经验直觉的系统化过程也就是内省和知性思维的过程。例如，多普弗就写道："任何一个孩童，只要曾经经历过因为家里养不起所有的猫而不得不把小猫杀死这种事情，他 / 她就会对有限环境中超强能力的后果有一个直观的感受。从某种意义上讲，这些事实是非常明显的，达尔文的天才之处是他看到了这些明显的事实的重要之处，并用这些事实构建了一套能够被大家所接受的理论。"[②] 当然，源于直觉的理论仅仅是一个假说，它在为大众广为接受之前必须对其加以检验；这种检验可以是做更大量的经验观察和实地调查，也可以运用目前发展出来的新的计量工具。从这个意义上说，计量实证往往成为一个假说上升为理论的一个必要步骤，这也正是计量经济学对经济学理论发展的意义所在。张五常就指出，如果有了深思熟虑的验证思考，数据来源清楚明确，用回归分析处理是锦上添花。[③] 问题是，计量分析必须以深厚的理论知识为基础，否则，往往就会混淆统计关系和经济规律，就会倒因为果，更会忽视更为重要的其他无法量化的因素，从而得到潜含致命

---

① 多普弗："演化经济学：理论框架"，载多普弗主编：《经济学的演化基础》，锁凌燕译，北京大学出版社 2011 年版，第 5 页。

② 多普弗："演化经济学：理论框架"，载多普弗主编：《经济学的演化基础》，锁凌燕译，北京大学出版社 2011 年版，第 11 页。

③ 张五常："强迫发表是悲剧（二之二）"，http://zhangwuchang.blog.sohu.com/66696001.html.

错误的结论。为此，创立动态计量经济学的亨德里 (David Hendry) 就认为，计量经济学是炼金术，是前科学。①

　　不幸的是，实证主义的偏盛使计量分析被推崇为似乎唯一的科学方法，理论的探索也不再首先源于经验和直觉，而蜕变成了从一个命题到另一个命题、从数据到结论的机械逻辑游戏，从而得出了大量的牵强附会的论断。譬如，基于纯粹的计量分析，我们往往就会将火药的发明与战争联系起来，将飞机的使用与恐怖活动联系起来；将汽车的普及与绑架案联系起来，将摩托车接客与飞车抢劫联系起来；将机器的使用与失业联系起来，将互联网的发明与社会不稳定联系起来；将市场干预与经济计划联系起来，将城市规划与官员腐败联系起来；进而，将社会责任与少数专制联系起来，将民主规则与多数暴政联系起来。所有种种，都是以一种表面的联系来否定这些新事物的进步性。再如，基于纯粹的计量分析，我们往往又会将中国的近现代落后与儒家文化联系起来，将儒家文化与裹小脚联系起来；将当前的经济发展与政府的管理转变联系起来，将政府的管理转变与市场化发展联系起来。所有种种，又是以一种表面的联系来否定这些新事物的内在缺陷。试想，目前女生的裙子越来越短，由此我们可以论证说天气越来越热了吗？事实上，女生对短裙的偏好，与其说是天气热的原因，还不如说是时尚的改变。

　　尤其严重的是，当前一些热衷于计量分析的经济学人不仅缺乏足够的理论素养，而且失去了追求真理的学术理念，功利主义的形态使他们不关心经济理论的真正发展。正因如此，计量分析的过程和目的就越来越偏离计量经济学的原初目的：它不再是理论研究中的一个环节，而是用数据处理取代了整个理论研究。事实上，当前很多从事计量分析的经济学人，往往在形成一个可以被事实推翻的假说之前，就直接开始对一个变量作相关性分析，并以此给出相关或不相关的结论；而且，他们在作回归处理时，甚至对数据的出处也往往缺乏查根问底，而只是把一堆一堆的数字放进计算机由回归软件处理。正因为数据处理时缺乏一个逻辑严密的假说基础，因而我们必然无法说明出现特定结果的原因，无法全面剖析自变量和因变量之间的逻辑关系以及作用机理，从而必然无法得到具有说服力的理论。在很大程度上，目前大多数计量实证文章都是方法导向或工具导向的，大多数经济学人热衷于使用流行的计量模型和分析软件对所谓的热点问题进行实证分析，并往往在不同的环境下得出不同结论，而之前

---

①　David F. H., 2001, *Econometrics: Alchemy or Science? Essays in Econometric Methodology*. Oxford：Oxford University Press.

却很少有真正的问题意识和有效的经验直觉。

尽管如此，当前经济学界却很少有人愿意并能够对计量检验过程中所存在的种种缺陷进行反思，甚至在数据处理时连对现有检验手段的适用性也很少进行认真甄别；相反，大多数经济学人都非常随意地选择一些数据作计量分析，或者不断变化地使用检验方法直到得出自己需要的那种结果为止。尤其是，目前大多数计量分析都是借助软件来处理的，这就很少需要研究者个人的逻辑思维；结果，在软件上把数据调来调去往往是"举指之劳"，而得出来的是什么就说自己的假说是什么，以致这类软件文章所给出的结论往往也是千奇百态的。在很大程度上，中国那些热衷于计量实证的人大多拥有更为差劲的经济学理论素养，从而借由实证结论获得的政策建议往往显得更为荒谬。尽管如此，这些从业者却往往表现出不可一世的模样，自以为身兼统计学和经济学两家之学。事实上，当我与一些热衷于计量实证的同仁谈到《经济研究》中那些计量实证文章所存在的明显问题时，他们的回应如同麦克洛斯基（McCloskey）的同仁一样：确实存在很多问题，但那些都是糟糕的学人，而我们做得要比他们好。真的如此吗？在很大程度上，越来越多的经济学人将物理学等视为经济学模仿的榜样，将他们基于数据处理之上的结论视为客观的；但实际上，他们甚至没有能力区分自然科学和社会科学的性质差异，从而也根本没有认识到流行计量实证本身的内在缺陷。

其实，尽管实证分析在当前经济学界获得了畸形繁荣，但实证主义最初是被引入法学的，由此产生了强盛的实证主义法学。针对法学界的这种取向，耶林等人也很早就进行了批判："实证的法学或者说法释义学……有资格主张'科学'这个名称吗？人们可以问道，有哪一门科学，竟需仰赖立法者之心情，使今日有效之事物，与明日遭废弃，使于某处为假之事，于他处为真？"① 在很大程度上，法律实证主义否弃了那种抽象的与那些实现特定结果的权宜之策无涉的普世正义观，这不仅否定了人们对社会价值和正义发展的探索，而且也是对现代主流经济学所崇尚的自由主义价值观的否定，从而导致立法的随意性。例如，哈耶克就指出，"法律实证主义是一种根深蒂固的反自由主义的思潮，甚至还构成了在上一个世代盗用'自由主义'之名而出现的伪自由主义的基础"。② 显然，耶林等人的批判正切中当前实证经济学的要害。现代主流经

---

① 耶林：《法学是一门科学吗？》，李君韬译，法律出版社 2010 年版，第 44 页。

② 哈耶克：《法律、立法与自由》（第 2、3 卷），邓正来等译，中国大百科全书出版社 2000 年版，第 68 页。

济学往往强调实证分析是客观的，但实际上，根本不存在客观描述事实的实证分析，实证过程中无论在数据资料还是分析工具的选择上都充满了主观性。现代主流经济学也强调实证分析为政策提供了基础，但实际上，纯粹的实证分析仅仅是对过去事实的描述，从而根本无法指导实践以及现象预测。

在很大程度上，实证主义之所以遭受批判，就在于它无法揭示事物的内在本质，无法揭示事物之间的联系机理，从而就无法将经验认识上升到真正的理论层次，进而也就无法有效引导对现实的真正变革。例如，胡塞尔认为，"我们常听到有人说人生的根本问题上，实证科学对我们什么也没有说。实证科学正是在原则上排斥了一个在我们的不幸的时代中，人面对命运攸关的根本变革所必须立即作出回答的问题：探问整个人生有无意义"；在胡塞尔看来，这"归根到底涉及人在与人和非人的周围世界的相处中能否自由地自我决定的问题，涉及人能否自由地在其众多的可能性中理性地塑造自己和他的周围世界的问题"。[①] 相应地，石里克则强调，"科学与其他任何领域相比，其知识的材料或实体更是来源于智力活动——这种活动能使我们抵达抽象的最高峰。而一门科学所达到的抽象程度越高，它洞察实在的本质就愈深"。[②] 然而，计量实证却强调所谓的客观性，从而极力排除那些体现个人性的因素。一般地，在计量实证分析中，越发没有渗入个人性思考的分析，"客观性"就越强，也就越容易为他人所接受和认可。在这种情况下，又如何认识事物的内在本质？又如何获得社会认知的增进？

最后，我们再从两大维度来审查法学实证主义所遭受的批判，并由此审视实证主义在经济学研究中的缺陷。

第一，实证主义往往抹煞实然和应然的区别，以实然代替应然并由此误导社会实践。"社会学法学"运动奠基人庞德（R. Pound）写道："关于'是怎样'的各种理论，对'应当是怎样'的各种观念具有显著的影响，人们倾向于做他们认为他们现在正在做着的事情。当立法者被教导说法律是主权者的命令而他是主权者的喉舌时，他就倾向于认为规定在'兹制定'等字样后面的一切都是正当的了。专横的立法用这些东西乃是主权者的意志这种说法来为自己辩解。当法官被教导说因为他的判决为他所决定的事情盖上了国家的金印，法院所判决的一切就是法律，而这也就是法令所要求的一切时，他就倾向于认为'兹受理并判决'等字样后面所写的一切都是正当的了。当一个行政官员被教导说法

---

① 胡塞尔：《欧洲科学危机和超验现象学》，张庆熊译，上海译文出版社 1988 年版，第 6 页。

② 石里克：《自然哲学》，陈伟航译，商务印书馆 2007 年版，第 7 页。

律就是他在职务上所做的任何事情时，他多半假定他可以在做出决定以前拒绝或忽视听取双方的陈述，也可以违反人们曾认为的规整的基本准则，即任何人都不能作为对自己案件的裁判者，由他自己来接受申诉、进行调查、起诉、在自己面前为申诉辩护，并在一次程序中就这一申诉做出裁决。如果立法者、法官和行政官员被教导说，法律是政治组织社会行使强力的威胁，那么他们就倾向于不去思考一下这种威胁的内容是什么，而只去考虑，在什么程度上用一般讲法来说，这种威胁能够行得通。随着专制政府在全世界的兴起，这样一些观念已经流行起来，而且给予独裁者以科学理论上的声援和慰抚。"① 显然，经济学实证主义也面临这一问题，从而导致将现状的合理化以及市场原教旨主义的盛行。

第二，实证主义局限于现象的描述和客观性，而无法深入事物的本体实在并构建一般性的法学理论体系。新功利主义法学创始人耶林（R. Jhering）认为，"实证主义是法学的死敌。因为它将法学贬低为手工艺，故而法学须与其做殊死斗争。倘若法学不能随时保持警觉，那么，实证主义所散布的杂草种子，就会迅速蔓生，使各种科学窒息于其下"，"实证主义意味着逃避独立思考，献身于那作为无意志的工具的制定法"。② 在耶林看来，对法律的实证分析是离不开其他法学、伦理学、历史学等知识的，他指出，"关于法律的历史书写，为了要达到能真正理解其发展历程的阶段所走上的道路，会要求人们将史学家、法哲学家与法学家合为一体，来进行探讨活动。谁若是缺少法学教育背景就来承担这样的任务，那么他总是会面临一项危险，亦可能会忽略实际法律上的动机所造成的影响。本身完全不懂法律的人，如何能够正确理解在某个特定时期的法律？本身不熟悉过去时代中实际利益与专门法律要素的人，如何能够正确判断这些利益与要素的实效？……（但在实务法学家的圈子里却存在这种偏见，）仿佛一个完全不了解是无法学的人，也能够成为一位杰出的法律史工作者"，"另外，史学家与法学家倘若不将法哲学当作付诸手段而援用之，则他们也有可能错认其所担负之任务。这样的危险并不比较小。毕竟，法律道德各种驱动力，并不完全存在于纯然的实务面向上；应该说，伦理的面向总是跟它衔接在一起"。③ 显然，从事计量经济学的研究也面临同样的问题：离开其他学科的经济计量分析根本无法得出经济学理论。

---

① 庞德：《通过法律的社会控制》，沈宗灵译，商务印书馆 2010 年版，第 12 页。

② 耶林：《法学是一门科学吗？》，李君韬译，法律出版社 2010 年版，第 48—50 页。

③ 耶林：《法学是一门科学吗？》，李君韬译，法律出版社 2010 年版，第 71—72 页。

五 结语

现代计量经济学之所以迅速兴起，根本上有赖于逻辑实证主义这一哲学思维基础。逻辑实证主义强调，科学方法主要是整理事实的归纳法，科学命题可以且应该被经验证实，从而科学应统一于物理学；从这个角度上说，只有实证方法才是科学的，其得出的结论才是客观的。进而，实证主义还认为，经验观察与理论描述之间有直接的联系，任何对基础性论述的引用都会模糊理论形成过程的目标性，从而也就是多余的。[①] 正是基于这种实证主义观，现代主流经济学极力批判古典经济学的方法和理论而推崇新古典经济学的方法和理论：古典经济学的分析没有将人的主观性排除在外而充满了价值观，从而是不科学的；古典经济学的分析着眼于具体问题而没有构建普适性的理论体系，从而是含糊的。问题是，尽管实证主义崇尚价值无涉而批判和摒弃古典经济学以及其他非正统经济学流派，但它所使用的判断逻辑显然存在严重缺陷：因为根据实证主义，科学无法对任何价值进行评判，因此，科学永远不可能以某种学说具有价值倾向而否定它。同时，现代主流经济学热衷于应用所谓"具有先进性和科学性"的计量工具对社会经济现象进行实证分析，并由此发表了一篇又一篇"求新求异"的文章。但试问，如此甚嚣尘上的实证分析果真促进经济学理论的进步和社会制度的优化了吗？

事实上，任何理论都是形而上的，都体现为由一系列概念所构成的逻辑系统；在理论的形成过程中，关键是要运用人的大脑，需要借助人的知性思维。同时，鉴于现实的复杂性和假设的多重性，任何计量检验都不能完全证实或证伪一个社会科学理论。相应地，计量实证的主要价值在于为由知性思维所获得的论断或发现的规律提供经验支持，而如果实证结果与理论结论不符，那么，一方面会激发对理论的逻辑作更严格的审视，另一方面也是更重要的方面则是考察计量实证过程中可能存在的偏误。当然，严格的计量实证分析也可以发现各种社会变量之间的相关性关系，从而有助于引导理论研究者去思考其中的因果关系、作用机理或经济规律。不过，在其中的因果关系、作用机理或经济规律没有被逻辑性地揭示之前，这些计量结果并没有多少理论价值，也不会引

[①]　多普弗："演化经济学：理论框架"，载多普弗主编：《经济学的演化基础》，锁凌燕译，北京大学出版社 2011 年版，第 4 页。

起理论学家的多少关注。不幸的是，现代经济学人却很少关注计量实证分析是否具有真正的理论价值，而是基于某种功利或实用的目的而偏好于撰写计量文章；结果，经济理论也就没有取得多少实质性进步，进而导致现代主流经济学无论是在现象解释、事件预测还是实践指导上都遇到严重的危机，以致有人将经济学科的性质也作了蜕化理解。

计量结果的基本特性及其实践价值

——兼论经济理论的评判标准和发展路向

> **导 读**
>
> 目前，绝大多数经济计量分析集中在应用政策领域，力图对社会经济发展进行预测以及对社会实践加以指导。然而，简单的统计或计量结论往往具有这样两大特点：①它在很大程度上反映的是过去的变化趋势而无法揭示经济规律，难以揭示社会经济的实在结构及其运行机理；②它揭示的主要是常规大势而很少有实践价值，难以为社会经济的未来发展尤其是那些变异性发展提供预测。正因如此，很难基于计量检验来推动经济理论的进步，进而也难以基于预测力来评判经济理论的优劣。同时，由于计量分析获得的统计学关系不等于经济规律，而且也难以上升到理论层次，因此，一个新理论的出现往往提供了更具逻辑性的解释，并且往往因为特定的社会环境而得以迅速传播。

一 前言

一般地，规律体现在事物运行机理之中，而对运行机理的认知又依赖于对事物间因果关系和实在结构的揭示；相应地，单纯的计量分析往往只能发现一些"统计相关"的关系，从而也就无法揭示体现作用机理的"因果联系"及其相应规律。有学者指出，没有医学家可以从统计方法中确定是否存在因果联系。例如，我们可以发现寒冷和感冒之间存在统计相关，但寒冷却不是感冒的原因。因此，好的医学教科书通常不会说"吸烟致癌"，而只是说"吸烟是肺癌的相关因素"；后者只需要最简单的卡方检验就可以支持，而肺癌的发病机理以及吸烟与肺癌之间有没有因果联系却至今还没搞清。[1] 既然如此，又如何发现和认识事物之间的作用机理和因果规律呢？根本上，这就需要依赖于人的知性思维，进而，这种知性思维在很大程度上又源自在广博知识的基础上所形成的直觉。这就意味着，如果缺乏足够广博的知识结构和理论素养，那么，就难以对计量实证结果作正确的剖析和解读；相应地，此时单纯的统计或计量分析就无法揭示经济规律，而最多给出一种社会经济在现象上的变化趋势。

由此观之，随着经济学日益向自然科学靠拢，经济学教学开始偏重于新古典经济学教材中的少数原理，经济学研究则偏重于抽象的数学逻辑和数据处理；相应地，经济学人的知识结构和理论素养日益偏狭，大多数计量分析也就停留在描述经济数据之间的统计联系上。从这个意义上说，这些计量分析所得出的论断大体上只是描述了一种发展趋势，很少能够挖掘内在的经济机理，更难以给出任何经济规律。正因如此，尽管计量经济学提出之初的目的是促进经济理论的发展，但目前的经济计量分析却主要集中在应用政策领域，试图对社会经济发展进行预测，进而对社会实践加以指导。问题是，计量分析结论又在多大程度上能够实现这种应用目的呢？因此，本章再次对计量分析的基本特性展开深入剖析，由此来审视计量分析在政策应用中的局限，进而考察经济理论的发现途径和传播条件。

 ## 计量分析发现的是统计规律而非经济规律

现代经济学人越来越偏好于使用统计工具以及更为精良的计量分析手段来描述和解释社会经济现象间的关系，并试图从中发现经济规律而建立经济理论体系。但实际上，迄今为止，基于经验材料的量化分析所揭示的根本上只是具有特殊性的统计规律而非普遍性的经济规律：前者主要反映变量在数量上的某种相关性，最多体现了特定时间或范围内的变化趋势；后者则主要反映事物之间在相互作用上的因果关系，需要深入事物的内在结构和作用机理。事实上，几乎没有任何理论是基于计量分析得出的，因为理论根本上是超验的，而基于数据处理的计量结论则是经验性的；相应地，计量至多能够得出诸如基尼系数、恩格尔系数、帕累托法则、鲍利定律、康德拉耶夫周期、库兹涅茨周期等统计定律，而这些统计规律主要体现了各种具有相反趋势并相互抵消的事实的

一个巧合。斯皮格尔就写道："谈及消费者收入与支出之间关系的恩格尔定律和关于收入分配的帕累托定律，与厂商的增长有关的吉布拉特比例效应定律也是经验的。经验法则的特性使它们只能具有或然性的有效性。"[①] 而且，这些统计规律往往只是在特定时期或特定条件下才成立，而在不同文化和制度下则往往有迥然不同的表现。为了更好地理解这一点，这里对现代主流经济学中被视为收入分配规律的几个"常数"做一剖析。

首先，帕累托曾将一个社会中较高收入个体的收入分布用公式表示为：$N=AY^{-\alpha}$；其对数形式为：$\log N=A-\alpha \log Y$。其中，Y 为一定的收入水平（帕累托用的是高于社会全部收入的众位数），N 为收入大干 Y 的人数占总人数的比例。帕累托集中讨论了 α 值，估计的值在 1.5～1.7；而且，收入越平等，α 值越大。帕累托的计量结果表明，不管考察哪一个国家，所形成的曲线总是与 Y 轴大体成 56 度角。即不管一个国家的平均收入水平如何，收入的分配总是一样的。这就是帕累托收入分配定律，它在世界范围内引起了很大兴趣和很多批评。作为帕累托的继承者，美国数学家 H.T. 戴维斯对该定律作了改进，使之成为社会稳定的一个条件，并称之为对历史的数学解释。戴维斯推测：当 α 值显著高于 1.5 时，会导致右翼发起的贵族阶级革命，因为如此之高的 α 值预示着有特殊才能的人缺乏足够的空间；当 α 值显著小于 1.5 时，会导致左翼发起的无产阶级革命，因为如此之低的 α 值预示着社会底层会遭受严重的剥削。[②] 后来日本的哈利·大岛等人提供的数据则表明，阶级发展的最终趋势是降低不平等程度，故 α 值会随着时间而增大。

其次，英国统计学家亚瑟·鲍利研究了英国"一战"前一代人（1880～1913 年）的功能性收入分配而首次发现了鲍利定律（Bowley'S Law）：劳动在国民生产总值（GNP）增长中的比例保持稳定；而且，这似乎不仅是短期现象，而且是长期现象。针对鲍利定律，存在两种看法：①最初的看法肯定了鲍利定律，但认为还缺乏足够有效的解释。例如，克莱因就将劳动收入份额的恒定列为经济学的"五大比例"之一，并在建立经济学模型时将其处理为常数。不过，正因为经济理论还无法充分地解释鲍利定律，琼·罗宾逊称之是对整个学科的"谴责"。②后来逐渐意识到鲍利定律的错误，把它视为仅仅反映特定时期的特定现象。例如，如果劳工组织逐渐壮大，劳工力量将会

---

① 斯皮格尔：《经济思想的成长》（上、下），晏智杰等译，中国社会科学出版社 1999 年版，导言。

② Davis H.T.，1941，*The Analysis of Economic Time Series*. Bloomington: the Principia Press.

且应该提高劳动收入的份额。同时，后来马克卢普对美国的研究也反映了份额的变动性，美国 1945～1960 年的劳动份额在 63.6%～68.9%，而 1929～1960年则在 58.2%～73.4% 变化。[①]

再次，温特劳布则进一步发展了鲍利定律中的神奇常数，他用 $PQ=\sum_i p_i q_i$ 表示企业的生产总值，wN 表示企业工资；其中，w 是平均工资，N 是平均就业人数。同时，令劳动份额占企业总产出的比重为 1/k。于是就有：PQ=kwN，或 P=kw(N/Q)。同时，如果将 Q/N 定义为 A（平均劳动生产率），而 w/A 定义为 R（工资率与平均劳动生产率的比率）；那么，上式就转化为 P=k(w/A)=kR。温特劳布通过美国的数据观察到，k 是一个介于 1.9 和 2.0 之间的常数，且在第二次世界大战后有轻微的下降趋势。因此，温特劳布坚持认为，企业国内生产净值中的工资份额是个常数。[②] 问题是，在不同时空下，这种神奇常数果真会保持不变吗？显然，只要看看中国改革开放以来的这 40年间资本和工资所占的收益份额就一清二楚了。

事实上，计量分析所揭示的经济关系只有在社会制度等大环境保持稳定的情境下才会存在，而这些社会经济环境恰恰是不稳定的，它会受到人类行动有意识地改造。为此，萨缪尔森在 20 世纪 60 年代就曾写道："半个世纪以来，各种具有相反趋势并相互抵消的事实可以被认为是一个巧合，并且无法保证它们将重复发生。（我）意识到经济学'法则'在经济生活中是多么的变化莫测：例如，关于工资份额为常数的鲍利定律、关于劳动力的参与率为常数的龙氏法则（Long's Law）、关于不变的收入不等式的帕累托法则、关于财富—收入常数比例的莫迪利安尼法则以及关于真实工资和（或）利润率下降的马克思法则、关于资本—产出常数比例的无一例外法则（Everybody's Law）。如果这些都是法则，那么大自然就是一个罪犯。同时经验也告诉我需要对巧合保留必要的怀疑，在许多情况下，即使它们不能解释事实，它们也能描述事实，直到它们丧失描述的功能。"[③]

最后，我们再以库兹涅茨的倒 U 形收入分布曲线为例做一说明。新古典经济学者往往将此当作市场经济收入分配变动的基本规律，不仅为市场经济的有效性辩护，也为当下巨大的收入差距辩护，因为市场总会解决一切问题。问题

---

① 布朗芬布伦纳：《收入分配理论》，方敏等译，华夏出版社 2009 年版，第 78 页。

② 布朗芬布伦纳：《收入分配理论》，方敏等译，华夏出版社 2009 年版，第 410 页。

③ Samuelson P.，1964，A Brief Survey of Post-Keynesian Developments，In Robert Lekachman（Eds.），*Keynes' General Theory: Reports of Three Decades*，New York：St. Martin's，P.336.

是，倒 U 形收入分布曲线果真是自由市场自发作用的结果吗？库兹涅茨的倒 U 形收入分布曲线主要以西方社会近百年的历史数据资料为依据。库兹涅茨的分析是，"没有足够的经验证据来检验这个反映长期收入不均等程度的曲线，也无法划定各阶段的准确时间。但是，为了让这一曲线看起来更为明确，我将把收入不均等可能扩大的早期阶段进行以下划分：英国在 1780~1850 年；美国在 1840~1890 年，尤其是在 1870 年后；德国在 1840~1890 年。我会把美国和德国收入不均等缩小的阶段划在英国之后，美德大概始于'一战'，英国始于 19 世纪最后 25 年"。[①] 进一步的问题是，尽管西方资本主义社会普遍实行的是自由市场，但现代社会的市场机制还是早期"普力夺"的市场机制吗？

其实，库兹涅茨描述的倒 U 形曲线的前一阶段所反映的收入分配差距不断拉大反映了早期自由放任资本主义的现象是在市场机制很不完善的情况下完全由力量博弈决定的收入分配结果；倒 U 形曲线的后一阶段所反映的收入分配差距逐渐缩小则是人类对市场机制的干涉结果，因为在社会主义学说引发的体制外抗争以及改良主义学说主导的体制内变革之共同作用下，在社会底层阶级的对抗压力以及开明立法者的有意识努力之共同努力下，西方资本主义制度以及相应的市场机制发生了很大的变化。也就是说，倒 U 形曲线中前一段所呈现的扩大趋势主要源于自发市场的马太效应，这种马太效应最终会导致社会收入分配两极化，这也是坎铁隆、马克思等很早就提出的所有权集中规律；相反，倒 U 形曲线中后一段所呈现的缩小趋势则主要源于社会干预的转移效应，这种社会干预主要促使弱势者的力量联合和直接的立法来保障弱势者的基本诉求，这也是康芒斯、加尔布雷思等强调的抗衡力量。

同时，迄今为止针对倒 U 形曲线的检验结论也各不相同。例如，Galor 和 Tsiddon（1997）利用技术进步决定工资不平等的发展路径的假设，论证了收入不平等倒 U 形曲线的存在性。Lin 等 (2006) 利用与 Huang 同样的 75 个国家数据，设定基尼系数半参数模型，将人均 GDP 作为非参数部分的解释变量，其他控制变量作为线性参数部分的解释变量，由径向基 (Radial Basis) 惩罚样条 (Penalized Spline) 逼近未知的非参数函数，考察库兹涅茨倒 U 形曲线的存在性问题，结论也是支持倒 U 形曲线假说。但是，Deiniger 和 Squire (1996) 设定的面板数据模型的估计表明，对于大部分国家样本数据来说，倒 U 形曲线假说不成立；只有约 10% 的样本（仅 5 个国家的样本）的面板数据模型估计

---

① Kuznets S., 1995, Economic Groth and Income Inequality , *American Economic Review*, 45（1）: 1–28.

结果支持倒 U 形曲线假说。事实上，对库兹涅茨倒 U 形曲线的估计和检验往往依赖于数据类型：对于横截面数据模型，检验的结论大多支持倒 U 形曲线假说；而面板数据模型的实证结果常不支持倒 U 形曲线假说。同时，对库兹涅茨倒 U 形曲线的估计和检验还依赖于模型的设定形式：模型形式的简单性可能导致模型设定的偏误，导致经验论断产生差错。

显然，上述的剖析提醒我们，要注意计量结论的局限性。布朗芬布伦纳就强调，"一个过分程式化的所谓事实将不再是事实"。[①] 事实上，奥地利学派就拒绝以计量经济学作为经济理论的工具，认为计量分析并不能发现或确定经济规律。其所持理由有三：首先，由于推论出经济规律的这些公理被当作断然真实的，除非推论过程有错误，理论自身也必定是真实的，从而无法也无须用统计方法加以证伪；其次，行动往往包含反事实要素，它无法直接被观测或证实；最后，经济生活中没有常量，因而确定此类常量的任何努力都是徒劳的。[②] 在很大程度上，现代主流经济学之所以关注"量"的精确而忽视"性"的意义，热衷于数理的逻辑推理而否弃生活的日常语言，就在于存在韦森所讲的"致命误解，那就是经济学家们常常认为，日常语言是模糊的，故用日常语言所写的经济学，自是公说公有理，婆说婆有理，因而还不是'科学的'。正是基于这一天大的误识，当代主流经济学家错误地相信，只有通过数学公式所推导证明的经济学道理才是'科学的'。相当多的经济学家也由此错误地断定，一些用日常语言所撰写的经济学还不是'科学'的。这是当代经济学中数学模型的构建成为时尚、数学推理大行其道的根本认识论原因"。[③]

不幸的是，尽管现实社会经济中并不存在固定不变的神奇常数，但依旧有很多经济学人热衷于去挖掘这种常数，并把它视为一项"伟大"发现。为什么呢？温特劳布就为之辩解说："很多人对于经济学中一些重要的具有一致性的证据感到不安……我甚至曾经遇到过这样一种奇怪的观点，认为承认一个函数关系比承认经验上的近似常数更加有意义。这不是等于认为一幅图中的一条水平线的影响力弱于一条定义模糊、位置以及稳定性都不确定的曲线吗？这样模糊的'函数'是否能够从经验中识别并在分析中利用近似常数推进我们的科学

---

① 布朗芬布伦纳：《收入分配理论》，方敏等译，华夏出版社 2009 年版，第 410 页。

② 多兰，"作为非科学的奥地利学派经济学"，载多兰编：《现代奥地利学派经济学的基础》，王文玉译，浙江大学出版社 2008 年版，第 7 页。

③ 韦森，"从语言的经济学到经济学的语言：评鲁宾斯坦的经济学与语言"，载鲁宾斯坦编：《经济学与语言》，钱勇、周翼译，上海财经大学出版社 2004 年版，第 204 页。

呢？"[①] 问题是，模糊的函数关系往往只能给予人们一种思维启发，而所谓量化常数却会给出具体的政策设计，从而影响更为深远。不过，一旦常数本身是错的，那么它造成的后果也将更严重。对此，布朗芬布伦纳评论道："模糊的函数相对于精确的常数的优势并不在于前者能从模糊的处理、数学上的弱化或者注入 x=F(y，z) 的学究式的论调中提供更多的洞见，而是在于它们可以避免那些仅仅基于某种观测到的比例而得出复杂的理论构架、推广以及'具体的谬误'。"[②] 尤其是，流行的计量分析还以函数关系来代替因果关系，以数量关系来取代实质关系，甚至在还没有形成一个可以被事实推翻的假说时就直接开始对一个变量作相关性分析，并以此给出相关或不相关的结论。

　　总之，无论是计量模型检验还是统计检验，所获得的"显著性"都仅仅是统计学上的显著性而非经济学上的显著性，因而也就无法深刻揭示自变量和因变量之间的逻辑关系及其作用机理，必然无法挖掘出具有预测力的经济规律。诺齐克指出，"科学哲学家试图把科学发展与偶然的概括区别开来。偶然的概括仅仅是碰巧为真或碰巧一直为真"。[③] 在很大程度上，计量经济分析恰恰就是在做偶然性的概括而非科学法则；相应地，这些计量分析结论也就不能简单地被运用到政策分析中去，否则就会遭遇卢卡斯批判。事实上，McCloskey 和 Ziliak 研究了《美国经济评论》在 20 世纪 80 年代所发表的 182 篇完整论文后发现，有 70% 的论文都没能将统计意义从政策和科学意义（也即经济意义）中区分出来，有 96% 的文章误用了统计检测；在那些混淆统计意义和经济意义的 70% 的文章中，又有约 70% 错误地报告了他们所调查的经济变量之间的影响级数。也即《美国经济评论》20 世纪 80 年代发表的文章中有大约一半的经验文章并没有建立起他们所宣称的那个经济意义。[④] 面对这一研究结果，一些经济学家的反应却是，"是的，我们知道把符合标准视同实质重要是愚蠢的，但我们不会这样做，只有一些糟糕的经济学家才这样做"。而且，这些经济学家还宣称，1996 年后的情况已经开始改观。然而，Ziliak 和 McCloskey 于 2004 年又对《美国经济评论》在 20 世纪 90 年代所发表的文章再次作了分析后却发现，情况非但没有好转，反而恶化了：在 137 篇使用统计检验的文章

①　Weintraub S.，1963，*Some Aspects of Wage Theory and Policy*. Philadelphia: Chilton，P. 243.

②　布朗芬布伦纳：《收入分配理论》，方敏等译，华夏出版社 2009 年版，第 412 页。

③　诺齐克：《合理性的本质》，葛四友、陈昉译，上海译文出版社 2012 年版，第 13 页

④　McCloskey D.，Ziliak S.，1996，The Standard Error of Regressions，*Journal of Economic Literature*，（34）：97–114.

中，82% 的文章将只有统计学意义的发现误解为经济学意义的发现；大多数（81%）文章认为，观察到相关系数的信号就足够代表科学，而这种错误导致经济遭受损害：工作和正义的丧失以及真正的人类生活。[1]

 ## 三 计量分析揭示的是常规大势而乏政策价值

一些好的统计和计量分析结果往往可以发现社会经济的某种变化趋势，相应地，一些经济学人往往也以此来预测社会经济现象，甚至据此提出具体的政策建议。但事实上，计量经济学的回归分析往往内含这样的问题：①它将任何独特的事件都通过置信区间的设计而排除在外，从而通过熨平那些跳动的数字而将各种数据平均化，由此揭示的必然是一种常规大趋势；②它的分析结果主要是基于过去数据的统计或计量，从而仅仅体现了历史观察数据的延续却无法预测未来的跳跃性变化，由此所揭示的仅仅是过去的变化大趋势。正因如此，应用计量经济学的政策价值就存在严重局限。

第一，计量分析获得的是常规趋势，无法预测更为重要的非常规事件。事实上，计量分析告诉人们的往往是一些并不需要通过计量分析也能了解的常规现象，如果没有其他大事件的发生，明天、下个月或者下年度的经济发展就同今天、上个月或上年度类似。问题是，人们最为关心的是那些特异性事件何时、如何发生，又会产生何种影响，而这方面计量分析却无能为力。利特尔就指出，"在社会科学中，我们不是要发现能够使我们对社会现象间的因果性充满信心的那些规则和规律形式，相反，我们发现的是发展趋势的规律和各种例外性规则"。[2] 显然，常规趋势不仅忽视和抹杀了那些特异性表征，而且无法预测那些变异和独特事件的发生，从而对社会实践就并无实质的指导价值。

同时，在现实世界中，所有具有划时代意义的重大事件都是各种矛盾交织纠结而成的产物，都处于惯常的运行轨道之外。塔勒布（Taleb）将这种偶然事件称为黑天鹅，这些黑天鹅是可以产生巨大影响的小概率事件，它为数不多

① Ziliaka S. , McCloskey D.2004, Size Matters: the Standard Error of Regressions in the American Economic Review，*Journal of Socio-Economics*，2004（33）：527–546.

② 利特尔："马克思主义与大众政治：阶级冲突的微观基础"，载韦尔、尼尔森编：《分析马克思主义新论》，鲁克俭等译，中国人民大学出版社，2002 年版，第 134 页。

却几乎能"解释世界上的任何事情"。[①]但是，迄今为止经济模型几乎都无力预测这种黑天鹅是否会出现以及何时何地会出现。譬如，目前世界各国银行风险管理模型都是以有效市场理论为基础的，它们把未来可能发生的事件建立一系列概率，并以正态分布表示，如布莱克—斯科尔斯期权定价模型就是如此；但显然，这种钟形的正态分布往往对较大偏差忽略不计且无法处理它们，从而也就忽略了极端事件发生的可能性。也就是说，现代经济学的预测模型所提供的不确定测量工具将黑天鹅置之度外了，从而导致自身在环境变化时失效；尤其是，这种模型还会使人误以为他们已经控制了不确定性，从而进一步丢弃了不确定性的直觉把握。

第二，计量分析获得的是过去的变化大势，无法预测变动不居的社会经济发展。事实上，任何社会经济现象都是由众多极易变化的因素合成的结果，以致每个历史事件必然是不同质的，从而也就不能被用于检验或建立历史规律、数量规律或其他形式的规律。但是，流行的计量经济学却试图盲目仿效自然科学，把复杂和不同质的历史事实当作可重复的、同质的实验室材料，把每个事件的质的复杂性压缩成一个数字，然后错上加错，把这些数量关系看作人类历史中的不变关系，这必然会严重误导对社会发展的认知。[②]显然，以过去趋势来预测未来和指导社会实践，就会犯下工具主义的错误。

因此，无论是奥地利学派学者还是凯恩斯学派学者，都对简单化的应用计量经济学持强烈的批判态度。如米塞斯就指出，"我们能够观察的每个数量都是一个历史事件，是不指明时间和地点就无法充分描述的事实"，而"统计数字是论及经济时间的历史资料。它们告诉在某个不可重复的历史情况中发生了什么。我们能够基于我们在实验中确定的不变关系来解释自然事件。（但）历史事件拒绝这样的解释……"[③]即使是凯恩斯，他一方面对统计数据显示的事实高度重视，另一方面又对用统计方法预测未来的经济计量学持明显的怀疑态度。在凯恩斯看来，统计学不是给回归系数提供数据，而是为经济学家的分析提供直觉素材。[④]而且，凯恩斯还曾强调，数据信息如果落到一个没有经过哲学训练的人手中，将变成危险而误导的玩具。事实上，正如诺思指出："如果

---

① Taleb M.，2007，*The Black Swan*，New York: Random House.

② 罗斯巴德："人类行为学：奥地利学派经济学的方法论"，载多兰主编：《现代奥地利学派经济学的基础》，王文玉译，浙江大学出版社 2008 年版，第 33 页。

③ Mises，1963，*Human Action: A Treatise on Economics*，New Haven: Yale University Press，PP.55-56.

④ 斯基德尔斯基：《重新发现凯恩斯》，秦一琼译，机械工业出版社 2011 年版，第 55 页。

我们不断地创造全新的世界，我们从过去经验中形成的理论能在多大程度上应对这个全新的世界呢？"①

正是基于上述两大原因，简单地将计量分析的结果应用于社会实践必然会遭受失败。关于这一点，经济学说史已经给出了大量例子。

例如，杰文斯既是一个经济学家又是一个逻辑学家，同时对经验科学和统计科学也做了重要探索，《太阳周期与谷物价格》和《煤炭问题》等都涉及对数据的分析和解释。事实上，长期以来杰文斯也以统计学家的地位被列入史册，凯恩斯就指出，杰文斯的归纳研究标志着"经济科学的一个新阶段的开始"。但是，尽管杰文斯的第一部著作《煤炭问题》为他赢得了声誉，但实际上这是一部属于马尔萨斯主义的杞人忧天的著作：该书估计了英国煤炭的现有储量和煤炭消费的增长率，认为需求将持续增长而煤炭储备量却将日益衰竭，结果只能是煤价急剧上涨和英国经济增长的停止。正是基于杰文斯的研究，关于行将到来的煤炭短缺的故事迅速充斥了英国的各家报纸，一个专门调查该问题的皇家煤炭委员会也宣告成立。然而，尽管杰文斯估计到1961年英国的煤炭消费量将达到26.07亿吨，但1962年英国实际使用的煤炭数量却只有1.92亿吨。为什么会有如此差距呢？根本原因就在于，杰文斯没有预见到煤的替代品的发展，如石油、天然气、水力发电等。除此之外，杰文斯也因担心稿纸短缺而买了一大堆稿纸，但结果是，在他去世50年之后，他的子孙们也没有把稿纸用完。②

再如，作为美国计量经济学会的第一任会长以及经济学会和统计学会会长，费雪在20世纪20年代曾被称为"华尔街的先知"。但是，根植于以肯定性理性为基础的乐观主义，费雪看不到经济繁荣背后的问题，不仅在1929年股票市场崩溃的前一周还坚信华尔街的股价踏上了"永久的高原"，而且在经济崩溃后也仍相信华尔街的衰败不会持续时间太长；因此，他大量买进股票，以致所有的投资都被低迷的市场彻底吞没，最终因负债累累淡出了公众视野。同时，费雪之所以对股市持有如此乐观的态度，根本上是因为他对纽约股市的见解。费雪认为，当时的股价虽然已经达到了高原，但仍未追上股票的实际价值，因而还会继续增长。而且，2004年的诺贝尔经济学奖得主普雷斯科特 (E. Prescott) 在同年11月发表的文章用现代增长理论估算了1929年上市公司

---

① 诺思：《理解经济变迁过程》，钟正生、邢华译，中国人民大学出版社2008年版，第13页。

② 参见普雷斯曼：《思想者的足迹：50位重要的西方经济学家》，陈海燕等译，江苏人民出版社2001年版，第120页。

的股票基本价值并对比了它们的股市行情，也得出了与费雪同样的见解：1929年 10 月纽约股市巅峰时的股价依旧处于被低估状态。[①] 既然如此，股市为何又会崩盘呢？为此，赵峰评论说："费雪最初成为百万富翁依靠的是技术发明而不是经济学，但他最终的失败却与他的经济学有一定关联。"[②]

此外，默顿和斯科尔斯利用其期权定价公式来炒买炒卖各国债券，却无法预见 1997 年的东南亚金融风暴，从而导致其主导的长期资本管理公司（LTM）的破产；究其原因，他们发明的期权定价公式基于历史数据而将德国债券与意大利债券的价格变动视为正相关，但金融危机的爆发却使两国债券价格变成了负相关。正因如此，我们必须充分认识到现代主流经济学基于计量分析所得出的结论的局限性，不能简单地将其运用于对现实实践的指导和对经济发展的预测。阿里巴巴董事局主席马云就感慨地说，经济学家首先是个数学家，他主要是对数学模式有兴趣，对昨天的数据有兴趣，但让一个对昨天有兴趣的人去判断未来却是悲哀的；因此，企业家不要听经济学家的话，否则就死掉一半了。[③]

可见，尽管流行的应用计量经济学强调通过社会经济规律的揭示以及未来发展趋势的预测来指导社会实践，但实际上，不仅其中内含了无法克服的逻辑缺陷，而且指导历史实践的成效并不好。究其原因，尽管实证主义和经验主义方法论为自然科学和科学哲学所推崇，但它在生活世界和社会科学中远没有在自然科学那样适用：与自然现象的相对稳定性相比，社会经济现象中根本就没有不变的常量，人的意志、知识、价值观和社会关系等总是在变化；与物理学等自然科学不同，黑天鹅在人类社会的发展中往往起到关键作用，经济科学也被这些罕见和极端的事件所主宰。因此，运用计量分析工具揭示社会经济规律并以此来预测未来事件和指导社会实践时，就必然会存在无法克服的缺陷。相应地，在使用计量模型分析时，应该关注这样两个基本点：①不能简单地依据统计规律来预测未来，因为未来很可能因新事件的出现而产生变化；②不能简单地依据统计规律来指导实践，因为这很可能由于与现实相脱节而造成灾难。不幸的是，现代主流经济学恰恰将经济学等同于自然科学，并基于理性模型进行计量分析，因而就必然发现不了那些由偶发性事件作用而产生的经济危机，

---

① 赖建诚：《经济史的趣味》，浙江大学出版社 2011 年版，第 143 页。

② 赵峰："欧文·费雪的传奇"，《经济学家茶座》2007 年第 3 期。

③ "马云：企业家不要听经济学家的话　否则会死掉大半"，http://tech.ifeng.com/internet/detail_2012_09/09/17469604_0.shtml.

从而无法发现现实世界的问题，更不要说由此给出合理的政策建议了。

 （四）经济理论进步的评估标准：预测还是解释

计量分析的另一个作用是通过检验来推动经济理论的发展和进步，进而基于未来事件的检验就是预测。按照巴克豪斯的观点，一个完美的理论应该具有三大特性：内在逻辑的一致性、与经验事实的一致性以及成功的预测。那么，计量分析果真能够基于对未来的预测而检验一个理论吗？实际上，迄今为止还没有任何一个经济理论或经济学说能够满足这三大标准，相应地，如何判断理论的进步是一个长期存在的问题。尤其是，理论在解释和预测两方面往往难以兼得，乃至在理论评估上形成了两种不同的观念。

首先，实证主义将成功的预测作为评估理论的主要指标，从而强调理论与经验事实的一致性。问题是，上面分析所揭示的经济理论意义却表明：回归分析主要揭示了社会经济关系的一种常规大趋势，这不仅忽视和抹杀了那些特异性表征，而且也无法预测那些变异和独特事件的发生；计量分析还因使用的是历史数据而仅仅反映过去的变化趋势，从而往往无法预测未来的跳跃性变化，以过去趋势来预测未来走势更是遭遇了逻辑一致性问题；相关性分析只能关注那些同质的数量间关系，却忽视了无法观察到或者无法量化的结构、机制和力量等因素，而这些结构、机制和力量等因素的改变，必然会导致计量预测的失败。也就是说，计量分析无法揭示事物的内在结构，从而也就无法将经验事实上升到理论层次，它所获得的根本上是具有特殊性的统计规律而非普遍性的经济规律。既然如此，经济理论又是如何产生的呢？我们又如何评判和推动经济理论的进步呢？

其次，布尔巴基主义则将内在逻辑的一致性作为评估理论的主要指标，从而强调数学在经济学中的应用。究其原因，在布尔巴基主义看来，由于经济学无法像自然科学那样借助大胆假设与实验检验相结合的方法得到完善和证明，从而就只能求诸内部逻辑的严密性。事实上，一个理论的科学性也并不简单地体现在它的预测力以及被证实上。迈克尔·波兰尼认为："预测并非科学命题的惯有属性。开普勒定律和达尔文定律都没有预测什么。无论如何，成功的预言不能从根本上改变科学命题的地位"，"任何有朋友是占星家的人，都能从他们那里得到惊人应验的预测的例子，这种预测的惊人应验连科学都难以匹敌。

然而科学家甚至拒绝考虑占星预测的价值"。[①] 这一点尤其适用于作为社会科学的经济学理论。一方面，对一个经济理论的优劣评判很少依据它的预测力，尤其是很少依赖于对特定事件的预测力。究其原因，社会经济现象本身受诸多因素的影响，这些因素不可能都包含在经济理论的假设条件之中。另一方面，一个经济理论也难以被一次性或零星的计量分析所证伪或证实，尤其是这些计量分析依赖的是非常狭隘而局部的数据。究其原因，任何量化检验都会受到一定条件的约束，从而不能完全符合理论的假定要求。

（一）以预测来检验经济理论的局限

一般地，任何理论都是不完全的，既没有也无法终结真理，从而也都会遇到难以解释的社会经济现象，进而也就难以经受严格的证实和证伪检验。迈克尔·波兰尼就强调："没有什么科学发现能够被严格地证实，甚至不能被证明是可能的。"[②] 而且，如果按照严格的证实和证伪主义原则，那么，社会科学领域甚至就不可能产生任何理论。科学发展史也表明，绝大多数社会科学理论都是在质疑和批判中逐渐成长的，它们一开始就遇到许多"事实"的证伪。费耶阿本德就写道："在科学史上，当科学理论出现时，它不仅仅是不确定的并被暴露于其反驳理论中，而且正是一出现就遭到反驳：他们存在着不计其数的问题，他们具有深层的根本的错误。特别是假说造成了证据之间的鸿沟，相关事实之间的裂缝，而且内部矛盾总是不可避免。"[③] 拉卡托斯则说："如果科学理性的理论太狭窄，即如果它的标准太高，那么它就会使太多的现实的科学史似乎是非理性的——这是对它的理性重建的讽刺。"[④]

尤其是，由于社会经济现象的条件更难以控制，各种社会因素的变动也更具不确定性，因此，经济学理论也就更加难以通过预测来加以检验。科斯指出："除了在最特别的情况下，我们很难获得用来检验新理论预测的数据资料（统计数字和其他信息），即使能得到，也不会符合检验所要求的形式（甚至当把它们转换成所要求的形式时，需要进行这样或那样的处理，以使它们能得出相应预测）。谁愿意进行这些费力的调查呢？那些相信新理论的人将愿意进

---

① 波兰尼：《社会、经济和哲学：波兰尼文选》，彭锋等译，商务印书馆 2006 年版，第 241、242 页。

② 波兰尼：《社会、经济和哲学：波兰尼文选》，彭锋等译，商务印书馆 2006 年版，第 280 页。

③ 费耶阿本德：《知识、科学与相对主义》，陈健等译，江苏人民出版社 2006 年版，第 149 页。

④ 拉卡托斯：《数学、科学和认识论》，林夏水等译，商务印书馆 2010 年版，第 316 页。

行这样的检验以使不相信新理论的人信服该理论能产生正确的预测，而不相信新理论的人也会进行这样的检验，以使相信新理论的人确信新理论不能产生正确的预测。但是，为了使这些检验有意义，就有人不得不相信该理论，至少要相信它应该是正确的，因为从事一项旨在揭示没人相信的理论会产生不正确的预测的调查……如果所有的经济学家都遵从弗里德曼选择理论的原则，那么，在一个可能产生无法检验的悖论性结果的理论被检验之前，就找不到一个愿意相信它的经济学家。这是我说的接受弗里德曼的方法论将导致科学活动瘫痪的意思"；所幸的是，"经济学家，至少有足够的经济学家，不会等到理论的预测被检验之后才作出他们的决定"，从这个角度上说，检验理论的预测力在经济学家中"常常没发挥什么作用或只发挥了非常微小的作用"。[1] 在很大程度上，一些主流经济学人之所以推崇和夸大计量分析方法和计量结论的意义，就是因为犯了特维斯基和卡尼曼所称的"小数法则偏差谬误"，它夸大了小样本对总体的代表性，把将小样本中某事件的概率分布看成是总体分布。[2]

进一步地，由于理论无法为单次或有限少量的检验所证实或证伪，那么自然地，也就无法用单次检验或有限少量来比较不同理论的优劣。拉卡托斯指出："没有单个的实验能在改变两个竞争的研究纲领的平衡状态中起决定性的，更不用说是'判决定的'作用"；而某些实验之所以根据事后的认识而被授予"判决性实验"的尊称，主要是因为，"这些实验可以成功地用一种研究纲领来说明，但是用另一种研究纲领就不能如此成功地加以说明"。[3] 既然如此，我们又如何比较两个理论的优劣以及评判理论的进步呢？一般地，这往往诉诸理论的解释力。其原因在于，理论的直接作用体现为，是否提高了我们对现实世界的认识能力？科斯强调，"一个理论不像航空时间表或公共汽车时间表，我们不能仅仅只对其预测的精确度感兴趣。一个理论也应作为进一步思考的基础，它通过使我们有能力组织自己的思想，从而对我们理解正在发生的事实有所帮助。面对一个能给我们预测但不能提高我们对体系运行的洞察的理论，和一个能给我们这种洞察但预测很糟糕的理论，我宁愿选择后者，而且我认为大多数经济学家也会这么做。无疑，经济学家之所以这么选择，是因为他们相信，这

---

① 科斯："经济学家应该如何选择"，载《论经济学和经济学家》，罗君丽、茹玉聪译，格致出版社、上海三联书店、上海人民出版社 2010 年版，第 29—30 页。

② Tversky A. & Kahneman D., 1971, Belief in the Law of Small Numbers. *Psychological Bulletin*, 76（2）：105—110.

③ 拉卡托斯：《数学、科学和认识论》，林夏水等译，商务印书馆 2010 年版，第 334 页。

个理论最终能使我们有能力预测真实世界将会发生的事情；但因为那些预测将会在以后出现（并且可能是关于不同的事情），所以，选择理论应依据其预测力的断言就显得有些站不住脚"。①

（二）经济理论的评估标准在解释力

既然如此，我们究竟该如何评估一个经济理论呢？基本思维如下：社会科学理论的目的在于帮助人们理解社会经济体系如何运行，因而假设的真实性是必要的；假设的真实性要求我们致力于分析真实的世界，而不是构造一些不存在的想象世界；相应地，这就对经济学理论提出了这样的要求，好的理论要能够实现"上天"和"入地"的对接。其中，"入地"是指理论要有现实意识，所关注的问题本身来自大量的经验事实；"上天"是指不能局限于经验事实的局部描述，而是要上升到一般性的理论层面。也就是说，经济理论研究贵在能够洞见经验事实与流行理论间的不一致性，从而对原有理论进行反思、批判和发展。

其实，引发对现有理论进行审视和反思的经验事实是大量存在的，只不过大多数人往往对此熟视无睹而已，而理论的进步则要为更多的反常事实提供一个更一般性的系统解释。张五常就写道："科学的进步，不是因为对的理论替代了错的，而是有广泛解释力的，替代了较狭窄的。"② 因此，我们应该审慎对待卡尔纳普的观点：科学规律的目的就在于，"用于解释已经知道的事实以及预言尚未知道的事实"。③ 根本上，对于作为社会科学的经济学而言，其理论进步的首要标准在于其解释力而非预测力。究其原因，社会经济现象是复杂多变的，从而无法基于单一或某些因素来进行准确预测。例如，布罗姆利就指出："如果一个人像许多经济学那样，相信经济学的根本目的在于提供预测，那么他就应当承认，经济解释作为作出预测的必要条件，是经济学工作的核心。除此之外，如果一个人还相信，经济学的根本目的在于为社会问题的解决提供有用的、有价值的建议，那么他也同样必须承认，作为给出解决方案的必需条

---

① 科斯："经济学家应该如何选择"，载《论经济学和经济学家》，罗君丽、茹玉骢译，格致出版社、上海三联书店、上海人民出版社 2010 年版，第 20 页。

② 张五常：《科学说需求·经济解释（卷一）》，中信出版社 2010 年版，第 41 页。

③ 卡尔纳普：《科学哲学导论》，张华夏、李平译，中国人民大学出版社 2007 年版，第 6 页。

件，解释是经济学工作的核心。"[1]

在很大程度上，正是由于提供了更为合理的解释，一些新理论得以被迅速接受和传播。科斯举了三个例子来进行说明：一是哈耶克的学说。1931 年，哈耶克在伦敦经济学院进行了一系列题为"价格与生产"的演讲，尽管哈耶克没有提供数据来论证或进行预测，但他的学说很快就征服了 LSE 经济学专业的大多数学生，哈耶克方法的元素很快融入了很多学者自己的思考之中。究其原因，当时的分析缺乏精确性，而哈耶克的分析给出了一个总体上组织良好且富有成效的关于经济体系运行的思考方法。二是凯恩斯革命。尽管早期一些评论对凯恩斯的《通论》含有敌意或持冷漠态度，但凯恩斯主义很快就被经济学界的大部分人所接受。究其原因，凯恩斯的有效需求分析触及了经济体系的运行实质，并比其他理论更易于理解。三是张伯伦和琼·罗宾逊的不完全竞争理论。这两本书也在短时期内触发了一场理论革命，它们在微观经济学领域的相对重要性甚至可以媲美于凯恩斯主义在宏观经济学领域的重要性。究其原因，经济学界对当时的价格理论存在极大不满，而他们使用了诸如边际收益曲线等新工具对厂商决策进行了分析，而不是基于经验检验来比较两种理论的预测力。

即使就弗里德曼倡导的货币主义而言，其迅速崛起的原因，与其说是预测力，不如说是解释力。弗里德曼与施瓦茨对货币供给与名义收入之间的关系作了相关性分析，进而对他们所选择的变量进行了较好的解释，由此还构建了指导美国货币史研究的理论框架。但与此同时，发表在媒体上的研究报告却表明，苏格兰发生的痢疾事件与英国通货膨胀之间的相关性比英国货币供给量增长与通货膨胀之间的相关性还要强。[2] 既然如此，为何是前者而非后者的分析为人们所接受呢？关键也就在于解释力。将痢疾事件与通货膨胀联系起来没有任何机理可以加以说明，从而存在明显的工具主义谬误；与此不同，弗里德曼为了说服别人接受自己的理论，运用理性选择来阐释货币需求，而理性选择说在卢卡斯等人的努力下正逐渐为越来越多的数理经济学家所接受。问题是，既然任何理论都基于其特定的逻辑和思维而展示一定的解释力，我们又如何认为这个理论而非另一个理论具有更高的解释力呢？在很大程度上，一个理论的解释力之所以广受认可，通常在于它符合特定时空下人们的认知思维以及与此相

---

[1] 布罗姆利：《充分理由：能动的实用主义和经济制度的含义》，简练等译，上海人民出版社，2008年版，第116页。

[2] 谢拉·C.道：《经济学方法论》，杨培雷译，上海财经大学出版社 2007 年版，第72页。

适应的价值观。譬如，经过启蒙运动的宣传以及资本主义的发展，理性已成为西方社会进行思维和行为的出发点，因而由个体理性发展出来的理论也就具有了强大的解释力。

（三）如何理解经济理论的解释力

尽管理论解释力的事实大小与社会普遍接受的哲学思维和意识形态有关，但这并不能成为我们评价该理论之解释力的合理标准。相反，我们需要进一步思考：如何评判一个理论的解释力呢？一般地，新理论之所以能够提供更为合理的解释，根本上在于认知体系更接近事物的内在结构，从而能够给出更为合理的本体论认识。从这个角度上说，经济学理论更应该注重本体的揭示而不是现象的解释，进而也就需要关注社会经济现状之间的因果关系而不是变量之间的统计关系。布罗姆利写道："如果上述的规律仅仅是由推断律组成——所谓推断律，就是仅仅由统计的齐一性得出的假说，那么，这一诊断就并没有对观察到的事实进行解释。"[①]同时，随着对本体认知的增进，理论对社会经济现象的解释力得到了提高，相应地，对社会经济现象变动的预测力也会得到提高。从这个意义上说，理论的解释力和预测力又是密不可分的。不过，理论的预测力主要体现在社会经济发展的基本趋势而不是具体的社会经济现象上；相反，在短期内，由于复杂的社会因素，解释力与预测力并非线性正相关。正因如此，即使将解释力和预测力联系在一起，我们也要区分宏观和微观以及短期和长期，不能以琐碎的具体现象预测来评判一个理论。

同时，对学者来说，理论的解释力不仅体现在它与经验事实的一致性上，更在于它的内在逻辑一致性。事实上，任何理论要被人们接受，都必须具有严格的逻辑性。凡勃伦就强调："知识的根本条件或基础总是表现出形而上学的特点。"[②]逻辑学家奎因也强调，知识和信条总体上都是人为的，与实践经验并没有多大关系，从历史和地理这种简单知识到原子核物理这种复杂规律乃至纯逻辑数学都是如此。[③]那么，如何构建一个既能揭示事物真实本体又具有逻辑性和系统性的理论体系呢？显然，这就涉及对逻辑的理解。一般地，自然科学的逻辑关系与社会科学的逻辑关系存在根本性差异：前者表现为物体的无目的

---

① 布罗姆利，《充分理由：能动的实用主义和经济制度的含义》，简练等译，上海人民出版社2008年版，第116页。

② 凡勃伦，《科学在现代文明中的地位》，张林、张天龙译，商务印书馆2008年版，第117页。

③ Quine W. V. O., 1953, *From a Logical Point of View*, New York: Harper and Rowe, P. 42.

运动，主要运用数学逻辑和形式推理关系；后者则嵌入了人类的意向性行为，需要运用行为逻辑和辩证推理关系。

因此，要推动社会科学尤其是经济理论在解释力上的进步，就需要对人类行为机理作深入的挖掘，进而需要广泛考虑各种影响人类行为的社会性因素。罗蒂就曾指出，真理的唯一标准只能是我们解释的首尾一致性，包括它们与我们在世界上存在的价值观和目的的一致性。例如，牛顿物理学被认为优于亚里士多德的物理学，不是因为它与现实之间有更紧密的一致性，而是因为它能使我们更好地应对生活。同样，在社会科学领域更是如此，加尔布雷思说："衡量某种经济思想的价值的最终检验标准，在于它是否正确诠释了让等待的人们感到焦虑的各种经济问题，还有，它是否解释了人们认为无比重要的核心问题，它是否对当前经济活动进行了恰如其分的评价，也许更为重要的是，它是否涉及正在成为政治热点的那些问题，因为在这些问题背后，往往隐藏着可能不为人知的，却极可能影响到公众生活的特殊目的或动机。"[1]

最后，为了提出更具解释力的经济理论，对理论研究者也提出了极高的学术要求：要求研究者有广博的经验观察；要求研究者有很高的悟性和思维能力，从而能够依据一定的逻辑将经验直觉提升到理论层面。同时，借助知性思维将经验观察上升到经济理论，这又需要依据一定方法的指导。那么，该采用何种研究方法来揭示事物的本体以及相互之间的因果关系呢？这就涉及溯因法(Abduction)，它既不像演绎法那样准备提供一个放之四海而皆真的普适理论，而是为了解释提供一个更为合理的理论；也不像归纳法那样试图从特殊结论推出一般法则，而是从影响中寻求原因以提供解释。当然，溯因推理只能获得一种猜测性的论断。但是，溯因法却是理论研究中值得重视的方法，原因在于，只有借助它才能形成假设和新的分析框架，从而为新概念、形成假说和验证假说提供依据；[2] 同时，溯因法也带来了一种开放的学术态度，通过知识契合来推动理论进步，而不是试图在特定框架下构建一个形式优美的普世公理。

可见，经济理论的优劣评判往往不是基于其预测力而在于其解释力，而解释力则体现在两个方面：一是理论与经验事实的一致性；二是理论的内在逻辑性。就理论的内在逻辑一致性而言，任何学派的理论往往都具有自成逻辑的系统性，并在一定的引导假定下形成一种解释共同体。那么，我们又如何对逻辑的优劣加以比较呢？在很大程度上，不同逻辑关系本身是并列的，它们之间往

---

① 加尔布雷思：《经济学与公共目标》，于海生译，华夏出版社 2010 年版，第 225 页。

② 贾根良：《西方异端经济学主要流派研究》，中国人民大学出版社 2010 年版，第 63 页。

往缺乏可通约性，从而难以进行比较。进一步的问题是，既然缺乏一个有效的逻辑比较标准，那么，新理论以及新兴流派又是如何得到认同和传播的呢？尤其是，那些占据主要学术科研岗位的学人所接受的训练大多是以前的理论知识和传统智慧，他们往往不愿自己所学的东西变成沉淀成本，从而也就会对新理论持反对态度。既然如此，一些新理论又是如何在短期内取代旧理论而流行起来的呢？这就涉及社会环境的变化。旧理论之所以被取代，除了逻辑上的漏洞逐渐暴露外，更重要的就在于，它越来越不能适应变化了的社会环境，解释不了新出现的社会现象。加尔布雷思就指出，理念天生具有保守性，它们不会屈从于其他理念的攻击，而只会屈服于无与争锋的大规模进攻环境。[①]

五　学说史中的理论发展动力：社会环境变迁

　　一般地，一个具有更强解释力的经济理论更容易为人所接受，而这种"更强"解释力往往源于两个方面：提供了更接近本体的认识和解释；提供了对变化中的社会经济现象的解释。事实上，一个深入本体的理论体系往往会对社会经济的基本发展趋势具有更强的理解力和适应力，进而这个理论随着社会环境的变化更容易生存和发展。凡勃伦就曾指出，自然选择的作用发生在不同的科学目标和科学精神之间，也发生在各种或多或少存在分歧的观点之间。在很大程度上，理论的生存与发展就是被选择的过程，而选择的结果依赖于对环境的适应性。因此，新理论能够迅速兴起和传播，也是环境的自然选择结果。

　　事实上，波普尔也充分认识到了孤立检验的不充分性，并对证伪主义提出了简单改进：将所有的辅助假说当作（假设的）不成问题的背景知识的一部分而反驳理论。显然，这种改进使证伪主义成为一种约定的哲学，它致力于考察和检验整体的背景知识；[②] 由此，也就导向了拉卡托斯的研究纲领，它抛弃了先验哲学分析的进步，而采用一种准历史的框架以评价方法论。从经济学说史中我们可以清晰地看到，经济学的理论危机以及相应的理论革命几乎都不是源于某个具体现象所给出的证伪，甚至也不是源于对理论的逻辑性缺陷的挖掘；相反，几乎所有的新学说之兴起都伴随着历史新环境、新问题、新任务的出现，旧的理论已经不再适应新时期的需要。简要说明如下：

---

① 加尔布雷思：《富裕社会》，赵勇等译，江苏人民出版社 2009 年版，第 16 页。

② 汉兹：《开放的经济学方法论》，段文辉译，武汉大学出版社 2009 年版，第 302 页。

第一，在中世纪崩溃以及新兴民族国家兴起之时，出现了由英国、荷兰、西班牙、法国、德国以及斯堪的纳维亚国家所共同信奉的重商主义学说。各国的重商主义都把研究重点放在流通领域，都把金银视为财富的唯一形态，都注重对外贸易，都强调国家干预。但是，随着自由主义思想的兴起和国家干预造成的经济衰败日趋严重，重商主义范式出现了危机，以致在法国出现了激进的重农主义革命。重农主义把研究对象从流通领域转到生产领域以探讨财富的增加问题，并开始崇尚经济自由。

第二，以重农主义革命为基础，并结合英国的工业发展和商业壮大的现实，斯密把生产领域从农业扩展到工业，并以"经济人"假设、自由市场机制和劳动价值论构筑了古典政治经济学的范式基础。古典经济学政策的推行也衍生出了一系列的社会经济问题，因而不同价值取向的学者有选择地继承了斯密的劳动价值理论和自由放任政策，并形成了相互争论的不同流派，从而又产生了古典主义的危机。

第三，基于古典主义内部的纷争，穆勒综合了当时的各种学说，融会了前人所有较有见地的思想，重新组织了自斯密以来的经济学体系而把古典经济学综合成一个庞大的折中体系。然而，毕竟社会经济现实已经发生了巨大的变化，因此，穆勒的折中暂时缓和了历史学派和社会主义学派攻击的同时，却引来了边际效用学派更猛烈的进攻，最终出现了边际革命。

第四，在边际革命的基础上，马歇尔综合了自斯密以来的经济学，将古典的劳动和成本价值理论的传统和新兴的边际效用价值论结合起来，建立了一个以供求分析为基本框架的新古典经济学范式。当然，新古典经济学逐渐将研究重点转移到既定制度下的资源配置问题，这引起了美国制度学派等的批判；同时，它过分强调市场出清而无法解释和预测宏观经济危机，因而1929～1933年大危机的出现就促使新古典范式瓦解了。

第五，以经济大危机为背景，凯恩斯抛弃了新古典经济学有关市场调节完善性的假说，把产量和就业水平联系起来，并在三个基本心理法则的基础上创立了现代宏观经济学体系，开出了国家干预主义的新处方。然而，凯恩斯经济学本身是政策性的，不仅缺乏微观理论基础，而且政策也是短期的；因此，凯恩斯范式从一开始就面临理论危机，20世纪70年代初的滞胀使这种范式危机完全显露出来，从而出现了理性预期革命。

第六，萨缪尔森吸收了新古典宏观派的一些分析方法和特点，重新将马歇尔的微观经济学和凯恩斯的宏观经济学结合起来，形成了新古典综合派；这一流派往往也被称为现代主流经济学，它基本上继承了新古典经济学的分析思维。然而，这种微观和宏观的综合依旧缺乏统一的逻辑基础，而且，逻辑实证主义支配下的抽象化和数理化发展，使经济理论与现实之间越来越相脱节。正因如此，现代主流经济学依旧存在着范式的危机，2008 年的经济大危机再次引起了对现代主流经济学的反思。不幸的是，囿于狭隘的知识结构和功利主义的学风，绝大多数经济学人却依旧沉迷于主流范式而不能自拔，乃至迟迟无法建立起与变动的社会大环境相适应的新经济学体系。

显然，经济学说发展史表明，经济学理论的发展，与其说是遵循严格的证伪主义检验，不如说是遵循库恩范式的转换路径或拉卡托斯的经验进步。拉卡托斯就指出："一个认为科学增长是理性的范式的历史学家如果在狭隘的理性理论的指导下，往往要么对历史做贫困的和截断的说明，要么歪曲历史史实以便使科学的实际增长与他们的理性形象更为一致。"[1] 科斯则说："如果坚持按照弗里德曼的标准来进行理论的选择，这将使科学活动限于瘫痪。"[2] 同时，推动经济理论变革和传播的主要动力，与其说是预测力的提高，不如说是解释思路的转换；进而，新的理论之所以被接受，很大程度上就在于它具有更严密和合理的逻辑性，并且能够与变化的环境相适应。迪梅尼和莱维写道："经济理论的发展不是随着不断发生的证伪过程而发展的，而是随着社会动荡、大范围的经济危机或政治危机而发展的。众所周知，凯恩斯理论曾（暂时地）一度走向了前台是由于大萧条、新政和'二战'的结束——一系列已经明确地证明经济学中政府不干预的自由市场政策的失败以及国家干预的巨大力量。在 20 世纪 70 年代的经济不景气形势下，物价上涨使得'新古典主义学派'占据了主导地位。尽管反对马克思主义的流派很长时间以来（或者从一开始）一直批判东欧的经济实践，但是东欧的失败是对作为一个重要的非正统模式的马克思主义经济学致命的打击，甚至也是对长期以来一直批评这些实验的马克思主义派别的致命打击。"[3]

总之，经济学发展往往与社会环境的变动密切相关，这不仅体现在经济学说史中，而且也体现在现代主流经济学中。事实上，尽管现代主流经济学名义上受逻辑实证主义乃至证伪主义的思维支配，但从根本上说，它在自发地实践

---

[1]　拉卡托斯：《数学、科学和认识论》，林夏水等译，商务印书馆 2010 年版，第 316 页。

[2]　科斯："经济学家应该如何选择"，载《论经济学和经济学家》，罗君丽、茹玉骢译，格致出版社、上海三联书店、上海人民出版社 2010 年版，第 29 页。

[3]　迪梅尼，莱维："经济学应该是一门硬科学吗"，载多迪默、卡尔特里耶编：《经济学正在成为硬科学吗》，张增一译，经济科学出版社 2002 年版，第 390 页。

着库恩范式或拉卡托斯纲领中的主张：大多数经济学家都热衷于基于主流经济学的一些基本公理而局限于非常狭隘的领域做所谓的研究工作，即使从中发现了明显的反例，也不会对整个主流经济学的分析框架和范式进行反思。布罗姆利就指出，尽管"经济学的标准途径深深地植根于'假说—演绎'的方法论中"，但"其实，从未有过针对经济学理论核心公理的准确性的检验。这就是'原教旨主义'方法论的本质。虽然被普遍接受的标准理论也偶尔经历过检验，但更经常出现的却是：只要发现的结果被理论证明有效，或者与理论一致，我们就该结束工作。于是，不少坚信社会问题能够被合乎情理地处理成上述标准演绎模型的帕累托主义者，会信心十足、满怀热情地声称，世界上'存在'着他们所谓的'最优'政策"。[①] 为此，布劳格就强调指出，尽管现代经济学往往被贴上证伪主义的标签，但它们经常在自以为是的实践中碰壁——它们所用的科学哲学以"无关痛痒的证伪主义"为特征，实际上，也无须惊诧，现代经济学极少实践证伪主义。显然，要推动经济理论的发展和进步，经济学者更应该关注社会环境的变动，并通过理论思辨找到能够提供更合理解释的理论术语和分析纲领，而不是热衷于对一些细枝末节问题的计量实证。

 **结语**

一般地，理论的根本特性在于对事物内在本质及其因果联系的揭示，而对社会现象的解释则需要依赖非事实的抽象理论。究其原因，正如张五常指出的，"事实的规律不能不言自明，自我解释"。为此，布伦纳强调，"事实不能以事实解释"，弗里德曼则认为，"事实的规律是要被解释的"。[②] 更进一步地，对本质和规律的洞察或揭示往往不是通过统计数据或者回归分析获得的，而是需要依赖于研究者的敏锐性直觉；同时，直觉上升到系统的理论需要借助人的逻辑思维能力，而直觉的形成则依赖于研究者广博的知识结构和理论素养。施特劳斯写道："就任何实践目标而言，学生不论资质高下，只有阅读经典名著，才可以接触到最终成为教师的最伟大的思想家。自由教育就在于'足够谨慎地'研习那些最伟大的思想家留下的经典著作——这是一个经验较丰富的学

---

① 布罗姆利：《充分理由：能动的实用主义和经济制度的含义》，简练等译，上海人民出版社2008年版，第97页。

② 张五常：《科学说需求·经济解释（卷一）》，中信出版社2010年版，第38—39页。

生帮助缺乏经验的学生，包括初学者的学习过程。"[①] 不幸的是，目前流行的计量经济学却乐于以统计分析为基础（回归分析）在自变量和因变量之间搭建某种关系（相关系数），并把这种关系上升到因果层次，由此来构建弗里德曼意义上的经济理论，进而预测因变量的未来发展。但实际上，基于计量分析所获得的仅仅是体现了与过去数据相对应的一种常规态势，它无法反映事物的未来发展，更无法对事物的变异进行预测；因此，以计量结论来做社会经济现象的预测必然会产生严重的问题，这已经为过去大量的事实所证明。显然，对计量结论的特性剖析，将有助于提高我们对计量分析的认知，防止被计量经济学的"客观"性所误导。

事实上，凯恩斯很早阐明了这一点：①利用回归分析得出参数然后把他们作为常数来处理根本就是个错误。凯恩斯写道："为什么它们每年都不该有差异？这实在是毫无根据，我们都知道一段时间后，很多经济关系的性质都会发生变化。"②建模存在明显的随意性。凯恩斯写道："随手挑选相关系数和时滞，有足够多的产业作为依据，人们总能编出几个故事与过往的一部分事实相符，但这能证明什么呢？"③大量的可能更为重要的因素是难以被量化的。凯恩斯写道："一些重要的影响因素是不能用统计形式加以简化的。"[②] 在很大程度上，凯恩斯对未来的预测几乎都是建立在以广博知识为基础的敏锐性直觉之上的，而很少依赖于数理逻辑体系的证明和计量分析的推测。但是，受 20 世纪日益流行的"科学化"和"客观化"潮流之误导，现代西方主流经济学逐渐走上了数量化的发展道路，尤其是在经济因素对经济发展影响的性质还没有搞清楚的情况下，就片面强调所谓的定量分析。结果，尽管现代经济学者经历了比古典经济学者更长的人类历史发展时期，历史提供的素材也更为充分；但是，现代经济学的思想却似乎并没有获得相应的增量，经济学家对社会的认知也似乎并没有获得相应的提高。显然，这也就提醒我们，有必要重新审视现代主流经济学的研究思维。

---

① 施特劳斯：《古今自由主义》，马志娟译，凤凰出版传媒集团、江苏人民出版社2010年版，第1页。

② 转引自斯基德尔斯基：《重新发现凯恩斯》，秦一琼译，机械工业出版社2011年版，第83-84页。

计量重构历史中的历史虚无主义

——主流计量史学的逻辑缺陷及其批判

导读

目前，计量分析不仅用于对现实进行解释和预测，而且还用于对历史的解释和重构。但是，如果缺乏广博知识以及相应理论的指导，所谓计量经济分析只能是资料的统计和归项，进而在解释力和预测力上都存在严重局限；相应地，如果缺乏对历史的整体性认知，局部的计量分析往往会隔断历史，进而滋生历史虚无主义的论断。事实上，对历史的研究必须要站得高，要能够通览全局，而不能仅仅着眼于微观的实证分析，特别是不能局限于具有很强片面性的数据；否则，我们就会陷入"盲人摸象"的认知误区，只是看到了表象，甚至是局部的表象。正是由于理论素养和历史知识的不足，当前着眼于局部和表象的计量史学研究往往无法深入事物的本质，无法洞悉历史的演化趋势，而主要只是非常无效的文献资料整理，进而也就难以真正推动认知深化和理论进步。

 引言

当前，经济史在经济学科中处于严重的边缘化地位，其中一个重要原因就在于，经济史研究传统似乎出现了危机。一般地，经济史体现了经济学与历史学的交叉，相应地，经济史的研究者往往是学历史出身或者是学经济学出身；学历史出身的注重史料考证，学经济学出身的重视理论分析，两者相辅相成就可以极大地促进经济学科的发展和理论的完善。但问题在于，迄今为止这两者还处于割裂状态。就历史出身的研究者而言，他们往往缺乏足够的经济理论乃至其他社会科学理论知识，无法将历史研究和经济理论研究结合起来，难以通过历史研究将经济理论与具体社会背景和实践结合起来；其结果是，或者沉迷于特定历史事件的阐发，或者陷入特定时空下的数据和资料的堆积，从而很难得到经济学以及经济学子的认同。就经济学出身的研究者而言，他们受现代主流经济学以及计量史学的影响，往往倾向于运用现有理论和流行思维去解释历史事件和进程，或者采用计量分析方法就局部问题进行量化分析；其结果往往是，两者因缺乏大局观而上升不到理论层面，或者因变量的简化而曲解了历史，从而也难以得到传统历史学者的认同。

大体上，当前的经济史研究所采用的方法主要有两种：一是考证训诂，二是计量实证。前者偏重历史学方法，注重文献诠释和史料考证；后者偏重经济学方法，注重经济理论和数量分析。[1] 但是，两者潜含着这样的共同问题：将经济史研究退化为一种资料的整理和收集，或者基于局部数据对历史实践进行重新解释，由此往往缺乏整体性的理论高度。尤其是，受到现代主流经济学常规范式的影响，计量史学日益盛行，它倾向于套用现代主流经济学理论去解释或重构历史，或者采用历史数据的计量分析来为现代主流经济学理论提供佐证和支持；相应地，这种研究就失去了以历史来反思和发展现代经济理论的能力，甚至还会导向完全曲解真实历史进程的历史虚无主义。其实，历史研究大致有两大基本任务：一是认识历史，由此需要对过去发生的事情作深入而周全的描述和再现；二是服务现实，由此需要对历史经验进行总结和提炼，进而促进认知提升和理论进步。为此，本章尝试两方面的工作：一是通过对计量史学中一些"重要"研究成果的解析，来审视计量分析在深化历史认知中的局限；二是考察现代主流经济学理论对计量分析历史的影响，由此来审视计量史学对经济理论发展的真正意义和价值。

（二）计量史学的发展及问题

计量史学萌芽于 20 世纪 30 年代，当时，受经济大萧条的影响，经济理论的中心问题从研究短期平衡转移到了对长期经济发展和周期理论的研究。显然，重视长期经济增长的趋势和动力，就不可避免地需要将重点放在历史因素上。这样，便从经济史的定量研究方面给经济史提供了新的研究线索，从而使历史学和经济学之间业已存在的长期密切关系得到了加强。到了 20 世纪 50 年

---

[1]　吴承明：《经济史：历史观与方法论》，商务印书馆 2014 年版，第 241 页。

代末至 70 年代初期，以 1957 年和 1958 年康拉德和迈耶的著作以及 1960 年和 1961 年戴维斯·休斯和麦克杜格尔的著作为标志，出现了采用一种与传统经济史不同研究方法的新经济史学。新经济史学对经济科学的两个杰出贡献是：①用量化的方式将这种理论结合起来；②重新构造或新构造了经济数据库。显然，这两方面都使人们可以对早期的结论提出质询，并且进行重新认定。新经济史学的特点就在于，运用现代经济理论 (尤其是交易费用理论、产权理论) 以及现代经济方法 (尤其是计量分析和统计分析) 去 "透视" 人类经济社会发展史，分析其成败原因，进而提炼出一个对经济变迁理解分析的基本框架。

　　一般来说，新经济史学发展出两大主要分支：一是运用计量实证来重新构筑历史的计量史学，1993 年，诺贝尔经济学奖得主福格尔就属于这一派别；二是运用现代经济理论去重新阐释历史的新史观学，1993 年诺贝尔经济学奖另一得主诺思则是这一派别的代表人物。[①] 福格尔一派热衷于使用现代计量经济分析方法去重构历史，诺思一派则偏好于使用现代主流经济学理论尤其是新古典经济学理论和思维去阐释历史。这两大流派的共同之处在于，经济史研究不仅仅是收集、考订、分析史料和叙述史实，更重要的是要能解释史实，说明其中彼此的相互关系。相应地，与传统史学相比，新经济史学的研究就呈现这样两大新特征：①方法论上，新经济史学保持了新古典主义有关稀缺性的假设，运用由此产生的竞争和微观经济理论的分析工具。特别是使用了假设演绎模式，而这种模式充分利用了计量经济学精心设计的技术，目的在于用数学方法建立各种变量因素在特定的环境下相互发生作用和影响的方式。②在材料上，新经济史学重新构造了经济学数据库，使对历史的分析包含了更多的 "经济性" 原则，从而使经济学更具有科学性。例如，计量史学的创立者福格尔就把新经济史学 "侧重于亮度及其对亮度和理论之间的紧张关系的认识" 抽取出来作为它的基本特征，以数学符号代替语言文字而使之更为精确和准确。

　　正是由于计量方法的引入，经济史学科也就跨入了 "科学" 的行业。赖建诚写道："经济史（就）不再是抄抄写写，说个半真半假的故事，而是有命题、

---

　　① 当然，诺思早年也曾从事计量史学研究，包括 1961 年出版的《1790 年至 1860 年美国的经济增长》和 1966 年出版的《美国过去的增长与福利：一种新经济史》等，但他后来转向了用新制度经济学以及产权理论来解释和理解经济发展史，如 1971 年的《制度变迁与美国的经济增长》、1973 年的《西方世界的兴起》和 1981 年的《西方世界的兴起》等，后者对经济学尤其经济史研究产生了巨大影响。关于福格尔和诺思的学术路向差异，也可以参见布劳格的介绍（布劳格：《凯恩斯以后的 100 位著名经济学家》，冯炳坤、李宝鸿译，商务印书馆 2003 年版，第 89、275 页。）

有观点、有概念、有分析、有对比、有精确计算的'科学'分析；因而有了基本的尊严，可以和其他经济学科平起平坐了。"[①] 同时，正是基于现代方法的引入和数据材料的发掘，新经济史学对一些已被定性的历史重大事件给出了新的解释和评价，乃至提出了一些令人叹为观止的新结论。例如，福格尔对奴隶制和铁路的研究，诺思对产业革命和圈地运动性质的重新界定，等等。于是，现代经济学的研究方法就被快速引入经济史以及整个历史的分析之中，并且人们也大肆为新经济史的新发现而欢呼。尽管如此，我们还是必须保持一颗冷静的心：计量史学得出的结论更为客观和严谨吗？或者说，现代方法的研究比传统方法的研究更为合理可信吗？尤其是，计量分析本质上是一个中性的工具，关键在于谁使用它以及如何使用它。

显然，流行的计量史学大多是在新古典经济学理论和思维下展开的，从而也就必然先天地带有新古典经济学的"有色眼镜"，进而导致相应结论也必然会嵌入新古典经济学的意识形态之中。[②] 诺思就指出，"计量史学之前的经济史实际上是围绕着制度来建立的，并且，它经由了那些最有成就的史学家之手，试图提供给我们一副连贯的制度变迁途径。也就是说，那是一个演化的故事。但是，由于它是建立在那些缺乏整体结构的零散的理论与统计数据的基础之上的，无法形成一般性的结论，或者无法跳出对个案的特定特征的分析。计量史学的贡献则在于能将系统的理论体系——新古典理论——运用到史学研究中，并且运用复杂而精巧的计量方法来说明并检验历史模型"。"然而，我们早已为无条件地接受新古典理论而付出了很大的代价。将价格理论系统地运用于经济史确实是一个了不起的贡献，但新古典理论所关注的只是一时试点上的资源配置问题。这对于那些将解释随时间推移的变迁作为中心任务的历史学家来说，是有严重的局限性的"。[③] 但是，即使诺思本人，在运用新制度经济学来重新阐释西方世界兴衰史时也舍弃了众多占有重大地位的事实。譬如，他在揭示西方世界的成因时有意忽视了地理大发现所带来的货币和资源，在比较英国兴起和西班牙落败时明显轻忽了军事力量以及偶然因素对战争胜败的影响。

作为中国经济史学的泰斗，吴承明先生就根据自身经历指出了计量分析的

① 赖建诚：《经济史的趣味》，浙江大学出版社 2011 年版，第 44 页。

② 朱富强："警惕经济分析中嵌入的非历史倾向：阿西莫格鲁等人《国家为什么会失败》的审视"，《经济纵横》2018 年第 4 期。

③ 诺思：《制度、制度变迁与经济绩效》，杭行译，格致出版社、上海三联书店、上海人民出版社 2008 年版，第 181–182 页。

局限性。究其原因，计量分析所设定的条件往往与历史不符。①计量模型的变量有限。譬如，在对灾荒进行计量时往往设定有灾为 1 而无灾为 0。②许多条件都只能假定不变。这实际上将历史现象都作为函数关系，试图用 t 推出的发展，以"时间变量"代替"历史思考"。① 所以，吴承明先生说，自己因是学经济出身而早年偏好用计量分析来研究经济史，但到 20 世纪 80 年代就开始改变看法了。事实上，吴承明先生就指出："一般把 1960–1975 年看作是计量史学派的黄金时代。……进入 21 世纪，计量史学已消失生气，混入一般计量经济学分析之中"，"计量史学实际上只曾盛行于美国。在欧洲虽有短暂反应，但不成气候。20 世纪 70 年代在苏联一度颇有发展，而主要是在史学界而非经济学界。"② 同样，作为计量史学的杰出代表，麦克洛斯基还没有拿到博士学位时就被福格尔和弗里德曼邀请到芝加哥大学，但是，她后来却批评经济学家热衷于耍弄高深的数学和复杂的统计而掩盖了经济学的本义，以致其本人的研究也从计量经济史转向了经济哲学。事实上，1986 年在美国参加计量史学会议就已经发现，计量史领域气氛低沉，大量计量史学家已经转行；相反，重视整体观和结构主义的法国年鉴学派开始盛行，而这些思维主要来自社会学而非经济学。

然而，后来由于福格尔和诺思在 1993 年获得了诺贝尔经济学奖，加上贝克尔在 1992 年获诺贝尔经济学奖所带来的经济学帝国主义的急速膨胀，计量史学也就迅速排挤了传统经济史学的研究。根据计量史学的研究方法，经济史学家所要做的工作就是寻找新的材料，然而再利用计量工具加以处理。同时，受西方学术的影响，计量史学的主导地位在当前中国经济学界尤其明显：一方面，似乎只有从事计量分析的经济史学家才能参与经济学领域的讨论和交流；另一方面，经济史学人在研究历史时大多又先验地接受了现代主流经济学的理论和分析框架。那么，这种现象果真合理吗？这一问题值得每一位关注人类社会发展以及经济学科发展的学者做认真的思考。事实上，诺贝尔经济学奖得主索洛在《经济史与经济学》一文中就对当前流行的计量史学进行了批判。索洛指出，经济学家是按照世界的现状或他们想象的状况来建立模型，经济史学家则要探寻世界是如何变得这样以及你想象的状况是否真实；但是，当代经济史学却像经济学一样讲整合、讲回归，进而以时间变量代替思考，而不是从社会制度、文化习俗以及人们心态上给经济学提供广阔的视野；结果，经济学就没

---

① 吴承明："谈谈经济史研究方法问题"，《中国经济史研究》2005 年第 1 期。

② 吴承明：《经济史历史观与方法论》，商务印书馆 2011 年版，第 330 页。

有能够从经济史那里学到什么，而经济史从经济学那里得到的和被经济学损害的则一样多。[1] 接下来以一些具体例子对此加以阐述。

三　如何理解铁路对工业革命的作用

新经济史学的特点主要体现在运用现代计量经济方法对经济史进行再分析，由此来重构对经济史的认识。其中的里程碑式事件就是福格尔对 19 世纪美国铁路的分析，这个分析最终为福格尔赢得了诺贝尔经济学奖，进而引发了很多经济史学家采用计量手段来分析其他国家的铁路贡献。因此，这里以此为例来审视计量分析史学的内在局限性。

（一）传统史学的基本认识

传统史学认为，工业革命与交通运输的发展密不可分，如克拉潘的《现代英国经济史》、保尔·芒图的《十八世纪产业革命》、汉斯·豪斯赫尔的《近代经济史》等书都强调了交通运输与工业革命间互相促进、互相推动、互为发展的因果关系。同时，传统史学还认为，在交通运输革命中，尤其是在 19 世纪的陆路交通发展中，与工业革命关系最为密切的就是铁路和火车的诞生。钱德勒在《看得见的手》中就指出，铁路与电报提供了迅速、定期、可靠的运输与通信方式，这对于大量生产与分配来说是必不可少的，也是现代大工厂和营销企业的标志，在新的运输形式中，铁路是数量最多、活动最复杂且影响最深远的一种。[2]

一般认为，铁路在工业革命中至少有以下几个作用：①铁路降低了统一的运费，这使开发大面积的农田在经济方面变得切实可行。②修筑铁路引发对制成品的巨大需求，铁路网的建成对工业的发展起了先导作用。例如，鲁道夫·吕贝尔在《工业化史》中就指出，铁路的兴建意味着刺激钢铁、工业机器制造业和建筑业的效率提高以及产量增加，而这些行业又刺激着其他经济部门。[3] ③铁路的飞速发展导致了一些重要革新的出现和传播。例如，钱德勒认为，铁路建筑的需求导致了美国金融业和建筑业的根本改革。

---

①　Solow R.M., 1985, Economic History and Economics, *Economic History*, 75（2）：328–331.

②　钱德勒：《看得见的手：美国企业的管理革命》，重武译，商务印书馆 1987 年版，第 578 页。

③　鲁道夫·吕贝尔：《工业化史》，龚鸣钟等译，上海译文出版社 1983 年版。

（二）现代计量史学的误区

然而，福格尔一方面在研究方法上建立了"反事实"（Counterfact）论据：复原了当时主要的工业资料，如运费、主要农业贸易流通量的地区分布、按部门对当时冶金工业交货情况的分析等；另一方面在具体操作上又提出"社会节省"（Social Saving）概念，由此来估算铁路能够为社会节省多少。在此基础上，福格尔对这些数据进行计量分析而得出这样的结论：铁路对19世纪的社会节省贡献不多，甚至比不上河运，因而传统所认定的铁路对经济发展的作用是错误的。其理由包括：①只要把美国当时的水路运输稍加扩大，就能以同样的费用进入95%的农用土地；②在修筑铁路引起的工业需求方面，1840～1860年，它从未超过美国铸铁生产的5%，因而不能用铁路来解释该时期美国冶金工业的迅速发展。福格尔甚至指出，在其他条件不变的情况下，即使没有铁路，1890年的美国国民生产总值也不会比这一年的实际产值低3%以上，因此，铁路在美国经济增长中所起的作用实在是微不足道的（对GNP的贡献度不超过2%），美国经济的发展是由多种因素促成的。[①]

鉴于福格尔分析的细密和穿透力，我们可以接受他的分析结果：铁路在早期对经济增长的贡献确实不大。问题是，我们能否以一个事物出现时的影响事实来评估它的价值和意义？其实，任何创造发明的贡献都不会在开始时就即刻显现出来，更不要说像铁路这类的新事物，其价值要得到充分发挥，往往依赖其他配套事物的出现，同时也存在显著的规模经济效应。例如，电力发明40年后才惠及一般民众，瓦特改良蒸汽机80年后才有普及的商业意义，飞行器也是40年后才有商业和GNP上的意义，IBM制造的大型计算机在35～40年后才对一般人的日常生活产生深刻影响，等等。[②]进一步的问题是，我们能够简单地以一个事物的构成或比重来衡量它在其中的作用及价值吗？面对福格尔的"洞见"，麦克洛斯基就质问道：照此逻辑，心脏也是不重要的，因为它仅仅占人身体重量的2.5%。更不要说，一个事物产生的影响往往不能完全被量化，简单地用数字来衡量会失去一些更重要的方面，会犯致命的"破窗谬误"。早在1752年，数学家勒蒂凯梯（I. Radicati）就提醒他的经济学家朋友：你们处理经济学就像经院学者处理哲学一样，当事情做得越来越精细时，你

---

① Fogel R.W.，1964，*Railroads and American Economic Growth: Essays in Econometric History*. Baltimore: Johns Hopkins Press.

② 赖建诚：《经济史的趣味》，浙江大学出版社2011年版，第52页。

将不知道在哪里停顿以及何处该停顿。相应地，今天的经济学家之所以如此热衷于数学和计量，或多或少地是将数学视为一个"中性"工具；但是，他们却不去认真地体悟马克·吐温的一个深邃洞见：工具会严重影响一个人的观点。①

由此可见，仅就福格尔基于计量分析所得出的结论而言，这是非常短视和近视的：主要考虑到铁路带来的短期经济影响，而没有站在更高的平台上进行更为广泛的审视。譬如，铁路的主要贡献并不能在直接的经济收益上得以体现，它更为重要的意义在于促进了一场生产和运输的变革：使生产地域不再受原先河流的影响，使信息更为畅通，使金融业和资本市场兴起，更重要的是导致了企业组织结构和管理方式的变革。显然，这些根本上都不是简单的计量分析所能够揭示的。而且，铁路对工业革命的推动作用并不是短期见成效的，而是一个长期的过程，因而铁路投入与其效益之间存在一个非常强的时滞。显然，这也不是简单的计量模型能够揭示的。试问：当今社会还有谁会否认铁路的作用比运河大呢？更不要说，康德拉季耶夫还将铁路业的发展视为进入第二次经济繁荣周期的基础。正因如此，即使计量分析得出了相对客观的"事实"结论，但如何解读它也是一个极其重要的工作。

（三）进一步的衍生思考

以计量分析来认识社会问题所存在的局限，我们还可以审视一下当前一些经济学人基于收益—成本分析范式对教育投入所作的实证分析。流行的基本做法是，运用计量回归来分析教育投入与个人回报（工资水平）之间的关系，并由此来对教育投入进行评估；计量的结果往往是"中国高等教育的收益呈现日渐下降的趋势"，他们由此得出"中国高等教育已经投入过度"的结论。试问：这种结论可信吗？一个简单的常识是，目前美国全部职工平均受教育时间已达13年以上，其中受过高等教育的人数占55%以上；但是，美国人并没有说他们的高等教育投入已经过度了，相反，1997年克林顿还发表声明："确保每个美国人享有世界上最好的教育"是美国政府的头等大事。既然如此，在世界公认教育水平还不高的当前中国社会，怎么会出现高等教育投入过度的状况呢？显然，这正反映出这些文章的研究方法和评价指标本身就存在问题。

其实，要讨论教育的投入问题，首先要确定教育的意义及其效用的内涵和

---

① 赖纳特：《富国为什么富穷国为什么穷》，杨虎涛、陈国涛等译，中国人民大学出版社2010年版，第35页。

外延。一般地，教育收益可分为两个层次：一是个人收益，二是社会收益。一方面，就个人收益来讲，我们往往可以通过计量工资与学历之间的关系来确定个人对教育水平的选择。即使如此，这种计算也是片面的，因为人所追求的并不仅是物质或金钱收益，而是包含了视野的扩大、素养的提高等各方面，但这些都是无法被量化的。显然，个体要跟随时代的潮流，接受教育是基本的要求。美国斯坦福大学的教育学和社会学教授英克尔斯甚至认为，凡是对正规教育和在学校里学习读写算等技能感兴趣并给予较高评价的人才是比较现代的人。另一方面，公共教育主要关注的不是私人收益，而是社会收益。事实上，现代教育本身就具有强烈的公共性质，公共教育投入也主要不是依赖私人学费，而是社会财政支出。显然，社会收益不是私人收益的简单加总，因为它的社会外差性非常强，如可以提高人的亲社会性、促进社会协作、形成良好的生活习惯等。一个明显的例子是，通过教育可以降低社会的犯罪率、弱化机会主义行径，从而极大地降低内生交易费用。在很大程度上，正是人类亲社会性的提高，社会秩序才得以更为平稳地扩展，每个人才可以更好地利用它所不知道的知识，这种收益显然难以用简单的金钱收益来衡量。

此外，即使就经济收益而言，教育所带来的经济收益也是难以衡量的。试想，谁能衡量一个重大发明（如电灯、电脑等）的收益呢？它们可是改变了整个人类社会呀！马歇尔就写道："一个伟大的工业天才的经济价值，足以抵偿整个城市的教育费用；因为，像白塞麦的主要发明那样的一种新思想之能增加英国的生产力，等于十万人的劳动那样多。……在许多年中为大多数人举办高等教育所花的一切费用，如果能培养出像牛顿或达尔文、莎士比亚或贝多芬那样的人，就足以得到补偿了。"[1] 更不要说，教育所产生的经济收益和社会作用根本不是即期的，那些计量分析用的三年、五年乃至十年的时滞分析也根本揭示不了教育的长期效益。例如，1962 年日本的文部省发表了一部题为《日本经济增长和教育》的白皮书把第二次世界大战以来日本的经济增长归功于教育人才的储备，而这种人才可以追溯到德川时期所推行平民教育。事实上，正是德川时期的教育为明治维新以及一个世代以后惊人的经济增长铺平了道路，因为这些教育为日本储备了大量人才，使日本在第二次世界大战期间已经有能力制造航空母舰、零式战斗机以及大和号和武藏号等战舰，更不用说是汽车、坦克以及各种工业器械了；相应地，战争并没有剥夺这些技术和人力资本，而战后这些技术和人力资本从军用转到民用也就促使产业得以迅速崛起。

---

[1]　马歇尔：《经济学原理（上卷）》，朱志泰译，商务印书馆 1964 年版，第 233 页。

四　对工业革命"平反"的再反思

新经济史学的另一个重要体现就是利用现代经济学理论尤其是新古典经济学理论去重新阐释历史，同时利用计量资料为这种新历史观提供"事实"证据。其中的一个热点领域就是各国的经济增长过程，尤其集中在经济起飞时期。相应地，工业革命就是计量史学关注的重要课题，由此拓展而又涉及收入分配等问题。正是以计量分析为基础，一些经济学人尤其是米塞斯、哈耶克等奥地利学派学者试图重新评估"羊吃人"的圈地运动等事件，甚至尝试为之"平反"。因此，这里也集中对哈耶克等人的基本论断进行学理性解析，进而以此来审视新古典经济学视角下的新史观所潜含的问题。[①]

（一）传统史学的基本认识

对于工业革命时期的生活状况，长期以来，史学界一直存在这样两点传统共识：①圈地运动导致了对农民份地的瓦解和生活水平的严重两极分化，英国的大法官莫尔把圈地运动比喻成"羊吃人"；②由于大量的人涌向城市和工厂，他们受到了非常残酷的剥削。卡尔·波兰尼写道："圈地运动曾经很贴切地被称为富人对抗穷人的革命。地主们和贵族们扰乱社会秩序，打破旧有的法律和习俗，有时候甚至使用暴力，但通常是使用压力和恐吓。他们实际上抢夺了穷人在公有地上的权份，铲倒了他们的房子。依照传统的习俗，穷人们一向将这些权份视为他们及其子孙的产业。社会的基本结构遭到破坏；荒芜的村落和倾倒的住屋证实了这个革命的残暴性，它同时也危及乡村的自卫能力，荒废了其城镇，减少了其人口，把过度使用的土地变为废土，困扰了其人民并把他们从平常的农夫变成乞丐及小偷等乌合之众。"[②]

在很大程度上，当时工人的贫困生活、糟糕的卫生条件、令人震惊的车间事故以及资本家的贪婪为大量的调查报告所证实。例如，马克思的著作就是建

---

① 这里的主要目的是对新古典经济学视角导向的新史观所依据的"事实"和逻辑进行批判性审视，由此揭示仅仅基于统计数据的计量分析来认识历史所潜含的片面性，而不是要对工业革命这一具体历史事件给出确切的论断或评价，从而也就不再囿于对历史文献尤其是最新文献的系统梳理进而对不同观点进行辨析。

② 波兰尼：《巨变：当代政治与经济的起源》，黄树民译，社会科学文献出版社2013年版，第98页。

立在 1820～1860 年英国议会报告的基础上，恩格斯的《英国工人阶级的现状》也是基于当时的事实；同时，这种情形也为大量的文学作品所刻画，如《萌芽》《雾都孤儿》《理智与情感》《悲惨世界》《苔丝》《南方与北方》《艰难时世》等。究其原因，尽管工业革命导致了经济快速增长，但无序和强权的制度迫使大量农村人口涌入城市贫民窟，被迫长时间工作却只能拿非常低的工资（也即最低生活费工资）。

而且，即使到了现代社会，除现代主流经济学之外的学者以及其他社会活动家大多认同对这一历史阶段的认知。譬如，鲁杰罗在《欧洲自由主义史》中就写道："恰恰是在工业迅速发展的时期，工人的状况却恶化了。雇主千方百计地延长工人的劳动时间；工厂雇用妇女和童工以压低工资……在经济高速时期，由于人口和消费者不够稳定，必然会导致大量的、经常性的工业危机，失业的队伍一次又一次地膨胀，成为饥饿大军的后备军。"[1] 再如，英国费边社会主义者韦伯夫妇在《资本主义文明的衰亡》一书中就写明，"幼年儿童在纱厂里轮班地遭受摧毁；男人和女人，男孩和女孩，在矿井里和铁厂里，被乱七八糟的劳役削弱着和摧残着；多少家庭，由于很不适宜地住在拥挤不堪的贫民窟住宅里而沦于堕落；经常反复到来的就业不足和失业，以及随之而来的饥饿和死亡；食品掺杂、空气染毒，饮水玷污，日日夜夜间的、听到的，都令人憎恶；这一切都是在十九世纪初期的工业英国司空见惯的事情"；而且，"随着资本主义制度而来的肉体的痛苦、事故和疾病，还不是它的最大祸害……现代的工业制度，却一代一代地摧毁着那些在这个制度下的受害者的人们的灵魂。现在有一种道德方面的毒气，其能置人于死命不亚于物质上的毒气"。[2]

（二）现代经济学的新看法

当然，另一个不可否认的事实是，工业革命促进了英国经济的快速增长，进而刺激了对劳动力的需求，由此也就使英国的人均 GDP 以及平均工资等得到了显著提高。关于这一点，一群历史学家和经济史学家也运用现代技术手段尤其是计量方法作了一系列的考证。例如，伦敦大学经济史教授阿什顿（T. S. Ashton）认为，"浩如烟海的档案提供了大量统计和文字证据，这些证据表明，

---

① 参见哈耶克："导论：历史学与政治"，载哈耶克编：《资本主义与历史学家》，秋风译，吉林人民出版社 2003 年版，第 6 页。

② S. 韦伯、B. 韦伯：《资本主义文明的衰亡》，秋水译，上海世纪出版社集团 2001 年版，第 8-9 页。

在英国，大量人口的境遇实在不怎么好；这一点唤起了议员和读者的注意，必须进行改革了。后世的经济史学家除了依靠他们的结论之外，不可能再做得更好；不仅学术研究，而且整个社会都从这些报告中受益匪浅。然而，有所得必有所失。人们据以形成经济体制图景的，不是专门记录经济正常发展过程的资料，而是专门分析社会不满的蓝皮书，因而不免有失偏颇"；而且，他认为，"那些收入最低的工人，并不是工厂的雇工，而是那些家庭手工作坊工人，他们的传统和市场方法仍然停留在 18 世纪的水平。……就业环境最糟糕的，并不是使用了蒸汽机的大工厂，而是在手工场"。[1] 再如，Allen 的研究也表明，英国劳工的工资和福利水平在 18 世纪后得到了快速提升，并且要远高于其他欧洲国家和地区。[2]

正是基于现代经济史学家新近整理的统计资料以及相应的分析，一些受新古典自由主义影响的学者尤其是经济学者就致力于为"羊吃人"的圈地运动这一历史论断进行翻案。例如，哈耶克就把传统史学观点称为"一个贬低我们当今的文明受益匪浅的经济体系的离谱的超级神话"。他写道："随着'资本主义'的兴起，工人阶级的状况反而恶化了。有谁没有听说过'早期资本主义的惨状'？有谁没有下面的印象：这种制度的出现，给从前知足常乐、心满意足的广大民众带来了罄竹难书的新痛苦？我们可能恰恰是在维护一种已经臭名昭著的制度，人们指责说，这种制度，最起码在一段时期内，使社会上最贫穷、人口也最多的那部分人的境遇恶化了。社会上无所不在的对'资本主义'的强烈谴责，与下面的信念有非常密切的关系：不可否认，竞争性秩序确实带来了财富的增长，但其代价则是降低了社会中最贫穷的人口的生活水平。"[3]

事实上，正是以现代计量史学家的分析为依据，哈耶克认为，"历史的真相是：在 1820 到 1821 年间价格下跌之后，总体来说，工人的工资——当然不是每个人的工资——的购买力，确实要比革命战争和拿破仑战争前要高；由于这一历史事实与传统的看法完全相反，所以，人们根本就置之不理，而历史社

---

① 阿什顿："历史学家对资本主义的态度"，哈耶克编：《资本主义与历史学家》，秋风译，吉林人民出版社 2003 年版，第 22 页。

② Allen R.，2011，*Global Economic History: A Very Short Introduction*. Oxford University Press，P. 360；参见王珏：《技术与国家地位：1200–1945 年的世界经济》，社会科学文献出版社 2018 年版，第 193 页。

③ 哈耶克："导论：历史学与政治"，载哈耶克编：《资本主义与历史学家》，秋风译，吉林人民出版社 2003 年版，第 5 页。

会学家从来就不重视统计学家提供的工资和价格统计数据"。[①] 问题是，深受主流学说和意识形态影响的现代经济学人基于留存下来的局部数据分析所得出的结论真的就比连续传承的历史学家基于更为全面考察所得出的结论更为可信吗？一般地，计量分析的基本条件就是存在连续的量，但这种连续的量通常很难找到；我们所获得的通常是不同时期、不同地区以及不同人员所留下的局部数据，而这些局部数据所依据的标准往往又不相同。更不要说，不少统计数据本身就存在明显的虚假成分。一个明显的例子是，在统计方法已经日益发达的今天，中国社会的很多统计数据与现实之间往往还是存在很大差距的。

（三）历史数据分析的局限

既然如此，我们如何认识历史上留下来的那些统计数据呢？哈耶克自己曾指出，"很多现代历史学家的抱负是进行完全不受任何政治上的先入之见影响的纯科学研究。这当然没有任何可指责的，因为这是学者所肩负的崇高使命，那么，具体到历史学研究，学者们当然需要厘清历史事实……不过，从一开始，在决定什么样的问题值得回答的时候，就已涉入了个人的价值判断。面对一个时期的历史或一系列历史事件，如果没有关于社会过程复杂关系的种种理论，如果没有一定的价值观，能否写出这段历史，实在是大可怀疑。……如果试图编纂历史的学者没有明确意识到，他的任务就是按照一定的价值观对历史进行解释，那么，他即使获得了成功，也只能是自欺欺人，成为他没有明确意识到的偏见的牺牲品。"[②]

问题是，哈耶克对历史学家的忠告同样适用于当前热衷于计量分析的经济学家，因为根本不存在所谓的脱离价值观的实证分析。阿诺德·汤因比（《历史研究》作者阿诺德·约瑟夫·汤因比的伯父）就写道："一些分属不同党派的历史学家为了党派的目的去研究历史，他们试图将现在的争论与过去的历史拉扯在一起。"[③] 事实上，哈耶克把过去的调查和文字记录视为一种文学的夸大，但是，正如韦伯夫妇指出的，"一再发现这种情况的，不是多情善感的慈

[①] 哈耶克："导论：历史学与政治"，载哈耶克编：《资本主义与历史学家》，秋风译，吉林人民出版社 2003 年版，第 6 页。

[②] 哈耶克："导论：历史学与政治"，载哈耶克编：《资本主义与历史学家》，秋风译，吉林人民出版社 2003 年版，第 2 页。

[③] 阿诺德·汤因比：《产业革命》，宋晓东译，商务印书馆 2019 年版，第 9 页。

善家和黄色报纸的新闻记者，而是部会的视察员和议会的调查员。"[1] 试问：这些视察员和调查员有什么动机来夸大贫困现象呢？而且，即使社会整体确实在发展以及人们的工资也在缓慢提高，但这并不意味着人们的应得权利获得了相应的增长。事实上，即使社会似乎出现了帕累托改进，但福利增量的分配比例并不是公平的，这也会降低人们幸福感的增量。一个明显的例子是，当时几乎所有的经济学家都接受"工资基金说"或"最低生活费工资说"，这显然表明，在很长一段时期内，尽管经济在快速增长，但人们工资或真实生活水平的提高是微乎其微的。

同时，即使工人的平均工资随着工业化和城镇化的推进而不断提高，但这也不一定意味着其生活水平就会有相应的改善。究其原因，工人们逐渐失去了传统赖以生存的物质生活资料，以前有很多不需要购买的生活品，但现在一切都需要支付货币了。关于这一点，我们只要审视一下当前中国社会中那些正在失去土地的农民所面临的糟糕状况就明白了，也就不会如此努力地为不断增长的 GDP 或工资数字欢呼鼓舞了。更不要说，人们生活环境的恶化并不主要是指物质方面，而是整个生活环境恶化导致了人的福利下降，这种状况实际上并不仅仅是后来的社会主义者作了深刻的描述，而且几乎当时所有的调查都作了描述。为此，多德评论说："（计量历史学家们）所做的也包括——或仅仅是——把历史观转化成新古典经济学家能用的工具。在此过程中，他们不仅'揭示'假想的市场魔术的运行方式——只要能够运行，则始终运行良好——而且在此过程中，遮遮掩掩地将显而易见的破坏回报给人类（或一笔抹杀）。"[2]

事实上，18 世纪的英国国会之所以颁布《公有地围圈法》并用暴力将农民从公地中驱赶出来，目的就是使农民与生存资料相分离，从而被迫进入工厂劳动；进而，因为这些农民在失去生存保障的情况下进入工厂，所以当时工厂的工资非常低，也就是所谓的"最低生活费工资"；更进一步地，工厂之所以给予如此之低的工资以及政府之所以默认甚至鼓励如此之低的工资，就是因为要通过低价取得国际贸易中的竞争优势，进而实现新兴民族国家的发展和扩张。也就是说，在重商主义时期，人们积极逃避工作而政府却实行强迫劳动，这显然与现代社会存在明显差异：人们积极寻找工作而政府却劝导人们减少工作。其原因就在于重商主义时期没有劳动法之类的任何法律保障劳动者的利

---

① 　S. 韦伯、B. 韦伯：《资本主义文明的衰亡》，秋水译，上海世纪出版社集团 2001 年版，第 9 页。

② 　多德，《资本主义及其经济学：一种批判的历史》，熊婴译，江苏人民出版社 2013 年版，第 33 页。

益，这导致工厂劳动工资并不比其他活动更高，因而人们往往不愿参与工厂劳动；但同时，企业的高额利润又刺激企业主积极寻找劳工，因此政府就会站在企业主的角度推行一系列的强迫工作制度。

更进一步地，即使现有的统计分析表明工人的工资在持续上升，我们仍然不能否定工人的悲惨地位，依然不能否定工人遭受剥削的日益深重。究其原因，资本家的财富增长更快，资本家与工人之间的财富差距在迅速拉大；相应地，这就反映出，尽管资本主义体制有力地促进了生产力的发展和财富的创造，这正如马克思等人都惊叹的，但它在分配其所创造的财富上却是不公平的，相应地，就整个社会而言，工人阶层就被日益边缘化。阿诺德·汤因比写道，"自亚当·斯密所处的时代以来，（个人利益与集体利益的）这种对立已经变得更加强烈。甚至在他的那个时代，就已经存在这种黑暗的斑点了，而我们现在走向的是一个更加黑暗的时期，这一时期的不幸和可怕是任何一个国家都从未经历过的，因为，在财富大量增加的同时，贫困也剧烈地增加。作为自由竞争的结果，大规模生产导致了阶级间的分离和大批生产者的堕落"；[1] "（工人）承受的痛苦还来自于：工厂制度下的工作条件；物价的上涨，特别是谷物法取消以前面包的高价格；商业的突然波动，自从生产的大规模化以来，这种商业波动就将工人们置于了周期性的穷困之中。产业革命的各种影响证明，自由竞争可以创造财富，但不能创造幸福。在自由竞争没有受到立法和结社的限制之前，我们都知道它在英国所造成的各种骇人惨状了"。[2] 显然，撇开当时的国内外环境，单纯地利用数据资料是很难真正了解历史的。为此，甚至深受哈耶克推崇的伯克也很不喜欢当时经济学家的著作，认为当改造社会的活动破坏传统制度时，文化遗产便丧失了，结果大家只关心个人的满足，而忘却了自己对他人和社会整体的责任。他感叹道：骑士时代已经一去不复返了，继之而来的是诡辩家、经济学家和计算学家的时代，欧洲的荣耀永远消失了。[3]

五 计量史学重构历史的潜在问题

上述分析表明，即使试图借助数据分析来揭示历史的真实状况，也不能简

---

① 阿诺德·汤因比：《产业革命》，宋晓东译，商务印书馆 2019 年版，第 75—76 页。

② 阿诺德·汤因比：《产业革命》，宋晓东译，商务印书馆 2019 年版，第 87 页。

③ Burke E., 1955, *Reflection on the Revolution in France*, New York: Bobbs-Merrill, P. 86.

单地选择一些局部数字，而是必须尽可能考察所有相关的内容。例如，在考察工业革命时期社会大众的福利时，就不能仅仅看工资指数，而是要关注价格指数、劳动指数、市场化指数以及基尼系数等。再如，在利用粮价资料来探究历史某时期的市场整合情况时，也不能简单地做价格相关性、价格差相关性、价格方差相关性以及离散差相关性的分析而得出结论，而是要从"地方志、各种历史文献和前人论述中，找出湘、资、沅水系的中长途运粮路线，以及 10 个府内运粮越出县境的短途线路，构成一幅米市场结构图"。[①]同时，在基于历史数据来评估某个事物的作用时，不能仅仅依据一些孤立的指标，还必须进一步剖析指数之间的逻辑和因果关系，防止将基于数据之间的特定相关性看成因果关系。例如，在评估铁路对工业革命的作用时，就不能单单依据它在 GDP 中的比重，而是要分析它对其他事物的影响；再如，在理解工业革命的作用时，不能简单看经济增长指标，而是要看它对社会结构、技术变动和生活习惯等方面的影响。

同样，我们在运用计量手段分析过去几十年的中国经济增长时，不能简单地将经济增长与劳动生产率挂钩，不能以经济增长来体现社会发展；同时，也不能在劳动生产率与工人的劳动能力或效率之间画上等号，不能以劳动生产率的下降来说明工人劳动能力或效率的下降。事实上，劳动者的劳动能力在短期内是变动不大的，而同一批成员在不同组织中所体现出的集体能力往往却相差巨大；从这个意义上说，劳动生产率所体现的主要是社会成员的团队生产能力。一般地，如果存有一个较好的社会制度能够激发人们的工作热情，或者管理者具有较高的协调能力；那么，团队生产中的机会主义行为就会减少，内生交易成本和委托—代理成本都会降低，相应地，社会劳动生产率就会提高。同样，如果生产方式比较合理、劳动工具比较先进，劳动者能够有效地使用先进的机器设备；那么社会就越会迂回地生产，不但可以提高个人的生产效率，而且也可以提高社会劳动生产率。因此，只有在社会制度完善、生产组织健全、劳动分工不断深化的情况下，经济增长才与经济发展相一致，社会才能取得可持续的发展，这样的制度才是值得赞誉的。事实上，正如科尔奈指出的，中央计划经济中一个部门高增长率的取得往往是以从另一些部门转移资源为基础的，因而在加速工业和农业发展的同时忽略了运输、商业、保健、现代基础设施等；结果，虽然短期内可以产生急速的增长，但在今后却要为这种片面的、偏向的和扭曲的增长付出长期沉重的代价，被忽视的部门将来会变成严重的瓶

---

① 吴承明：《经济史：历史观与方法论》，商务印书馆 2014 年版，第 348 页。

颈，从而会导致经济增长过程的中断。①

需要指出的是，尽管统计数据可以反映增长状况，但从根本上来说它无法揭示社会福利状况；究其原因，人类的许多福利往往不能用统计数据来体现，而是会在社会矛盾中得到体现。譬如，在新中国建立后的前 30 年间，重工业产出的增长是建立在资源转移而扩大投资的基础之上的，这种发展是用少吃黄油以增加出口而换回外汇来购买机器；因此，在很长的一段时间，广大人民的生活水平仍然没有得到应有的提高，甚至被迫牺牲了个人福利。事实上，收入分配差距的拉大是社会上普遍产生幸福落差的主要原因，也是社会幸福感的真实体现；相应地，经历了这 30 年间各种社会运动的人大多对当时的悲惨生活心有余悸，即使没有切身经历的人也时有所闻。但是，过了几代人之后，那种切身感觉已经逐渐消逝了，在这种情况下，如果仅仅基于留存数据的分析而对流传下来的不同"传闻"进行考证，就必然会提出新的"振聋发聩"的论点。因此，笔者相信，如果没有历史事实的流传，将来就必然会有人重新评价 20 世纪在中国出现的几场大规模社会运动，这就如当前一些经济学人为圈地运动翻案一样。究其原因，他们仅仅停留在数据上，而已经无法接触到当时社会中的深层次问题。

然而，阿什顿却认为，历史学家所形成的观点是基于专门分析社会不满的蓝皮书。其实，当局通常是不会故意夸大社会不满的，更不可能选择性地将那些夸大不满的报告在当时就公布于众或者留之后世；相反，那些统计数据更容易伪造，也更不准确。试想，当前中国社会各级政府或有关职能部门公布的统计数据以及上市公司公布的业绩数据有多少可信度？甚至绝大多数统计数据，连统计者也不知如何使之更准确，因为统计方法和过程本身就存在很多问题。②相应地，计量经济学家通过数据处理来剖析历史，貌似提供了一些更为严谨而可信的证据，但实际上其中很可能忽视了一些全局性的东西。为此，马歇尔指出，"所有理论家中最为鲁莽的和轻率的是那些让事实与数字为他们自己说话的人，也许是不自觉的，他们的所作所为始终是挑选和组合资料，似乎在告诉我们只要发生在后面的，就是事情的结果"。③相反，历史记录或社会报告对那些抽象掉了其他社会信息的统计数据来说是一个极为重要的补充，它

---

① 科尔奈：《突进与和谐的增长》，张晓光等译，经济科学出版社 1988 年版。

② 朱富强："GDP 数字能够说明什么"，《广东商学院学报》2007 年第 2 期。

③③ 转引自 J. 内维尔·凯恩斯：《政治经济学的范围与方法》，党国英、刘惠译，华夏出版社 2001 年版，第 186 页。

提醒我们，不要轻易为那些统计数据所蒙蔽，而是要从更广、更细的角度来思考历史。

因此，计量经济史学家在纠正传统历史观中可能潜含的问题的同时，更应该谨防自身的系统性错误。

一方面，人类历史的事件是整体性的。历史的整体性表明，对历史的认知往往是基于某种想象，但这种想象必须是自相统贯的，能够将许多孤立而相关的证据联系起来。相应地，这就要求我们对历史的研究必须要站得高，要能够通览全局。但是，计量经济学家在研究历史问题时却试图以各个分立的数据为基础，或者热衷于细枝末节的考据，这种局限于微观实证的研究往往会陷入"盲人摸象"的认知误区。内维尔·凯恩斯就写道："如果历史学家想恰当地发挥他的作用，他就应该坦然地努力建立现象之间的联系，探询事物的因果关系。但如果以为不去应用先前已经形成的一般理论就可以达到这个目的，那就大错特错了。如果每一宗历史事件能够被分开来研究，因果关系的认定既不需要演绎推理的帮助，也不需要与其他事件的研究做比较，那么，我们已经确认，历史的原因并不会'在每一个事件中用直接的证据呈现在我们面前'。在每一个研究案例中呈现的我们面前的直接迹象，是一系列复杂的事件，其中真正的因果关系纽带可能隐蔽于数不清的各种现象中，所以，每一个观察者会遭遇一头雾水，要发现这种关系只有靠完备的科学知识。"[③] 事实上，当前的计量史学在很大程度上只是看到了表象，甚至是局部的表象，而没有深入事物的本质，无法洞悉历史的演化趋势。究其原因，正如 G. 弗兰克所说："他们似乎没有意识到，如果整体大于部分的总和，那么整体本身也会造成整体的部分和片断之间的差异。总之，他们或者由于不愿看见整体，或者由于看不见整体，因而不去看整个画面。因此，他们甚至也无法理解他们考察的那个片断或者他们想加以比较的两个或更多的片断的基本要素。"[①]

另一方面，人类历史的发展是连续性的。历史发展的连续性表明，对历史的认知需要充分结合特定历史时期的社会背景和文化，此能力需要广博的历史知识。相应地，这就要求我们对历史的研究必须具有历史性视野，要从历史时间来构架理论。但是，现代计量史学的分析却往往把事件发生的时间视为可逆的，从而必然缺乏历史性；即使计量史学运用计量经济学的分析方法和工具来研究历史问题，也往往是以过去特定时期的经济活动为对象，而不是考察其

---

① G.弗兰克:《白银资本：重视经济全球化中的东方》，刘北成译，中央编译出版社2005年版，第64-65页。

在整个历史发展过程中的地位和意义。何宗武写道："解释历史性要解决的问题，最好的方法是问：我们如何走到今天？为什么变成如此？富国为什么这么有钱？而不是问：所得极大化的一阶条件是什么？结构方程式预测经济的表现如何？现代经济学的形式主义，经济预测要求利用及时的量化信息对短期未来的猜测。这种量化预测，没有长期经济成长所需的历史性和前瞻性。"[1] 同时，历史发展的连续性表明，人类对历史的认知深入也是渐进的；为此，对历史的研究就需要以前人留下的历史文献为基础，需要充分理解和吸收前人的研究成果。

然而，流行的计量史学却采取了截然不同的思维：一方面，它往往基于一种抽象的模型或范式，采用一种静态的比较分析来审视历史现象，尤其是将结论建立在静态的成本—收益分析上；另一方面，它又热衷于对局部数据的逻辑处理，并基于这种抽象分析而对历史事件和历史发展做出新的论断，甚至得出与传统截然相反的新颖洞见。更为甚者，现代计量史学往往认为自身得出的结论是科学的和普遍的，并将由此得出的论断美其名曰为"历史革命"，进而展开对历史的解析甚至重构；而且，越是历史知识匮乏的学人，越是倾向于采用计量或数理分析方法，越是热衷于对历史的重构。这岂非夜郎自大的表现吗？事实上，现代计量史学宣称它的研究给出了完全客观且清晰的认识，从而实现了历史认识的"终结"。问题是，历史本身就是人们基于不同维度、不同资料乃至不同数据的解读，在这个意义上，历史认识具有明显的相对性，从而也就需要一代又一代的学者一直研究下去。吴承明先生强调，历史研究本身就是研究我们还不认识或认识不清楚的历史实践，而且，历史上总有认识不清楚的东西，那些已认识清楚的则随着知识积累和时代进步又逐渐变得不清楚了，从而需要没完没了地再考证、再认识。[2]

（六）计量史学如何促进经济理论发展

一般地，描述或真实再现只是历史研究的初级阶段，而更深入地认识历史并从中总结出经验和教训进而为现实世界服务则是历史研究的高级阶段。舒尔

---

① 何宗武："经济理论的人文反思"，载黄瑞祺、罗晓南主编：《人文社会科学的逻辑》，松慧文化2005年版（台北），第431页。

② 吴承明："谈谈经济史研究方法问题"，《中国经济史研究》2005年第1期。

茨就写道："经济史的作用不是重写历史。它应该分辨特定的历史经济环境，以达到拓展我们关于经济行为的知识的目的。"[①] 问题是，我们又如何更好地认识历史呢？在很大程度上，这就需要理论和方法的指导。米塞斯指出，"（传统的观点认为）历史学家必须描述并再现过去的真实，而且，可以说，如果他以尽可能少的偏见和先决条件来看待各种事件及有关这些事件的信息来源，他将会做得最成功"，但"很久以后人们才认识到，历史学家不能复制或再现过去；相反，他解释并重写过去，而这要求他要运用一些在开始自己的研究工作之前必须已经具有的思想。在他的研究过程中，即使处理一些材料使他得出了新思想，在逻辑上概念是先于对个别的、独特的和非重复性事件的理解。除非在致力于研究历史来源之前有一个确定的战争与和平的概念，否则就不可能谈论战争与和平"。[②] 问题是，我们该运用哪种理论来理解历史呢？毕竟任何时代都存在大量相互对立的理论，而历史又不是按照特定理论模式或确定发展规律进行演进的。显然，这就涉及理论的选择和取舍问题。

同时，在某种意义上，理论的选择和取舍又需要回到历史，需要通过历史材料来加以甄别。究其原因，社会科学理论根本上不是源于纯粹的抽象推理，更主要来自对人类历史的提炼和抽象。从这个意义上说，历史研究本身就是对现有历史的检验，或者是从大量历史材料中提炼出更好的理论，而这又依赖于对历史描述的真实性和全面性。在很大程度上，经济史研究的根本目的就在于，通过对大量历史资料的梳理和总结来检验理论、发现理论，进而提高或深化我们对历史和当下社会的认知。这就带来了以下问题：现代计量史学有助于理论的发现和验证吗？或者说，现代计量史学比传统史学更有助于经济理论的发现和验证吗？在某种程度上，目前的计量分析与传统的史学研究具有极强的相似之处：两者都强调数据的重要性，传统史学是考证训诂，计量分析是统计分析。不过，传统史学研究却遭到了现代主流经济学的轻视和否定，被认为缺乏理论性。问题是，现代计量史学的那些分析又具有何种理论性呢？难道它就一定比早先的考证训诂更有利于理论的发展吗？要认清这些问题，取决于对经济理论本质和要求的理解，也取决于对计量分析特性和功能的认识。这里再加以比较说明。

我们知道，经济学根本上属于社会科学范畴，经济理论的研究目的根本上体现为揭示事物的本质以及事物之间相互作用的内在机理和因果关系。显然，

---

① 舒尔茨：《报酬递增的源泉》，姚志勇译，北京大学出版社 2001 年版，第 38 页。

② 米塞斯：《经济学的认识论问题》，梁小民译，经济科学出版社 2001 年版，第 1 页。

无论是事物的本质还是事物作用的内在机理和因果关系都不是经验性呈现，而是要借助于人的知性思维加以认知。因此，一个完整的理论研究就包含了四大层次：方法论思维、理论形成、理论表达和理论检验。其中，前两大层次是理论研究的主题，后两大层次则是辅助性的。就此而言，当前经济学人趋之若鹜的数理建模主要体现为对既有理论的精练和表达，而计量实证则是对既有理论的证实或证伪；它们都属于理论研究的辅助性层次，无法真正提出新的知识，进而也就无法推进社会科学理论的实质进步。例如，基于归纳的计量分析往往只是得出一些具有严格适用条件的趋势，而无法得出一般性的规律；同时，受各种计量工具和数据资料所限，有限的计量分析甚至也不能简单地证实或证伪一个基本理论。计量分析内在的缺陷不仅体现在对抽象理论的研究和检验中，也体现在对历史数据的处理和认知中，这在20世纪70年代以来迅速发展的计量史学中得到了充分反映。

其实，尽管计量分析需要花费大量的时间来收集数据和处理分析，但其研究结论的合理性和可信度却是值得怀疑的。究其原因，相关数据等资料的收集和选择本身就存在很大的局限性和片面性：我们在撰写文章时根本不可能包含所有的相关数据等资料，也根本找不全这些资料；相反，往往是为了论证某些观点而寻找一些相关的数据，即使存在一些明显相互冲突的相关数据也会置那些不利证据于不顾，更少有人会对其所引用的数据的真伪性做一番考证。而且，目前普遍使用计量方法进行数据分析，虽然这使数据之间的关系更为精确，研究的结论也更具因果性，但其中的缺陷依旧存在。主要表现在：①在设立计量模型时，变量的选择本身就是非常主观的，特别是基于计量建模的简约性原则，一些非常重要而又无法量化的变量往往被无情地舍去了；②在分析主观设定的变量之间的关系时，数据的选择本身也具有非常强烈的主观性和随意性，显然少数一些数据值的偏差将会完全改变计量结果；③即使基于计量分析得出了因变量和自变量之间的一些数字关系，但还是无法确定它们之间的因果逻辑，因为因变量和自变量的设定本身就具有主观性。

更重要的是，纯粹的计量分析往往是描述性的而非理论性的研究，把它运用于经济史的研究也是如此。正如内维尔·凯恩斯指出的，"理论知识，即过去所建立的与经济现象有关的一般性命题，会告诉历史学家什么样的事实可能有重要的经济意义。甚至在我们只是进行历史事件的搜集与整理时，理论的帮助也是很大的……（因为）经济现象极度复杂，如果我们不知道什么样的现象需要研究，某些最为重要的东西完全有可能被我们忽视。所以，经济世界的因果性知识给我们提供帮助，使我们能够将那些特别被关注的事实与其他更难观察的事实区别开来",而且,"仅仅对历史事件的叙述就会受到叙述者本人的理论观点的影响。他很容易重新组合他的事实材料——使得这些材料反映出他自己倾向得到的那些结论。"①事实上,如果没有广泛的知识并缺乏相应的理论指导,所谓经济史研究就只能是文献资料的整理;相应地,研究者根本就不可能成为真正的经济史学家,而只能是资料管理员。就此而言,所谓计量经济研究也只能是资料的计算和统计,计量经济学家也只能是资料统计学家,进而也就根本无法从其工作中发现有价值的思想。

正是从这个意义上讲,传统经济史学与计量经济学基本上都属于同一研究路径,两者都注重材料甚于思想,只不过计量经济学对材料的处理手段更丰富、更精微(当然也可能更偏离实际)。这也意味着,尽管传统经济学积极吸收现代计量分析工具之后就出现了一门新的科学——计量史学,但这种研究路径本身并没有脱离原来的经济史学的特征。因此,尽管计量史学往往被宣称为一场经济史学的革命,但连福格尔那样杰出的新经济史学家也承认,"在旧经济史学和新经济史学之间有一条清晰的连续性的线索。"②也就是说,当前流行的计量史学具有与局限于考据的传统史学相类似的局限,都可能仅仅是就事论事而缺乏大局观、历史观和发展观。在很大程度上,现代计量史学之所以贬低传统经济史学,根本上就在于它接受了现代主流经济学中的客观主义和科学至上主义,把形式逻辑的严密性视为科学理论的根本特征。萨蒙就写道:"如果一个历史学家接受了通常的证实分析……他可能作出这样的结论:科学发展的过程受到……非证据思考的极大影响。"③

而且,对经济学的理论研究来说,历史提供的经验材料要比数据计算提供的重要得多。在某种意义上讲,经济学理论主要来自对经济史的梳理和提炼。余英时就曾指出,历史学家在研究过去的事件时往往会兼顾外在性和内在性两个角度,其中,外在性关注的是事物的外在表现,而内在性则解释事物的内在机理。④但是,承袭了自然科学的思维和方法,现代主流经济学却局限于事物的外在性上,试图寻找事物之间的一般关系并纳入一个抽象法则之下;相应

---

① J.内维尔·凯恩斯:《政治经济学的范围与方法》,党国英、刘惠译,华夏人民出版社2001年版,第185页。

② 巴勒克拉夫:《当代史学主要趋势》,杨豫译,上海译文出版社1987年版,第117页。

③ 转引自劳丹:《进步及其问题:科学增长理论刍议》,方在庆译,上海译文出版社1991年版,第42页。

④ 余英时,《文史传统与文化重建》,生活·读书·新知三联书店2004年版,第5页。

地，现代计量史学倾向于基于数据处理来分析事物之间的外在联系，从而确立某种相关性。从这个角度上说，历史学家往往比数理经济学家对历史发展进程和状况具有更为渊博的知识，他们剖视历史的角度更宏远，传统史学也比计量史学更能够揭示事物的内在机理。所以，吴承明先生说："经济史有广阔的天地，无尽的资源，它应当成经济学的源，而不是经济学的流"。①

事实上，为了给经济理论提供尽可能全面的经验材料，经济史研究必须契合广博的历史和理论知识，而不能仅仅基于孤立环境下的数据处理。例如，内维尔·凯恩斯就指出，"与理论观察相关的经济史的真正功能是批评；这无疑是它最重要的功能之一"，当然，"历史不仅仅是举例和证明，它也使错误显示出来，指明理论在什么地方离开了应该有的条件和限制"；也正因为"经济史使人们懂得了经济理论的实际应用的限制条件。它要求我们注意经济环境特点的变化，它说明，在这些条件发生变化时，调解经济现象的那些原则也在发生变化"。② 同样，余英时也强调，"若我们纯粹从统计数字与分门别类的眼光来探求人类的经济生活，则所得者只能是一些干枯而无生命的结论；这绝不是我们研究经济史的真正目的。既然如此，经济史学家便应该放开眼界从整个文化背景着眼以求真正能了解历史"。③ 但不幸的是，现代计量史学却不是通过历史史实来发现和修正理论，而是热衷于根据新古典经济学那脱离具体历史的"一般"理论甚至是依据那种与理论毫无关系的"死"数据来"修改"历史。索洛就遗憾地说："经济理论没有从经济历史中学到什么东西，并且仅仅历史受到经济理论滋养的同时，也受到经济理论同样的腐化。"④ 正是由于遵循的经济理论来自流行的新自由主义经济学，由此展开的历史重构也必然带有深深的历史虚无主义特征。

最后，由于囿于一些局部数据，现代经济学的理论研究也就普遍存在G. 弗兰克所说的"只见树木，不见森林"的倾向。试问，那些执着于摆弄数学模型的人中有几个能够对经济现象发生的机理有较为清晰的认识？显然，这种研究方法也深深地影响了计量史学对经济史的研究，从而就会严重误导我

---

① 吴承明，《经济史：历史观与方法论》，商务印书馆 2014 年版，第 292 页。

② J. 内维尔·凯恩斯，《政治经济学的范围与方法》，党国英、刘惠译，华夏出版社2001年版，第182 页。

③ 余英时，《文史传统与文化重建》，生活·读书·新知三联书店 2004 年版，第 25 页。

④ 转引自霍奇逊：《经济学是如何忘记历史的：社会科学中的历史特性问题》，高伟等译，中国人民大学出版社 2008 年版，第 305 页。

们对历史的认知。关于这一点，我们可看一段历史学家柯林伍德的话语，"近代历史学的各种研究方法是在它们的长姊自然科学的方法的荫蔽之下成长起来的；在某些方面得到了自然科学范例的帮助，而在别的方面又受到了妨碍"，例如，盛行的实证主义的历史概念就"把历史学当作是对于埋在死掉了的过去里面的各种连续事件的研究，要理解这些事件就应该像是科学家理解自然事件那样，把它们加以分类并确立这样加以规定的各个类别之间的关系。这种误解在近代有关历史的哲学思想中不仅是一种瘟疫性的错误，而且对历史思想本身也是一种经常的危险。只要历史学家屈服于它，他们就会忽视他们的本职工作乃是要深入到他们正在研究其行动的那些行动者们的思想里面去，而使自己只满足于决定这些行动的外部情况——即它们那些能够从统计学上加以研究的事物。统计学对于历史学家来说是一个好仆人，但却是一个坏主人。进行统计学上的概括对于他并没有好处，除非他能由此而探测他所进行概括的那些事实背后的思想"。①

由此可见，不仅基于计量分析来重构历史往往潜含着严重的破窗谬误，而且试图通过计量史学来完善和重建经济理论也会遭遇严峻的逻辑困境。吴承明先生就说："定量分析方法有局限性，应该主要用它来检验已有的定性分析，而不宜仅凭计量的结果创立新的论点。"②奥地利学派的米塞斯甚至认为，经济理论不仅无须接受历史事实的"检验"，而且也无法被历史检验。其理由是，一个事实要成为可用于检验理论的事实，就必须是一个简单的事实，要与其他可获得和可重复的事实同质；但是，每个历史事件却都是变动不居的众多原因的一个合成结果，这些原因之间也无一保持不变的关系，因而每个历史事件是不同质的，从而历史事件也就不能用于检验或建立历史规律、数量规律或其他形式的规律。③事实上，影响社会经济现象的人类偏好、意志、知识以及价值观等都不断在变化，社会环境也在不断演进，因而计量经济学根本无法在人类历史中找出一个不变的关系。既然如此，我们又如何通过历史来推动经济理论的构建和发展呢？从根本上来说，这需要运用契合分析和回溯分析等方法，而不能局限于计量方法。

---

① 柯林伍德：《历史的观念》，何兆武、张文杰译，商务印书馆 2004 年版，第 319–320 页。

② 吴承明：《经济史：历史观与方法论》，商务印书馆 2014 年版，第 347 页。

③ 罗斯巴德："人类行为学：奥地利学派经济学的方法论"，载多兰主编：《现代奥地利学派经济学的基础》，王文玉译，浙江大学出版社 2008 年版，第 33 页。

七 尾论：反思考据式的史学研究

由于计量分析本身存在强烈的主观性，因而其得出的结论几乎都有待结合其他知识进行审视。事实上，欧美很多史学家对计量史学家得出的结论往往持怀疑的态度，即使20世纪60年代计量史学曾盛行一时，但80年代以来欧美史学界对它的热烈期望就已经逐渐冷淡了。不过，随着经济学帝国主义运动的兴起，现代主流经济学的分析思维和研究范式逐渐拓展到了其他学科，乃至经济学人越来越倾向于使用现代主流经济学所提供的新方法来研究历史特别是经济史。尤其是，受福格尔和诺思荣获诺贝尔经济学奖的激励，计量分析史学得以迅速崛起，基于历史数据的细枝末节分析论文得到推崇，而系统性的理论著作则往往因缺乏原始数据而遭到贬抑；结果，传统史学方法逐渐被否定和抛弃，这在追求"名牌"意识的中国经济学界尤为显著。

然而，本章的分析却表明，计量分析史学对历史认知和理论构建都存在严重缺陷，相反，契合多方面知识的传统史学对历史的理解反而会更全面。事实上，吴承明先生就指出，经济史本来是社会经济史，老一代经济史学家都研究社会，而使用经济分析方法特别是计量学方法却把社会给丢了；尤其是，20世纪50年代勃兴的逻辑实证主义者根本上否定史料考证，将史料视为不可靠，而认为只有用逻辑推理得出来的历史才是真实的。[1] 为此，面对现代主流经济学尤其是计量史学中极度推崇基于数据的逻辑分析这一流行取向，我们需要持审慎的态度，需要认真剖析其中潜含的历史虚无主义倾向，进而更全面地认识历史和把握未来。

针对囿于数据作历史考据的流行取向，世界体系史的领军人物G.弗兰克在《白银资本》中就作了非常精彩的反驳。[2] 这里简要列举一些精彩之语如下："有人会挑剔地指责说，我没有使用（甚至没有能力使用）原始资料。对此，我有几个理由进行反驳。1966年，我把一份有创见的批评墨西哥历史研究中的传统说法的稿件寄给一位墨西哥史专家。他很客气地给我写了回信，但是在信中说，我的稿子没有发表的价值，因为它不是基于原始资料写成的。我

---

① 吴承明："谈谈经济史研究方法问题"，《中国经济史研究》2005年第1期。

② G.弗兰克：《白银资本：重视经济全球化中的东方》，刘北成译，中央编译出版社2005年版，第71–72页。

把这篇稿子放在抽屉里13年之久，后来因沃勒斯坦邀请我把它纳入由他主编的剑桥大学出版社的一套丛书中才发表出来。此时，那位专家写了一篇书评，认为我的这本书不应该出版，因为我所说的东西已经陈旧了，其他学者的新的研究和分析成果已经把我早先提出的看似稀奇古怪的世界经济观变成了公认的流行理论。"

"这段经历表明，作出一个历史阐释，尤其是范式阐释，需要什么样的资料。用显微镜进行档案研究会很自然地造成一个问题：它不可能给历史学家提供一个广阔的视野。另外，如果历史学家希望跳出公认的范式，甚至向微观研究的范式发出挑战，那么他们最需要的就是一个更广阔的视野。当然，如果历史学家迈得步子太大，不可能用望远镜来考证资料，那么他们必然会遗漏某些细节。这就引起下面这种指责。"

"有人会指责说，尤其因为缺少足够的原始资料，甚至根本没有察看原始资料，因此我的知识不足以考察世界整体，甚至不足以考察世界的若干部分……然而，正如世界史专家威廉·麦克尼尔在为我的一本书写的前言中指出的，无论我们把研究课题规定得多么狭窄，我们不可能洞察一切，甚至不可能对任何一件事有'足够'的知识。"

"因此，知识的匮乏（我很愿意承认这种缺点）实际上并不取决于研究课题的狭窄还是宏大。相反，正如本书第5章所援引约瑟夫·弗莱彻的说法，正是由于人们普遍不愿意作'横向整合的宏观历史'研究，才导致了历史狭隘乃至极其匮乏。"

G.弗兰克的这段话语引起了笔者的同感。事实上，笔者曾经从事过一段时期经济史的研究，也曾在上海档案馆以及中国第二历史档案馆（在南京）待过一年多的时间，期间翻阅了大量的档案资料，以努力寻找能够增进自身洞见的第一手材料。在很大程度上，硕士论文就是以这些第一手材料为基础的，为此硕士导师评价说："内行一看就知道是下了很多功夫的。"问题是，功夫确实是下了，但笔者却非常心虚；究其原因，花了这么长时间，自己的社会认知却似乎并没有提高多少。这种感觉就如笔者后来转向现实经济问题研究的初期因主要偏重一些统计分析而产生的感觉一样：心中对自己的研究结论根本就没谱，更不要说从中提高自己的社会认知了。那么，学问究竟是做给别人看的，还是为了自己的求知呢？正是源于这种内心的焦虑和痛苦，笔者最终转向理论的探索，并积极从前人所积累的知识中汲取营养，而不是局限于常规分析范式的数据处理。

当然，需要指出，本章的主要目的在于深入剖析目前流行的计量分析史学所潜含的缺陷，但并不是要否定计量史学，更不是要否定历史研究中对计量这一工具的运用；相反，本章的反思更重要的是对目前的流行取向提出一种告诫，不要简单地将计量史学视为客观和科学的，并由此来压制和排挤其他方式的历史研究。其实，选择何种研究方式往往体现了一个学者的学术风格，这除了跟自身的学术目的有关外，更主要的是与自身的知识结构有关。譬如，当笔者刚刚涉入经济史的学习和研究时，经济理论和历史知识的积累非常贫乏，对学术发展和自身认知也充满困顿；相应地，在接触了刚从西方传播来的新经济史学及其计量分析理念后，笔者积极主张经济史研究走新经济史学特别是计量史学的道路。但是，当时拥有广博历史知识的经济史学者对这种新兴的方法却普遍持反对态度，他们给我的理由是，中国已经有一些教授也在走这条道路，但似乎并没有得出什么有说服力的新观念。不过，时事异也，随着老一辈经济史学者逐渐淡出学术界，年轻一辈的经济史学研究者因为缺乏足够的史学功底而接受并推广现代主流经济学所使用的计量化研究方式，主张经济史研究也应该走计量化道路，进而又反过来"迫使"还留在学术界的老一辈经济史学者接受这种研究方式。与此同时，随着知识的积累以及对经济学科认知的深化，笔者却对计量史学的理论价值和现实意义产生了深深的怀疑，时刻提醒嵌入在这种研究方式中的破窗理论谬误。事实上，以计量分析来解释有很多其他知识提供旁证的现实存在严重的问题，以此来认识或重构我们未有经验的历史必然更是见木不见林；进一步说，即使计量分析可以就历史事件和变量之间给出某种量化分析和描述，但要由此来获得对历史的论断却要慎之又慎。

第2篇

数量分析的庸俗取向

　　量化经济分析具有严重缺陷，西方经济学家也很少将分析结论直接应用到政策或实践之中；而且，西方社会的实践往往沿着自身路径演化发展，而甚少受那些"时髦"观点的左右。但是，一些中国经济学人往往只是听其言而不是观其行，从而就会刻意模仿盛行于西方主流经济学中的这些研究方法，甚至还会加速这种庸俗化的研究趋向；同时，由于中国社会还没有形成一条相对良性的自我演化路径，那些所谓的"新潮"学术往往被直接应用到政策和实践之中。在很大程度上，正是不加审查地照搬"前沿"理论来指导具体的社会实践造成了社会经济的跌宕起伏，而所有这些又根源于经济学界的功利主义风气，由此导致量化经济分析中也具有明显的庸俗化倾向。因此，本篇就数量分析中庸俗化取向的现状和原因做一剖析。

实用主义、实证分析与经济学的庸俗化

导 读

市场经济的偏盛导致中国经济学界弥漫了浓厚的实用主义倾向，这也成为计量实证文章泛滥的社会基础。尤其是，受市场经济滋生的功利主义所诱发，现代学术界的实用主义并不体现为务学者的求知本色，而是务商人的物质追求。相应地，使用各种计量模型和计量工具的实证分析并不是对理论内在逻辑和机理的检验，甚至也不是对社会现实的客观描述和考察，而仅仅是便于文章发表并由此获得各种私利的手段。正因如此，当前中国的经济学研究就呈现浓厚的庸俗化特征。

一 引言

作为一门社会科学，经济学研究的根本目的在于揭示事物的内在本质和实然表现，由此剖析现实社会制度中的种种缺陷并加以改进。这就需要遵循从本质到现象的研究路线，并需要具有非常渊博的社会科学知识。[①] 然而，自新古典经济学确立支配地位以降，西方主流经济学就逐渐形成了一种极为不好的研究取向：仅仅停留在事物的表象层面，关注事物之间的功能联系，从而热衷于数量之间的相关性分析。正是由于缺乏对社会事物相互之间作用机理的探究，大多数经济学人不愿对理论本身进行深入思考，而是将大量时间用于宏观经济数据的收集，并采用固定的计量模型或分析工具进行所谓的实证。譬如，在评估一个制度的优劣时，当前经济学界的流行方式是基于统计实证来进行效率的比较分析。问题是，这些统计信息具有多大的意义呢？要知道，影响效率的因素非常复杂，主要因素甚至往往在所比较的具体制度之外。哈耶克就指出：

---

① 朱富强："从本质到现象：比较制度分析的基本路线"，《学术月刊》2009 年第 3 期。

"统计信息不会使我们更聪明，除非它可以告诉我们关于特定时刻的特定情势的信息，但从理论上讲，我相信统计研究做不到这一点。"① 其实，制度研究的合理思路在于，根本上要揭示社会制度与相关者行为之间相互作用的微观机理，并由此剖析该制度何以产生、如何演化以及存在何种缺陷。为此，哈耶克就激烈反对弗里德曼基于统计数据来为自由市场的高效率提供支持的做法，而是倾向于从微观视角来分析市场对分散型个人知识的利用。

而且，熟知经济学说史的人都知道，注重宏观经济活动及相应政策研究的凯恩斯主义经济学曾经遭到奥地利学派的哈耶克、货币主义的弗里德曼、理性预期的卢卡斯等人的共同批判，以致到20世纪80年代左右在40岁以下的美国宏观经济学家中已经难以找到一个自称是凯恩斯主义者的人。卢卡斯在《凯恩斯主义的死亡：问题和观点》一文中甚至宣称，如果一个人被看作一个凯恩斯主义者，他就会把这个看作是对他的冒犯。这些非凯恩斯流派之所以批判凯恩斯主义经济学，关键就在于他们认为，凯恩斯经济学缺乏充足的微观基础，而且，这无法在自身框架下被修复好。相应地，在自由主义大旗的支配下，弗里德曼等人完全转向新古典经济学的分析框架，试图通过计量实证来为新古典经济学理论提供经验依据。由此也就需要思考：现代计量分析能够为其理论或结论提供可信的微观解释吗？一个明显的事实是，计量分析所依据的那些假设前提大多是不现实的，变量选择是随意的，因而其得出的结论也就不可避免地会让人怀疑。正因如此，哈耶克就对弗里德曼过分使用统计工具来分析宏观经济的倾向提出了猛烈批判，认为"弗里德曼的货币主义与凯恩斯主义的共同点，要多于我与他们两派的共同点"。② 而且，后来弗里德曼自己也承认这种分析存在很大问题，最多只能为现象提供某种解释，而很难进行经济预测和制度改造。

尽管如此，基于学术发展过程中的俄狄浦斯效应和赫胥黎效应③，这种数理化的主流研究范式却获得了畸形的发展，以致在很长一段时间内，人们往往只能屈从于它而不能虚心接纳其他流派的批判。正是在现代主流经济学范式的支配下，越来越少的中国经济学人能够清楚地认识到人类社会制度在现实中已经被异化了，从而越来越少的经济学人会从微观视角去探究现存制度对个体行

---

① 朱富强："从本质到现象：比较制度分析的基本路线"，《学术月刊》2009年第3期。

② 哈耶克："走出奴役之路：预见没落——哈兹利特采访哈耶克"，载秋风编译：《知识分子为什么反对市场》，吉林人民出版社2003年版，第261页。

③ 赫胥黎说："新的真理的通常命运是，以异端邪说开始，以迷信告终。"

为以及人类社会发展的扭曲性诱导；相反，越来越多的经济学人试图通过细枝末节的数据处理来印证新古典经济学的假说和结论，并基于供求均衡原则想当然地把现存制度当成合理的存在。相应地，现代主流经济学就日益丧失了社会科学应有的批判意识，而倾向于为现状提供解释或辩护的实证分析。一个明显的事实是，现代主流经济学在构建理论时注重的是假设前提的普遍性和简明性而非真实性和合理性，以致其假设前提已经逐渐脱离不断变动的社会现实；而且，由于不同于西方人的行为机理以及不同于西方社会的现实问题，教材中的那些"不言自明"的引导假定与当前中国社会的实际情况相差更大。

那么，如何克服现代主流经济学的困境呢？一般地，功利主义和教条主义的结合就会滋生日益强盛的主流化趋势，相应地，要打破这一潮流，就需要借助解释共同体圈之外的力量。事实上，当一个学者处于现代西方主流经济学的"局外"地位时，他往往可以远距离地、全面地对现代主流经济学进行反思和剖析，从而理应更容易发现其内在的这种缺陷。例如，20世纪80年代之前的日本经济学界就充满了对西方主流经济学的反思。不幸的是，由于受西方学术霸权的长期殖民，一些海归学人往往唯西方"前沿"是瞻，反而失去了反思的敏锐性和批判的兴趣；特别是，在根深蒂固的传统实用主义思维以及日益盛行的功利主义风潮的支配下，他们不但不愿也不能对现代主流经济学的基本理论和思维方式进行深入审视，反而要极力为它们辩护。正因为这些经济学人盲从于现代西方主流经济学中那种关注表象的研究方法，并以此来分析中国社会的实际经济问题，将抽象的理论推导作为解决现实问题的良方；结果，往往就出现了"头痛医头、脚痛医脚"以及"治标不治本"进而导致"本末倒置"的现象，这不但贻笑大方，而且对社会实践造成了严重的误导作用。因此，本章就中国经济学界热衷于实证分析的现象及其原因和危害做一分析。

 二　实用主义的学术取向及理论危机

经济学自诞生起就被视为一门致用之学，其基本目的在于通过剖析现实社会中的缺陷来促进社会福利的提高；而且，这种社会福利不仅包括物质性效用，也包括精神性效用。然而，受功利意识和重物质观念的影响，近代西方社会逐渐将科学与伦理分离开来。进而，抛弃伦理学的经济学则日益局限于工程学一隅，把一切"真"的东西都视为可以用实物、数量加以证明或用数学验证的，因而一些经济学人就试图构建出撇开价值判断的纯理论。同时，随着肯定性理性的偏盛以及新教伦理的兴起，萨伊、马尔萨斯、西尼尔、萨姆纳等一大群学者都承袭并发展社会达尔文主义为现实制度和社会现象进行解释和辩护，这就导致经济学日益庸俗化。

（一）实用主义下的理论贫困

古典经济学以降，经济学庸俗化的发展又经历了两大重要阶段：首先，边际革命将还原思维和数理逻辑引入经济学，相应地，新古典经济学就集中于资源配置这一工程学问题的探究，进而将经济学发展成一门追求最大化的技术科学。其次，弗里德曼等又将逻辑实证主义引入经济学，相应地，这就导致工具主义的勃兴，进而使实证分析成为经济学研究的主要思潮。这两种取向都使经济学的庸俗化特征达到登峰造极的程度：它不再是对现实和理论问题的关注，而是基于新古典经济学的框架做些细枝末节的实证研究。受现代主流经济学的影响，当前中国经济学界的庸俗实用主义取向较西方有过之而无不及：①大多数学者热衷所谓的实证分析和对策研究，并主要针对那些吸引眼球的热点问题；②提出的大多数政策建议往往停留在"标"的层面上，其短视性远甚于凯恩斯，因为凯恩斯毕竟建立了一整套政策体系。事实上，当前的经济研究往往只关注社会经济的表层问题，热衷于对政策的"主义"之争，而缺乏对现象背后的本来面目的深层探讨；结果，经济学界对社会经济问题的认识很难有真正的提高，经济学理论也很难有实质性的进展。

不幸的是，尽管现代主流经济学的理论与现实之间的严重脱节已经为社会所公认，但绝大多数经济学人却依然采用熟视无睹的态度，几乎没有人愿意对这种学术现状作深刻的审视。相反，一些经济学人还由此主张，应该将经济学的理论和应用区分开来：纯理论仅仅是基于特定假设的演绎和推理。在这种思潮的影响下，现代经济学就加速朝两个方向发展：①将经济学的理论探究等同于数理模型的构造，试图将经济学打造成一套逻辑自洽的公理体系；②将实证经济学从经济学中独立出来，试图将经济学改造为一门纯粹解释的实证学科。这两个方向的共同点是大量使用数学工具，都是通过引入数理逻辑而强调科学性和客观性，并在逻辑实证主义下得到统一。例如，剑桥大学实在主义大家劳森在给笔者的邮件中谈及经济学理论的现状时就指出，至少在英国经济学理论是非常数理化的，几乎都是有关数理模型的。他的具体文字是："In the UK, at least, economic theory is very mathematical. It is all about mathematical modeling. I spend much time criticizing it as a waste of time. My mainstream colleagues all like and do economic theory of course, and so I am marginalized."

受甚嚣尘上的实证主义思潮支配以及一些海归经济学人的主导，那些没有数学符号的文章在当今中国经济学领域也已经不被视为经济学专业文章；相应地，缺乏实证分析的文章就越来越难以在经济学专业刊物上发表，更不用说获得那些所谓的"一流"经济学刊物的青睐了。关于这一点，只要浏览一下被各高等院校列为"特级""一级"或者"权威级"的那些经济学刊物就明白了：哪个不是充斥了实证分析性文章？哪个不是偏重热点问题的关注？事实上，这类经济学刊物所刊登的文章很少对经济学理论本身内含的研究思维、分析方法、理论背景、利益取向、逻辑问题及未来发展进行探究，缺乏对经典文献进行系统的比较梳理，而主要是对一些常识性认知提供一些"经验"数据说明或者为一些教材上理论提供数理"逻辑"佐证。从这个角度上说，这些专业经济刊物所刊登的文章几乎都是地地道道的"经济"现象研究，而不是经济学的理论研究。而且，即使就"经济"现象研究这一层次而言，当前研究也大都停留在表象层次，而根本没有努力去揭示现象背后的实质，因而也就没有真正认识这些复杂多变的经济现象。

更进一步地，这类刊物所刊登的主要是博士生们或者毕业没几年的青年学子的文章，即使那些挂名在博导、教授名下的文章，也主要由这些年轻学子主笔。关于这一点，同样只要做一个简单的统计就一目了然了。问题是，尽管这些博士生初步学会了一些处理数据的计量工具或者符合形式逻辑的数理模型，但无论是在经济学的理论意识上还是社会经济的现实意识上，他们都非常短见和浅薄，又谈何去辨识事物的本质呢？不幸的是，无论是应用经济学的考核还是理论经济学的考核，这些杂志上所发表的文章都成为关键指标；同时，在经济领域的学科排名、职称晋升以及课题申报等方面，这些杂志上的文章数量也是核心指标。这也意味着，在当前的评价体系下，研究生或者青年博士的习作被塑造成了理论经济学研究的最高水平！

（二）实用主义下的学者困境

上述现象都反映出，庸俗化和实用化在当今中国经济学界获得了畸形的结合。一方面，尽管这些"专业"刊物很少关心经济学理论的发展，却往往被视为理论经济学的最高刊物，其刊登的文章也被吹捧为理论研究的前沿；另一方面，尽管这些文章只是对现象作些形式的勾勒或功能的解释而很少分析问题的实质所在及其深层原因，却往往被主流学术界视为面向现实的，其刊登的文章也被视为应用研究的代表。相应地，这种学术倾向对中国经济学的理论研究和发展产生了严重的误导，以致海归学人尤其是青年学子大多热衷于实证研究：

不但完全把数理模型和计量实证提高到等于甚至高于理论研究的层次，而且把那种纯粹理论思辨贬到"夸夸其谈"的玄学地位，以致从事理论探索和文献梳理的学者在当今经济学界越来越难以生存。

这可以从两个方面略见一斑：一方面，纯粹理论探索性的文章很难获得发表的机会，结果，没有实证分析的文章通常会被各种"学术"会议排除在外；究其原因，这些所谓的"学术"会议本身就不是真正学术探索型的，更不是理论探究型的。另一方面，纯粹理论探索性的文章很难获得发表，结果，这类研究也更难以获得各项课题的立项资助；究其原因，那些所谓的"应用性"政策课题本身就不是在实际应用中体现其真实价值，而是通过在那些主流杂志上发表文章来体现其虚拟价值。事实上，当前的纵向课题除了国家社会科学基金中还存留一些"体现"时代主旋律的"似乎"是理论类的课题外，其他诸种基金所资助的课题几乎都集中于所谓的调查和实证研究；同时，那些应用性课题研究对结项的要求几乎都是，在核心以上刊物上发表一定数量的文章，即使是那些研究报告型课题也大致如此。

更为严重的是，正是这种庸俗的实用主义取向，造成了当前中国学术界"好动不好静"的现实。特别是在经济学界，那些于学、商、政之间游刃有余的能人巧士得到普遍推崇，而愿意静下心来系统梳理经典的学者则成为学术边缘人。于是，一旦凭借一些符合形成规范要求的论文获得声誉，有些"达人"就开始从事行政、办教育，乃至出入各种电视、媒体以及其他容易曝光的场合，以期迅速实现其"学术"价值；至于那些依旧坐在办公室里从事学术的经济学人，则主要热衷于所谓的"实证分析"，从而可以由此承接各方面的应用课题。事实上，当前中国经济学界的基本风气就是，基于"学以致用"的逻辑而到处承接各种对策性课题，然后在迎合课题发放者或评审者之意图的基础上基于统计资料作些实证分析以提供佐证。

由此我们可以看到，一方面，当前庸俗化的实证结论很少具有清晰的逻辑性和学理性；另一方面，这些文章往往又要提出政策建议。试问：这样的政策建议可行吗？说实在的，笔者确实怀疑，目前这种抛开前人的思想，更缺乏其他专门性的知识，而专注所谓的实地调查或者摆弄几个数据进行所谓的实证分析，最终能够得出什么真正的洞见？然而，由于普遍存在对实用主义和实证主义的迷信，中国学者不仅把实证分析等同于应用研究或者对策研究，鄙视事物之间内在逻辑机理的研究，而且把庸俗和肤浅的"实证研究"等同于经济学的理论研究，以致不少院校的经济学系已经实质性地蜕变成"计量经济学系"。试想：整个经济学界的理论研究被统计分析所取代，岂非本末倒置么？

（三）实用主义下的思维误导

既然如此，当前中国经济学中的庸俗实用主义学术倾向又是如何形成的呢？大体上可以从这样两方面加以说明：①与西方主流经济学的内在特性有关，尤其是 20 世纪下半叶以来日益盛行的实证分析的直接结果；②与儒家的学术传统密切相关，这是庸俗实用主义倾向在中国社会尤甚的重要原因。事实上，儒家的学术本身就源于人伦日用，而很少渗入超验的探索；正因如此，传统儒家的思想工具一直停留在寓言的形式和层次上，缺乏实实在在的理性发展。例如，韦伯就指出，中国的哲学离不开经书，不带有任何思辨性，而且始终以实际问题和封建家产制官僚体系的阶级利益为其取向。相应地，在遇到现实问题时，儒家学者通常只是基于历史经验，试图回到过去寻求问题的解决之道；与此不同，西方学者则更善于探究事物的内在机理，能够面向未来积极寻求改造之道。正是基于面向过去的思维，当传统受到西方社会、经济、政治和文化的全面冲击而开始变得不可依赖时，儒家学者就转而试图从西方社会的历史演化中寻求解决之道，把西方社会存在的制度作为模仿的对象。

问题是，这种简单的照搬和模仿往往忽视了社会历史发展的背景，忽视了不同的社会文化结构，忽视了各种社会制度之间的相容性；因此，他们开出的处方往往并不成功，反而可能因初始敏感性造成的蝴蝶效应而产生更大的问题，这也是当前庸俗实用化的经济研究对社会实践产生的实质效果。这里可以举一例加以说明，被誉为开风气之先河的龚自珍在清末社会急剧动荡变化混乱时期，观察到了商人阶级的迅速崛起以及商业对农业的盘剥，从而将大商人称为"魁""枭"和"桀"等；显然，这体现了一个敏锐的知识分子对社会现实问题的洞见，而且，这也是与几乎同时代的马克思等古典经济学家所看到的是一样的。

然而，东、西方学者对同一问题认识的深度和开出的应对清单却截然不同。马克思等在剖析这种不合理现象的同时，基于从本质到现象的研究路线，不仅能够揭示工商业所面临的问题表象，而且充分认识到工商业的发展反映了社会发展的潮流，从而能够前瞻性地提出解决这种问题的一系列合理方案（如累进税制、劳工保护法、国家资本主义等）。相反，龚自珍却只是停留在这种问题的表面，把解决问题的出路仅寄托在历史的老路上，甚至主张物物交换，这显然只会是历史的倒退；同时，西方社会的冲击使人们对儒家社会历史经验的信心瓦解，于是，龚自珍就试图依靠其对西方中世纪庄园制度的一些模糊认识，生搬来解决 19 世纪末中国的现实问题。显然，由于没有系统地剖析社会发展的基本规律，也缺乏对现实问题的真正认识，龚自珍提出的农宗理论无论在理论上还是实践中都必然是错误的。

可见，随着新古典经济学从将其研究对象局限于稀缺性资源的配置领域到逐渐发展成为一门技术性学问，现代经济学就越来越实用化了，这种实用主义取向在中国经济学界尤其强烈；并且，由于混杂了功利主义和形式主义，中国经济学界的实用主义越来越庸俗化了。①海归经济学人越来越不安分于学术争鸣及思想交流，而是努力践行"经济人"行为以期实现个人利益的最大化；于是，中国社会的经济学研究与社会活动，经济学家和社会活动积极分子不可分割地联系在一起。②那些还没有获得敲门砖的研究生们和青年学子则热衷于对热点问题的实证分析，或者以细枝末节的数据资料来为主流经济学的学说提供支持；于是，他们也很少做理论计量经济学研究，或者试图通过实证研究来发现新的思想，刻意凭借那些"客观"数据来遮蔽其空洞的内容和思想。

显然，这些都反映出当前中国经济学人大多比较功利和务实：这种庸俗化的实用主义不是务学术探究之"实"，而是务私利追逐之"实"。结果，这种实用主义几乎不能促进理论的任何实质进展，反而窒息了理论交流的学术氛围。C. 弗兰克就指出，"一个只看到眼皮底下的直观事物的人并不是真正的现实主义者，他充其量只是个死抱住教条不放的人，因为他看到的不是真实存在的整个大统世界，而仅仅是被本人利益及个人地位所限定的一个人为的小圈子；真正的现实主义者是一个能登高望远、全面客观地洞察现实的人"。①因此，当前经济学的发展首先需要转变实用主义的学术误解，要防止实用主义的异化，以致离开了学术这一本分而追求短视的物质利益。实际上，奈特在大约一个世纪前就告诫我们要提防学术中的实用主义和平庸的倾向，并认为"'实用主义'只是暂时的，甚至从某种程度上说，是在装腔作势"。②

三 实证分析的适用性及其庸俗化剖析

一般来说，计量工具的发展是经济学研究日益实用化的推进剂，泛滥的实证分析也是经济学实用化取向的明显表征。显然，要防止经济学研究的庸俗化，就需要对实证分析本身的特点及其要求进行审视。事实上，《数理逻辑

---

① C. 弗兰克：《社会的精神基础》，王永译，生活·读书·新知三联书店 2003 年版，第 9 页。

② 奈特：《风险、不确定性和利润》，王宇等译，中国人民大学出版社 2005 年版。

批判：经济学的建模和计量》一书就对逻辑实证主义的内在逻辑作了深刻的剖析，挖掘了逻辑实证主义在解释、确证和理论构建上的逻辑缺陷，并对实证经济学在解释上的合理性、预测上的可信性以及指导实践上的有用性进行批判，指出了实证分析内含的"致命自负"。

（一）实证分析的适用性

一般地，计量只不过是处理经济数据以分析经济现象之间关系的一个手段和工具，因而应用于经济研究本身是无可厚非的，也不存在价值判断；同样，数理模型也是有助于思想严密化、精确化的一个手段和工具，并有利于思想的发现和传播。问题是，尽管手段和工具本身无所谓对与错，但使用者却往往会出于不同目的；这样，同一分析手段或工具在不同人手中往往就会得出截然不同的结论，进而对理论发展产生截然不同的影响。因此，如果基于不纯的目的来使用计量工具，那么就可能使这些工具遭到滥用，进而使实证分析庸俗化。关于实证分析的适用性问题，这里作两点说明。

第一，理论探索并非不要进行实证研究，但确实不应过分强调实证的理论意义。事实上，正如内维尔·凯恩斯指出的，"如果清楚地认识到统计的局限，如果它们是在足够广的范围内准确地收集，如果它们的运用是不带偏见而全部的调查深入到其真实的意义中，并且如果它们是完全和合适地进行收集和分类，那么，它们的价值是独一无二的"。[①] 而且，在揭示了事物的本质以及考察了事物的现状以后，就必须对现状何以偏离本质的原因进行辨识，进而需要对影响因素进行实证分析，同时也必须对纠偏的措施及方案进行实证考察。例如，韦伯就强调，"绝不是由于价值判断归根到底立足于某些理想，从而具有'主观的'起源，就可以摆脱科学的讨论……问题毋宁说是：对理想和价值判断所做的科学批判的意义和目的是什么？对此需要做更为深入的考察"。[②] 在他看来，对有意义的人类行为的终极要素所做的任何有思想的探索，都首先与目的和手段这两个范畴密切相关。

显然，手段和目的两方面都可以进行科学的考察。一方面，手段对于给定目的的适当性问题是绝对可以进行科学考察的，这包括哪些手段适合于引向一个前定的目的，哪些手段不适合于引向一个前定的目的，或者权衡可利用的手

---

① J.内维尔·凯恩斯：《政治经济学的范围与方法》，党国英、刘惠译，华夏出版社2001年版，第228页。

② 韦伯：《社会科学方法论》，李秋零等译，中国人民大学出版社1999年版，第2页。

段达到某个目的的可能性，从而判断目的设定自身在实践上的意义，这些方面都需要充分使用数理逻辑和计量分析的方法。另一方面，当达到一个前定目的的可能性看来已经存在的时候，还需要进一步确定运用必要的手段可能产生的除希望达到的目的之外的其他可能后果，因为所有事件都是普遍联系的；这样，研究者就可以进一步考虑：就预料中将会出现的对其他价值的损害而言，达到希望目的的"代价"是什么？显然，对一个有社会责任心的学者而言，他不能忽视对行为的目的和后果做出权衡，这是哈耶克所强调的社会科学家应该具有的知识和素质，而这些方面是无法通过数理推理和计量实证而获得的。

第二，实证研究强调"是什么"也并非就没有思想，但确实要提防当前的实证庸俗化现象。事实上，经验数据的统计不仅可以检验和修正理论的假设前提，还可以对理论本身进行检验和发展。因此，笔者坚持认为，实证的前提和方法中都充满了思想和态度，从来就没有纯粹的实证分析。这就如历史学家考证历史事件时充满了思想，否则就成了图书资料整理员了。历史哲学家克罗齐就强调，史实只有通过史学家本人心灵或思想的冶炼才能成为史学，而离开思想只能是史料编撰者而不是史学家。同样，没有思想的实证在经济学中就只能作为统计员存在，无权发表意见，唯一的职责就是为他人推理和建立理论收集证据。萨缪尔森就嘲讽说："给魏德纳图书馆的猴子一个包罗万象的数据库，你不会得到一个经济史专家。你得到的是一个数据库和一个图书馆馆长。"① 所以，我们在应用数学、计量乃至各种软件等工具作实证分析时，首先必须通晓相关的知识，必须有相应的理论作为指导或者事先有一个合理的研究思路，否则，肯定是无意义的。

当然，找两个数据借助计量经济学测算一下相关性，这并不是真正的实证分析；相反，真正有价值的计量涉及非常多的知识，否则这种实证的结果和建议必然会引起强烈的谴责。也就是说，要进行真正的实证分析是非常困难的。①必须对统计数据进行考订，这包括数据的筛选、填补：如果信息太多，变量怎样选择，个案如何处理；如果信息太少，数据如何变更和添加。②还必须对数据产生的相关背景进行分析，这包括战争、灾荒、国内政策、世界市场等，否则，仅仅在数据上做文章是得不出任何有意义的结论的。事实上，曾经做过一段时间的经济史研究使笔者深深地认识到，每一次的数据统计都是一个异常艰难的工作。例如，新中国成立之前各时期中，统计最为完好的经济资料是

① 萨缪尔森："我的人生哲学：政策信条和工作方式"，载曾伯格编：《经济学大师的人生哲学》，侯玲等译，商务印书馆2001年版，第338页。

1933 年的国民生产所得，但即使如此，不同的版本相差也非常大。特别需要指出的是，计量本来就是一项"吃力不讨好"的工作：①如果证实了某规律，其贡献也归该规律提出者所有；②如果证伪了某理论，却没有提出相对应的新理论，也无法引起其他学者的兴趣。更为艰难的是，在国外学术界，只要计量过程中出现一点纰漏，譬如数据的选取、方法的采用等，那么，所有的工作就会被根本否定掉。

（二）实证分析的庸俗性

毋庸置疑，审慎的实证分析非常有意义，也有非常严格的要求。但是，目前中国社会流行的实证分析倾向却忽视了这些基本要求，以致往往徒有其形而无其实。从某种意义上说，中国经济学人之所以热衷于实证分析，主要只是将之作为发表文章以获得各种私利的手段，从而存在明显的庸俗化表征。关于这一点，我们也可以从以下三方面加以剖析。

第一，当前实证分析中形式化和庸俗化取向明显体现在实证比较的逻辑以及相应的解释上。事实上，要依赖实证分析的结果来对经济现象加以解释，需要非常严格的逻辑关系，而目前的实证文章恰恰是逻辑不严密的。譬如，在 2008 年北京举办奥运会以及 2010 年广州举办亚运会之际，一些从事计量分析的人就敏锐地发现了这一获取课题的寻租机会：通过各种统计数据之间的计量分析来解释、预测奥运会对全国经济发展以及亚运会对广州经济发展的影响，并以此申请了新的课题。当然，为了迎合主旋律，这些研究一般都是在论证奥运会或亚运会的举办对一些重要产业的发展乃至整体 GDP 的增长有正面效果；而且，在中国经济处于高速发展的当前时期，基于数字之间的简单联系所得出的研究结果确实能够给出两者之间的正相关性。但试问：这种实证分析有任何意义吗？对社会发展又起到了怎样的作用呢？其实，只要对这种分析逻辑做一最初步的深究，其内在的牵强附会或空洞无物就是显而易见的了。

穆勒曾提出比较研究应该遵循的差异原则：在抽出其他社会因素而保证只存在是否举办奥运会或亚运会这一种情况不同的条件下，对举办前后的经济发展情形进行比较。根据这一原则，在通过实证来获取一般性的研究结论时，我们就应该反思：由于奥运会或亚运会举办前后的社会环境存在明显的差异，即使经济在继续发展或者更快发展，这就能够说明是举办奥运会或亚运会所推动的吗？一般地，如果发展速度下降了，并不能说是奥运会或亚运会的举办抑制了经济增长，因为如果没有举办也许发展速度下降更快；同样，如果发展速度上升了，也不能说是奥运会或亚运会的举办推动了经济增长，因为这也许本身是其他社会环境改变的结果。况且，如果把因举办奥运会、亚运会而投入的资金用于其他方面的建设，也许可以获得更高的经济增长率。但是，流行的计量分析往往没有作这方面的比较，就得出了大型运动会的举办能够推动经济增长的结论，岂不太荒谬了吗？否则，我们年年举办大型运动会岂非最佳政策选择？事实上，中室牧子和津川友介就指出，单纯比较某个事件发生前后状况的"实验前后测分析"无法揭示该事件与相应结果之间的因果关系，其理由包括：①这种方法没有考虑到随事件产生的自然变化（"趋势"）所造成的影响，而往往会将这个"自然趋势"误视为事件所产生的效果；②这种方法潜含着"回归平均"的可能性：在不断收集数据的过程中，偶尔出现一个极端值后，数据会逐渐回归到通常的水平。[①]

　　第二，当前实证分析中形式化和庸俗化取向更明显地体现在数据的收集方式以及对待数据的态度上。事实上，大量的实证分析基本上都建立在各级政府或相关职能部门所发布的统计数据之上，但当前公布的 GDP 数字的真实性往往值得怀疑。媒体不是经常报道统计数据打架的情况吗？一般认为这主要有以下几方面的原因：①基于政绩观的数字虚高。中国官员是对上级负责，而上级考核的一个重要指标就是 GDP，在这种政绩观下，地方官员往往会把中央政府工作报告中设定的预期目标作为基准或者以此作为各地加权的平均数，而力图使本地的增长率高于平均数，甚至为追求政绩而不择手段。②统计上报中的人为造假。在以 GDP 为考核指标的末位淘汰体系支配下，各地方统计部门报送数字时也往往左顾右盼，实际数字会向上进行浮动调整；结果导致了地、市加起来比省大，各省加起来比国家大，从而在统计上报的过程中出现人为的虚增。③统计口径选择不一致。地方政府为了凸显其政绩，在统计 GDP 总量和人均 GDP 时往往采取不一致的口径：在统计 GDP 是将户籍与非户籍人口所创造的经济成果一并计算在内，而在计算人均 GDP 时却仅仅以户籍人口为基数。④统计基数估算不真实。即使以常住人口为人均 GDP 的统一计算口径，但常住人口的估量本身也往往存在问题，因为往往无法将常住人口和短期的外来打工者分开。⑤按常住人口统计也存在不合理之处。影响世界各国人均 GDP 的一个重要因素是非就业人口所占的比例，但沿海地区的外来常住人口基本都是青壮年，几乎都是创造 GDP 的劳动力，而那些没有和他们一起来到城市但与他们生活密切相关的老人和小孩却没有被考虑到。⑥统计过程中的交叉重复。

---

　　① 中室牧子、津川友介：《原因与结果的经济学》，程雨枫译，民主与建设出版社 2019 年版，第 59 页。

除了上述人为的因素，中国社会的 GDP 总量的统计过程本身就存在系统的误差，因为中国各地区经济本来就是一个整体，但 GDP 却是分别统计再相加的，所以在加总的过程中就不可避免会重复计算，特别是，在政绩观的指引下往往是多报的。[①]

正因为中国 GDP 数字因地方官员的政绩观考虑而在统计层面上存在人为调高的现象，国外很多经济学家都认为中国的 GDP 增长速度不是真实的。例如，匹兹堡大学的饶斯基（Thomas Rawski）就认为中国的经济增长是假的。按他的研究，中国 20 世纪末的发展速度顶多是 3%，很可能是接近零增长。但是，如果考虑到遗漏而未被统计的大量存在的灰色经济，中国社会的经济发展又可能远比饶斯基估计得要快。事实上，毕竟中国法制漏洞太多了，以致很多收入都没有公开，也很难被统计。无论如何，当前的 GDP 统计数据是有问题的。有基层统计人员甚至指出，GDP 统计的现状是，上级领导告诉我们今年 GDP 要增长多少，统计人员就会给出地区 GDP 的值是多少。试想，这种数字可信吗？在应用数据进行分析和预测时是否要先考证一下这些统计和公布的数字的真实性呢？如果只看数据而不知细节，并且拿一个不准确的数据放进计算机，通过回归统计就获得"因果"关系，由此对理论进行实证检验或者对社会经济现象进行预测，甚至以此指导社会的发展，不是太荒唐了吗？弗里德曼很早就痛下批评：把废物放进计算机，算出来的当然也是废物。[②]正因如此，一个严谨的学者在面对这些数字时，首先要对这些数据进行甄别；从某种意义上讲，对统计数据的考证本身也就是当前学术界的一项重要任务。显然，如果没有数据考证这个前提工作，那么对中国社会经济状况就根本无法做到定量分析，至多只能做定性的探究，而那些所谓的定量分析都只是自欺欺人的把戏。问题是，如此多的中国经济学人在 GDP 数据上进行实证分析，但有多少人对这些数据进行认真的考订了呢？

第三，当前实证分析中形式化和庸俗化取向还可以从研究者的学术态度中可以窥见一斑。事实上，当前大多数热衷于实证分析的经济学人似乎并不在乎数据的准确性，而仅仅关心是否可以获得数据；而且，即使存在明显的多种数据来源，大多数人也没有能力对数据进行甄别、考证，从而很少有人对各种数据进行比较和梳理。特别是，大多数学人都是按照数据的可得性而不是真实的相关性程度来进行变量的取舍，以致他们可以把 GDP 数据与任何可想象的事

---

① 朱富强："GDP 数字能够说明什么"，《广东商学院学报》2007 年第 2 期。

② 张五常："自然科学与艺术评审"，http://zhangwuchang.blog.sohu.com/167506429.html.

物联系起来，通过功能性的数据处理来"计量"分析影响经济发展的因素，从而可以围绕 GDP 数字作任何可以想象的文章。显然，这样的经济学家作如此的文章在当前经济学界实在太普遍了，他们很少关注计量分析本身所存在的缺陷，不认真辨析因变量和自变量间的关系；特别是，经济学理论基础越差的人似乎越倾向于搞"高级"的计量实证，这也是目前计量分析文章大多是在读研究生所撰写的原因。从根本上讲，计量经济学本身需要经济学、统计学以及数学等多方面的知识。有鉴于此，萨缪尔森几乎一辈子不太敢用统计方法分析经济问题的潮流，仅有的一篇有关消费函数的有回归分析的文章还是错误的。但是，在当前中国社会，似乎人人都热衷于搞所谓的"计量分析"，而且，只要掌握几个计量工具谁都可以搞实证分析，这是经济学的科学态度吗？

当前经济学界之所以形成这种"计量盛况"，根本原因就在于，很少有人关心是否可以从研究中获得认知，而主要是为了满足他人的要求以期获得金钱的收益。正因如此，如果有人对他的学术来源提出质疑，他就会搪塞说，这是某某年鉴或协会公布的，如果存在错误，那么你也应该去问他们；同样，如果有人对他们所采用的计量工具或模型提出质疑，他就会说，这是主流的分析模型或者西方某某人或某某文章中就采用了这一工具或模型，如果存在错误，那么你也应该去问他们。鸣呼，一个自己投入大量时间和精力并且试图以其换取报酬的研究，却连从中获得认知这一基本想法都没有：不但不先确定先前设定目的的合理性，不探讨事物之间的内在联系；而且也不对这些数据的真实性和工具的合理性等基本问题进行反思，更不认真分析所采用的手段可能带来的坏的后果。相反，在仅仅学了几个经济学概念之后就开始照搬一些模型和定理搞所谓的实证研究，把一切内在的问题都推给别人，却还要由此提出政策主张和建议，那么，这些政策主张和建议还可信吗？而且，这是学者应有的学术态度和学问精神吗？不可思议的是，这些人却往往能够赢得高额的物质回报和巨大的学术声誉，特别是，竟然可以源源不断地承接各种旨在解决具体问题的应用性课题！

可见，尽管实证分析确实为理论的检验提供了一个重要工具，但理论发展根本上不是实证分析推动的，相反，实证分析带来的经济研究中的实用主义倾向往往妨碍了思维的扩展。关于这一点，社会学家要比经济学家看得更明白。例如，默顿很早就曾提出告诫："科学家在评价科学工作时，除了着眼于它的应用目的外，更重视对扩大知识自身的价值。只有立足于这一点，科学制度才能有相当的自主性，科学家也才能自主地研究它们认为重要性的东西，而不是受他人的支配。相反，如果实际应用性成为重要性的唯一尺度，那么科学只会成为工业的或神学的或政治的奴仆，其自由性就丧失了。这就是为什么今天的许多科学家对三个世纪前由弗郎西斯·培根所提出的观点表示担忧的原因，培根由于提出科学具有实用性价值，因而使科学具有了社会价值。"[①] 特别是，在伦理自然主义思维的支配下，流行的实证主义往往具有肯定性特征，从而强化了主流学术和现实制度。显然，这与学者发现问题、揭示缺陷这一特质是相冲突的。科塞就强调，"知识分子是从不满足于事物的现状，从不满足于求助陈规陋习的人。他们以更高层次的普遍真理，对当前的真理提出质问，针对注重实际的要求，他们以'不实际的应然'相抗衡"。[②] 不幸的是，目前中国社会的海归学人急急乎热衷于被视为"致用"的实证研究，并以此来维护与中国社会已经严重脱节的现代西方主流经济学说，甚至为现实社会中出现的大量丑陋现象进行辩护；显然，这种实证分析已经被庸俗化了，从而背离了实证分析提出之初的宗旨，并为经济学发展带来了适得其反的后果。

 四　结语

　　学术的发展、理论的深化体现在对事物本质不断接近的过程中，这主要建立在对前人理论进行系统梳理的基础之上，而不是基于简单的数据处理；特别是，如果实证分析进一步被庸俗化，那么计量论文就会蜕变为八股文的形式，这将进一步窒息经济思想的交流和理论的探索。事实上，如果离开那些经济学大师所积累的知识而片面地强调自身的调查或数据的处理，就会落入林毅夫所指出的那种"以自身经验为基础获取知识的前现代社会的方式"中去。显然，正是由于受"科学化"和"客观化"的误导，现代主流经济学往往在还没有搞清楚各种因素影响经济现象的特性及机理的情况下，就开始片面地追求所谓的定量分析；结果，尽管计量分析工具在不断升级换代，但经济学的思想却似乎并没有获得相应的增量，经济学家对社会的认知也似乎并没有获得相应的提高。特别是，由于中国社会那些被视为最高理论研究的经济学专业刊物中往往充斥着形式化和庸俗化的实证文章，广大青年学子往往不能也不愿正确地辨析这些研究的合理性；相反，出于文章发表以及职称评定的需要，他们还积极效仿这类杂志所崇尚的研究方式以及基本思维，从而往往会把在这些刊物中发表

---

① 默顿：《社会研究与社会政策》，林聚任等译，生活·读书·新知三联书店2001年版，第48—49页。

② 科塞：《理念人：一项社会学的考察》，郭方等译，中央编译局出版社2001年版，前言。

计量文章的人视为理论权威。结果，中国经济学界就形成了把经济学理论探索等同于数据处理的庸俗风气，这不仅混淆了统计学的文章和计量经济学的文章，而且混淆了统计学文章和理论经济学文章，甚至混淆了经济学和统计学这两门学科。

从根本上说，中国学术界流行的实证分析之所以越来越庸俗化，垃圾文章和课题之所以会被大量复制，就在于缺乏科学的学术精神和严谨的学术态度，从而把一切外在的因素都当成维持现状的借口。迈克尔·波兰尼曾指出，真正的"科学家们将对自己的一切负起完全的责任，尤其要对自己提出的主张负全责。一旦某个论述被别人证实——无论以何种方式、何种途径证实——甚至可能沿着一条提出理论之初完全想象不到的思路对之加以证实——理论的原创者就会宣称自己是正确的。反过来说，一旦他的工作被别人证明为误，他便会有失败感。这时候，他既不能辩称自己已经执行了科学规则，也不能说自己当初是被其他研究者或合作者提供的事实所误导的，同时，更不能说提出理论之时并无法做出确实将该理论驳倒的实验。这些说法都只能依赖解释失误为什么会发生，却无法为失误本身做辩护——因为科学家不须遵循任何言传规则，他有权依据自己的判断来决定接受或拒斥任何事实为证据，他的任务不在于实践任何所谓的正确程序，而是要从中得出正确结果。科学家必须想尽一切法子，与他所预测的潜在事实建立联系，这种联系一旦确立，即自始至终得到科学家本人科学良心的赞成。因此，科学家得接受一项任务——他们必须对证据的效力表态，虽然这些证据永无法完整；他们还得相信，这种听从于科学良心的命令而进行的冒险行动是他们能够胜任的职责，同时也是他们为科学做贡献的恰当机会"。[①] 显然，如果哪一天，中国经济学人开始具备了迈克尔·波兰尼所提出的这种科学精神，那么实证分析也就可以避免庸俗化了，并且可以真正为理论发展和实践应用提供有益服务。

---

① 波兰尼：《科学、信仰与社会》，王靖华译，南京大学出版社 2004 年版，第 42 页。

计量经济学在中国的庸俗化发展解析

——基于知识结构和学术风气的二维视角

导 读

　　现代经济学的实证分析和计量应用变得越来越媚俗化和庸俗化，大多数文章甚至都经不起150年前穆勒所提出的证实规则之逻辑检视，更不要说能够揭示出经济现象间的因果关系。这一学术取向主要基于两大原因：①研究者知识结构的日益狭隘，使他们局限于事物的表象解释而无法深入揭示事物的本质；②学术界功利主义的日益盛行，使研究者因商人心态偏向容易被接受的主流化研究方法。尤其是在当前中国社会，上述两大因素还有深厚的社会环境基础，这使得计量实证分析的形式化和庸俗化倾向更为严重。实际上，众多经济学人在对现实社会环境还缺乏基本理解的情况下就牵强附会地运用计量软件来寻找各变量之间的关系，以致所得出的结果根本无助于现象预测或实践指导，由此也就造成了明显"下不着地"的学术。

一 引言

　　现代主流经济学以物理学作为经济学科的发展方向，极力模仿自然科学的客观和中立，进而将经济学的科学化简单地理解为数理化和计量化；同时，在逻辑实证主义的思维指导下，现代主流经济学刻意地将原本统一的实证分析和规范分析割裂开来，并极端地偏重于实证分析这个单一内容。正因如此，计量经济学就得以迅速崛起，甚至已经取代了理论经济学的研究。在中国学术界更是盛行着一种实证拜物教，这一点可以从各高校经济学专业的课程设计、选课状况以及那些主流学术刊物所刊登的论文类型中窥见一斑：没有计量分析的经济论文根本难以发表在那些号称权威的经济学刊物上，以致经济学院学生本硕博的全部时间和精力几乎都用在了计量工具的学习和训练上；结果，经济学专业的学生乃至青年学者，似乎除了数据处理之外就别无其他分析能力，甚至对社会经济不再有任何新的认识。①

现代主流经济学之所以偏重计量实证，重要原因就在于它将实证结果视为客观的，进而也就将计量等同于科学方法。果真如此吗？事实上，无论是在变量取舍、检验工具选择还是函数关系设定等方面，流行的计量经济学都充满了强烈的主观性，其实践应用也因往往与特定的价值观结合在一起而具有浓郁的规范性。在某种程度上讲，应用计量经济学仅仅是如何处理具体社会现象之间关系的一种艺术，而不能成为一门科学，更不是自然科学概念上的科学。有一中国留学生选修了 Jarque-Bera 检验发明者贝拉（Anil K.Bera）教授给研究生开讲的高级计量经济学Ⅱ，事先因担心会像中国大学里那样每遇到"大师"开课就人满为患的现象而很早就去教室占了个有利位置；但是，在教室等了好半天也只有自己一人在里面，以致自己还怀疑是否走错了教室，直到贝拉教授走进教室后才又来了两个人。在课堂结束时，贝拉教授还不忘告诉大家，计量经济学看起来像数学，但它不是科学，因为它是建立在经验性检验基础上的，所以计量经济学是一门艺术（arts）！②

这个故事显然与当前中国经济学界构成了鲜明的反差。①西方经济学教授对计量经济学的理解与中国主流经济学人有很大不同：后者不但声称计量经济学是科学，而且还把计量实证视为唯一有前途的经济学研究。②中外经济学子在对待计量经济学的学习态度或热情上存在巨大差异：西方社会中通常只有那些认为今后在自身工作或研究中真正需要用到计量经济学的学子才会花费巨大

① 例如，《经济研究》2006 年第 1 期的 13 篇文章中除综述、书评以及研究经济发展和改革的历史性变化与增长方式的根本性转变的文章各 1 篇外，其余 9 篇都是大篇幅的统计文章，第 5 期的 12 篇文章全都是计量分析或数理推导，第 10 期的 12 篇文章除书评、纪念许涤新诞辰 100 周年的文章以及研究新古典经济学在中国转型经验中的作用局限的文章外，其余 9 篇也都是计量分析。其他被大多数高校定为理论经济学重要级（或权威，或一级）的专业刊物也大致如此：例如，《经济科学》2006 年第 1 期中发表的文章只有 1 篇是非实证的，第 2 期的 13 篇中有 11 篇、第 5 期的 12 篇全都是计量分析和数理推导；再如，《经济学季刊》2006 年第 4 卷刊登的 12 篇文章中除了综述、书评、案例分析、调查报告各 1 篇以外，其他都是计量分析和数理推导；即使是《经济学动态》，除了"理论综述""国外经济理论动态""国外经济理论专题""学术会议""新书点评"等专栏外，其他的也基本是计量文章。

② "为何计量经济学大师的课只有三个人去听？"http://zouhengfu.blog.sohu.com/99573534.html?act=1221103792244#comment.

精力学习和训练计量工具的使用，中国经济学子则往往将计量工具当作炫耀或炮制论文的必备手段。那么，为何会存在这种差异呢？这就涉及学术风气问题。在很大程度上，中国经济学人之所以如何鼓吹计量分析的客观和科学，要么是因为认识上过于肤浅，要么是自身学术态度存在问题。就后者而言，中国的计量分析在某种程度上已经沦落为"伪科学"，基本特点是明知计量分析的缺陷而刻意地隐瞒这种缺陷，鼓吹它的客观和科学，以获得文章发表、课题承接、职称评定以及其他金钱上的收益。

在很大程度上，正是基于文章发表的需要，当前中国的计量实证文章大多就不是出于对社会现象内在因果机理的探索，而是偏重于基于数字之间的关系得出某些归纳性结论。而且，在当前这种盲目而庸俗的实证主义思潮支配下，一些主流经济学人已经开始不把那些没有数学符号的文章视为经济学专业文章；相应地，没有实证分析的文章已经越来越难以在专业经济学刊物上发表，更不要说获得那些所谓的"一流"经济学刊物的青睐了。有鉴于此，本章就尝试对计量经济学在时下中国经济学庸俗化的现状及其原因做一深层次的剖析。

 ## 中国计量实证庸俗化的逻辑解析

一般地，理论是要揭示事物的实在结构以及事物之间的因果关系，而计量经济学产生的初衷也是希望借助更为严密的分析手段来做更客观的探究。显然，要通过计量分析来发现和发展理论，就必须将统计工具和经济理论有机地契合起来：一方面，通过基于严密的计量分析来客观地描述事实；另一方面，借助各种相对立理论的思辨和内省将一系列事实逻辑化和严密化从而发展出一般性理论。在很大程度上，只有将两者有机地结合起来，我们才能更好地确证自变量和因变量之间的因果关系，才能深刻地剖析事物之间的作用机理。这一点休谟早就作了阐述，穆勒则作了进一步的逻辑分析。事实上，以归纳主义为特征的穆勒的实证主义被认为是对 19 世纪中期科学哲学标准观点的完善概述，它对于经济学方法论中的逻辑方法产生了较大的影响；而且，即使在具体调研手段和统计技术等已经高度发达的今天，进行理论建构的逻辑基础几乎依然未变，相关的认识甚至也并没有超越穆勒、韦伯和涂尔干等先驱所设定的范畴，特别是穆勒的重要著作。[①] 那么，目前流行的尤其是中国社会流行的计量分析

---

① 张杨："证伪在社会科学中可能吗？"，《社会学研究》2007 年第 3 期。

在多大程度促进了经济理论进步呢？这里将之与穆勒的逻辑观做一对照，以此来审视那些实证研究是否符合最基本的逻辑要求。

（一）穆勒证实规则中的逻辑

约翰·穆勒曾把演绎逻辑精心贬低为一部有智力的香肠机器，而把归纳逻辑颂扬为通往新知识的唯一道路。[①] 不过，即使从他为经验研究的逻辑所设计的粗糙草图来看，用归纳来检视理论也需要非常高的条件。事实上，穆勒提出了一套非论证的证实规则：①一致方法，在所研究的现象中如果有两个或更多的事例只有一种共同的情况，而且只有在这种情况中所有的事例才一致，那么这种情况就是上述现象的原因（或结果）；②差异方法，如果所研究的现象在一种事例中出现了，在另一种事例中没有出现，这两个事例的所有情况都相同而只有一种情况不同，并且这种情况只在前一事例中出现，那么这种情况就是所研究的现象的结果或原因，或者是原因的不可缺少的部分；③剩余方法，从每个现象中减去通过先前的归纳得知的由某些前提所产生的结果，这些现象中的剩余就是剩下的前提的结果；④伴随变化方法，不管什么现象，如果其他现象以一些特别的方式变化时，它也以某种方式变化，那么这种现象就是其他现象的原因或结果，或者两者是通过某种因果关系的事实联系在一起的。[②]

尽管上述四种方法有助于发现内在于事物之间的因果规律并对一些普遍认可的观点进行验证，不过，穆勒还是认识到，这四种方法更适用于自然科学而非社会科学。其原因在于，社会现象有非常复杂的因素在起作用，不但各不相关的结果互相混在一起，而且不可能进行有控制的实验。正因如此，穆勒对社会科学提出了替代的方法：几何学的或抽象的方法；物理的或具体的推理方法；历史的或倒推的方法。在穆勒看来，第一种方法应该限制使用，只有在由一个原因引出所有结果的情况下才能运用；第二种方法是借鉴自然科学领域特别是天文学中使用的方法，把从那些规律中做出的推理视为经验观察获得证实的依据；第三种方法则是要通过历史的梳理来挖掘历史变化的内在规律，从而揭示社会发展的本质特征。[③] 显然，穆勒不仅提出了迄今仍为人们所提起的归纳准则，更重要的是他试图展开因果关系的分析来解决休谟的"归纳问题"。

进一步地，穆勒等早期经济学人还清楚地认识到，"证实"并不是对经济理论的检验以确定它们是对的还是错的，而主要是对那些被认为明显是对的理

---

① ③ 布劳格：《经济学方法论》，石世均译，商务印书馆 1992 年版，第 72 页。

② 穆勒：《逻辑体系》，郭武军、杨航译，上海交通大学出版社 2014 年版。

论建立起一种运用边界的方法：人们通过证实来确定"干扰因素"是否能解释顽固的事实和理论上合理的原因之间所出现的不一致；如果能够解释，那么不是说明理论错了，而是理论被错误地运用了。①因此，按照这种思路，如果我们发现事实与理论间存在不一致，不能简单地认为理论错了，而是要进一步探究导致这种背离的其他因素，这也是提醒我们对那些证实和证伪的计量检验要持非常慎重的态度。豪斯曼就认为，通过对约翰·穆勒早先提出的方法做一定的修正就能够绝佳地描述当前的经济科学，这种修正表现在以下四个阶段：①基于可信（在其他条件相同）而适用方便的一般性结论来阐述相关或因果因素之间的作用。②从一般性结论和原初条件状态中进行推导并预测相关的现象。③对所做的预测进行检测。④如果预测是正确的，那么整个分析就得到了证实；如果预测是错的，那么可以根据解释的成功、实验的过程和实际的用途等几方面对这种失败提供比较替代的说明。②

关键问题在于，在借助计量方法来确定或解释变量之间的因果关系时，如何确保其他条件相同？否则，混杂任何第三变量因素都可能将纯粹的相关关系包装成因果关系，从而干扰人们的判断。譬如，一个有能力的官员往往可以加快地区的经济增长，由此也就更容易得到升迁。那么，是否可以得出结论说，官员流动升迁是经济增长的原因呢？显然不能。在这里，官员升迁就是一个混杂因素。既然如此，又如何确认导致经济增长的原因呢？一般地，这就需要进行现实和"反事实"的对比。所谓"反事实"，就是指对过去未曾发生的事实所做的假设。例如，"如果当时没有……，那么……"。在这里，如果要考察官员能力与经济增长之间的因果关系，我们就可以假设在考察期间该官员没有到任的情形下该地区的经济发展状况；相应地，如果要考察官员升迁与经济增长之间的因果关系，我们则需要假设在考察期间该官员没有升迁的情形下该地区的经济发展状况。总而言之，要证明因果关系，寻求"反事实"以构造可比较的组就是必经之路。为此，对从事计量分析的经济学人来说，如何确立"反事实"就是一种必要训练。③在很大程度上说，对各种过多的数据和不足的数据进行删选和补足以确保所处理的数据具有可比性，也是计量经济学人应有的

---

① 布劳格：《经济学方法论》，石世均译，商务印书馆 1992 年版，第 84 页。

② Hausman D. M. , 1992, *The Inexact and Separate Science of Economics*, Cambridge & New York：Cambridge University Press，P. 222.

③ 中室牧子、津川友介：《原因与结果的经济学》，程雨枫译，民主与建设出版社 2019 年版，第 11–14 页。

技能。不幸的是，现代经济学人恰恰缺乏这种数据构造能力，而是热衷于使用"权威机构"发布的既有数据，进而在"大致相同"的数据组别之间加以计量比较，自然也就不可能满足穆勒意义上的实证逻辑。

（二）流行经济计量的庸俗化

在当前经济学界，上述简单化的数据分析随处可见，计量分析几乎已经成了经济研究的代名词。问题是，正如中室牧子和津川友介指出的，"数据本身只不过是罗列在一起的数字。'如何解读'数据分析才是关键。误将只是呈现相关关系的数据分析当作因果关系，会导致人们进一步做出错误的判断。"[①] 就时下流行计量经济文章而言，很少能够充分借鉴穆勒提出的四大方法来对各种干扰因素进行检视和隔离，更少致力于构建"反事实"以做真正有效的比较分析，从而也就无法真正揭示社会经济现象之间的因果关系。更为甚者，众多计量文章根本上就是出于发表的需要，而不是真正关注社会经济现象内在的因果关系和作用机理；相应地，这些计量文章也就倾向于基于数字间相关性而得出归纳结论，这根本不需要运用人的理性思维，从而也就不能解释那些独特经济现象的成因。因此，对照穆勒证实规则的逻辑关系以及解读因果关系的基本要求，时下流行的经济计量分析已经极大地庸俗化了。

庸俗化的实证倾向在中国经济学界表现得尤其严重：计量和实证几乎成了研究生学位论文的基本要求和写作规范；而且，尽管这些研究生对所要研究的课题往往缺乏基本的常识，却敢于提出自己的"创见"。这里举两个普遍的例子。第一个例子：有研究生论文通过考察当前全球范围内劳动力收益比重的相对下降来"证伪"H-O定理。但显然，发达国家劳动力收益的下降完全符合H-O定理呀！因为一价定理说明，要素价格将随着贸易的频繁而趋于相等化，在给定发展中国家劳动力工资不变的情况下，发达国家的劳动力工资当然要下降。但是，发展中国家的劳动力工资却没有相应增长，这似乎与H-O定理相矛盾。那么，发展中国家的劳动力工资为何没有增长呢？这就要考虑现实社会中工资决定的机制，要探究影响劳资供求的背后因素。但是，这类实证文章却很少做这方面的探究，而是简单地对理论提出质疑。第二个例子：有学位论文试图建立发达国家的资本利润率变化这一自变量来间接"证实"经济全球化对劳动力收益的侵蚀。但显然，这种分析存在严重的逻辑缺陷，因为一国社会经济所面

---

① 中室牧子、津川友介：《原因与结果的经济学》，程雨枫译，民主与建设出版社2019年版，第135页。

临的环境已经发生了很大变化，即使实证结论表明发达国家的资本利润率确实在下降，也不能由此否定全球化有利于发达国家的资本。试想，是否存在这种可能：如果没有全球化这一浪潮的推动，资本利润也许会下降得更快？

因此，尽管这些计量实证看似给出了"客观"的数据分析，但实际上其中充斥了非逻辑的因素。一个显著的事实是，在选定因变量和自变量时，那些自变量往往并不是充分条件（还有其他因素也是导致因变量的条件），甚至也不一定是必要条件（存在其他自变量导致因变量的可能性）。正是由于没有真正揭示因果关系，众多的计量文章就潜含着明显的"伪相关"性：尽管两个变量的变化趋势似乎呈现某种相关性，但往往只是碰巧而已。事实上，美国股市有"吉卜力的诅咒"：只要日本电视台播出宫崎骏领导的吉卜力工作室的电影，美国股市就会下跌。同样，香港股市则流传着"丁蟹效应"（又称"秋官效应"）：自郑少秋1992年在《大时代》中饰演丁蟹开始，凡是播出由郑少秋主演的电视剧、电影等，恒生指数或A股均有不同程度下跌。那么，由计量分析所获得的这些结果又有多大价值呢？更进一步地，如果对事物之间的作用机制和因果关系缺乏认识，那么，计量分析还会嵌入"逆向因果关系"：原本以为是原因的事件实际上是结果，而原本以为是结果的事件实际上却是原因。譬如，"警察多的地区，犯罪率往往较高"这一实证结果就将警察多视为犯罪率高的原因，但实际上，更可能是在犯罪高发地区部署了更多的警察。

北大计量经济学教授朱家祥就总结了时下计量实证分析中存在的三方面陷阱：①就相关性研究而言，在相关系数和回归分析这一假象的背后往往是，先有变量间的相关性结果，才回头杜撰经济议题。例如，20年前办公桌上有无电脑这个虚拟变量可以解释工资的差异性，此时由人力资本的投资而提高技能成了这个实证结果的解释；但是，究竟是会操作电脑提高了工资，还是因为工资高（职位高了）才有使用电脑的机会？②为了炫耀方法而勉强套上问题，计量方法这一工具不是用来发掘问题而是用于发表论文。例如，纳尔逊（Nelson）和普洛瑟（Plosser）的单位根文章发表后，单位根检验的计量方法蔚然成风，突然间，什么数列都有了单位根，相关论文一大堆，但质量都不高；同样，恩格尔(Engle)的方差异质性问世后，几乎到处全有了自回归条件异方差（Autoregressive Conditional Heteroskedasticity，ARCH）效果。③数据挖掘，不断重复使用同一数据，运用各种计量模型与方法，直到找出符合自己期望的实证结果为止，以致这种"屈打成招"出来的模型全无预测能力。由此，朱家祥指出，正因为计量实证的过程中充满了欺骗和误导的行为，如用以偏概全的数据说谎，所以很多经济理论通常禁不起数据的考验，如滥竽充数的经济学家惯于将简单事实复杂化；为此，实证计量的研究者应该怀有罪人的心态，要明白数据挖掘的偏误可能会侵蚀实证结果的正确性。[①]

（三）计量经济学的基本要求

事实上，如果计量经济学要想对经济理论的发展起积极的推动作用，那么计量实证文章就不能仅仅局限于对数据的处理，而是要对实证获得的数字关系进行系统而合理的解释，这种解释需要能够揭示内在的因果机理。同样，哥伦比亚大学一位医师 2012 年在《新英格兰医学杂志》上发表了一项研究成果：巧克力人均年消耗量越大的国家，诺贝尔获奖人数也越多；进而，如果平均每人每年多摄入 400 克巧克力，该国的诺贝尔奖得主就会增加一人。如何理解呢？其实，巧克力不是必需品而是奢侈品，从而富裕国家的摄入量往往也就较大；同时，富裕国家有能力进行更高水平的教育投资，由此产生更多诺贝尔奖得主的可能性也就较大。[②] 也就是说，巧克力消耗量与诺贝尔奖得主人数之间只存在某种相关性，而没有任何因果关系，其相关性背后的因果关系需要借助人的知性进行阐发。否则，由此得出的直观结论就成为：中国之所以只能对诺贝尔奖望梅止渴，原来是因为中国人巧克力吃得少！进而，导出的政策主张就会是，改变饮食结构，增加巧克力消费。显然，这就对计量实证提出了两大基本要求。

第一，在计量分析之前，先要对各种变量的性质进行深入解析：是自变量还是因变量，是独立变量还是函数。究其原因，如果简单地基于数据处理，那么就可以发现，任何两个变量之间都存在关系，差别只在于是强相关、弱相关或者是不相关。但是，仅凭这种数字联系，我们根本不能判断两者是否存在因果关系，是否可以用函数来表示。不幸的是，当前的计量实证文章大都颠倒了数据解释和数据处理之间的关系，从而得出了一系列荒谬的结论。譬如，有研究生学位论文就把当前中国社会的房地产价格与人民币升值联系起来，通过计量实证获得了两者成正相关的结论。但显然，基本的经济学常识告诉我们，在一个自由浮动的汇率机制下，人民币升值与中国房地产价格显然应该呈负相关关系，因为人们更愿意购买国外的资产。事实上，之所以得出这种荒谬结论，就在于并没有很好地剖析两者各自的影响机理，而是基于表象牵强附会地得出了它们的基本关系。试想：如果没有人民币升值，中国房地产的价格难道不会

[①] 朱家祥："计量经济分析的陷井"，http://3pro.blog.sohu.com/30351755.html。

[②] 中室牧子、津川友介：《原因与结果的经济学》，程雨枫译，民主与建设出版社 2019 年版，第22 页。

上升得更快吗?

第二,必须对各个变量之间的关系进行剖析,即它们是独立的还是相互联系的。如果是相互关联的,那么我们就不能将两者割裂开来作局部的分析。譬如,有博士学位论文就对"中国住房贷款违约和提前还贷风险"之间实证研究,他选择的变量为借款人的个人特征、贷款额、贷款价值比、贷款期限、还款收入比。但显然,这些变量之间是相互关联的,譬如年龄越大,贷款期限越短,信用贷款额就越小。然而,由于论文并没有充分考虑这些变量之间的相互关系,从而得出了很多有悖常理的结论。例如,贷款期限越长,就越不易违约,并且越会提前还贷;贷款价值比越大,贷款风险越低;等等。

最后,需要指出,计量方法仅仅是可以为任何人所使用并用于任何领域分析的基本工具,它本身不存在价值判断,更无法提供政策建议。但不幸的是,计量分析在具体的使用过程中却逐渐发生了异化,工具开始为特定的目的服务。①这些分析工具一旦被具有能动性的主体所使用,就开始潜藏了偏好和立场,特别是体现了其基本的利益取向和学术风气,从而使这种计量实证根本就不是它表面上呈现的那种"客观"。事实上,目前大多数计量论文都是基于新古典经济学的理论框架,目的是通过收集数据来证实理论"假设",而当数据不符合原先的假设时,就指出现实的不足。所以,黄宗智和高原说:"形式主义的计量研究其实多是一种理论先行的'研究',其实质是一种循环论证的逻辑,其推理其实已经包含在其当作前提的公理体系之中。"①②过分强调工具的使用,往往会导致目的和手段的颠倒,从而使我们的研究偏离原初的目的,造成学术研究的异化。施特劳斯指出:实证主义"天生不懂得自省。可以说,实证主义是我们知道的最教条的一种理论,它之所以能取得胜利,是因为它以充满怀疑精神的面貌出现,并借此在实证主义的追随者面前,彻底把自己教条主义的面孔掩藏起来了。这是现代理性主义最新的,也或许是最后的一种表现形式,正是这种形式的现代理性主义,才使其危机几乎为所有人共察。当人们清楚地意识到这种危机时,他们就已经抛弃了实证主义了。如果谁坚持这些现代化前提,就别无他选,只能转向存在主义"。②显然,实证主义和存在主义相结合,就产生了伦理自然主义和伦理实证主义,它将存在的都视为合理的,这也是实证主义潜含了保守性因子的根本原因。

---

①　黄宗智、高原:"社会科学和法学应该模仿自然科学吗?",《开放时代》2015 年第 2 期。

②　施特劳斯:《古今自由主义》,马志娟译,凤凰出版传媒集团、江苏人民出版社 2010 年版,第 27–28 页。

三 计量实证庸俗化的两大原因及反思

由于计量经济学兼具检验和理论的双重特性，从而也就内含了两大基本要求：①计量经济学本身是实证主义的，要求结论能够印证经验事实和直觉；②计量经济学又是逻辑主义的，要求结论具有较为严格逻辑一致性。但是，当前中国经济学界的很多计量实证文章都舍弃了这两大特性：①这些文章往往并非从经验直觉出发，而是相当随意地选择一些变量以及找一些数据来分析它们的关系，并由此得出甚至缺乏基本常识的结论；②这些文章很少对其结果进行因果性机理分析，从而缺乏微观的逻辑基础。种种迹象都表明，计量经济学在当前经济学界已经严重庸俗化了，已经丧失了它的原初宗旨，实证文章也越来越类似于八股文，而这些都是实证拜物教的必然结果。

事实上，即使有经济学人意识到了实证主义的缺陷而转向存在主义，也仅仅只是考虑自在存在，而无视自为存在，从而也就会忽视人类的意向性。正因如此，经济学人大多热衷于用计量分析为那些从社会达尔文主义中衍生出来的理论服务，也即在新古典经济学的理论框架下进行计量实证。那么，国人为何如此热衷于计量实证分析呢？进而分析又囿于新古典经济学的分析框架呢？一般来说，这有个人的理论素养和社会的学术风气两方面的原因。

（一）实证分析者的理论素养

一位真正的学者在展开计量实证之前首先应该谦卑地去寻求一个"好"的模型。一般地，这种模型包括四大基本特征：①符合经济学的合理性；②符合统计学的合理性；③能帮助我们了解经济问题；④要与现有的数据信息相一致。这意味着，一个好的计量经济学家不但要接受统计学的洗礼，更要有扎实的经济学训练基础。即使如此，真正能同时满足合理性与有用性的模型也是不多的，因而计量分析本身是一个异常艰苦的工作。事实上，计量经济学在诞生之初主要是将统计工具精练化并用于对社会经济现象间相互作用的因果机理之探究，而对社会经济现象间因果机理的认识则依赖于非常广博的经济学理论和其他社会科学知识。从这个角度上说，没有深厚经济学理论功底的学者一般是不能也不敢贸然从事这种基于计量实证的检验工作，计量经济学根本上也应该是那些拥有娴熟计量分析工具的经济学人所从事的研究领域。

然而，目前那些热衷于计量实证分析的经济学人大多出身于数理专业，并且大多是在理论统计学领域无所作为的人。为此，朱家祥就指出，计量经济学家的统计功底往往不如统计学家，但比他们多懂了些经济学；同时，计量经济学家的经济功底往往又不如经济学家，却比他们多懂了些统计学。也即计量只是一种边缘专业。为此，朱家祥教授风趣地说，每当遇见统计学家时往往会自称是经济学家，而在经济学家面前却忙着标榜自己是学统计的。显然，如果一个人统计学功底不高，也不想成为理论计量学家；那么他首先应该把经济学的理论基础打扎实，这样才能更好地从事应用计量经济学的研究，而不是盲目地学习和应用那些计量工具。[①] 更不幸的是，笼罩在实证拜物教下，那些经济学科专业学子在课堂上所接受的也主要是数学和计量的技术训练，乃至经济理论素养越来越缺乏，更不要说其他社会科学知识了。在很大程度上，正是理论素养的不足，造成了当前实证分析的形式化和空洞化。

（二）现代经济学界的学术风气

社会经济现象与自然现象具有这样的明显差别：①社会经济现象之间有千丝万缕的整体性联系，从而无法将它们割裂开来做孤立研究；②社会经济现象之间本来就不存在固定不变的联系，从而难以作定量化的分析；③社会经济现象根本上都源于人的意向性行为，从而不能简单地还原为激励—反应的数字关系。相应地，社会科学的理论思维与自然科学也应存在差异：基于过去数据或其他场所数据所作的计量结论不能简单地应用到现代或新的场所，否则就可能会出现工具主义谬误。事实上，萨缪尔森就将弗里德曼倡导的实证主义思维称为"F-扭曲"，而以哈耶克为代表的奥地利学派更是对之提出了尖锐的批判。而且，正是由于逻辑实证主义本身就蕴含着这种缺陷，迄今为止基于计量分析所作的预测往往都很不成功，由此得出的政策建议往往会给社会发展造成困境。在很大程度上，囿于程序化的实证分析舍弃了研究者个人的知性思维，从而也就无法深入探究那些依赖知性思维才能认识的实在结构和因果机理，进而也就难以推动社会科学理论的发展。

然而，由于功利主义在学术界的盛行，那些知识结构日益狭隘的经济学人却依然对实证分析顶礼膜拜；重要原因是，他们在选择研究方法时往往像商人追求利润最大化那样各取所需，寻求最有利于确立学术地位的主流化研究方法。博兰指出，"所有对弗里德曼论文的批判都是错误的"，究其原因：①"那些依靠这些批判中的一项或多项而反对该论文的人，实际上是在各取所需"；

---

① 朱家祥："计量经济分析的陷阱"，http://3pro.blog.sohu.com/30351755.html。

② "那些把弗里德曼的论文作为适用于一切'眼前目的'而加以接受的人，实际上它们的方法论也是在各取所需"。问题是，商人从事一切市场活动的根本目的是获得利润，其各取所需也是基于这种目的；但是，经济学人从事一切理论研究的根本目的是增进认知，那么，其各取所需能够实现这一目的吗？显然，也正如博兰承认的，"'商人'可能对各取所需更感兴趣，这是因为具有竞争的压力，但是，倘若我们的目的是要推进经济学理论，也就是说，倘若我们的目的是要完善我们对现实世界的认识，则在方法论和理论方面采取各取所需的对策，将会产生适得其反的效果"。① 事实上，正因为现代主流经济学盲目地以商人的处世态度和方式来对待理论研究，结果使科学研究逐渐庸俗化，进而窒息和扭曲了理论的发展。而且，这种商人主义心态在当前中国经济学界尤为盛行，从而导致数量化趋势获得了畸形膨胀。

综合以上两方面的分析，现代经济学人之所以如此偏好计量实证特别是计量实证的应用层次，关键就在于狭隘的理论素养和功利的学术风气。一方面，功利主义在学术界中的膨胀，使越来越多的人出于商人心态（为了尽早地获得职称、职位等利益）而开始撰写计量分析文章；另一方面，理论素养的日益缺乏，使这类文章逐渐偏离了因果机理的探讨，从而使计量模型日益流于形式。事实上，计量实证的偏盛就始于20世纪六七十年代的美国博士生，其主要原因是，当时的学生就业压力越来越大，而计量分析可以使他们更早地拿出论文。不幸的是，这种研究路向一旦启动，整个经济学的研究就在论文匿名审查体系下逐渐进入了一种路径锁定状态：原先注重因果机理探究的计量经济学越来越机械化和形式化了。究其原因，这些知识结构非常片面的实证分析者逐渐充斥经济学领域的主要职位，他们无意也无力对一篇论文的思想和洞见进行审查，而主要关注实证分析中的一些数据处理技巧问题。结果，有关实证分析的文章就逐渐形成了一种八股文式的研究格式：第一节作为引言，第二节冠以"模型"或相关变种的名称，第三节冠以"来自经验的结果"，第四节则概括了"诸项结论"，最后可能是有关的不足及未来的可能研究。

同时，匿名审稿制不断推行，而新古典经济学家又占据绝对多数；相应地，计量实证文章也几乎都是在新古典经济学框架下进行，得出的结论基本上也是对新古典经济学理论的"证实"，或者是对它的"推进"。博兰写道："如果通常被发表的实证的新古典文章确实被认为是对'科学的知识'做出贡献的话，那么它就只能是这样的情况，即这种实证经济学的隐秘目的就是芝加哥实

---

① 博兰：《批判的经济学方法论》，王铁生等译，经济科学出版社2000年版，第60页。

证主义的目的，也即从长远上证明新古典经济学为正确。具体地说，每一篇论文——它提供了说明新古典经济学对'现实世界'问题适用性的一项证明——都必须被视为朝向新古典理论真实性最终得到归纳证明这一目标的一项更具实证性的贡献。"[①] 但显然，这种研究背离了计量实证的本质要求：它应着重于对干扰因素的剖析，着重于对现实与理论间不一致的探究。正因如此，对计量实证文章来说，一切数据的处理都是次要的，那些具体的计算过程完全可以且应该放进附录中，以供有兴趣的学者查阅文章所揭示的因果机理所依据之事实的真实性。关于这一点，弗里德曼也承认："我一次又一次阅读的那些基本上用数学写成的文章，其中新结论和推理可以很容易地用文字重新表述，而数学部分可以放到附录中去，这样文章便可以更容易为读者所理解。"[②] 尽管弗里德曼针对的是以萨缪尔森为代表的数理经济学，但显然，这对当前绝大多数计量实证文章同样甚至更为适用。

 ## 四　计量实证在中国更为庸俗化的社会基础

造成计量实证庸俗化的个人理论素养和社会学术风气这两大因素，在当前中国经济学界同样存在。而且，由于有些中国经济学人的理论素养匮乏，中国经济学界的一些学术风气变得功利，计量实证在中国就有形式化和庸俗化倾向。然而，中国经济学人对计量实证在理论上和现实中存在的种种缺陷似乎不太关心。结果，尽管计量实证在欧美经济学界已经遭受越来越大的质疑和反思，但在中国经济学界的主流化趋势却依旧如火如荼、甚嚣尘上。事实上，目前中国主流经济学刊物上所刊登的计量实证文章几乎通篇都是这样的数据处理文章，而最终的结论却非常简单，往往以几句话给出所得结论就草草了事；大多数文章对数据的分析主要集中在基于数字联系的功能性分析上，而很少甚至根本就没有对因果机理的探究。正因如此，中国经济学的这类文章本质上已经不是真正的计量经济学文章，而仅仅是提供一些资料的统计；这些工作也不是经济学的研究，而更像是统计员的"体力"工作，因为后者致力于数据收集和处理而非理论思索。而且，众多中国经济学人还极力将实证主义与实用主义紧

---

① 博兰：《批判的经济学方法论》，王铁生等译，经济科学出版社 2000 年版，第 173 页。

② Friedman M. , 1991, Old Wine in New Bottles, *Economic Journal*, 101（1）: 33–40.

密结合在一起，热衷于承接各种课题并将之视为学以致用的体现，从而刻意营造一股畸形的庸俗实用主义倾向。正因如此，在一种席卷整个经济学界的计量化趋势的支配下，当下中国经济学界的计量研究成风，没有计量就不能成为经济学文章：计量经济学不仅排斥而且逐渐取代了理论经济学，甚至计量分析本身就被直接视为理论研究。

当然，中国经济学界之所以蔓延着这种极端畸形和庸俗的实证拜物教现象，还在于上述两大因素都有深刻的社会背景基础。事实上，随着改革开放带来的现实和理论两大问题的促动，中国经济学界开始对传统政治经济学基于"主义"和"意识形态"的争论产生了厌倦，同时，也是出于对经济学与政治过于紧密的联系以及把经济学的"规范"问题等同于政治立场的反思，在批判传统经济学范式的基础之上，经济学界的许多人士都快速转向了具体问题的研究，从而使实证主义得到了迅猛的普及。问题是，凡事都容易物极必反：尽管改革的发动者往往抱着良善的目的，如那些政治改革者所思所虑一般都是为了使国家变得更加富强；但是，由于这些改革往往需要一群更为功利的人来实行，从而也就不可避免地会偏离原先设定的目标而陷入形式主义的窠臼。显然，当前中国经济学的改革历程也呈现了这种物极必反的发展路径：①当前的经济学改革往往是由一些功利人士发动的，他们必然会努力推崇自己偏好或有利于自己的那种学术；②经济学改革本身是在实用主义的指导下进行的，即使那些改革者本身不是出于私利的目的，他们也会选择那些似乎"适用"的学术。结果，尽管经济学突破传统基于"主义"层面的泛泛之争，在充分认识到经济学之主观性和规范性的基础上引进实证分析来推动学术的发展；但是，由于当前学术改革是由一些功利者发动并由更为功利的一些后继者所推广和传播的，结果反而严重误导和窒息了学术尤其是基础理论的探究。

由此，我们就要区分经济学改革的期望和现实：一方面，经济学改革的原初目的是期望通过实证分析来更为真实地了解现状，进而更有效地解决现实问题，而不是停留在形而上的争论以及以前权威的观点和说教上；另一方面，现代主流经济学的引进使经济学逐渐走上了另一个极端，不但片面强调经济学的科学性和客观性，把实证研究视为科学性和客观性的基础和保障，而且由于过度强调经济学的实用性而几乎完全放弃了对理论的批判性思考，几乎完全放弃了经济学本身的规范性和思辨性。更为严重的是，现代主流经济学不仅在传统的"经济"领域（处理人与物关系的物质领域）广泛进行实证探究，而且把这种实证主义推广到人类社会的一切关系领域。在这些经济学人看来，只有实证的才是有用的，只有实证分析的结论才是科学的，从而就形成了唯实证主义的恶劣风气。由此也就可以看到中外的学术差异：一方面，尽管西方学术界确实盛行了一股强烈的建模主义和计量主义的倾向，但在实际研究过程中并不如此，我们只要看一看诸如《美国经济评论》这类杂志所刊登的文章就明白了；另一方面，中国学术界却将这种实证主义发挥到了极致，从而使经济学的研究越来越庸俗化。

在很大程度上，这种日益庸俗化的实证研究之所以在中国经济学界日益盛行，为越来越多的青年学子所青睐，还有这样几个原因：①这种实证研究文章在撰写时往往比较容易起步，因为它往往不需要渊博的理论知识，也不需要有多少新颖的思想洞见，而只要接受一定的计量工具的使用训练，同时花点时间收集一下相关的数据就行了，其他人不可能对他的数据或者研究方法论重新进行考证。②这种实证研究文章在发表时往往不容易被驳斥，因为任何评审者想要批驳的话，需要重复数据的收集或处理工作，而且如果评审者真的希望进行批判的话，就会有的放矢地重写一篇文章，这也必然会让原先那错误百出的文章发表。③这种实证文章更容易申报和承接各种应用性课题，而这些课题是当前中国学术界晋升和奖励的重要依据。博兰就写道："今天，那些认为自己是政策建议提供者的经济学家，将会高兴地获悉，坚持实证主义将能保证他们的建议不致被轻易地遭到拒绝。政策制定人很少关心被咨询的经济学家是否在同义反复的模型上打交道，或者任何理论是否可被证伪的。重要的是，应该保证被提出的该项意见不至于只不过反映的就是被咨询经济学家的一个偏见。"[1]

正是由于受这种偏执思潮的鼓动，那些刚刚进入经济学门槛的青年学子几乎都热衷于撰写计量实证的研究文章，那些出身于理工科专业的人尤其如此。而且，这些所谓的实证研究并没有客观地按照世界的真实面目来解释世界，没有发现现实世界中的问题，而主要是迎合社会潮流。同样，博兰继续指出，"在20 世纪 50 年代和 60 年代时期，多数实证主义者都在他们称之为凯恩斯主义经济学的基础上，鼓吹在日常经济事务中的政府干预。对这些实证主义者来说，只需看看周期性的高失业率和不同程度的不稳定已经成为我们外部世界的特征，这就足够了"，但现在，"经济学实证主义的许多支持者几乎总要鼓吹诸如全球私有化或者政府的宏观管理这样一些过分简单化的方案，这一明显事实导致人们明白，今天，在绝大多数的情况中，经济学实证主义多半是——也许

---

[1]　博兰：《批判的经济学方法论》，王铁生等译，经济科学出版社 2000 年版，第 167 页。

仅仅是———一种修辞学"。[①] 尤其是，由于这些青年经济学子本身的经济学理论功底非常薄弱，他们根本不可能深入揭示事实之间的因果联系，这就使经济学的理论研究文章往往蜕变成为毫无思想启发的资料堆砌。奥地利学派就指出，当前经济学界的经验分析已经过量生产，而有助于我们理解和解释真实生活的理论却相对短缺。[②]

事实上，自然科学中只有那些已经为大多数经验事实所证明的假说才会引发后人进行检验或严密化的兴趣，在经济学中也应如此。但是，中国经济学界的绝大多数实证文章却无人问津。试想：一个在半年乃至几个月内就可能过时或被实践证明错误的文章还值得费力用论文来证明它的优劣吗？事实上，中国社会这一群计量"研究者"也很少是在做真正的实证研究，更不要说理论研究。这可以从他们的工作中得到充分反映：①那些所谓的实证检验往往是在舍弃理论研究中方法论和理论构建这两个层次的前提下展开的；②很多研究论文都是出于发表的目的而想当然地找几个数据套在固定的计量模型上进行处理。正是由于这些实证分析主要源于发文章、报课题、评职称以及获得奖励之类的功利目的，这些学者往往会不断地转移实证研究的课题，形成一篇篇对评定职称极为有效的"前沿"文章，却根本无暇也无能对特定理论作全面而系统的实证分析，也似乎不屑写什么能够经得起时间检验的巨著。试问：尽管目前计量分析的文章铺天盖地，但其提出任何值得推敲的理论了吗？由此提出的政策建议又有多少是可行的？要知道，这些学者真正掌握的经济学理论知识是比较贫乏的！

长期以来，不时有同仁规劝笔者跟随潮流写些计量实证文章，至少要和那些数理出身或从事计量的学人合作，以便于文章在诸如《经济研究》等所谓的"一流"刊物上发表，由此还可以提高论文档次或者有利于职称评选以及承接课题。但是，每当此时笔者都不免自问：基于数字联系的实证分析一定要学理探究者自己开展吗？难道自身的数据分析比那些统计专家还更为可靠吗？里昂惕夫对1972～1981年发表于《美国经济评论》的论文进行分类分析后发现，其中超过50%的论文的数学模型没有任何经验资料，只有30%的论文根据各种资料做了不同的经验分析，并且只有1%左右的论文是作者自己收集资

---

① 博兰：《批判的经济学方法论》，王铁生等译，经济科学出版社2000年版，第174-175页。

② 德索托：《奥地利学派：市场秩序与企业家创造性》，朱海就译，浙江大学出版社2010年版，第121页。

料并进行经验分析，而 22% 左右则是根据间接统计结论所做的经验分析。[1] 那么，是否意味着这些文章的质量就不如那些似乎更有经验数据基础的实证分析文章呢？关于这一点，我们可以参看一下米塞斯的看法，"重要的不是资料，而是处理资料的大脑。伽利略、牛顿、李嘉图、门格尔和弗洛伊德得出他们伟大发现所用的资料是他们同时代每一个人和许多前几代人都拥有的"。[2] 尤其是对社会科学来说，这些资料往往来自我们日常生活中普存的现象，而不是收集的局部数据乃至专门机构收集的数据。弗里德曼很早就强调：把废物放进计算机，算出来的当然也是废物。[3] 正因如此，笔者更愿意采用他人已经收集的数据，甚至是绝大多数人熟视无睹的数据，并用自己长期形成的理论逻辑和思维来进行剖析；而且，笔者自认更擅长于事物内部机理的探究，因而更愿意呆在古书堆里对一些经典文献进行梳理。博兰曾指出，"思想比无生气的和令人厌倦的建立模型的工作，要有意思"。[4] 笔者也更愿意探索能够提高个人认知的思想，并由此促进他人乃至社会的思维转变。

五　重审经济计量分析的现实价值

计量方法本身是经济学理论研究的一个重要分析工具，但它的有效使用建立在对现实经济现象中各种因素之间的联系有清晰认知的基础之上。凯恩斯就曾告诫说，好的统计学并不是给回归系数提供数据，而是要为经济学家的分析提供直觉素材，而这又有赖于经济学家的理论素养；相反，如果数据落在一个没有经过哲学训练的人手中，将会变成危险而误导的玩具。[5] 不幸的是，由于社会科学知识乃至经济学基本理论的缺乏，现在一些学者在进行所谓的计量分析时往往非常随意，并且将计量用于预测未来事件。其实，法国数学家曼德布罗特 (B. B. Mandelbrot) 很早就指出，以钟形曲线为基础的预测模型忽略了自

---

① 程恩富、胡乐明等：《经济学方法论：马克思、西方主流与多学科视角》，上海财经大学出版社 2002 年版，第 299 页。

② 米塞斯：《经济学的认识论问题》，梁小民译，经济科学出版社 2001 年版，第 70 页。

③ 张五常："自然科学与艺术评审"，http://zhangwuchang.blog.sohu.com/167506429.html。

④ 博兰：《批判的经济学方法论》，王铁生等译，经济科学出版社 2000 年版，序言。

⑤ 斯基德尔斯基：《重新发现凯恩斯》，秦一琼译，机械工业出版社 2011 年版，第 55 页。

然界的戏剧性突变，看不到突如其来的黑天鹅。正因如此依据这种理论的风险管理者往往将黑天鹅置之度外，从而导致经济模型在环境变化时失效。为此，凯恩斯特别怀疑计量经济学的机制，甚至把统计看成经济学的桎梏。凯恩斯认为：①利用回归分析得出参数然后把它们作为常数来处理根本就是个错误，因为很多经济关系的性质都会发生变化；②一些模型具有明显的随意性，人们利用随手挑选的相关系数和时滞总能变出几个公式与过往的一部分事实相符，但这证明不了什么；③总有一些重要的影响因素不能用统计形式加以简化，这样做只会导致精确度的降低。[①]

其实，就适用性而言，计量分析比较适用于传统的经济学领域，资本、劳动、土地等要素以及商品等基本上都可以用确定的单位进行定量分析，这些因素对经济的影响不但容易识别，而且也容易将其中一个因素从其他因素中分离出来。但是，随着经济学的研究内容越来越转向其他社会科学领域，这种定量化的研究方法就遇到很大困境，因为经济学涉及制度、文化、心理等因素，而这些因素迄今都没有一个令人满意的定量方法。这里举几个例子说明。第一个例子：企业的成长与企业家精神密切相关，但如何量化企业家精神？西方学者往往用一个地区的企业出生率来定义，这在一个相对稳定的社会中是相对适合的，但是否可用于当前的中国社会值得商榷。如果简单地搬用的话，那么我们很可能会得出一个结论，经济落后但正处于起飞时期乃至法制不完备的地区的企业家精神最充足，因为经济体制的不完善和法律的不完备将会导致更高的企业出生率以及死亡率。第二个例子：人力资本对现代经济的发展起到根本性作用，但如何量化人力资本？西方学者往往用教育的投入来量化人力资本，这在对一个地区进行横向比较时是可以的，但是否可以用于横向经济的比较？事实上，同样的教育资源投入在不同的个体乃至地区身上，完全会产生不同的效果，这不仅与个体和群体的智力状况有关，更与其他相配套的社会机制和环境有关。第三个例子：法律制度是制约和推动当前中国社会经济发展的根本因素，但如何量化这一制度因素呢？一些学者对法律制定与经济增长之间进行定量分析，但问题是，法律本身就存在好法和恶法的区别，恶法（如极端的自由放任或计划经济）虽然也在一定时期促进经济的发展，但却很可能扭曲社会经济关系，累积社会矛盾，从而长期上将会导致困境。

既然现有的统计数据难以说明问题，一些经济学人就转向所谓的问卷调查：通过设计特定的调查问卷获得数据，再通过计量软件进行处理而获得结

---

① 斯基德尔斯基：《重新发现凯恩斯》，秦一琼译，机械工业出版社 2011 年版，第 83-84 页。

论。这种分析会更可取吗？譬如，目前每年都流行竞争力和幸福指数之类的研究报告，这种研究结论是如何得来的呢？一般地，它首先将目标细分解为不同分指标，然后对各分指标打分，在加权的基础上形成的总分就构成了最终评价。譬如，城市竞争力可以分解为劳动力、资本力、科技力、区位力、环境力、文化力、秩序力、制度力、开放力等，而每一个次指标可以再分解为更次一级因素分析。如果这些因素都有现成的统计数据，就对这些数据进行处理；如果没有现成的统计数据，那么就设定几个等级，给每个等级设定一定分值，然后进行问卷调查。譬如，研究幸福感的调查问卷往往会要求人们对总体幸福感打等级分，然而对研究者设计的各个影响因素打等级分。如"你认为收入对幸福来说重要吗？请在 1~10 中打分，其中 10 分表示非常重要，1 分表示很不重要。"那么，这种研究结论有多大价值呢？麦克洛斯基就指出，幸福感本身是难以量化和数学化的，而这种研究却将"幸福"简化为单一的数字，其结果必然是：①将一个非间隔的级别当作间隔来处理，从而得出荒谬的结论；②将"统计意义"与科学意义混为一谈，从而无法获得科学上的可信度。更不要说，通过问卷调查所获得的数据本身可信度并不高，因为大多数被调查者并不会认真填写他的真实想法。譬如，瑞士苏黎世大学的弗雷报告了 1994～1996 年美国的统计数据，声称依据 1～3 的级别，底层收入者的幸福度为 1.94，而顶层收入者为 2.36。但麦克洛斯基问道：你果真相信一个年收入 2596 美元且住在犯罪猖獗的公租房里的美国人会比一个年收入 62836 美元且住在带门卫的公寓大楼的美国人仅仅不幸福 18% 吗？①

尤其是，随着大量标准化应用计量软件的开发，现代主流经济学对社会经济现象的分析逐渐蜕化成了一种常规性的机械劳动。显然，这种劳动日益减少了个人主观思维的应用，从而必然也就会逐渐钝化研究者的智力。一个简单的原因在于，人类的理性思维首先来源于对经验事实的直觉，但计算机的大量使用却导致使用者逐渐丧失其对经验的直觉。萨缪尔森就指出，"据我观察，计算机在很大程度上还是一只黑匣子，研究者把原始材料输入进去，得出不同的概括性尺度和模拟结果。由于不能到匣子里头去看看，和糟糕的旧时光相比，调研者对数据缺乏直觉上的亲近感"。②当然，统计软件确实有助于提高人们

---

① 麦克洛斯基：《企业家的尊严：为什么经济学无法解释现代世界》，沈路、陈舒扬、孙一梁译，中国社会科学出版社 2018 年版，第 85—86 页。

② 萨缪尔森："我的人生哲学：政策信条和工作方式"，载曾伯格编：《经济学大师的人生哲学》，侯玲等译，商务印书馆 2001 年版，第 340 页。

对数据进行计量处理的效率，而且，统计软件的开发、成熟的过程本身就凝结了人类的大量理性智慧；但是，这种软件开发锻炼了开发者的智慧，却限制了使用者的智慧，正如那些使用越来越先进的机器进行生产的蓝领工人一样，我们不能说那些会操作先进机器的人比那些手工匠人更具智慧。其实，对于任何特定现象的研究本来应该是具有个性的，这包括如何更恰当地分析特定因素的影响，以及如何更恰当地选择、增补数据等；但是，现代统计软件的开发已经使研究批量化了，从而使传统的智慧型科研工作者变成了一般的劳力型资料统计员。同时，任何理论的开发本身都有其恰当的适用条件，使用者对其使用的目的必须持谨慎态度。但是，目前这些方面大多被使用者忽视了，使用者常常只被告知如何用，而不需要知道为何用。不幸的是，这类软件性文章往往能够发表在《经济研究》这样的"一流"学术刊物上，从事这种研究的人往往被捧为理论经济学家。

事实上，正如麦克洛斯基感叹的，在哲学界相信实证主义命题的人寥寥无几，但经济学界的大多数人却深信不疑。[1] 显然，无论是在西方还是当前中国经济学界，计量实证都已经严重庸俗和泛滥了。之所以如此，很大程度就在于偏狭的知识结构和功利的学术氛围，而这又与社会环境有关，这在当前中国社会表现得非常明显。正是在这种极具功利主义的学术风气中，中国社会流行的那种计量实证分析大多带上了极其严重的形式主义和教条主义倾向：大量撰写实证文章的人并不是为了真正的求知，从而就不会遵循严格的检验程序；相反，他们具有"将模棱两可或不完备信息解释成与他们的偏见相一致"的强烈倾向，[2] 而且，还会有意地混淆视听以浑水摸鱼。所以，阿莱就指出，"不幸的是，数学的滥用已经不只是当代文献的弊端，这种弊端过于经常地产生大批伪理论，这些理论靠的是机械地运用计量经济学和统计技术，毫无真知灼见。所有这些理论都具有同样的特征：精心建立线性相关的模型，而实际上它们只是伪模型，伴之以未经理顺的根本未曾证明其合理性的经济计量学的全套数学－统计学方法。计量经济学对于天真而幼稚的人来说，是科学理论，但它们通常只有空壳：盲目而鲁莽地使用线性相关方法和有关的检验，尽管这些检验通常并不适用于所研究的案例；过于经常地将模型用于一个国家的短期研究，其中

---

① 斯泰特拉："麦克洛斯基经济学的修辞的措辞"，载麦克洛斯基等编：《社会科学的措辞》，许宝强、刘健芝、罗永生等编译，读书·新知·生活三联书店 2000 年版，第 160 页。

② 古德："个体、人际关系与信任"，载郑也夫编：《信任：合作关系的建立与破坏》，中国城市出版社 2003 年版，第 46 页。

解释性变量的数量以及任意参数的数量都是些不可能有实际意义的东西。"[①]

六　结语

受制于扭曲的学术风气以及狭隘的知识结构，经济计量分析在当前中国经济学界呈现严重的庸俗化趋势。这些经济学人热衷于将适应于西方社会的特定概念、术语、模型以及格式套用于中国社会，利用中国的数据来撰写一篇篇论文，却很少对它们的合理性尤其是在中国社会的适用性进行审慎反思。举个例子，西方经济学人包括库兹涅茨、皮凯蒂等人都喜欢利用所得税记录来研究收入不平等的现象，其理由是富人和穷人一样都需要进行纳税申报，因而他们的收入状况可以从所得税数据中得到充分呈现。那么，我们是否能够利用所得税记录来研究中国社会的收入结构呢？显然不能，因为中国社会的制度和法规以及征税体系都很不健全，存在严重的逃税、漏税以及避税等现象，而且那些富人的逃避漏税的手段更为多样。既然如此，那些以此来对中国收入分配进行估算的"研究"有何意义呢？更不要说，计量（模型、软件等）本身只是一个分析工具，使用的效果如何取决于谁使用它以及如何使用，进而取决于指导计量分析的理论。但是，知识结构偏狭的时下经济学人却很少也无力审视作为计量指导的理论，而是盲从于一些流行理论，从而也就必然会严重窒息计量结论的价值。

科学的实证取向滥觞于孔德，孔德认为，实证方法在研究物理和化学等无机自然科学上取得了极大成功，进而在生物学的生命体研究上也取得了成功，从而就应当延伸至社会科学领域，以便具有普遍意义。但是，阿隆却指出，"实证方法在这方面的普及是极不明显的。在社会学、伦理学或政治方面，难道一定要沿用数学或物理学的方法吗？这个问题至少是有争议的"。[②]事实上，现代经济学人热衷于数据的处理，尤其是往往借助其他人发展出来的一整套检验根据和处理软件，并由此获得对社会经济的认知；但是，这种认知却撇开了人类知性的思考，甚至也难以经受思辨逻辑的审问。从这个意义上说，将社会

①　阿莱："我对研究工作的热忱"，载曾伯格编：《经济学大师的人生哲学》，侯玲等译，商务印书馆2001年版，第47—48页。

②　阿隆：《社会学主要思潮》，葛秉宁译，上海译文出版社2015年版，第63页。

认知诉诸于计量经济学，与其说是一种科学，毋宁说是一种巫术。在 1940 年，凯恩斯对丁伯根的计量经济模型就批评说：就人的才能所及而言，没有谁会把自身的安全托付给巫术。① 不幸的是，现代经济学人恰恰迷信于这种巫术，不愿依靠自己的知性和逻辑去思考和审问。在很大程度上，当前中国社会不缺乏热衷于世俗实践的经济分析师，却严重缺少真正的经院派学者，没有多少学者能够真正静下心来认真梳理一下前人的文献，反思一下传统的理论。相反，目前那些尽管栖身于大学和科研机构但却醉心于"时务"的新闻型学者并不是真正意义上的经院学者。

徐复观在《不思不想的时代》一文中就指出，现代社会正进入不思不想的时代，其原因则在于两大取向。①大众化取向。徐复观指出，现代社会的"每一个人，都被编入于万能化技术家政治，及日益扩大的官僚政治之中，使每一个人，不是以'一个人'的身份而存在，乃是以'大众'的身份而存在……一个人，在万能地技术与庞大地官僚集团之前，真会感到太渺小、无力，失掉了权力与勇气，于是只好以'大'而且'众'的集体形象，来向技术与官僚，争取一点点平衡，表现一点存在。这样一来，每个人，只有被动地依靠'大众'才能获得生存的完全感……一切要倚靠大众，每个人只能以大众的身份而存在，这便会慢慢地置个人思想于无用之地，因而把人的'主体性'逐渐地丧失了……人只有在思想中，才能发现'我的存在'，即主体性的存在；也只有在发现'我的存在'时，才能够有思想。现代人已经把'自我'的主体性淹没在技术与官僚之中而成为'大众'了，当然会过不思不想的生活"。②科学化取向。徐复观写道："科学的目的，本是在于要把不可用数字测量的东西，变成可用数字测量；把不可用耳目感官视听的东西，变成可用耳目感官去视听。的确，科学在这一方面，已经得到了伟大的成果……（但）科学发展的成果，不仅代替了人的体力劳动，同时也代替了人的一部分的思想活动……（结果）现代科学宣传家，对于凡是不能用自然科学方法处理，不能使其可用数学测量，不能使其用耳目感官去感受的东西，便认为皆是不真实的、不需要的东西，而要从学问范围中加以放逐，亦即要求从人的现实生活中加以放逐……科学与商业联合起来，尽量使人的感官，得到圆满无缺的满足，以销蚀使人去思想的动机。"② 在很大程度上，正是基于同样的两大取向，现代经济学也正步入不思不想的时代。

---

① 特维德：《逃不开的经济周期》，董裕平译，中信出版社集团 2012 年版，第 174 页。

② 徐复观：《中国人文精神之阐扬》，李维武编，中国广播电视出版社 1996 年版，第 38–39 页。

其实，无论是选择计量实证、数理建模还是语言思辨，都体现了不同学者的学术风格和研究方式，良好的学术氛围也应该鼓励这种多元研究取向的存在。既然如此，为何国内不少计量经济学人却在鼓吹"无计量不学术""将计量进行到底"呢？根本上，这就源于对经济学的认知误区：它简单地将科学简单地等同于客观，进而又将客观等同于由充足数据的支撑；相应地，计量分析就被称为现代科学方法，由此得出的论断也就被视为客观的。但实际上，那些仅仅以数据为支撑或者经由计量分析得出的结论恰恰是不客观的，这只要看一下这一点就明白了：任何这样的论断都同时存在着由另外一些数据和计量分析得出的对立结论。为此，缪尔达尔就强调，"社会科学中的偏见不能简单地通过'坚持事实'和改进处理统计数据的方法来消除。事实上，数据和数据处理往往比'纯粹的思想'更容易受到偏见的影响。研究中可能出现的数据的混乱并不能仅通过观察就将自身组织成系统的知识……如果科学家在试图证明事实的过程中没有把他们的观点表达清楚，就可能留有偏见。"[1] 根本上说，社会科学理论的科学性在于对事物本质和因果机理的揭示，从而必须能够满足思辨逻辑的严格拷问！其实，在当今社会，科学主义取得了至高无上的地位，乃至"科学"往往成为人们的行为指导以及人们为其行为辩护的工具。但试问：真正在追求科学的人又有多少呢？关于对科学的认识，我们再次回到雅思贝尔斯："科学并非是轻而易举就可以获得的。绝大多数的人对科学可以说完全无知。这是我们时代的意识的断裂。科学仅为少数人所持有。科学时当今时代的一个基本特征，尽管它具有真正的本质，而在经受上却是无力的，因为大多数的人并没有踏入科学之门，而只是强占了技术上的成就，或者通过提问学到了可以学到的一些教条的东西"，"在我们的时代中，科学享有非凡的威望。人们期待从科学那里得到一切：透彻地认识所有的存在，并且在任何危难之中都能得到救助。这一错误的期待是对科学的迷信，接下来的失望又导致了对科学的蔑视。那种对人可以知道一切的神秘的信任，是迷信，对此拒绝的经验又导致了对知识的蔑视。这两者都与科学本身没有关系。因此，科学尽管是时代的标志，它却是以非科学的形态出现的。"[2]

---

[1]　Myrdal M., 1969, Objectivity in Social Research, New York: Random House, p.51.

[2]　雅斯贝尔斯：《论历史的起源与目标》，李雪涛译，华东师范大学出版社2018年版，第109–110页。

数理经济学在中国的庸俗化发展解析

——基于知识结构和学术风气的二维视角

导读

经济学界的庸俗化和媚俗化风气还表现在理论经济学对数学的滥用。其实，形式逻辑和数理模型是现代经济学进行理论研究的重要工具，但是，在现实的应用过程中，工具却成了价值，形式替代了目的；在这种情势下，众多经济学人就越来越沉迷于"我向思考"式的逻辑游戏，这不仅导致了数理经济学的勃兴，而且还导致完整的经济学理论研究被割裂开来。特别是，在商人心态的主导下，这种研究取向在中国学术界发生了蜕变：大多数经济学人根本无力在数理逻辑或模型构建上有所创新，而通常只是机械地搬用（最多是对变量做些调整）西方学界的数理模型来讲述中国的故事。正是由于这种庸俗化的数理取向，现代主流经济学看似繁荣，但并无实质的理论进步；相反，经济学理论与现实越来越脱节，乃至成为一种"极高明而不道中庸"的抽象体系。

一 引言

一般地，任何理论尤其是社会科学理论的发展都是源于各种知识的汇流和聚合，从而具有明显的渐进性；进而，这些知识得以综合和提炼的经手人就是学者，因而学者的基本旨趣就在于"为往圣继绝学"。显然，作为一门致用之学的社会科学，经济学尤其如此，其理论研究和发展都需要以人类所积累的各类知识为基础，是基于人类所有知识的契合和"演进"。相应地，经济学的理论研究者不仅需要非常深厚的社会科学各领域的知识素养，而且还需要具有非常广博的经济史和经济思想史的知识素养。不幸的是，自边际革命以降，自然主义的先验思维逐渐主导了西方主流经济学：它在特定的引导假定下热衷于对现象的解释而不是改造。相应地，现代主流经济学就抛弃了古典经济学大师如斯密、马克思、穆勒等在经济分析中实际使用的从本质到现象的研究路线，形成了这样的基本研究倾向：几乎舍弃其他学科以及自身前辈的智慧而在一个封闭系统内依据一定程序作抽象而静态的逻辑推理。

就现代主流经济学而言，它走上了两条与现实相脱节的道路：①一些经济学人片面鼓吹经济学的客观性要求，从而导致计量经济学的偏盛；同时，这种研究基本上是在新古典经济学的分析框架和引导假定下做些细枝末节的验证而无法得出一般性理论，从而滋生了"道中庸而极不高明"的实用主义倾向。②一些经济学人则局限于"我向思考"式的逻辑游戏，从而导致数理经济学的勃兴；同时，这种研究基本上是在一系列非常不现实的假说下作纯抽象的逻辑推理而无法应用于现实，从而产生了"极高明而不道中庸"的形式主义特质。问题是，作为一门"人"的社会科学，经济学往往被视为一门难以进行实验验证的学科；因此，即使基于回归分析的实证不存在明显的逻辑缺陷，从大量的具体经验分析中通常也无法获得一般性的结论。相应地，经济学的理论体系就主要体现在逻辑关系上，并直接表现为数理模型的推导。德布鲁就曾写道："因为没有一个足够可靠的经验基础，经济学不得不遵守逻辑讨论的规则，而且必须放弃那些具有内部不一致性的工具。如果某种演绎结构中存在矛盾之处，那它就会变得毫无用处，因为从那个矛盾当中可以完美并直接地推导出任何命题。"[1] 问题是，理论的逻辑一致性是否等同于形式逻辑的一致性？与此相关的问题是，现代主流经济学所预测的那些社会经济现象确定性地在现实生活中出现了吗？

其实，当数理逻辑用于工程学领域的分析时，具有很强的严谨性；但是当它用于具有能动性的人类行为以及由此产生的社会经济现象时，就显得不严谨了。究其原因，任何个体都具有或多或少的社会性，从而不会像"棋盘上的棋子"那样任人摆布，也不会像理性经济人一样固守先验的最大化原理。这意味着，现代主流经济学所注重的数理逻辑与实际行为逻辑并不相符，由数理模型所获得的一般性结论往往只是公理性的逻辑游戏，而与现实生活相差甚远。关于这一点，霍奇逊就写道："翻开任何权威的主流经济学杂志我们都可以证实，

---

[1]　Debru G.，1991，The Mathematization of Economics，*American Economic Review*，81(1)：1–7.

现代人探究模型特征的偏好，要远甚于探究现实特征。其隐含的研究程序大致如下：由于这个世界凌乱而复杂，首先有必要为之建立一个简化的模型，假定世界就是这样一个模型。然后对此模型进行讨论，甚至可能不再涉及现实世界。如果必须涉及现实世界，就对其预测的准确度和揭示能力提出一些辩护性的主张，通常不去理会那些完全相反的解释或模型。毕竟，以自己选择的假设为基础，展示数学的威力当然要容易。这样，一个人不必过多地卷入现实的混乱和无序之中，就能获得经济学家的头衔。然而，其结果可能意味着经济学家在严谨之中变得与现实无关，在精确之中形成错误。形式主义成了逃避现实的手段，而不是帮助理解现实的工具。"[1]

当然，在西方学术界，当前大多数经济学人之所以选择数理研究道路，既不是因为它具有"实质性"的理论严谨性，也不是出于解决现实问题的目的，至少不是主要目的。相反，西方学术界大多数经济学人选择数理研究道路主要有其特定的社会文化和历史背景因素：①在社会文化方面，西方社会的自然主义先验思维本身就强调理论与现实之间的隔离，其研究目的仅仅在于构建一套自圆其说的理论体系；②在历史背景方面，西方社会的社会制度已经在资本主义框架下大致完善，因而西方经济学的研究对象也发生了从公共领域到私人领域的转变。然而，当前中国社会的社会文化和历史背景却远不同于西方社会：在社会文化方面，中国强调的是"知行合一"以及"学以致用"，要求理论能够解释和指导现实，学者们正是遵循经济人的教导来选择学术取向的；在历史背景方面，中国社会经济问题的症结在于公共领域，需要理顺公共领域中混乱的制度和关系，学者们正是基于数理逻辑分析对现代问题开出种种处方。结果，现代主流经济学的弊端在中国经济学界更为严重，不仅导致数理分析的严重庸俗化，而且还严重误导了社会实践。之所以如此，很大程度上源于中国经济学人的狭隘知识结构和功利学术风气。因此，本章就此做一深入探讨。

 ## 二 经济数理模型潜含的逻辑缺陷

一般地，数学通常以两种方式被应用于经济学：①从形式逻辑上推导和表述经济理论，主要用到代数、微积分、差分方程与微分方程、线性代数和拓扑

---

① 霍奇逊：《演化与制度：论演化经济学和经济学的演化》，任荣华等译，中国人民大学出版社2007年版，第3页。

学等，由此发展出了数理经济学；②从量上来检验经济学假设和经济理论，主要用到多元回归分析等计量工具，由此发展出了计量经济学。显然，纯数理经济学主要关注抽象的数量关系并由此获得理论模型或结构，这些模型或结构往往不完美地以具体细节的丰富反映现实；计量经济学则关注数值测度并由此获得计量模型或结构，这些模型往往被设计成可操作的和可测量的从而易于进行统计检验。事实上，正是由于数学的渗透，它就像过去控制自然科学那样控制经济学，并经经济学方法的传播而进入政治学和社会学等领域，从而使社会科学和自然科学之间的界定开始变得模糊。相应地，数理经济学以数字概念、符号、方程、图线以及数学方法等应用于经济学分析或表达以及提出经济学原理，并声称要使经济学成为一门和自然科学一样的准确的科学；同时，数理经济学把交换当作应用数学方法的出发点，将交换视为两个商品量相互关系的一种现象并将交换的成立视为这一关系的相等，从而将研究对象集中在各经济事物的数量和它们之间的相互关系上。

（一）经济学的数理化历程

数理经济学的起源可以追溯到被称为"现代政治经济学的奠基人"的威廉·配第，18 世纪的瑞士数学家伯努利、有"意大利的斯密"之称的经济学家贝卡里亚也被熊彼特认为是数理经济学者。数理经济学的真正兴起则源于 19 世纪 70 年代的边际革命，主要由德国的古诺和戈森、法国的瓦尔拉斯、英国的杰文斯和埃几沃斯、意大利的帕累托以及美国的费雪等共同推动；其中，瓦尔拉斯又被称为数理经济学的真正创始人，而古诺和戈森等则是数理经济学的主要先驱者。到了 20 世纪 60 年代以后，数理经济学和微积分、集合论、线性模型结合在一起，同时，电子计算机的发明又促使与数理经济学有关的经济计量学得到迅速发展，它反过来又推动数理经济学继续前进。正因如此，数学在现代经济理论中的应用越来越广泛，数学方法的运用几乎遍及经济学的所有领域。事实上，目前数学分析已经成为研究经济问题不可或缺的方法，任何脱离了数学的经济问题分析都会被认为是不可靠的。

确实，数理模型将一些因素抽象掉以后往往更有利于看清一些相关变量的关系，从而有助于提高理论体系的内在逻辑一致性；因此，利用数学方法来研究经济问题，往往也有利于发现经济问题的实质，并能指明社会经济现象发展、变化的基本趋势。从这个角度来说，经济学可以且应该广泛运用一切可能的数学分析方法来进行理论的推导和表述。不过，在数理经济学的兴起大大严密化经济学理论体系的同时，也衍生出一些值得反思的负效应。①数理经济学根本上是一种演绎理论：从一些所谓的不言自明的公理（实质上是假定性公理）出发运用数学方法推演出一系列的结论或定理。显然，要保障这些结论或定理的合理性，首先必须保证它所依据的引导假定之合理性，因而就必须重新审视它所基于的前提假设。②数理经济学所注重的内在逻辑一致性主要是指数理逻辑或形式逻辑，但现实中的行为主体并不是数学符号。显然，要保障经济学理论的现实合理性，必须将其建立在人的"行为逻辑"之基础上，因而就必须重新审视它所基于的逻辑关系。

（二）经济分析的逻辑辨析

一般地，经济学理论所体现的"内在一致性"有两种逻辑基础：一是基于行为逻辑，二是基于数理逻辑。两者的适用范围有很大差异：自然科学的理论体系主要基于数理逻辑，但将数理逻辑简单地应用到人的行为及其衍生的社会经济现象之中，就大大削弱了逻辑的严密性。为此，我们就必须审视理论的"内在一致性"问题。艾克纳在《经济学为什么还不是一门科学》一文中就强调，内在一致性检验只是一个理论的必要条件，却并不是充分条件。在艾克纳看来，任何理论的证明都必须进行三种性质的经验检验：一是相符性检验 (Correspondence)，即检验基于理论的结论是否与现实世界中的经验观测相符；二是普适性检验 (Comprehensiveness)，即鉴定理论是否能够包容与所研究的某种现象有关的所有已知事实；三是精炼性检验 (Parsimony)，即确定理论结构中任何具体要素（包括内在假定）对于说明经验观测的东西是否是必要的。①尤其是，作为一门致用之学，经济学理论根本上是要解释真实现象并解决现实问题，而无论真实现象还是现实问题都是人的互动行为所衍生的，因而经济学的根本研究对象就是人，需要剖析和提炼真实世界中的行为机理。

显然，正是由于人类的现实行为往往受到各种无法量化的社会性因素的影响，从而就很难用数字关系或数理模型来描述；同时，人的偏好以及行为动机往往会随环境变化而发生变化，从而很难用不变的形式逻辑来刻画。因此，就人性及其行为机理的演化特性而言，用行为逻辑来描述现实社会的具体行为往往更为适宜，而这在很大程度上依赖于文字描述。关于这一点，塞利格曼写道："经济学可以用来澄清问题，这基本上是一个实践任务。在经济学思想的伟大传统中，从斯密到李嘉图，从马克思到凯恩斯，这是伟大的经济学家都对

① Eichner A.S. , 1983, Why Economics Is Not Yet a Science, *Journal of Economic Issues*, 17(2)：507–520.

困扰着人类心灵的各种问题作了回应……数学有助于精确地阐述问题，但是这一事实并不会令擅长数学的人成为更好的经济学家。好的经济学家必须要有洞察力、感悟力，他需要的是抓住问题核心的智慧。一个人能够熟练地运用符号，并不能证明他已经具备了经济学家之为经济学家的技能。……如果经济学家当中的那些数学家能够不再只为他们自己写作，而开始提供以文字表达的方程，激发所有人的思考，那将是一件大好事。这很可能会对'文字'经济学领域产生很大的滋润作用。更重要的是，它将有助于所有的理论经济学家转而关注真正急迫的现实问题，而不再是津津乐道于一杯茶的价格如何如何这种琐屑的小事。"[①]

（三）主流经济学的逻辑缺陷

基于上述分析，可以对现代主流经济学的逻辑缺陷进行批判性审视。一般地，现代主流经济学的数理模型对人类行为的描述有两大特征：①它使用的是边际分析，个体可以根据外在条件的变化灵活地调整其行为以实现总效用的最大化。但显然，不仅大量的制度设计不是边际调整的，而且基于边际调整的制度也没有带来相应的高效率。例如，Baker、Jensen 和 Murphy 就发现，大多数企业所实行的激励制度并非像标准经济理论所预计的那样将绩效与工资挂钩，而是支付与个人绩效直接有关的固定的日工资以及对雇员不存在歧视的平均主义工资。[②] 对此，G. 米勒就评论说："无论从哪一方面来看，目前的企业经济理论都是不完善的。要么市场竞争压力并不像经济学家所想象的那样规制可曾，要么有着对待经济学理论之外的某些理由可以用来解释平均主义激励制度要比经济学家们给出的那种典型的激励制度更有效。"[③] ②它刻画的仅仅是一种平均化行为，或者仅仅是一种大数行为的结果。但显然，真实世界中往往没有人能够与之相符，因为现实当中人所受影响的社会因素往往相差较大。埃几沃斯在《数学心理学》中就强调，只有少数人参与的情况下，社会过程和交易结果都是不确定的，而只有当人数很多时，社会过程和交易结果才逐渐变得确定。问题是，现代经济学的前沿如博弈论、信息经济学等研究的恰恰是具体的

---

① 本·塞利格曼：《现代经济学主要流派》，贾拥民译，华夏出版社 2010 年版，第 803 页。

② Baker G.B., Jensen M.C. & Murphy K.J., 1988, Compensation and Incentives: Practice vs. Theory, *Journal of Finance*, 43：593–616.

③ G.米勒：《管理困境：科层的政治经济学》，王勇等译，上海三联书店、上海人民出版社2002年版，第10页。

个体行为，但其使用的方法却是刻画大数行为定理的简单数理模型，从而根本难以预测具体个体的现实行为。

在很大程度上，正是现代主流经济学过度重视数理逻辑，而这种数理逻辑的根本思想就是将丰富多样的人类行为化约为特定的函数以刻画出有序的原子运动，造成了理论与现实间的脱节。这可以从艾克纳的分析中窥见一斑。艾克纳指出，构成新古典经济核心理论的四个基本构件几乎都存在严重的问题：①每个个体都存在一组无差异曲线，所有家庭的加总就代表了社会总体上对任何两个或更多商品的相对偏好，但这种无差异曲线建立在各个假定的效用函数的基础之上；②每个商品生产都存在一组连续或者光滑的等产量曲线，所有等产量线加总就代表了劳动和其他能够用于生产这些商品的投入要素的所有组合，但这种等产量曲线建立在各个假定的生产函数的基础之上；③所有不同的厂商和包括企业部门的行业都存在一组斜率为正的供给曲线；④所有用于生产过程的投入要素都存在一组边际产量曲线。也就是说，构成微观经济学分析基础的无差异曲线、等产量曲线、斜率为正的供给曲线和边际产量曲线都缺乏有效的经验数据的支持，是缺乏经验基础的空洞的概念，因而很难经受相符性检验。同时，现代主流经济学不仅在微观分析层面存在这样的虚构性，宏观层面的分析也是如此。例如，希克斯—汉森的 IS-LM 模型和菲利普斯曲线就同样经不起相符性检验，而且，正是基于不同理解而形成了经济学的不同流派。①

可见，尽管流行的观点宣称，数量经济学的研究方法有严密的逻辑，从而是客观的科学，但是，数理模型并不能提高经济学理论的逻辑严密性，数理逻辑也并不适合对人类行为的分析。事实上，正是由于流行的经济模型日益热衷于形式逻辑的演绎并追求数学推理的严密性，这些模型不仅忽视人之行为逻辑与数理逻辑之间的差异，更是刻意逃避经验事实的严格验证。结果，基于数理逻辑得出的经济理论与经验事实之间就越来越相脱节，以致数理模型逐渐蜕变成了一种在"我向思考"思维下进行自我繁殖的智力游戏，越来越失去了解释现实和预测未来这两大科学理论的基本功能。卡尔纳普就指出，"逻辑的规律和纯数学的规律，由于它们自身的本性，是不能被用作科学解释的基础的，因为它们并不告诉我们使现实世界从其他可能世界中区别开来的任何东西。当我们问及事实的解释，一个现实世界中的特定观察的解释，我们必须用到经验的规律，它们不具备逻辑规律或数学规律的必然性，但它们告诉我们关于世界的

---

① Eichner A.S.，1983，Why Economics Is Not Yet a Science，*Journal of Economic Issues*，17（2）：507-520.

结构的某些东西。"[1]

 ### 三　经济数理模型构建的知识要求

上面的分析揭示了嵌入现代主流经济学中的数理逻辑及其结论所存在的问题。一方面，数学逻辑是否能够揭示社会经济运行机制及其内在关系？这涉及对行为逻辑和因果机理的认知。就此而言，波普尔就指出，当前盛行的自然主义方法论规则只不过是新古典经济学形成的一种约定，这种游戏规则"与纯粹的逻辑规则不同，却与弈棋规则相像，很少有人会把弈棋规则当作纯粹逻辑的一部分"。[2] 另一方面，数学公式是否是表达社会经济关系的有效工具？这就涉及科学研究的一个基本共识：如果存在两种方式能够表达同一思想，那么就应该选取简单而非复杂的表达方式。就此而言，如果一个社会现象或者一个思想认识能够以通俗的文字语言表达清楚，显然就不需要再转化成复杂烦琐的数学语言。为此，奥地利学派从两个方面对数理经济学进行了批判：①它并不真的使理论更加精确，相反往往是把简单的概念翻译成数学，然后再费力地译成英语（文字），这一过程貌似提高了逻辑精确性，实际上却模糊了对真实行为和社会现实的认知；②即使那些最适合用数学进行研究的问题，如一般均衡理论、形式上的增长模型等，从原理上说是没有意义的或不合理的经济问题，而那些重要的问题往往不能而且不必用数学进行研究。[3]

既然如此，为什么还有如此多的经济学人热衷于数理经济学呢？难道是因为数理经济学如此易搞吗？其实，数理经济模型的建立往往是比较烦琐的，它至少有两大基本要求：一是要有良好的知识素养，从而形成良好的经济直觉；二是要有较高的数学功底，能够把这种直觉表现出来并加以严密化论证。正因为数理模型与一个启发性的思想或故事是分不开的，因而模型的假设前提和模型选择都有严格的要求。同时，尽管数理模型的构建是一项非常费力的工作，但这种工作还往往吃力不讨好：一个模型所具有的实际价值和内含缺陷往往很

---

① 卡尔纳普：《科学哲学导论》，张华夏、李平译，中国人民大学出版社 2007 年版，第 11 页。

② 波普尔：《开放的思想和社会：波普尔思想精粹》（米勒编），张之沧译，江苏人民出版社 2000 年版，第 139 页。

③ 多兰："作为非科学的奥地利学派经济学"，载多兰主编：《现代奥地利学派经济学的基础》，王文玉译，浙江大学出版社 2008 年版，第 12 页。

容易被认识，一个简单的假设都会引起人们对整个模型之意义的否定；即使一个数理经济模型有效地表达和精致化了人类传承下来的思想，但思想的首创之功仍属于那些思想提出者。令人不解的是，尽管数理经济学对经济学理论知识的要求如此之高，数理建模仅仅是完整经济学理论研究路线中的一小部分，但大多数的经济学人还是愿意集中于数理经济学这一小部分。一个重要原因就是，受科学主义思潮的影响，数学成为向他人宣示其研究科学性的一个重要措辞。其结果却是，经济学研究的科学性就被严重扭曲了，进而也导致了数理建模的庸俗化发展。

首先，就当前经济学界的流行取向而言。它基本上抛弃了理论研究中的方法论和理论素养这两个更为重要的层次，在思想表达层次上也主要是将简单思想复杂化、模糊化以显得高深莫测的。结果，数理经济学发展的根本目标就完全被扭曲了，蜕变成为"为数理而数理"的一种形式追求。有如此多的经济学人热衷于数学建模，一个重要原因是，越来越多的经济学人都是理工科出身，社会人文知识相当欠缺。例如，那些海归经济学人大多就是理工科出身的，到国外学了一些建模技巧，由此却摇身一变成为著名主流经济学"家"。事实上，正是由于这些数理经济学人缺乏经济学理论素养的熏陶，他们往往连对一些基本术语的理解都比较欠缺，更不要说对社会科学其他领域的知识和国内外经济发展历程的掌握了，由此当然也就无法对人类社会形成自己的独特见解。正因如此，尽管这些"数理经济学家"依靠几个貌似复杂的数学模型而名噪当前，但实际上，他们并不真正懂得经济运行的"理"；他们所建立的模型也具有明显的机械性，往往是为"建模而建模"，或者只是为增加说服力的措辞，而基本上无法揭示出事物的内在本质以及事物间的作用机理，无法从模型构建和逻辑推理中获得新的洞见。

其次，就现代经济学中的数理拜物教而言。它也已经严重地偏离了发展数理经济学的原初目的：通过借助数理逻辑来发现人类直觉或思辨所不能揭示的东西，进而理顺人们在文字逻辑推导中可能出现的混乱。例如，数理经济学先驱古诺就是依靠对策思维揭示了非完全竞争情形下厂商的生产和定价行为，阿罗则基于社会选择逻辑洞悉了阿罗不可能定理。但是，当前数理经济学研究者大多却缺乏直接进行数理思维的能力，而主要是把一些业已知道的常识性东西进行复杂化和符号化；相应地，这些数理经济学人往往不是注重从数理模型和逻辑推理中发现思想，而是注重模型本身或者数学措辞所具有的"说服力"，以致数理模型成为掩盖这些经济学人之贫乏空洞思想的面具。西方很多数理经济学人就是如此，中国数理经济学研究者似乎更是如此：他们大多只是照搬西方学者已经提出的一些数理模型，从而即使在模型上也没有多少实质性创新。更为甚者，在对西方主流经济学中的假设前提和思维方式缺乏实质理解的情况下，中国一些经济学人就想当然地进行一些画蛇添足的修改以期本土化应用，这反而扭曲或肢解了主流经济学中数理模型的真实含义和合理成分。

最后，就数量经济学的勃兴和迅猛发展而言。它的基本动因就是迎合现实应用的需要：是 20 世纪 20~60 年代不断膨胀的国民经济计划的产物。但是，到了 20 世纪 70 年代以后，随着市场经济重新取代计划经济成为主导，数理经济学就因其理论的抽象性而几乎已经退出了政策应用的领域，逐渐蜕化成为象牙塔里的一种智力游戏。不幸的是，中国那些数理经济学人似乎没有看到这种转变，当然也不愿看到这种转变。究其原因又在于，当前这些经济学人很少具有甘愿清贫的那种经院主义精神，反而努力将他们基于模型的纯粹逻辑研究与社会政策挂上钩以期获得其他的物质利益。更为不幸的是，在当前中国社会，仅仅掌握一些数理技巧的经济学人竟然可以承接各种应用性课题，不少经济学人凭借黑板上的符号逻辑竟然充当了各类事务性机构的经济顾问。在一个极端抽象的概念上撇开具体的社会现实展开建模游戏，并且缺乏其他学科的基本常识，竟然就能为实际经济的运行出谋划策，而决策部门竟然也乐于接受这种咨询，这显然十分不妥。要知道，应用政策经济学的研究并不要求研究者所建的模型有多么漂亮，而在于其对具体问题的了解程度，在于其所拥有的相关理论和知识的渊博程度。试问：目前那些数理模型的构建者对现实问题能够了解多少呢？在华盛顿特区的政界里有 50 多年经济学研究经历的赫伯特·斯坦因就指出，"经济学家对经济并不知道多少，而其他人（包括制定经济政策的政治家）就知道得更少了"。[①] 在很大程度上可以说，现在中国经济学人所承担的那些应用性课题大多是在"蒙"，并不具有真正的应用价值；同时，那些课题的资助者也明显掺入了私人的目的，否则就是源于无知。

可见，现代经济学界盛行的是一种数理拜物教，它迷信数学逻辑，却不能真正解决问题。塞利格曼就指出，在当前经济学界，"只知道紧紧抱住他们那空空如也的工具箱不放的理论经济学家简直太多了，那些工具箱是他们建好了又拆掉重建的，而且是用别人简直无法理解的符号和方程的语言来描述的。他们得到的结论实质上并不能在'文字'经济学家所说的东西上再加点什么。理论建模被说成是针对特定问题提出假说，在这个意义上，文学造诣深厚的经济

[①]　转引自迪克西特：《经济政策的制定：交易成本政治学的视角》，刘元春译，中国人民大学出版社 2004 年版，第 2 页。

学家和擅长符号操纵的经济学家所从事的是同一个工作，只不过各自采取了各自不同的方式。"[1] 同样，罗斯巴德也写道："数理逻辑适合物理学这门已经成为模范科学的科学，现代实证主义者和经验主义者认为所有社会科学和自然科学都应该效仿的科学。在物理学中，公理和演绎是纯粹形式，只有在它们能够预测特定事实时才有意义。相反，在人类行为学中，在分析人的行动时，公理本身已知是真实的和有意义的，从而文字演绎的每一步也是真实的和有意义的。这是文字陈述的主要性质，而数学符号本身是没有意义的。"[2]

 ## 四　数理建模庸俗化的原因剖析

上面的分析表明，当前数理经济学的发展趋势呈现日益强盛的庸俗化倾向。罗德里克就写道："攻读经济学主要是学习一系列的模型。决定一个人在经济学界的地位，也许最重要的是看他有多大能力开发新模型，或者结合新证据来运用已有模型，以说明一部分社会现实。经济学界最激烈的学术争论，都是围绕某个模型的可适用性展开的。如果你想给一个经济学家造成痛苦的伤害，只要说一句'你没有模型'就够了。"[3] 而且，当前中国数理建模中的庸俗化和形式化倾向更为严重。究其原因主要有二：一是与当前主流经济学界乃至其他社会科学领域中的研究人员构成以及研究人员的知识结构有关；二是与现实社会中的政治、人文环境以及学术界日益盛行的功利主义学风有关。

（一）研究者的知识结构

在当前经济学领域，从事数理模型构建的技术经济学家往往都是那些有数学、物理学等学科背景转入经济学界，他们可以不断地发表那些让人摸不着头脑的"高深"文章了，从而也就开始被尊奉为杰出理论经济学家，被视为具有高度抽象推理能力的人。近年在中国社会，那些在数学或物理学界根本发不了文章、职称也难以晋升的人，转眼间成了经济学界的教授、博导、学科带头

---

① 本·塞利格曼：《现代经济学主要流派》，贾拥民译，华夏出版社 2010 年版，第 803 页。

② 罗斯巴德："人类行为学：奥地利学派经济学的方法论"，载多兰主编：《现代奥地利学派经济学的基础》，王文玉译，浙江大学出版社 2008 年版，第 20 页。

③ 罗德里克：《经济学规则》，刘波译，中信出版集团 2017 年版，第 12 页。

人，即使经济学领域那些"百优博士学位论文"也几乎被这些人尽占；相反，那些极力契合社会科学各分支知识以从事跨学科研究的，尽管他们的见解更全面，分析更透彻，却往往因思想更为精微而给人以条理不清的印象。同样，一些经济学专业出身的学人在这些数理经济学"家"的打压和排挤下，也逐渐转移到其他社会科学领域，如政治学、社会学以及法学等；而且，由于经济学提供了比其他社会科学更为清晰和有条理的研究方法，他们的研究往往被认为更具创见，从而在这些领域反而越来越受到青睐。

出现这种现象的原因包括：理论研究确实需要各社会学科的交叉和契合，数学工具也确实是现代学术研究的基础性手段，等等；此外，更为重要的原因在于，人们对"科学"的内涵本身存在认知上的缺陷。事实上，科学首先源于自然科学，乃至人们往往用自然科学的简洁、普遍以及"客观"性来衡量其他学科的"科学化"程度，这就导致其他社会科学盲目地仿效物理学等自然科学，而主流经济学则担当起了传道的先锋角色：将从物理学模仿来的研究方法和技巧向其他社会科学推广。克洛尔和豪伊特指出，"当代经济理论虽然没有给经济生活提供一幅'真实可靠'的肖像，但是它却提供出一幅精致优美的画图。而且，沿着这幅画图指引的方向，一个注重学就式的研究训练而忽视解决实际问题的研究纲领展开了"，不过，尽管"这种'研究本身'具有一定的价值，但是，把它作为发展方向则有些过分了"，特别是，"目前经济学中的这种状况已经过头了。因为在这种形势下，我们（像巴甫洛夫的狗那样）养成了条件反射的习惯，不精确地回答纯粹学术上猜谜游戏式问题误认为是'有意义的'和'令人感兴趣的'内容"。[①] 问题就在于，经济学毕竟是一门经验科学，人们希望经济理论可以用来指导解决实际问题而不是纯粹的智力游戏；但是，这半个多世纪以来，主流经济学家却一直热衷于这种智力游戏，显然这就使经济学的研究本末倒置了！

事实上，判断一个学者对社会经济现象的认知深度，主要依据是他的知识广度而不是所建模型的复杂程度。相应地，社会科学领域的学者之间可以进行比较的也主要体现在：谁读的书最多。一般地，那些博览群书者往往被视为权威，人文性越强的学科就越是如此。当然，与历史等人文学科稍有不同的是，经济学的理论认知具有较强的系统性；因此，有了知识的广度外，还需要能够把这些知识契合起来形成一个整体，这就涉及方法论的训练。然而，当前主流

---

① 克洛尔、豪伊特："经济学的基础"，载多迪默、卡尔特里耶编：《经济学正在成为硬科学吗》，张增一译，经济科学出版社 2002 年版，第 43 页。

经济学的学习和研究风气却几乎与之完全背道而驰，那些对人类社会科学领域所积累的知识一无所知而热衷于模型构建的学人往往被称为经济学大家；之所以如此，关键就在于，随着越来越多理工科出身的学人逐渐主导了经济学的教学和科研，经济学理论研究者的知识素养已经急速下降了。试问：尽管当前中国经济学子热衷于设计出一个个数理模型，以致经济学因文章充斥各类杂志而看似获得了畸形繁荣，但这些几乎根本不顾经济学特质的抽象模型果真能够获得什么真正的"发现"吗？或者，它所表达的思想果真有什么实质价值吗？那些计量结论有什么坚实的理论根基（无论是逻辑上还是经验验证上）吗？

（二）学术界的功利学风

经济学的理论研究需要渊博的知识，而当前有些经济学人的知识结构越来越狭隘，因而越来越不可能对理论有实质性的贡献。在这种情况下，基于发表文章以获得职称升迁、科研奖励以及课题承接等的需要，青年学子往往就只能转向构建复杂的数理模型这一途径。究其原因：①单纯的数理建模不需要系统的理论知识和创新的学术认知；②数理建模也是青年学子相对于那些老教授的优势所在。实际上，时下的经济学人在写论文时很少关注是否真正作了能促进理论发展、提高社会认知的研究，而首要乃至唯一的目的就在于能否发表，并由此获得各种物质利益。试想：对于一些"一流"学术刊物，如果不是计量文章比需要知识积累和思想沉淀的文章更容易在这些杂志上发表，如果不是各个高校乃至政府机构对在这些杂志上发表的文章提供高得惊人的金钱激励，如果不是各个院校把这些杂志上的文章以及各种庸俗实证的课题作为评定职称的根本性标准；那么，还有多少青年学子会像当前这样迷恋所谓的实证研究呢？会整日在麻木地学习一些数理模型而对社会科学的知识茫然不顾吗？

之所以出现这种学术风气，在一定程度上也是因为继承了现代主流经济学的学术倾向，是西方功利主义学风的缩影或放大，从而显得更为赤裸和极端。事实上，自边际革命以来，主流的新古典经济学就日益撇开了对事物本质的探讨，而仅仅关注经济现象间的功能联系；特别是近半个世纪以来，西方整个学术界尤其是经济学界的风气越来越功利，以致对经济学的学科性质也越来越无知。正因如此，主流经济学家抛弃了真正符合经济学特性的那种内部标准检验而过分注重实证分析，从而使经济学理论无法得到真正的逻辑检验（因为实证检验受到各种保护带的限制）；或者，简单地把人类行为逻辑等同于数理逻辑而过分地注重逻辑体系的完美性，从而扭曲了人的知性思维，无法发现现象背后的规律。结果，主流经济学就形成了囿于新古典经济学分析框架而脱离实际的自我繁殖，并最终使经济学成为一种"我向思考"的封闭学科。显然，海归经济学人将之引入中国学术界并又增添了自身的利益诉求，引发了功利主义在中国经济学界的泛滥。这可以从以下两个方面加以理解：①当前的主流取向主要是那些海归经济学人所散布和引导的，尽管他们局限于数量经济学一隅，但由于个人素养以及功利主义的取向，却积极地把其学术研究宣传成为学术前沿和未来方向；②这些海归经济学人已经逐渐控制了当前的高校、出版、刊物、协会以及学术基金等机构，只有遵循这些主流范式才可以获得名和利，也只有跟随这些主流范式才能够在获得博士学位后便一步登天地跨入"明星"经济学家的行列。

事实上，真正基于数理模型和计量分析的研究是非常辛苦的，要得到承认则更难。但是，中国当前的数理模型和计量分析却完全形式化了，只重所谓的"规范"而不管真正的"内容"，因而造成了这种令人窒息的数量拜物教。霍布斯曾感慨地说，他那个时代很多人学习数学往往只是为了跃升，从而在他的无知被发觉之时，把他的研究转化为杂耍，以获得在魔术、解密及其他方面的声誉。显然，目前那些热衷于数量分析和实证的经济学人大体也是如此，他们充分认识到自己的所作所为是不产生理论的，而之所以如此"研究"只不过是为了博取声誉及资源。正因如此，一旦通过"实证"文章这块敲门砖获得了其他资源之后，他们就不再"亲自"从事数据的收集和实证文章的写作了：有些人转而成为指导学生进行"研究"的博导或者从事教育事业的"院长"，另有些人则成为企业和政府的顾问，还有一些干脆下海从事投机交易。相应地，大多数的青年学子也困惑于无休无止的实证分析，但是在功利主义氛围的支配下，他们在咒骂的同时还有意无意地遵循这种"学术"规范，那些在这方面展示其"成就"的学人尤其成为他人效仿和钦佩的对象。其原因就在于：他们需要以此获得进入其他行业的"敲门砖"；主流经济学"自我创造需求"的特性也为他们提供了安身立命的机会。而且，他们在为自己的行为进行辩护时还常常振振有词：整个社会的学术氛围都是如此，我为什么不能顺势而为呢？费耶阿本德曾感慨地说，一个贼想偷多少就能偷多少，而警察和公众却因为他对任何人都承认是一个贼就赞扬他是一个诚实的人。显然，当今的经济学界正是如此，试问，在这种情形下，中国经济学领域又怎会出现所谓的大师呢？

可见，正是当前经济学人的知识结构越来越狭隘以及学术氛围越来越功利，导致了数理经济学的畸形发展，从而严重误导了经济学的发展方向。就知识结构而言，数理经济学的理论研究不仅需要非常高的数学知识和方法技巧，而且需要非常广博的经济学知识；只有这样，所构建的数理模型才能有实际意义，基于数理模型所得出的结论才不会脱离现实太远，从而才可以提炼出有意义的理论。但显然，现代经济学的教育日益偏重于建模技巧的训练而日益缺乏思想的思辨，同时经济学的科研岗位越来越被擅长数学建模的理工科人士所占据；这样，经历几十年的注入和过滤，经济学界能够真正将经济学理论和数理方法结合起来的学者就越来越罕见了。就学术风气而言。任何学科的研究都依赖于学者踏实的学术风气，依赖于学者纯洁的学术理念；只有这样才能保证研究结论的"纯洁"性和"客观"性，才不至于使手段蜕变成目的，形式蜕变成标准。但显然，自20世纪70年代开始，功利之风在西方学术界逐渐兴起，导致大多数经济学人不是致力于夯实自身的经济学理论素养，而是热衷于在一定研究规范下追逐求新求异的"洞见"；结果，这种风潮随着西方经济学的引进蔓延到中国社会，和日益无序的社会环境相互强化，在中国学术界滋生了一种更强烈的犬儒主义态度、更浓郁的功利主义风气，以致中国真正以求知为己任的经济学人越来越罕见了。

 ## 五 重审数理经济学的"高明"性

一般地，经济理论的研究往往基于数理模型的分析和计量实证的检验，后者构成了理论发展和完善过程中必不可少的阶段。但是，我们在发展经济理论时却不能喧宾夺主，而是要充分认识到这两者在经济学理论发展中的局限。究其原因在于，经济学毕竟不是自然科学，其理论本身的可证实性以及可证伪性都比较差。事实上，我们往往难以从数理模型和计量分析中直接得出理论，相反，经济学理论大都依赖于对那些熟视无睹的历史材料的知性抽象；而且，在绝大多数情况下，数理模型和计量分析仅仅是对已经抽象出的理论进行补充和严密化而已。对现实社会进行分析时是如此，对历史事实进行描述和分析时更是如此。米塞斯就指出：当历史学家解释并重写过去时，"这要求它要运用一些在开始自己的研究工作之前必须已经具有的思想。在他的研究过程中，即使处理一些材料使他得出了新思想，在逻辑上概念总是先于对个别的、独特的和非重复性事件的理解。除非在致力于研究历史来源之前有一个确定的战争与和平的概念，否则就不可能谈论战争与和平。除非具有把原因与后果之间的一定联系看作是普遍的可使用范围来对待的理论，否则就不能谈论个别情况下的原因与结果"。[①]

正因如此，批评者就指出，对数理模型的过度依赖是经济学几乎所有问题之症结，它把复杂的社会生活简化为一些简单的关系，轻易做出明显不符合现实的假设，过度追求数学的严谨性而不顾现实，经常从典型化的抽象推导直接跳到政策结论。为此，鲍尔丁就抨击说：尽管数学使经济学显得严谨，但同时也带来了尸斑。张夏准则说：95% 的经济学都是常识，只是在行话和数学的包装下而显得艰深。[②] 而且，也正如罗德里克强调指出的，"数学在经济学模型中扮演着是纯粹的工具性角色。理论上，模型不需要数学，模型的有用性或科学性也不依赖于数学……一些一流经济学家根本就不怎么用数学"；"单凭数学并不能让人深入经济学。重要的是'智慧'：有能力对老话题展示新见解，让难解的问题变得可解决，或针对一个实质性问题设计一种新颖的经验分析"。[③] 尽管如此，现代主流经济学人依然热衷于对数据的处理并由此对经济理论乃至社会政策作"建构"性设计。试问，难道这些学人就不能稍微放一放这种"研究"而读一读哈耶克等人的著作，并由此作稍微的联想和反思：自己的这种经济学理论研究中不正潜伏着深刻的"理性自负"吗？

当然，经济学数理化和计量化的庸俗化发展及其潜在的理论危机，在西方社会已经得到了越来越广泛的认识，从而越来越多的经济学人开始推动经济学朝多元化和交叉性的方向发展。只不过，中国那些"主流"经济学人还在炒作那些充满缺陷的西方剩饭，而根本不去关注经济学的新近发展，或者把这些新近发展视为非主流而加以排斥。一个明显的例子是，众多经济学家已经开始注意到经济学过分注重技术分析方面，并对经济史和经验研究在经济学中的相对衰落感到不安和惊愕。例如，经济史学家格尔申克隆就指出，社会科学中有一种根深蒂固的渴望，就是要寻找一种通用的方法，一种对所有时期都适用的法则。但是，这种简单无知的态度必须被超越。显然，就经济学的理论研究而言，如果对社会现象的内在机理缺乏真正理解而片面构建所谓科学化的数学模型，那么非但不会促进理论的真正进步，反而窒息了理论的实质发展。实际上，这已经在当前经济学理论上得到了反映，不久我们将会更深刻地认识到这一点。正是这种研究取向导致整体性的经济学理论研究已经被严重破坏了，以致我们做了再多的问题研究，还是对社会现象困惑不解。笔者相信，将来人们

---

① 米塞斯：《经济学的认识论问题》，梁小民译，经济科学出版社 2001 年版，第 1 页。

② 罗德里克：《经济学规则》，刘波译，中信出版集团 2017 年版，第 25 页。

③ 罗德里克：《经济学规则》，刘波译，中信出版集团 2017 年版，第 33、36 页。

再回过头来反思我们当前的经济学理论研究情状之时，必然会对这种荒唐闹剧苦笑不已，甚至会奇怪：那时的理论探索者怎么都陷入了如此非理性状态，就像社会上曾出现的大跃进一样。

更不可思议的是，就是当前这种研究方式，国内一些经济学人竟然宣称，自然科学家的智商普遍比社会科学家的智商要高，而经济学家又提高了社会科学家的整体智商水平。于是，当前一些中国经济学人也常常以此而自喜，但试问，难道偏执地坚持某种经济学的教条也是理性高的表现吗？其实，根据孔德的观点，历史的顺序与逻辑的顺序紧密地相互对应着，孔德根据其普遍性和独立性的程度（普遍性和抽象性的递减律、复杂性增加的程度、实用重要性的程度）而把一切科学知识排成一个等级体系：数学、天文学、物理学、化学、生物学和社会学，每一学科的出现要靠前一学科的发展。其中，数学的独立性最高，因为它是所有学科中最抽象和最简单的，推理及其论断只需要依据少数的公理；天文学则是自然科学中最普遍和单纯的学科，从而在数学之后首先得到发展；社会学则是最具体和最复杂的，它的研究和认识往往需要利用所有其他科学的一切成果。显然，正是由于数学是最抽象的，它距离直接的实用也就最远；相应地，社会学是最不抽象的，从而与实用关系最直接。同时，对于任何一个社会现象的认识和一个社会问题的解决都需要依据人类积累的知识，进而也就体现为更全面的人类理性。例如，古罗马的西塞罗就指出，法律是人性中所蕴含的最高理性，因为它是有关人类行为的规范，需要理顺纷繁芜杂的公共秩序；相应地，法律的设立就需要集中全人类的智慧，而不是凭借那些虚无的灵感和片面的逻辑。同样，儒家也将"格物"作为人生学问的第一个阶段，"道学问"最终要转向"尊德性"，由此才可以由"开物成务"实现"人文化成"。

事实上，我们在中学学习数理化课程时就已经深深认识到：解数学题的过程最为抽象和困难，因为它只有少数几条公理，而得出结论需要经过一连串的抽象推理；相反，解物理题或化学题时则需要结合本专业所积累的专门知识，但推理过程则要简单很多。进而，解化学题的推理逻辑要比物理题更为简单，但推理时需要用到的具体知识点则更多；正是在这个角度上，化学往往还被学生们视为需要大量记忆的学科。其中的重要原因就在于，化学与日常生活显得更为紧密。一般地，距离生活越近从而越是具体的科学，在推理时需要用到的知识也就越多，但推理逻辑相对简单和直接（逻辑推理的迂回度较低），进而理论的抽象性也就越低。既然如此，作为面对和处理人们日常生活和实践的学科，经济学又怎能基于比数学和物理学还少的几条"公理"和假设而得出有关社会经济现象的论断呢？更不要说，相对于数学、物理学、化学等自然科学，经济学的逻辑论断所依赖的那几个"公理"和假设本身就存在严重问题，甚至根本上就是对现实的曲解。有鉴于此，经济学理论及其结论绝不能建立在过度迂回和烦琐的逻辑推理之上，而是需要依赖更多的具体知识。进而从这个意义上说，现代经济学人之所以热衷于大量使用数学，并不是因为他们的聪明，反而恰恰映衬出他们不够聪明；究其原因，他们缺乏足够的知识结构和理论素养，从而根本无法认识复杂的社会经济现象，只能在形式上加以阐述和解释。不幸的是，当前的流行说辞竟然把是否拥有处理最不复杂现象的数学工具的能力看成理性甚至智商水平高低的标志。结果，那些拥有广博知识而试图从更全面角度分析真实世界问题的学者却被认为是智力上的欠缺者，岂不荒唐！麦克洛斯基就指出，"智商测验从诞生时起就是个冒着科学之名自欺欺人的丑闻和无耻的骗局。"[①]

　　尽管如此，一些主流经济学人却倾向于将数学逻辑与理论的严密性等同起来，由此对数学在经济学中的大量使用而沾沾自喜，甚至以此来寻求相比较其他社会科学的优越地位。但显然，这只不过是一种自欺欺人的作风。一方面，大多数经济学人并不具备以数学逻辑来思考经济问题的能力。基恩就指出，"多数经济学家并不具有这种数学教育水平"，因为他们往往"通过参加其他经济学家讲授的数学课程习得其数学知识"，结果，"经济学产生了自己怪异的数学和统计学版本，并且还锲而不舍地坚持职业数学家早已玩剩的数学方法。这种过时的数学版本，妨碍学生了解数学的新进展……也在一定程度上损害了经济理论"。[②]另一方面，大多数经济学人仅仅将数学模型作为表达其经济思想的一种方式，目的是更好地传授和传播。问题是，如果果真只是为了更好地表达自己的理论洞见并为他人所理解和接受，那么就应该使用简洁的表达工具。现代科学界的一个共识就是，在两个同样充分证实的概念之中，选择那较复杂的一个是"不大高明的科学趣味"。[③]也就是说，在现代经济学研究中，出于逻辑严密需要而是用数学模型时，也应该使用那些更为简洁的数学模型和分析工具。我们可以再次回味尼采的睿见："知道自己知识渊博的人会努力求其学问的清晰明白，而想在大众面前表现自己很博学的人则会将学问弄得晦涩难懂。

---

① 麦克洛斯基："经济学的修辞"，载豪斯曼编：《经济学的哲学》，丁建峰译，世纪出版集团、上海人民出版社 2007 年版，第 360 页。

② 基恩：《经济学的真相》，霍彦立等译，电子工业出版社 2015 年版，第 26 页。

③ 詹姆士：《实用主义》，陈羽纶、孙瑞禾译，商务印书馆 1997 年版，第 111 页。

大众对于见不到底的东西都认为是深奥莫测的，他们是如此胆怯而极不情愿地步入水中。"[①]

由此，我们也就可以审视一个流行的观点：为数学逻辑所支持以及由此推演的结论是严谨而高深的，因而现代经济学的理论研究根本上也就体现在数理模型的构建上。但实际上，基于数学逻辑的分析所得出的结论既不严谨也不高深。我们只要考虑到这一点就可以明白了：人类行为嵌入在一定的意向性之中而根本无法化约为特定目标函数以及相应逻辑关系。究其原因，人类的行为以及社会互动根本不同于由"保全本能"所促动的动物性反应，更不能化约为既定目标和手段之间进行选择的最大化数学值。就此而言，数学模型和数理逻辑的分析通常只是将复杂的社会简单化了，将对立统一的社会互动简化为数量和功能之间的联系；相应地，由此获得的论断必然就会严重地偏离复杂的社会现象，进而还会使得人们对社会的认识肤浅化。尤其是，数学逻辑和运算根本上只是同义反复，运用复杂的数学工具并不能增加多少新的知识，更不能深化对事物本质的认知，而主要是作为一种体现科学性的"措辞"而增加自身已有观念的说服力而已。在很大程度上，抽象的数学语言和形象的艺术语言体现了人类认知方式的两个极端：艺术语言通常以跳跃式的线条和图像来表达，它借助写实、夸张、隐喻和象征的手法而赋予人以丰富的想象，但同时却缺乏清晰的思维和确定性的结论；数学语言则以严格的逻辑和公式来表达，它借助于数据、运算和推理的方式来给予人们以严格的结论，但同时却会严重制约人类的想象。文字语言及其相应的思辨逻辑则介于这两者之间，比艺术图像所考虑的范围更广，同时又没有蜕化为数学逻辑那样的纯粹游戏，这也是哲学家对现实世界的见解通常如此深邃的根本原因。

 六 结语

从根本上说，社会理论源于我们的经验感知，是将经验认知条理化和系统化。相应地，如果一个人不能运用文字语言将他的理论和学说讲出来，而非要借助某种数学模型、推理或其他工具来传达，那么，这在很大程度上就反映

[①] 尼采：《快乐的科学》，余鸿荣译，中国和平出版社 1986 年版，第 88 页。

出，他的思想还非常混乱，他还没有真正搞明白其所持有的这个理论，或者他的这个理论还经不起思辨逻辑的拷问。休谟就写道："一切深奥的推理都伴有一种不便，就是：它可以使论敌哑口无言，而不能使他信服，而且它需要我们作出最初发明它时所需要的那种刻苦钻研，才能使我们感到它的力量。当我们离开了小房间、置身于日常生活事务中时，我们推理所得的结论似乎就烟消云散，正如夜间的幽灵在曙光到来时消失去一样；而且我们甚至难以保留住我们费了辛苦才获得的那种信念。在一长串的推理中，这一点更为显著，因为在这里，我们必须把最初的一些命题的证据保持到底，可是我们却往往会忘掉哲学或日常生活中的一切公认的原理。"[①] 然而，现代经济学人尤其是青年学子日益偏好复杂的数学建模，拥有数学模型的文章往往也更容易被杂志所接受。由此，中国经济学界就盛行出一股强盛的数学拜物教。

由此我们就需要反思：现代经济学为什么会出现如此的数理化思潮呢？在很大程度上，这与大多数经济学人使用数学的真实目的有关。奥伯雷在《简短人生》中写道："托马斯·霍布斯先生致信于我说，沃利斯博士及其他某些人，他们学习数学可能只是为了获得耀升——在他的无知被发觉之时，将会把它的研究转化为杂要，以获得在魔术、解密及其他方面的声誉。"[②] 显然，当前众多经济学人也是如此，使用数学的主要目的在于数学模型具有麦克洛斯基意义上的"劝说"功能。试想，当前经济学人中有多少人是为获得更深切的社会认知而选择复杂的数理建模呢？《经济学期刊》（EJ）的主编约翰·海（John Hey）回顾了其10年编辑生涯后评价说："许多投稿者看来并非为增进经济学知识而写作。虽然我十分理解作者们身上的压力，尤其是年轻作者，但如此众多的经济学人似乎都在玩'期刊游戏'这个事实仍令人颇为沮丧，他们在那些毫无意义或者无足轻重的主题上生产出了太多的变化。"[③] 既然如此，这些复杂的数学模型又如何获得经济学刊物或经济学子的认可呢？这又涉及当前经济学界的学术规则。

现代经济学的评价体系是由那些被认为是"顶尖"的诺贝尔经济学奖得主逐渐建立起来的，而诺贝尔经济学奖本身是在计划经济的洪潮中设立的，其获

[①] 休谟：《人性论.（下册）》，关文运译，商务印书馆1997年版，第495页。

[②] 宾默尔：《博弈论与社会契约（第1卷）：公平博弈》，王小卫等译，上海财经大学出版社2003年版，致歉之第1页。

[③] Hey J.，1997，The Economic Journal, Report of the Managing Editor, *Royal Economic Society Newsletter*，January：3-5.

得者主要是为经济计划提供分析和处理工具的数理经济学家。这种人在获得诺贝尔经济学奖后逐渐拥有了制定和引导学术规则的声望和权力，这样，经过他们的传播和影响，几代人之后经济学界就充斥了数理"经济学家"。尤其是，在盛行的崇美主义学风影响下，一些海归学者热衷于将欧美的经济学术制度移植到中国社会，从而建立了有利于数理经济学的评价体系；进而在利益的驱动下，几乎所有的青年学子都开始热衷于这种逻辑游戏，甚至还将之宣扬为科学的方法。果真如此吗，我们最后来听一下当年韦伯的洞见："今天的青年人之间流行着一种看法，以为科学已变成了一个计算问题，就像'在工厂里'一样，是在实验室或统计卡片索引中制造出来的，所需要的只是智力而不是'心灵'。首先我得说明，这种看法，表现着对无论工厂还是实验室情况的无知。在这两种场合，人们必然遇到某些事情，当然是正确的事情，让他可以取得一些有价值的成就。但这种念头是不能强迫的，它同死气沉沉的计算毫无关系。例如，没有哪位社会学家……如果他想有所收获，哪怕最后的结果往往微不足道，若是把工作全部都推给助理去做，他总是会受到惩罚的。但是，如果他的计算没有明确的目的，他在计算时对自己得出的结果所'呈现'给他的意义没有明确的看法，那么他连这点结果也无法得到。通常这种念头只能从艰苦的工作中得到，尽管事情并非总是如此。"[①]

---

① 韦伯：《学术与政治》，冯克利译，生活·读书·新知三联书店 1998 年版，第 24 页。

第3篇 常规范式的变异思潮

　　现代经济研究的庸俗化还体现在新古典经济学常规范式下出现这样两大变异取向：①它逐渐将经济学视为一门艺术，经济研究也被等同于艺术创造；②它日益注重对细枝末节问题的自圆其说式解释，经济研究也被等同于故事编造。其深层原因在于：一方面，科学主义倾向使现代主流经济学依据是否使用数学工具以及使用数学的程度作为区别主流和非主流以及评估文章质量水平的基本标准，从而滋生出一种强烈的数量拜物教；另一方面，科学单向发展观使现代主流经济学将新古典经济学视为对以前经济学的进步发展，而经济学的进步也主要体现在使用更高阶的数学工具来将理论进一步逻辑化、严密化。但显然，这种思维割断了社会经济发展的历史，把经济学当成一门自然科学，从而以静态、平面的眼光去审视理论的逻辑性；进而，这两大变异取向也严重误解了经济学科的本质和经济研究的根本宗旨，并没有提高人们对社会经济现象的认识和解决问题的能力。为此，本篇对现代经济学常规范式的流行思潮做一剖析。

打破艺术臆想，回归科学研究

导 读

　　现代主流经济学人往往将经济学视为一门艺术，将经济研究等同于一种艺术创造。正因如此，众多经济学人也就热衷于数理模型的构造。但结果却是，一个个优美的水晶球被创造出来，却远离了现实；而且，一旦遇到预料之外的压力，这种脆弱的水晶球就不可避免地破裂了。其实，科学研究和艺术臆想的根本目的是不同的：科学追求的是真理，而艺术追求的是美感。而且，即使基于艺术的类比，这也主要针对的是应用政策经济学，它关注的是如何灵活而因地制宜地使用既有的经济理论，却不可能发展和完善经济理论。显然，正是将经济研究等同艺术创设的误解，严重妨碍了经济学科的实质进步；因此，经济学科的发展必须打破艺术臆想、回归真正的科学研究。

一 前言

　　自新古典经济学取得支配地位以降，特别是 20 世纪 70 年代逻辑实证主义主导经济学的研究思维以来，越来越多的经济学人热衷于在特定引导假定下作形式逻辑的数理推导，或者在新古典经济学的理论框架下作细枝末节的实证分析；结果，这种研究取向因过度的抽象化而导致理论与现实之间出现日益拉大的脱节，从而也就无法正确地对社会经济现象做出预测，更不要说对社会实践进行指导。这样，在经历了一系列的失败之后，现代主流经济学反而索性在象牙塔里的逻辑游戏中自得其乐，并把经济学的功能界定为对社会经济现象提供解释。尽管这种"象牙塔"研究缺乏现实的应用性，但一些经济学人却不仅不做深刻的反思，反而以自我循环逻辑的数学公理等为借口来为这种现状进行辩护，并将经济研究视为与现实无关的艺术构造；这样，经济学就逐渐被视为一门艺术（Arts）而非科学（Science），其追求的是逻辑的严谨和形式的优美。事实上，在当前的经济学研究中，不仅基于理性的数理建模日益艺术化，而且基于经验的计量实证也日益艺术化，其追求的是在大量复杂的因素中抽象出某些的因变量和自变量，通过回归的分析来"构思"出一个似乎可信的故事。显然，现代主流经济学似乎正在践行济慈在 *Ode on a Grecian Urn* 中的畅想：美就是真，真就是美；这就是你在世间知道的且应该知道的一切。①

问题是，时下经济学界盛行的这种艺术化研究取向果真提升我们对社会经济现象的认知了吗？它对经济学这门学科的发展又造成了怎样的变化呢？甚至它对经济学人本身又带来了何种影响呢？显然，2008 年的全球经济危机给了我们当头棒喝，英国的《经济学家》杂志在 2009 年 6 月中旬的一篇文章中写道："在所有被刺破的经济泡沫当中，几乎没有什么比经济学自身的声望之破裂更壮观的了。几年前，这一沉闷的科学曾经作为对包括从毒品交易到相扑摔跤等更多的人类行为提供解释的一种方法而受到欢呼。华尔街也到最好的大学中搜索博弈理论家和期权模型构建者。而在各种舞台中，经济学也被认为远比政治家更值得信赖。约翰·麦凯恩（J.McCain）曾开玩笑说，那时的美联储主席阿兰·格林斯潘是如此不可缺少，以致一旦他死了，总统应'支撑住他，给他戴上一副黑眼镜'"，但是，"为 80 年来最大的经济灾难所唤醒，经济学的声誉受到了重大打击。在公众的脑海里，一个傲慢的职业已经受到贬抑了，尽管经济学家仍然处于政策争论的中心——如美国的本·伯南克或劳伦斯·萨默斯或英国的默文·金——他们的声明已经比以前更受到怀疑。这一职业也正经受着内疚和怨恨。"② 显然，2008 年经济危机再次引发我们对现代主流经济学的研究思维和方法取向展开反思。

不幸的是，尽管现代主流经济学的理论已经如此偏离现实，但不少主流经济学人却依旧还在为此进行辩护。例如，瓦里安就写道："没有人抱怨诗歌、音乐、数论或者天文学是'没用的'，但我们却常常听到有关经济理论过度深奥的抱怨。我想，我们可以按照纯粹审美的理由来为经济理论提供一个合理的

---

① John Keats 这首诗的最后结语句是："Beauty is truth, truth beauty"—that is all ye know on earth, and all ye need to know."

② What Went Wrong with Economics: And how the Discipline should Change to Avoid the Mistakes of the Past, *Economist*, 2009–06–16.

辩护。确实，大多数经济理论家承认，他们研究经济学仅仅因为它很有趣。"①
为了给当前这种研究方式提供更好的辩护理由，一些主流经济学人转向了自然
科学中存在的类似取向：自然科学家都大多注重其研究结论的优美以及研究本
身带来的乐趣。譬如，数学家彭加莱就曾指出，科学家不是因为有用才研究自
然的，其研究自然是因为从中可以得到快乐，而他从中得到快乐是因为自然很
美；相反，如果自然不美，知识就不值得去求，生活就不值得去过。同样，物
理学家海森伯也记录了他与爱因斯坦的一次谈话：当自然把我们引向具有极大
的简洁性和优美性的数学形式——形式指一个由假说、公理等构成的融会贯通
的系统——引向前所未见的形式时，我们不仅要想到它们是"真的"，它们揭
示了自然的真实特性。②

　　那么，艺术化的研究取向对经济学来说果真合理吗？这就涉及经济学这门
学科的本质特性及其应有的研究目的。①就经济学与诗歌、音乐以及数论等的
比较而言。经济学科毕竟是作为一门科学而存在和发展起来的，尽管现代经济
学还很不成熟，远远没有达到科学的理想标准，不过，这却正是经济学需要进
一步发展的。既然如此，又怎能以纯粹的审美兴趣为当前这种游戏化的学术取
向辩护呢？事实上，谷歌首席经济学家瓦里安就承认，"纯粹的审美考虑并不
能为经济理论提供完全的说明。对一个在经济学中充当某种角色的理论而言，
它不能仅仅为了其自身的智力追求，而且应该在经济研究中发挥实质作用……
经济学是一门政策科学，因而经济理论对经济学的贡献就应该根据它对经济政
策的理解和指导所作出的贡献来衡量"。③②就经济学与自然科学的比较而言。
自然事物具有的是同质性的自然属性，相互之间的作用具有简洁性，以致在自
然科学研究中的简洁美与事物本质的探索具有相通性；但是，人类具有的却
是异质性的社会属性，相互之间的作用关系是复杂多样的，以致在经济学研究
中，如果过分偏重于简洁美，往往就会偏离事物的本质。费耶阿本德曾指出：
"今天的哲学已成为一个非常混乱的学科。它论述仅仅能被传授者了解的具有
高度技巧性和密传性的事物。这些问题与那些普遍感兴趣的事情无关。"④在
很大程度上，被艺术化了的现代主流经济学也是如此。有鉴于此，本章就当前

①③　Varian H.R.，1989，*What Use is Economic Theory*? Working Paper, University of California at
Berkeley，August，http：//people. ischool berkeley. edu/~hal/Papers/theory. pdf.

②　钱德拉塞卡："科学中的美和对美的追求"，朱志芳译，http：//luowei dong. bokee com/12 71025.
html，2004-10-19。

④　费耶阿本德：《知识、科学与相对主义》，陈健等译，江苏人民出版社 2006 年版，第 35 页。

经济学中艺术化研究取向潜在的问题做一简要剖析，并从经济学的学科特性出发探究经济学研究的应然走向。

二 艺术化的数理模型及其问题

在大众化的现代社会，一种研究或一门学科要为同行或社会大众所接受，除了阐明事实和解释问题外，更重要的是具有一套说服的技巧，使人相信这种研究或学科讲述的就是事实或者具有存在的意义。麦克洛斯基就认为，修辞是使人接受的主要方式，它是"一门探索的艺术，使人们相信他们应当相信的东西，而不是用抽象的方法证明真理"，是"一门发现适宜理由的技术，发现能够保证赢得他人同意的方法，因为任何讲道理的人都应当被说服"，是"一门发现有根据的信念，并且在对话和讨论中发展这些信念的艺术"。[①] 显然，现代主流经济学之所以热衷于数据的处理技巧以及追求外在的形式优美，很大程度上也就在于，它力图使人们相信，它所做的研究具有严密性和客观性，从而具有"硬科学"的特性。克莱默就写道："经济学家不仅建立模型进行经验检验，他们还需要说明怎样的模型应该是好的模型，而且，他们还作理性推理、诉诸判断并谈论其他的经济学家及其工作。经济学牵涉到说服的艺术。在缺少统一的标准和明确的经验的情况下，经济学家必须依赖判断，他们也进行辩论以使其判断说服人。"[②] 问题是，这种艺术化的经济研究是否真的提供了事实？能否增进认知的深化？有无促进理论的实质进步？

（一）数理模型中的思想特色

在很大程度上，现代经济学人所构建的艺术化模型离科学认知显而易见地相差甚远。朗达内指出，"科学的发展史似乎证明，在所有的领域中，思考问题甚至思考同一个问题的方法可以是不同的。在科学发展的不同阶段，所有学科都企图把'坏的思想'客体模型化。但是，在物理学和生物学中，不论是立即发生的还是很久以后才发生的，也不论是关于理论本身还是它的推论，观察

① 麦克洛斯基："经济学的修辞"，载豪斯曼编：《经济学的哲学》，丁建峰译，世纪出版集团/上海人民出版社 2007 年版，第 355 页。

② 转引自巴克豪斯："导言：经济学方法论的新趋势"，载巴克豪斯编：《经济学方法论的新趋势》，张大宝等译，经济科学出版社 2000 年版，第 14 页。

和实验允许人们采用不断修正那些不符合实际的理想客体的方法；这时通过模型来解释的那些思想客体的本质、机制和运行方式会越来越可靠，越来越'客观'和'真实'；并且，也使人们发现了隐藏在可观察的复杂现象背后的简单现象"；但是，在经济学中，却很难对一个"坏的思想"客体进行反驳，因为"我们至少在某些方面缺乏由观察与实验（确保真实性）所提供的这类逻辑推理方法和模型化方法（确保内在的一致性）的大力支持"。①事实上，通过对流行的数理模型进行剖解，我们就可以发现嵌入在这些数理模型中的思想往往具有以下几个明显特点。

第一，思想的浅薄性。任何模型都以一定的假设为前提，而这种前提往往有抽象和现实之分；而且，一般地，假设越抽象，也就越容易模型化。相应地，那些追求形式优美的数理模型往往只是抓住几个宽泛的变量，并在几个简单的抽象假设上推导出结论，因而其内含的思想就显得比较浅薄。相反，非常精微的思想往往依赖于长期的内省和多角度的思辨，这很难用数理模型得到充分的展现。譬如，在新制度经济学的众多流派中，威廉姆森一派的很多猜想都已经在威廉姆森的鼓励下被一些青年学人发展成了数理模型，从而越来越成为新制度经济学中的主流，而科斯、诺思等人的主要思想迄今为止大多还是由文字相传；一个重要的原因就在于，威廉姆森的东西要比科斯和诺思的思想浅薄，从而也就更容易被数理模型化。其实，那些接受数理训练的年轻经济学子并非不想将科斯的精微思想数理化，而是他们根本没有这个能力，因为思想远比数理要超前得多。同时，模型是对理论的精炼，却无法体现一个理论所包含的所有内涵，而往往只能是一个理论的略图。约翰·罗默写道："一个模型绝不可能代替一个理论，也就是说，一个模型绝不可能抓住一个理论所蕴含的每一个细节。"②正因如此，模型化甚至会误导和歪曲一个理论所要表达的含义。科斯就写道："一些读者提出要将这种分析纲要以数学形式加以表述，我不会忽略他们的劝告。只有当这种分析力量被用来启发我们认识现实的而不是臆想的世界时，它才会给我们希望。"③

---

① 朗达内："科学的多元化：经济学与理论物理学比较"，载多迪默、卡尔特里耶编：《经济学正在成为硬科学吗》，张增一译，经济科学出版社2002年版，第74页。

② 罗默：《马克思主义经济理论的分析基础》，汪立鑫等译，世纪出版集团、上海人民出版社2007年版，第4页。

③ 科斯："企业的性质：影响"，载威廉姆森、温特编：《企业的性质：起源、演变和发展》，姚海鑫、邢源源译，商务印书馆2008年版，第92页。

第二，思想的过时性。模型化本质上就是将存在的思想编码化、明示化，从而便于传播和交流。显然，经济学实际包含着比数学符号和数理推算更加丰富和有意义的历史、制度、文化内涵，而这些特征是不可以经由数理形式而简化和通约的。事实上，现代主流经济学进行模型化的对象基本上都是前人提出的思想和理论，而这些思想和理论本身却具有非常强的时空性，有其特定的目的和相适应的社会环境；正因如此，这些思想如果与特定历史社会环境相脱节，那么就变成了"死"的东西。正是从这个角度上讲，嵌入在那些数理模型中的往往也就是一些"坏"的思想客体。譬如，有人热衷于把斯密的分工思想模型化，但是，斯密强调"干中学"的内生优势是当时手工作坊下的产物，根本不适应当前这种流水线式的分工体系。再如，有人将李嘉图的分工思想模型化，但李嘉图所强调的外生性的相对优势说仅仅适合于生产要素是自然给定的情况，而当可以人为创造的人力资本、技术资本以及制度资本等成为主要生产要素时，这种相对优势的适用性就大为降低了。所以，布劳格说："经济学永远在采纳昨天的偏见。"①

第三，思想的常识性。按照杨小凯的观点，主流学派是经济学老师在课堂上教授给一代又一代学生的那些共同东西，数学因赋予理论和观点以共同的语言而便于共同传授和流传，从而马歇尔、萨缪尔森以及德布鲁的经济学体系逐渐成为主流。②问题是，这种被数理符号所编码的模型包含了多少精微的思想？根据多普菲的观点，人类思维过程产生的任何想象都可被称为思想，思想既可以在语言上得到表达而进入通过词语（或非词语）的交流连接起来的社会领域，③也可以进一步借助数学符号的表达而在特定群体之内进行交流；但是，无论是通过语言还是数学符号来表达，这种思想都已经被整理和编码了，都失去了原初思想的丰富性。所以，舒尔茨所说："经济行为比我们关于经济行为的思想要复杂，而我们的思想要比我们的经济学语言更有理解力，我们的语言比标准理论更有理解力，而标准理论比数理经济学更有理解力。"④一般地，被数理模型化的对象往往都是那些过时或一般性常识的思想客体，相应地，经济学数理模型化的基本目的也就是将一些已经常识化的思想用数学语言表达出来

---

① 布劳格：《经济理论的回顾》，姚开建译校，中国人民大学出版社 2009 年版，绪论第 5 页。

② 杨小凯：《杨小凯谈经济》，北京：中国社会科学出版社 2004 年版，第 8 页。

③ 多普菲："演化经济学：分析框架"，载多普菲编：《演化经济学》，贾根良等译，高等教育出版社 2004 年版，第 8 页。

④ 舒尔茨：《报酬递增的源泉》，姚志勇译，北京大学出版社 2001 年版，第 32 页。

以便其扩散和流传，这可以向社会大众传播一般的常识性知识。正因为主流的数理模型往往只是将过去思想进行编码化、明示化，而思想永远应该领先于模型，并且有更多的思想是难以被编码的；思想的模型化就不能成为理论研究的主要部分，因为经济学理论研究的"顶点"在于发现新的思想和洞见。

（二）数理模型缺乏思想的原因

以上三点反映出，在很大程度上，艺术化的数理模型构造并不能促进新思想的产生，甚至不能体现思想的新进展，从而也就不可能促成认知的深化和理论的进步。关于这一点，我们可以审查一下高级宏观经济学教材中大篇幅宣讲的李嘉图等价定理：它是否促进了认知上的进步。200 多年前，李嘉图凭借其非凡的抽象思维能力而表达了这样一种推测：在某些条件下，政府无论用债券还是税收筹资，其效果都是相同的或者等价的，这一思想后来被巴罗在 1974 年的《政府债券是净财富吗？》一文中用现代经济学理论重新阐述。其逻辑是，从表面上看以税收筹资和以债券筹资并不相同，但是，政府的任何债券发行都体现着将来的偿还义务，从而在将来偿还的时候会导致未来更高的税收；显然，如果人们意识到这一点，他们会把相当于未来额外税收的那部分财富积蓄起来，结果此时人们可支配的财富的数量与征税的情况一样。巴罗的模型表述就是，在一个跨时新古典增长模型中，在特定假设（如完备的资本市场、一次总付税、代际利他和债券增长不能超越经济增长）下，如果公众是理性预期的，那么不管是债券融资还是税收融资，政府所采用的融资方式并不会影响经济中的消费、投资、产出和利率水平。问题是，税收和公债的经济效应果真一样吗？如果这样的话，政府的政策就会简单得多了。同时，巴罗又为何会重新复活 200 年前的李嘉图等价原理呢？在很大程度上，巴罗重新复活李嘉图等价原理仅仅是为了反对凯恩斯的财政政策，因为凯恩斯的宏观经济观点认为：政府通过举债而不是一次性总付税进行融资时，政府支出的一次性增加将会对国内生产总值产生一个更大的扩张效应；而征收一次性总付税与举债不同，它会减少消费支出，抵消掉一部分政府支出的增加。

巴罗为反驳凯恩斯学说而构建的模型主要是引入理性预期：社会公众是完全理性的，能够有效预期债券变现最终还是要靠增税来完成；消费者具有"利他主义"的遗产动机，不仅从自己的消费中获得效用，而且从子女的消费中获得效用。姑且不说理性预期本身就是抽象的臆想，利他主义更是与新古典经济学的"经济人"假设相矛盾。在很大程度上，李嘉图等价原理之所以被重新提起并获得推广，也就在于当时特定的社会背景：20 世纪 70 年代凯恩斯经济政策陷入了困境，产生了史无前例的滞胀。但是，这并不意味着巴罗这种解释就是合理的。事实上，即使在美国，政府支出也日益依赖公债的发行。正因如此，巴罗这一精致假说一提出就遭到一些新凯恩斯主义者的质疑和批评：人们是否有动机为超出生命界限的未来增税因素而储蓄。例如，莫迪利安尼提出有限期界理论：人们很少关心生命以外的事情，因而发债带来的减税效应会带来消费需求的增加；托宾在《财产积累与经济活动》一书中认为，李嘉图等价定理中存在利他动机、消费者的边际消费倾向无差异、财政政策无财富再分配效应、公债持有者与税负承担者的比例一致等众多限制条件，而这些都与现实不符；曼昆则从消费者的短视、借债约束和代际财富分配三个角度分析了李嘉图等价定理不成立的原因。显然，巴罗的模型似乎更为精致了，但并没有真正认识到现实的问题，反而会将社会引向另一个更为严重的困境，这可以从英美实行以巴罗等为代表的供给学派的政策效果中窥见一斑。然而，正是基于李嘉图等价原理，巴罗却极力反对奥巴马政府在 2009 年推出的经济刺激计划，其理由是，经济刺激计划必然会增加政府债务，由此又会导致大众削减私人支出。

其实，迈凯（U. Maki）就曾指出，"如果建模只是一种形式练习，其目标是表明能从一组前提推导出程式化的事实，那么经济学就是一种过于简单的智力游戏。对任何给定的程式化的事实，都有无数可能的逻辑自洽的模型"。[1] 在很大程度上，基于数学逻辑的运算和推导就是同义反复，而在大多数的数理模型分析中，假设前提的设定往往就已经决定了最终能够获得的结论。关于这一点，英国地质学家海克斯曾做了形象的表述："数学像磨盘一样，把撒在它下面的东西磨碎，撒下蒺藜，就不能得到面粉，同样地，写下整页整页的公式，也不能从错误前提中得到真理。"[2]《经济学期刊》（EJ）的主编约翰·海（John Hey）回顾了其 10 年编辑生涯后对那些数理模型提出了这样的看法："这些模型除了为作者所观察到的特定事实寻求一个结论之外，别无所求。这可能是一种有趣的练习，但还是需要加上对该事实的这一解释是否更有用、更优于其他解释的讨论。只是作出一个模型，得到一个期望的结论，是对作者智力的一种

---

① 迈凯（U. Maki）:《社会科学的"沉闷的皇后"》，载迈凯编:《经济学中的事实与虚构》，李井奎等译，上海人民出版社 2006 年版，第 23 页。

② 程恩富、胡乐明:《经济学方法论：马克思、西方主流与多学科视角》，上海财经大学出版社 2002年版，第 298 页。

检验，却不是对理论与实际的相关性的检验。"[1] 既然如此，现代主流经济学为何还刻意将经济研究视为一种艺术构造，并努力追求由数学符号呈现出来的形式美呢？根本上就在于，它承袭了自然科学的研究思维，试图将自身打造成一门类似物理学的硬科学。

　　然而，作为一门社会科学，经济学的研究对象与自然科学之间却存在根本性差异：它不是描述一个相对不变的自然现象，而是要对现实社会问题进行挖掘和处理。相应地，两者的研究方法也应存在根本性差异：所谓的简洁和形式之美在自然科学中体现为对本质联系的揭示，而在包括经济学在内的社会科学中就成了粗劣的归类和简单的说教。罗德里克（Rodrik）就指出，人类世界太复杂了，根本无法存在具有普遍适应性的模型。[2] 而琼·罗宾逊和伊特韦尔则写道："纯粹经济逻辑可以看作是应用数学的一个小小的分枝，但是，我们并不认为，把大部分论证采用符号形式是有益处的。理由是，一些经济关系，如同储蓄在国民收入中所占的份额，土地同劳动的比率对产量的影响，或技术革新所带来的生产率的变化，是不能用简单的、光滑的函数来适当表示的。把它们压缩到代数公式里，可能引起严重的误解。"[3] 显然，现代主流经济学将数学在经济学分析中的地位拔得太高了，从而忽视了真正的思想探索。数理经济学家马兰沃也承认，"今天，对建立和求解关于有争议的相关性的模型方面，我们给予了太多的赞扬，而只要不能进行数学模型化处理，即便是一些较好的经济学研究方向也被淡然置之"。[4] 而且，由于基于数学的优美性来评价一篇经济学论文，以致一些主流经济学人对其是否真有思想创见也根本不关心。对此，布劳格的一篇文章就用了一个充满嘲讽的标题《缺乏思想史，拜托，我们是经济学家》。[5]

————————

[1]　Hey J. ，1997，The Economic Journal, Report of the Managing Editor，*Royal Economic Society Newsletter*，January：3-5.

[2]　Rodrik D. ，2007，World Too Complex for One-Size-Fits-All Models，*Post-autistic Economics Review*，44（9）：73-74，http://www.paecon.nect/PAEReview/issue44/Rodrik44.pdf.

[3]　琼·罗宾逊、伊特韦尔：《现代经济学导论》，陈彪如译，商务印书馆 2005 年版，第 1-2 页。

[4]　Malinvaud E. ，1997，The Proper Role of Theory，In：P.A.G. van Bergeijk, et al.（Ed.），*Economic Science and Practice*. Cheltenham：Edward Elgar，PP. 149-165.

[5]　Blaug M. ，2001，No History of Ideas, Please, We're Economists，*Journal of Economic Perspectives*，15（1）：145-164.

三 艺术化的计量模型及其问题

经济学的艺术化不仅体现在数理经济学上，也充斥于计量经济学之中。例如，发明 Jarque-Bera 检验的贝拉（A.K.Bera）就强调，计量经济学看起来像数学，但它不是科学，因为它是建立在经验性检验基础上的，所以计量经济学是一门艺术（Art）！[①] 正是基于这种思维，目前中国社会那些从事应用计量经济学研究的老师在课堂上往往也都会这样教导学生以及青年学子：计量建模就如同艺术构造，关键在于如何选择和处理变量以使审稿人、编辑和读者觉得可信。在这种思维的支配下，现代学者可以就相似主题写出完全不同的文章，每篇文章似乎都是数据充实、逻辑严谨的艺术化模型。譬如，就经济增长而言，有学者从大量因素中抽象出省部级官员之流动、升迁日益明显这一现象与中国经济快速增长这一事实，并将两者联系起来，再通过回归分析来"证明"官员升迁和流动这种政治激励可以促进经济增长；有学者则从众多因素中抽象出知识产权法、合同法等法规的大量出台这一现象与中国经济快速增长这一事实，并将两者联系起来，再通过回归分析来"证明"法律制度建设这种制度激励可以促进经济增长。然而，所有这些研究都试图通过艺术化的计量模型来论证其所关注的因素是何等重要，并由此提出信心满满的政策主张，却很少关注宏观制度这一影响经济增长的根本性因素，也很少探究其所分析的自变量（如官员升迁和流动、劳动合同法等）出现的根本原因以及潜在的问题。[②]

（一）艺术化计量模型的逻辑和问题

将经济学视为一门艺术的提法，可以追溯到关注应用政策的凯恩斯。凯恩斯甚至将经济学家比作牙科医生，认为它们都具有使人们生活得更美好的目

---

① "为何计量经济学大师的课只有三个人去听？"，http://rucyhy.blogbus.com/logs/28723287.html，2008年9月10号。

② 实际上，在任何不具有完全健全体系尤其是局势不透明的社会中，上级选人和用人的首要标准都是"忠诚"而非"能力"；同时，低教育水平的人往往在"能力"上不占优，从而就更倾向于通过"表忠心"获得上级的青睐，尽管这种"忠心"很可能是虚伪的。正因如此，在时下社会，各个单位和各行业上都出现低学历者以及非正规学历者上升更快的现象（主要是他们更善于钻营），甚至出现"校长不识字，博士乱译书"的现象。

的。不过，在很大程度上，凯恩斯主义经济学本身是作为应用政策经济学出现的，而且，其应用政策主要着眼于短期的萧条经济。也就是说，经济学作为一门艺术，主要是对应于应用政策领域而言的。科兰德就把经济学划分为实证经济学、规范经济学和应用政策经济学三个分支，强调应用政策经济学是独立于实证经济学和规范经济学之外的凯恩斯所称的"经济学艺术"，它将从实证经济学中获得的认识与规范经济学决定的目标联系起来；并且，认为"应用政策经济学与理论是否适用有关，而与该理论是否真实无关"，这里的理论主要是指被视为"科学"的实证经济学。①显然，在这些学者看来，作为"经济学艺术"的应用政策经济学是与经济学理论无关的，而且，这种"艺术"往往是那些在特定时间和特定地点并拥有特定知识的现场者所独有的，或者说，他们是拥有相对优势的。

在很大程度上，应用政策经济学确实可以被视为一门艺术，它与管理艺术具有相似的特性。一般地，应用经济学的政策执行者往往需要具有这样三方面的知识：①渊博的理论知识，这有助于扩大政策决定时的对策选择集；②清晰的问题描述，这有助于从对策选择集中合理地选择相应对策；③高超的处理艺术，这主要体现为诸如亲和力、敏锐性、领导力等个人禀赋。因此，作为应用政策的艺术，其基本目的不是在发展和完善传统理论，而是将既有的抽象理论转化到真实世界中去，关注的是如何在已有理论中做出恰当选择的问题；而且，作为一门经济学"艺术"，应用政策主要关注理论的适用性，而与该理论是否真实则相对无关。科兰德写道："在应用政策经济学中……经济学家正尽力将抽象的理论转化到真实世界中去。这意味着经济学家必须考虑真实世界的制度及摩擦等在理论形成过程中被抽象掉的因素。应用政策经济学中存在着经验的因素，正如同理论形成过程中存在这一因素一样，但是这是两种类型根本不同的经验工作"。②正是基于应用政策的考虑，瓦里安认为，把经济学与物理学进行对比是一个错误，更好的对比应该是工程学科；同样，把经济学和生物学相比较也是一个错误，更好的比较应该是医学。究其原因，在瓦里安看来，工程学和医学的价值都在于它们的实际用途，而与方法论没有密切关系，因而经济学也应该与方法论没有太大关系。

---

① 科兰德："通过数字建立的经济学的艺术"，载巴克豪斯编：《经济学方法论的新趋势》，张大宝等译，经济科学出版社 2000 年版，第 51 页。

② 科兰德："通过数字建立的经济学的艺术"，载巴克豪斯编：《经济学方法论的新趋势》张大宝等译，经济科学出版社 2000 年版，第 48 页。

正是由于将经济学与牙医相类比，流行的计量模型及其分析也就主要关注事物的表象以及事物之间的功能性联系，而不是深入现象背后的本质以及事物之间的因果性联系；结果，简单地将计量分析所得出的结论推广到社会实践中，往往就会暴露出严重的工具主义错误。事实上，即使某个工具可以成为解决特定时空下某个具体问题的一个手段，我们也不能把成功解决某一具体问题的工具简单地运用到其他问题上。举个例子，上周我服用某种药物而治好了感冒，那么，当今天再次感冒时，我还可以服用原来的药物以保证感冒的治愈吗？显然不一定，因为引起感冒这一现象的内在机理很可能发生了变化：上次感冒可能是病毒侵蚀引起的，而这次可能是细菌感染引起的。正因如此，医生往往会告诫，在没有弄清楚病因之前是不能随意用药的。同样，经济学领域也是如此，如果简单地以工具主义来推广计量模型得出的非常狭隘的结论，而不弄清经济现象的根本成因及其运行机理，那么所开出的工具主义政策往往就会对社会实践造成严重问题。一个明显的例子是，无论是凯恩斯的财政政策还是弗里德曼的货币政策都具有明显的工具主义倾向，它们分别在经济大萧条时期以及经济大平和时期对经济发展起到了积极的作用，但在新的环境中却都会成为问题的制造者：一个促生了滞胀，另一个制造了经济危机。为此，胡佛写道："把我们的注意局限在短期的、实际的问题——这样做可能使工具主义更能在逻辑上被证明是正确的——的唯一意义在于：倘若'实际的问题'是可以被解释为医治过去的问题的话。对于真正的实际问题来说，那是无用的。"[①]

（二）经济学与牙医的两大差异辨识

上面的分析已经就计量分析运用于实践所潜含的工具主义谬误做了简要说明。问题是，人们为何没有对牙医提出同样的质疑呢？这里继续从两方面做一辨识。

首先，把经济学的理论研究简单地等同于工程学或医学的研究是有问题的。事实上，物理学和生物学为工程学和医学提供了理论基础。但试问：又有哪种学科能够为经济学提供理论基础呢？宾默尔指出，物理学试图发现世界是如何运行的，而工程学则使用目前已经知道的物理学知识进行制造；类似地，在经济学也应存在科学（理论）经济学家和应用经济学家之分。[②] 问题在于，

---

① 转引自博兰：《批判的经济学方法论》，王铁生等译，经济科学出版社 2000 年版，第 66 页。

② Binmore K., 1999, Why Experiment in Economics? *Economic Journal*, 109（453）：16-24.

理论经济学应该如何研究？现代主流经济学往往将经济学的理论研究等同于数理建模。问题是，没有思想的思辨又如何能够建立起数理模型呢？同时，如果思想在经济学理论研究中具有重要意义的话，那么又如何发现思想和提升思想的质素呢？一般地，这就需要充分借鉴其他社会科学所积累的知识，从其他社会科学的大量研究中获得思维和启发。而且，如果将经济学视为一门应用性质的致用之学，就尤其需要借鉴和契合其他社会科学领域的知识，社会科学各个分支之间的知识契合往往可以深化对人类行为以及由此衍生的社会经济现象的理解。

事实上，心理学、社会学、政治学、法学以及伦理学等都可以为经济学提供认知和思维基础：如心理学提供有关个体行为的知识基础，社会学提供有关社会关系和规范的知识基础，政治学提供有关组织决策及其治理的知识基础，法律提供有关制度演变及其设计的知识基础，而伦理学则提供有关经济政策之利益取向的知识基础，等等。但是，现代主流经济学却刻意地要切断经济学与其他社会学科之间的联系，结果，尽管其他社会科学的相关知识在近一个多世纪以来已经取得了巨大的进展，但经济学却还在因袭这些学科早期的且现在已经明显过时的那些知识和理论。譬如，目前的社会心理学和行为心理学都已经表明，公平性在很大程度上影响了个体的行为，个体大多倾向于奖励合作者而惩罚那些背信者；但是，现代主流经济学的经济人假设却仍然建立在早期的还原论心理学之上，把人类个体视为基于成本—收益的简单反应器。

其次，简单地从应用政策层面将经济研究视为艺术构造也存在很大问题。事实上，现代主流经济学热衷于基于抽象逻辑作经济变量之间的关联分析，甚至还试图将这种演绎结论应用到社会实践之中。问题是，如果这些经济理论缺乏对其所研究对象如何运行的清楚认知，而这些计量结论又缺乏相当的可证实性和证伪性，那么，我们又如何指望它能够提高我们的认知以及指导社会的实践呢？又如何不会暴露工具主义谬误呢？在很大程度上，正是由于缺乏合理的微观基础以及停留在艺术性的操作层面上，凯恩斯经济学一直潜含着两大严重缺陷：①尽管它注重理论的预测性，却无法经受长期历史发展的经验检验，也无法预测未来经济发展的长期趋势；②它不是解释性的，从而无法满足逻辑推理一致性的检验。显然，正是由于凯恩斯经济学局限于治标层面的应用艺术上，因而具有非常强烈的短视性和功利性，也就无法为社会的长期健康发展夯实基础。正如凯恩斯自己所说，长期而言，我们都已经死了。而且，正是由于凯恩斯经济学具有这种短视性，当 20 世纪 70 年代西方诸国的社会环境发生重大变动之后，凯恩斯经济学的政策缺陷就充分暴露了出来，从而导致其地位的急剧衰落。

事实上，经济学要取得工程科学或者医学那样的成效，必须先解释社会事物之间的内在机理，这就需要进一步作理论探究。譬如，就医学而言，只有揭示了病理，才能有根有据地进行治疗，否则只能是脚痛医脚、头痛医头，甚至是治标不治本。社会实在论大家劳森就指出，"科学研究的首要目标绝不是阐明／预见事件，而是认识和理解支持并控制事件的力量和趋势等。而这种认识是政策分析和有效活动所要求的全部。比方说，医学研究的最终目标不是预测病人皮肤上的病斑的形式，而是辨明引起这一状况的病毒或原因，并开出有效的治愈药方。"[①] 而且，即使推崇数理模型具有智力挑战性之审美价值的瓦里安也承认，"纯粹的审美考虑不能为经济理论提供一个完整的解释，因为理论在经济学中扮演着一个角色。它不只是一种为学术而学术的智力追求，而是在经济研究中扮演着一个重要的角色……经济学是一门政策科学，同样经济理论对经济学的贡献应该根据经济理论对经济政策的理解和指导的贡献来衡量"[②]。不幸的是，现代主流经济学却以科学至上主义和工具主义为哲学基础，片面地构造形式优美的数理模型，或者片面地构造特定环境下的概念联系，并试图将之结论应用到其他类似的社会实践中去，反而造成了"艺术水晶球"破裂，这从全球性的经济危机中可见一斑。

 （四）作为科学的经济学研究之诉求

上面分别剖析了数理建模和计量实证中的艺术化倾向及其问题。其实，无论是数理建模还是计量实证，现代主流经济学的研究目的都主要集中在对现象进行解释这一层面上，打造成一门纯粹逻辑的公理体系，或者打造成一门纯粹解释的实证体系。其中，数理建模是以理性经济人为基础，采取的是一种理性选择解释；计量实证则是以逻辑实证主义为基础，采取的是一种功能性解释。显然，正因为无论哪种解释都没有揭示事物之间相互作用的因果机理，从而都

---

① 劳森："一个经济学的实证主义理论"，载巴克豪斯编：《经济学方法论的新趋势》，张大宝等译，经济科学出版社 2000 年版，第 370 页。

② 瓦里安："经济理论有什么用"，载多迪默、卡尔特里耶编：《经济学正在成为硬科学吗》，张增一译，经济科学出版社 2002 年版，第 154–155 页。

缺乏认识论的根基，也都面临着"中空的黑箱"问题。①尽管如此，现代主流经济学却采取了一种隐含的方法论立场——工具主义——来自圆其说：理论陈述被看作对真实现象进行分析并组织观察的工具，而被计量检验的命题则被赋予了有效性而被推广到其他分析或实践中。②然而，这种方法论取向显然犯了基于工具主义来构建理论的谬误，它混淆了功能联系和因果机理；相应地，无论是在解释、预测还是指导实践上，现代经济学就必然会带来严重的混乱和误导。那么，如何解决这一问题呢？一般地，这就必须对事物的本来面目进行剖析，这也就是社会实在论或社会本体论的基本思想。

一般地，科学本身就体现为一组"能够实现我们为此研究所追求的目的"的知识体系，尽管研究者所追求的目的是多样的：可以是出于改变现状以求实现自身理想，也可以是出于对一些现象的解释。正因如此，根据研究目的的不同，对科学本身的理解就出现了外延上的层次问题，也即存在认识自然和改造自然这两个目的层次。一方面，科学探究的直接目的是要提高社会认知，例如，波普尔认为，"科学的目的是：为所有那些给我们印象深刻而又需要解释的东西找到令人满意的解释。所谓的一种解释（或是一种因果性的解释），就是指一组用来描述有待解释的事态的陈述，而其他的解释性的陈述，则构成有关'解释'这个词的更狭义的'解释'"。③另一方面，科学探究的最终目的是要解决问题，例如，劳丹就强调科学与非科学之间并没有绝对的界限，而仅仅是从问题的解决能力来看待科学性的程度，尽管研究传统不可证实或证伪，但构成研究传统的理论却可以进行检验，人们往往选择在解决问题方面具有较高的有效性的理论。④而且，这两个目的层次之间往往也是相通的。譬如，人们看到鸟会飞，就希望探究它会飞的原因；进而，在原因探明了之后，就可以实现人类飞翔的理想。再如，在经济学中我们可以探究人们在市场上进行交换的原因，基于缘由的认识又可以通过设立一系列的制度来实现私人利益和社会利益之间的和谐这一目的。

同时，正是由于科学本身体现为主体对客体的认知，其中必然潜藏着特定

---

① 佩蒂特："理性选择、功能性筛选和'中空的黑箱'"，载迈凯编：《经济学中的事实与虚构》，李井奎等译，上海人民出版社 2006 年版，第 240 页。

② 何梦笔："演化经济学的本体论基础"，载多普菲编：《演化经济学》，贾根良等译，高等教育出版社 2004 年版，第 85 页。

③ 米勒：《开放的思想和社会：波普尔思想精粹》，张之沧译，江苏人民出版社 2000 年版，第 164 页。

④ 劳丹：《进步及其问题：科学增长理论刍议》，方在庆译，上海译文出版社 1991 年版。

个体的认知、信念以及价值判断，因此，科学必然具有一定的主观性。显然，从主观性这一角度上讲，科学就与艺术具有某种相似的特征，这也是一些现代主流经济学家往往将经济学研究当成一种艺术臆想的重要原因。克洛尔和豪伊特写道："尽管一个科学家不能杜撰他所使用的经验资料，但是，严格地说，他是从无限多个可能的数据资料中选取了一些材料来声称通过它们可以认识到某些有趣的模型。采用完全同样的方式，小说家是从无数多个可能的人物和情景中选取某些人物和情景，并将它们联系起来写出他所认为的'好故事'。在两种情况下，科学家与小说家都是艺术家，实际上他们都在'构思'他们自己的故事。因此，我们认识到，科学著作中关于物理现象或社会现象的'规律'并不比发现文学作品中情节的发展'顺序'更令人吃惊……在每一种情况下，这些'艺术家'都是（从）某种观念出发，通过一系列具体的观察结果和实践构成一个值得向人们讲述的故事。"①

问题在于，即使基于科学内含的主观性而将它与艺术进行类比，我们也不能仅仅看到表象的相似性，而是要深入认识两者在实质上的差异性。①从相似性上讲，科学本身具有主观性，社会科学尤其如此，从而理论的构建往往需要充分运用个人的知性思维，要从大量复杂多变的因素中进行选择。正是在这一角度上，林毅夫认为，"理论构建近乎艺术，好的经济学家和一般的经济学家差别就在于好的经济学家能把握住重要的、一般的、简化的，但又不偏离现实太远的条件于他的理论中"。② ②从差异性上讲，在科学研究中，假设设定这种"艺术"不是源于凭空的臆想，而是要建立在扎实而渊博的知识基础之上。例如，弗里德曼就强调，在模型构建中，"要想判断哪些因素是可以忽略的，哪些又是不能忽略的，它们是否影响可观察现象与模型中的实体之间的对应关系，这些都需要判断力，而这种判断力是不能传授的；它只能通过经验实践，并把自己置身于一种'正确的'科学氛围中来习得，而不能靠死记硬背来掌握。正是在这一点上，'业余爱好者'与'职业人士'分道扬镳，对所有科学来说都是如此，这条细细的分界线，把'幻想者'和科学家区分开来。"③ 显然，正是由于在当前经济学界经济研究被等同于艺术创设，出现了数理化的过

---

① 克洛尔、豪伊特："经济学的基础"，载多迪默编：《卡尔特里耶.经济学正在成为硬科学吗》，张增一译，经济科学出版社 2002 年版，第 26-27 页。

② 林毅夫："经济学研究方法与中国经济学科发展"，《经济研究》2001 年第 4 期。

③ 弗里德曼："实证经济学方法论"，载豪斯曼编：《经济学的哲学》，丁建峰译，世纪出版集团、上海人民出版社 2007 年版，第 164 页。

度发展，创造出一个个优美的数理模型的同时却并没有促进经济学科的真正进步。

更为重要的是，艺术臆想和科学研究的根本目的是不同的：艺术追求的是美感，而科学追求的是真理。例如，布坎南就对科学家和艺术家的行为方式作了区分：科学家的行为是发现，他找出存在的事物，将想象力运用在探索过程中，他不宣称也不应宣称创造了某种新的东西；相反，艺术家尽管要用一定的材料，但他创造某种原来并不存在的东西，并且一旦艺术创造完成，每个人都对创作出的作品可以有不同的私人解释方式。[①] 当然，包括经济学在内的社会科学与自然科学还是存在差异，因为社会科学理论本身不是客观而独立的，而是包含了提出者的认知及其目的。例如，米塞斯就指出，"一个人在另一个人想用刀砍他时的行为会由于他把这种想进行的行动看作伤害还是外科手术而完全不同。而且，不借助于含义，就没有办法可以成功地分析像供给消费品的生产中出现的状况"。[②] 为此，布坎南把社会科学的研究视为介于两者之间：社会科学家的活动更加类似于艺术家而不是科学家，但是，他的动机与科学家而不是与艺术家相一致；实际上，社会科学家大多希望，社会互动过程的改进，最终将由于人们在诊断结论和有效的改革上取得一致看法而出现，而美学体验几乎不起作用。[③]

但是，作为一门科学，经济学研究无论如何都不能等同于艺术。事实上，追求美感的艺术本身就嵌入在一定的哲学观之中，哲学观的不同导致观察事物的角度以及由此产生的感受存在差异；同样，科学研究也必须以一定哲学思维为基础，由此才系统的分析逻辑和方法。正是以一定的哲学观为基础，艺术和科学也就都呈现出主观性，但两者又是依赖不同的哲学是：与科学相联系的是科学哲学，致力于对客观规律的探索；相反，与艺术相联系的则主要是生命哲学，体现了对人生和生活的热望和理想。施蒂格勒在推崇边际革命以及新古典经济学思潮在经济学发展中的作用时就说，"在（1870 年到 1895 年）这四分之一的世纪中，经济理论在许多领域的文献中从一种技艺转变成了一种日益严谨的科学"。[④] 但试问：经过一个世纪的发展，我们又如何再次将经济学定位于一门艺术呢？

---

①③　布坎南："由内观外"，载曾伯格编：《经济学大师的人生哲学》，侯玲等译，商务印书馆2001年版，第 145 页。

②　米塞斯：《经济学的认识论问题》，梁小民译，经济科学出版社 2001 年版，第 130 页。

④　施蒂格勒：《生产与分配理论》，晏智杰译，华夏出版社 2008 年版，第 1 页。

事实上，我们必须清楚地认识到，科学研究与艺术臆想存在着本质性的区别：科学研究不仅要认识世界，更要改造世界。当然，认识世界也是为改造世界服务的，而改造世界必然会打上个人的印记，它首先要对改革目标有个大致的认识，同时也要考虑到理论指导实践的后果。显然，这就对经济学的理论研究提出了这样两个基本要求：①科学理论要揭示社会事物的本质，要透过纷繁芜杂的表面现象来揭示事物的本来面目，要按照事物的本来面目——既不是它们的可能面目，也不是大家所认为的那种样子——来认识它们。事实上，只有对事物的本质有所认知，并将之转化为社会改造的理想状态，我们才可以更清晰地看到现实社会的问题所在，才能凭借高度的社会责任感和人类关怀精神为解决这些问题而探索，人类社会才能持续进步。②科学理论必须清楚地认识到本身的缺陷，认识到理论的利益导向，而不能一味地强调所谓的"价值无涉"。事实上，本质、价值观和社会理想乃至政策目标都是一回事，对一个从事致用之学和应用政策研究的学者而言，他必须谨慎地公开其关于社会目标、现存制度的价值以及政府以何种方式实现这些目标的判断。

当然，尽管科学是对事物本来面目的认识，但本来面目的显露又是一个不断深入的过程。因此，任何科学都无法完全揭示事物的本质，而只是对事物实在结构的猜测和假定。何梦笔写道："我们的理论必须包括人类自身，因此必须包括按照他们自己的信念对世界的看法——当然，包括本体论的看法。人类的心智必须是经济学的任何本体论所必要的部分，本体论包含着一种与本体论的反思关系。没有办法将科学观察者从世界中排除掉。"[①] 不过，这并不是说有关实在结构的不同本体论假定之间是不可通约的，没有好坏之别；恰恰相反，科学理论之间的竞争主要就体现在本体论上：哪个理论的假定更接近实在结构，其科学性就更强。那么，又如何对界定不同本体论假定的合理性呢？一般地，根本上要取决于经验事实的检验。正是从这个意义上说，理论和检验的统一应该根植于关于实在的本体论的基本假设中，理论的检验所针对的也应该是有关实在结构的假定。而且，当有关实在结构的假定被证伪时，就不能在同一本体论界定之上再构建出另一替代理论；否则，即使存在许多与某种理论不相符的观察，也产生不了理论观点的真正进步。

不幸的是，现代主流经济学人却努力回避本体论问题，因为这对他们来

①　何梦笔："演化经济学的本体论基础"，载多普菲主编：《演化经济学》，贾根良等译，高等教育出版社 2004 年版，第 89-90 页。

说太抽象了；[①] 相反，他们还努力将理论的本体论思维转化为工具论思维，将经验事实的证伪转化为对辅助假设的否定，从而依然保留其基本理论。正因如此，现代主流经济学可以根据具体条件提出一系列的理论，每一个理论都源于一种优美的数理模型之分析，或者得到一些精巧的计量模型之验证，但整个理论基础却几乎没有什么变化。例如，为了解释市场没有出清的情形，现代主流经济学在工资粘性说方面分别提出了隐含合同理论、集体谈判理论、效率工资理论、回滞理论、搜寻—匹配模型、交错调整理论和长期合同理论等，而在价格粘性方面也提出了菜单成本理论、近似理性理论、折拐需求曲线理论、平底锅型成本曲线、鲍尔–罗默模型、顾客市场模型、密集市场外部性模型、资本市场的不完全性模型、质量价格体现模型等。但显然，所有这些精巧的模型都是建立在理性经济人之假设的基础之上，从而并没有真正挖掘现实生活中的人性及其行为机理。为此，何梦笔就写道："新古典理论的工具主义理解是为了让它的命题回避任何基于不同本体论基础的反对意见。"[②]

五　尾论：重审艺术化的学术导向

经济学本质上不是一门艺术，经济研究也不等同于艺术臆想。根本上，任何科学研究所追求的都是不断地接近真理，而不是形式上的优美。张五常也说，"科学的本质可不是艺术，前者是以阐述现象为主旨的"。[③] 当然，更精确地说，科学的主旨在于探究事物的本质并由此来系统地解释和认知现象。在很大程度上，数学仅仅是经济研究所使用的一个重要工具，却不具备任何实质性思想。正如克洛尔等指出的，"坏的物理学并不会因为使用数学而变成好的物理学，好的物理学并不会因为它们的思想是通过数学方程表达出来而变成坏的物理学。同样，一个经济学理论是否为一个好理论或坏理论，也与它是否通过

---

① 吊诡的是，现代主流经济学的重要特点就在于它的极端抽象性，但这种抽象主要体现在数学符号的使用上，而不是建立在理论与哲学的联系上；因此，现代主流经济学的抽象是形式的抽象而非行为的抽象，是数理的抽象而非思辨的抽象。正是基于这种形式的和数理的抽象，现代经济学可以割裂理论与现实之间的联系，而追求理性模型的艺术美感。

② 何梦笔："演化经济学的本体论基础"，载多普菲主编：《演化经济学》，贾根良等译，高等教育出版社 2004 年版，第 89 页。

③ 张五常：《科学说需求·经济解释（卷一）》，中信出版社 2010 年版，第 33 页。

数学表达出来没有关系"。① 为此，构造数理模型就不能成为经济研究的主要
目的。正如阿莱指出的，"每一个科学的模型都有三个截然不同的阶段：先是
作明确的假设；然后从这些假设推论出它们的全部含义，而且仅仅推论出这些
含义；最后将这些含义与观察到的数据进行对照比较。在这三个阶段中，只有
第一和第三阶段——作假设和用现实验证结果——是经济学家感兴趣的。第二
阶段是纯粹的逻辑和数学阶段，是同义反复，只有数学意义"，"一个模型和它
代表的理论被接受，至少是暂时接受，或是被拒绝，取决于观察到的数据与模
型的假设和含义是否相符。若一种理论的假设或含义与现实世界相冲突，这种
理论就毫无科学意义。纯粹的逻辑或数学推理，若与现实没有明显的联系，对
于理解现实世界来说，就没有价值"。②

　　显然，正是由于现代主流经济学没有把握好使用数学的度，越来越热衷
于追求形式上的优美，从而导致理论与现实之间脱节的日益扩大；以致"在
最近的演讲中，2008 年诺贝尔经济学奖得主保罗·克鲁格曼就争辩说，过
去 30 年多的宏观经济学'从最好角度上讲是明显无用的，而最坏角度上讲
是绝对有害的'。美国著名经济史学家巴里·艾肯格林则说，危机已经'对
我们曾经认为我们所认识的经济学投入了巨大的怀疑'"。③ 当然，也正如最
近《经济学家》中的一篇文章指出的，"在其最原始的形式，经济作为一个
整体是不可信的这一想法在目前的反弹已经走得太远了。如果无知使投资者
和政客夸大了经济的优点，那么，现在又忽视了它的好处。经济学更是一个
有助于理解世界的棱镜而非盲从的信条"。④ 问题的关键在于，经济学如何
才能成为"一个有助于理解世界的棱镜"？怎样才能为社会实践提供有用的
指导？这就涉及经济学的学科特性。作为一门致用的社会科学，经济学的理
论研究必须将人们的人伦日用与社会发展理想结合起来，必须透过纷繁芜杂
的现象去认识事物的本质，从而构筑成"极高明而道中庸"的理论体系；这
种理论体系能够充分地将关注人与人之间关系的伦理学问题和关注人与自然
关系的工程学内容这两者结合起来，从而有助于认识现实、发现问题并解决
问题。

---

① 克洛尔、豪伊特："经济学的基础"，载多迪默、卡尔特里耶编：《经济学正在成为硬科学吗》，张
增一译，经济科学出版社 2002 年版，第 24 页。

② 阿莱："我对研究工作的热忱"，曾伯格编：《经济学大师的人生哲学》，侯玲等译，商务印书馆，
2001 年版，第 43 页。

③④ What Went Wrong with Economics, *Economist*, 2009-06-16.

　　不幸的是，现代主流经济学恰恰将这两者隔离开来：计量经济学承袭了功能主义和工具主义思维，将经济学打造成凯恩斯主张的那种偏重应用政策的操作"艺术"，从而形成了"道中庸而极不高明"的研究体系；数理经济学则承袭了自然主义和唯理主义思维，将经济学打造成了自然科学那种注重形式优美的逻辑"艺术"，从而形成了"极高明而不道中庸"的研究体系。究其原因，现代主流经济学刻意地抛开伦理学内容而局限于"工程学"的单一层面上，并试图像自然科学那样基于一些"不言自明"的假设性公理来进行演绎推导，或者在伦理自然主义和经济人分析框架下做些细枝末节的计量分析，从而逐渐将经济学视为一门艺术而不是科学。正因如此，以艺术为名的数理模型和计量模型就大肆泛滥，往往导致经济研究的思维缺乏应有的深度和广度，经不起实质逻辑的检验，无法解释比自然现象复杂得多的社会现象，无法揭示复杂社会现象背后的内在本质；同时，当现代主流经济学将这些基于数理模型推导而出或者计量模型分析得出的结论去指导社会实践时，往往会激化而不是解决现实问题，当前世界性经济危机就是一个明证。Kaletsky 就指出："经济学家作为一个职业群体，不仅对指导世界脱离危机是失败的，而且还应该对引导我们陷入危机负责。"① 显然，以 2008 年经济危机为契机，经济学现在已经到了打破艺术臆想、回归科学研究的时候了！

---

　　① Kaletsky A. , 2009, Goodbye, Homo Economicus, *Real-world Economics Review*, 50（8）：151-156. http://www.paecon.net/PAEReview/issue50/Kaletsky50.pdf.

否弃故事编造，探究经济机理

导 读

在现代主流经济学的常规范式下，一些主流经济学人还将经济研究视为一种故事编造，以流行的理论来讲述一个"现实"的故事，众多中国经济学人则热衷于以西方理论来讲述一个中国的故事。但实际上，这是研究方法上的严重蜕化，经济学研究的根本目的是要揭示事物本质和作用机理。其实，故事编造式的研究倾向在欧美经济学界的兴起有其特定的社会背景和功利学风。但显然，中国社会面临着与欧美诸国不同的社会经济问题，不过，受制于更为强盛的功利主义风气，故事编造式的研究倾向在当前中国经济学界依然甚至更加流行，由此也就进一步偏离了科学的经济学研究。

 一 前言

现代主流经济学基于特定的引导假定逐渐形成了一种解释共同体，它主要是对社会经济现象提供新古典主义的解释。正因如此，现代主流经济学的研究就逐渐蜕化为故事的构造，故事构造成为模型工作方式的主要组成部分。吉巴德 (Gibbard) 和瓦里安指出，"模型……是一个有着具体结构的故事。结构是由模型中的一系列假定和假说的逻辑与数学形式给定的。结构形成了一个难以解释的系统……对经济学家而言，模型的一个解释性用途还在于讲述故事"，"故事可能模棱两可，但基于数学的原因，结构本身一定是具体而精确的"。[①] 当然，故事讲述的既可以是想象中的世界，也可以是真实的世界；而且，基于

---

① Gibbard A.& Varian H.R. , 1978, Economics Models, *Journal of Philosophy*, 75（11）: 664-677.

好的故事所构造的模型确实可以告诉我们真实世界中存在的某些重要事实，并为理解其他社会现实提供启示。例如，阿克洛夫就以柠檬市场模型来解释真实的劳动市场和产品市场中的质量和不确定问题，[①] 谢林则以种族分类的"棋盘模型"来说明自发的人与人之交互作用在社会层面上产生的意想不到的结果。[②]

不幸的是，在功利主义学风的主导下，大多数的模型构造都是为了发表，尤其是在那些主流刊物上发表；因此，为了使文章和模型为他人（尤其是匿名审稿者）所接受，构造故事时往往注重的是故事的新颖性、逻辑的严密性以及数据的支撑，且要符合主流的分析思维，运用流行的分析工具。例如，鲁宾斯坦就说过，经济学的美妙之处在于它像寓言一样，给人们讲许多自足的故事，其中，逻辑一致、滴水不漏、效率和平等通过对一个最优数值的求解而达到完美的平衡。这样，故事的构造就逐渐脱离了真实世界，而成了从一个故事到另一个故事的自我演化。在很大程度上，正如丹尼尔·豪斯曼指出的，这些故事模型往往注重的是"概念创新"而不是将"实际经验理论化"，[③] 更不是对事物本质和作用机理的真正揭示。那么，经济学研究果真可以简单地等同于故事的构造吗？经济学中的故事构造应该具有什么要求？同时，当前这种故事编撰式的研究取向是如何产生的，它又会造成何种问题？为此，本章就此做一梳理和剖析。

 二　故事编造式研究的现代取向

麦克洛斯基将模型视为比喻，而将历史视为故事，两者以不同的方式给出了对事物"为什么"的理解；而且，一个"好"的经济学必须包含四个元素：比喻、故事、事实和逻辑。同时，麦克洛斯基又指出，模型和故事相结合固然很好，但往往两者之间却会存在矛盾：模型越不清晰，故事就越能较好地与历

---

①　Akerlof G.A., 1970, The Market for "Lemons": Quality Uncertainty and the Market Mechanism, *Quarterly Journal of Economics*, 84：499–500.

②　谢林：《微观动机与宏观行为》，谢静等译，中国人民大学出版社 2005 年版，第 4 页。

③　苏格登（即萨格登）："可以置信的世界：经济学中的理论模型"，载迈凯编：《经济学中的事实与虚构》，李井奎等译，上海人民出版社 2006 年版，第 119 页。

史世界相适应；相反，模型越精确，历史就会被描述得越荒谬。[①] 然而，现代经济学却试图将模型和故事结合起来，同时，为了保证模型中数学逻辑的严密性，就将故事简单化和抽象化。事实上，现代经济学中流行的故事构造式的研究的基本格式就是，给定一个基本假设，然后由此进行梳理逻辑的推导，接着得出一系列的新结论，却很少去审查假设前提本身的合理性；或者，给定一个基本理论（理论假说），然后找一些数据来进行验证，从而得出理论（假说）是正确还是错误的结论，却很少去关注理论本身内在的因果机理及其相适应的条件。

正是因为故事本身的简单性和抽象性，故事也就可以不断地被修改和替代，经济学人就可以基于形式各异的前提假设而构建出一个个模型，并由此获得一个个结论；进而，正是基于这种研究方式，现代经济学界盛行求新求变的学术风气。然而，正是在求新求变的学术氛围下，很少有经济学人能够静下心来对那些经典文献进行梳理和辨析，从而也就无法站在前人的肩上对事物内在本质作更深入的揭示，而是不断循环往复地停留在芜杂的表象上。关于现代主流经济学中故事编造式研究倾向的表现和特点，这里从两大基本领域稍作阐释。

一方面，就数理模型而言，它通常是改变或修正原有模型中的一个假设，然后基于形式逻辑来得出一个结论，以说明一个想象的事实或有待回答的问题。而且，目前流行的大多数数理模型，无论是理论思维和分析逻辑，都是新古典主义的，从而往往只是进一步阐发或扩展新古典经济学理论的应用。例如，在非自愿失业、粘性工资以及经济周期等方面，现代主流经济学都提出了各种理论和假说，不少学者还因此获得了诺贝尔经济学奖；但显然，这些理论都是建立在特定的引导假定之上，也即都是一个个故事。问题是，这些假说果真揭示出非自愿失业、粘性工资以及经济周期的根源了吗？尤其是找到治本的途径了吗？事实上，尽管现代主流经济学提出了如此多的经济周期假说，但他们对现实中的经济危机却往往无动于衷。[②] 显然，即使在传统经济学领域，故事编撰式研究带来的求新求变的结论也并没有使经济学产生多少实质性的进步；而当运用主流经济学的思维来构造非传统经济学领域的社会问题时，就更

---

① McCloskey D., 1990, Storytelling in Economics, In: Lavioe D. (Eds.) *Economics and Hemeneutics*, London: Routledge, PP. 61–75；McCloskey D., 1994, *Knowledge and Persuasion in Economics*, New York: Cambridge University Press, P. 62.

② 朱富强："马克思经济学发现经济危机的社会哲学观和研究方法论：兼论马克思经济学和现代主流经济学的认知差异"，《当代经济科学》2010年第2期。

是荒唐错误。关于这一点，我们可以以贝克尔的分析为例做一说明。巴克豪斯就曾指出，经济学的扩张"使经济学家成了人们的笑柄，例如有篇文章就模仿贝克尔的手段，分析刷牙经济学"。①

另一方面，就计量实证而言，它通常是基于特定引导假定给出一个结论或者提出一个公认观点不成立的假说，然后再通过实证的方法探究其内在含义，从而对其理论进行证实或证伪流行观点。而且，大多数计量文章都是在新古典经济学分析框架下的实证分析，它们通过寻找一些数据来证明人类行为的理性、企业行为的"似乎"最大化以及市场运行的有效性，从而很少能够对主流经济学的理论和观点提出实质性的改进。何梦笔曾写道："新古典模型只是为计量经济学工具服务的。它不需要声称是对现实真实的描述。如果通过统计检验，经验上得出了有意义的结果，那么就可以得出结论：理论是正确的。"② 为此，现代经济学人往往热衷于就每个问题都提出种种理论，然后用所谓的经验来加以检验。问题在于，任何解决理论都存在很多作为保护带的附加假设，从而根本无法证伪那些理论硬核，更不要说数据和工具的选择本身就存在问题。因此，即使存在与新古典理论不一致的证据，也很少得到主流经济学界的理会。例如，何梦笔就对新古典经济学的增长理论进行了剖解，其得出的结论就是，"对新古典增长理论的经验检验导致了对其假说的持续精炼，而没有引起理论结构的基本变化"。③ 新增长理论的提倡者保罗·罗默则说，新增长理论的争论更多的应该是经济学的推理，而不是对数据的计量经济学检验。

在很大程度上，任何故事都以一定的假设前提为基础，故事编造往往就成为一定解释共同体下的自圆其说；正因如此，基于故事编造式的研究取向，现代主流经济学的研究不再是问题导向而是方法导向的。同时，故事编造式研究取向的学者不再追求整体性理论体系的构建而是热衷于"研发"出一个个孤立的定理，这样，他们也就不再像早期学者那样注重对大量文献的爬梳、长时间的内省和酝酿以及批判性地综合和比较，而是热衷于构建一些抽象的数理模型和处理一些特定的统计数据。

一般地，正是基于故事编造式的研究取向，现代主流经济学的研究就明显

---

① 巴克豪斯：《西方经济学史》，莫竹芩、袁野译，海南出版社、三环出版社2007年版，第336页。

② 何梦笔："演化经济学的本体论基础"，载多普菲编：《演化经济学》，贾根良等译，高等教育出版社2004年版，第86页。

③ 何梦笔："演化经济学的本体论基础"，载多普菲编：《演化经济学》，贾根良等译，高等教育出版社2004年版，第87页。

地呈现出三大特征：①方法导向而非问题导向。它往往盲目追求所谓的科学方法而对现实问题视而不见。问题是，作为致用之学的经济学本质上应该是问题导向的学科，而问题的唯一来源是现实的经济运行，新理论的产生往往由经济危机而非数学革命所催生。②关注"树木"而忽视"森林"。它往往热衷于抽象几个变量并用复杂的模型和工具来剖析细枝末节。问题是，社会经济现象本身因不可分割地纠缠在一起而具有整体性，因而如果没有历史的、文化的、心理的、社会的、政治的、制度的知识而单独地根据经济前提甚至根本无法认清和解决最接近于纯粹经济问题的问题。③崇尚多人合作而菲薄个人之长期内省。经济研究的合作往往体现在不同专业、单位、文化乃至国家的学人之间。问题是，理论认知的深化根本上来自长期的内省式观察并具有批判式紧张，即使合作也应该主要发生在知识背景相似的学人之间。

事实上，当前大多经济学人尤其是青年学子大多热衷于在大量的社会活动之余顿悟出一个"学术"想法，然后用复杂的数学符号和数据进行装扮，从而就形成一篇"学术研究"文章，并可以在那些主流刊物上发表。正是基于故事编造式的研究取向，现代经济学的主流化现象就越来越明显、数理化道路也越来越偏盛；而且，这种基于数学符号的故事编撰更适合于分工合作：一些学者（有些是具有权威性的导师和"泰斗"）进行故事构思，而另一些学者（主要是研究生或年轻学人）负责将故事模型化或实证化。西方经济学界如此，当前中国经济学界不应热衷于引入偏执的西方主流经济学并将之发挥到极致；在很大程度上，西方学术界中的主流范式和流行趋向在中国社会似乎成了"唯一"值得效仿的东西，而其他的被视为非正统的或不入流的而舍弃。正因如此，中国经济学成为数量经济学家的"天下"，使任何纯粹文字型的论文都被当作低质量的而弃之一旁，任何反思和批判的声音都会遭到轻视或压制，至少类似的研究难以在那些"主流"的经济学专业刊物上发表。

 ## 三 故事编造式研究的明显问题

基于经验解释的现代经济学取向，当前中国经济学界也就流传开来一种说法：一篇好的经济学论文在于运用西方理论来讲述一个中国的故事。但显然，基于讲故事的这种研究方式潜含了明显的工具主义谬误：将根植于西方社会和文化的经济理论不恰当地照搬到情境相差很大的中国社会中来。相应地，在这种讲故事的研究方式下，经济学论文就不可避免地日趋表面化和形式化，进而也就使人们对社会的认识日益庸俗化和肤浅化。这里就需要思考一个问题：究竟怎样的研究才是真正的科学研究呢？一般地，科学理论根本上体现了对事物的系统认知，这种认知必须深入到事物的本质，要能够洞察事物之间相互作用的内在机理；因此，理论探究就是要考察事物之间发生作用的机理，探究存在这种机理的因果关系。

（一）故事编造式研究的肤浅性

一般地，经济学的理论研究必须探究经济现象背后的规律，但是，故事编撰式的流行研究方式却明显偏离了这一理论要求。布劳格写道："在 19 世纪上半期，人们把经济学看成是对'国民财富的性质和原因'（斯密）的研究，是对'支配人类产品的法则'（李嘉图）的研究，是对'资本主义运动规律'的研究。然而，1870 年以后，经济学逐渐被定义为一种分析'作为既定目的和具有替代用途的稀缺手段之间的关系的人类行为'的科学……（这）否认（了）许多以前经济学家认为是经济学的东西。"[1] 尤其是，鉴于社会经济现象之间的普遍联系，经济学的理论研究应该是整体性的，也是本体论的；但是，基于故事编造式的研究取向，现代主流经济学主要是局限于一个个孤立现象的"我向思考"式的解释，并使用工具主义方法论来推广到其他领域，从而就造成了明显的问题。例如，针对现代主流经济学的基石——一般均衡，拉赫曼就评论说："瓦尔拉斯主义者在三个层面上使用均衡概念——个人、市场和整个经济系统，从而犯下了没有保证的推广的谬误：他们错误地相信，打开一扇门的钥匙将打开一系列门。"[2] 在很大程度上，正是由于流行这种故事编造式研究，现代经济学文章往往就流于肤浅和表面。这里依旧从两大基本领域做一解析。

一方面，就数理建模而言，现代经济学的流行文章往往热衷于用理性模型以及均衡模型或演化均衡模型来解释社会经济现象，甚至由此来设计社会制度和指导社会实践；但实际上，它却很少能够真正搞清楚事物的发展过程，更不要说去发现现实中的真正问题。例如，流行的经济学文章往往将集群在特定区域的出现简单地视为历史或偶然因素对多重均衡进行选择的结果，[3] "历史的一

① 布劳格：《经济理论的回顾》，姚开建译校，中国人民大学出版社 2009 年版，绪论。

② 拉赫曼："论奥地利学派经济学的核心概念：市场过程、价值判断和公共政策"，载多兰主编：《现代奥地利学派经济学的基础》，王文玉译，浙江大学出版社 2008 年版，第 114–119 页。

③ 凯莫勒：《行为博弈：对策略互动的实验研究》，贺京同等译，中国人民大学出版社 2006 年版，第 349 页。

次偶然事件导致了某个地区建立了一个行业，在此之后，累积过程便开始发挥作用"。^①问题是，这种自增强效应如何解释开始同样存在的集群有些壮大了而另一些则萎缩了？从根本上说，要搞明白这种变化，就要理解形成集群所依赖特定的资源（物质资源、人力资源、社会资源或者制度资源等），以及这些资源随时空发生的变化。^②在很大程度上，这些理性模型所构建的一个个故事往往都是想当然的，缺乏对现实的真正了解，更没有揭示现象背后的实质机理。凡勃伦很早就指出，许多现代科学家尤其是那些热衷于数理形式主义的人往往会拒绝那种累积性因果分析的形而上学思维，而仅仅集中于相伴变量的观察，以致往往将后果归咎于事实。^③

另一方面，就计量分析而言，现代经济学的流行文章往往倾向于通过一些特定的数据分析来对既有的理论进行"证实"和"证伪"，并基于伦理实证主义来为现实提供政策指导；但实际上，流行的计量分析最多只是得出一些统计上的规律，而统计规律的应用则面临着工具主义的难题。经济学说发展史就表明，人们对经济理论的反思和发展并不是基于一次性的计量检验或个别的反例，而是基于普遍的社会环境的变化。而且，计量分析所揭示的是事物之间的功能性联系，并无法真正揭示出现象背后的因果机理，从而也就无法得出一般性理论。这也意味着，经济学的理论探索不能局限于具体数据的计量分析，而是要对那些长期熟视无睹的大量社会现象进行反省，思考其背后的基本规律或本质。在很大程度上，正是由于现代经济学热衷于经验型的计量分析，其研究往往就只是停留在"标"的层次上，且通常会忽视因具体因素的微小变化可能带来的严重后果；结果，现代经济学家所开出的那些政策给社会带来往往不是问题的解决而是巨大灾难，以至于目前经济学家在社会大众眼中似乎已蜕变成了某种夸夸其谈的江湖术士。

（二）故事编造不是真正科学研究

基于故事编造式的研究取向，大多数经济学人都只是围绕新古典经济学的核心理论和预设前提做一些逻辑严谨化或其他辩护性的实证分析，同时，还每每以"理论研究要抽象化和简洁化"为借口而放弃对具体问题作艰苦而细致的

---

① 梁琦：《产业集聚论》，商务印书馆 2004 年版，第 48 页。

② 朱富强："集群企业的效率来源及其文化寓意"，《学术研究》2008 年第 6 期。

③ Lawson T. , 2002, Should Economics Be an Evolutionary Science? Veblen's Concern and Philosophical Legacy, *Journal of Economic Issues*, 36（2）: 279–292.

分析。显然，这种研究倾向已经对现代经济学的实质发展造成了明显的损害：在很大程度上，现代经济学的理论研究已经蜕化成了一种"我向思考"的逻辑游戏；结果，尽管文章发表了一大堆，却依然没有发现什么新东西，这使现代经济学的知识实际积累进程相当缓慢。之所以如此，就在于这种故事编造式研究所要求的知识结构太狭隘了：①那些数理模型往往抛弃了自身的历史和其他社会科学所积累的知识，而仅仅热衷于做一种数学的运算；②那些实证研究往往只是对局部数字关系的处理，而很少考虑社会经济现象之间的整体性联系，甚至很少用其他学者已经提出的相关理论来反思一下自身的实证结论。例如，有学者通过回归分析来"证明"官员升迁和流动这种政治激励可以促进经济增长，但显然，这一观点是与奥尔森提出的"流寇、坐寇行为理论"相悖的，因为频繁的官员流动会使其行为像流寇一样追求短期效益，甚至采取竭泽而渔的经济增长方式，这在当前中国社会已经非常明显了。但是，这些文章却对这一早已存在的理论全无所涉，对相关现象也熟视无睹，就开始基于简单的数字回归而得出其因果论断了。试问：这又如何促进理论的真正进步呢？

从根本上说，目前流行的那种故事构造式的经济学"研究"并不是真正的科学研究，而是一种游戏，其思想以及推演而来的结果都带有相当程度的"拍脑袋"性质。理由有二：①就故事的新颖性而言，这强化了当前经济学界求新求变的风气，却很少有人对大量文献作系统而全面的梳理。曾极力为现代主流经济学进行辩护的达斯古普塔就承认，"就在不久之前，经济学还是和经济思想史一起教授的"，"但是，今天的情况已经不同。你可以在攻读经济学研究生时突然冒尖，而不用读任何经典或者只是对先哲们所写的著作有一个模糊的认识。现代经济学家不会通过借助经典著作中的提问来支持自己的探索，一般而言他借助的是几个月前才发表的文献……今天的经济系学者所接触到的经典著作是被保存在教科书中的、披上现代经济学外衣的那些片断。"[①] ②就数据的支撑而言，这仅是强调某个数据能够支持所构造的故事，却很少对数据的全面性和真实性进行审视。于是，在各种选择性数据的基础上，"创造"出了大量的经济学"研究"论文；某些学者采用类似的研究方法对某一选题进行研究，并以此为基础就撰写了数十篇论文。同时，尽管一些论文所涉及的选题非常类似或接近，但它们所得出的结论却往往五花八门；不过，每个研究者又都宣称其研究是科学的、客观的，因为他们采用了"先进"的科学方法，并有"客观"

---

① 达斯古普塔："现代经济学以及对它的批判"，载迈凯编：《经济学中的事实与虚构》，李井奎等译，上海人民出版社 2006 年版，第 67 页。

的数据基础。

正因如此，现代主流经济学暴露出越来越严重的问题，大致可以归纳如下：①经济学论文就像"盲人摸象"，而且是在用放大镜辨析大象纹理；结果，经济学往往流派纷呈却无法进行内部沟通，甚至连基本常识都缺乏共识和判断，以至于10个经济学家往往会有11种观点。②经济学研究抽取那些可量化的变量分析复杂的社会现象，就如同在路灯下找丢失在草丛中的钥匙；[1]这必然会导致理论与现实相脱节，产生刻舟求剑的研究效果。③经济学热衷于将适合特定领域的研究方法无节制地拓展到其他领域，产生了明显的南橘北枳现象；结果，经济学帝国主义几乎向社会科学的所有分支领域都伸了一脚，但迄今为止却几乎并没有增进人们多少认知。④基于故事的共同编撰取向产生了滥竽充数的现象，而且在彼得原理作用下那些滥竽充数者反而获得了巨大的学术荣誉；结果，有人合作撰写了十几个国家的研究，却从没到过这些国家；有人涉及了好些交叉学科的课题，却从没阅读过这些学科的文献；有人写了很多实证研究文章和课题，却根本没学过计量经济学。⑤经济学人的视野越来越狭隘，日益成为竞逐论文写作技巧的工匠；结果，学习和研究了多年经济学，但面对经济现象时还是雾里看花、水中望月，对基本问题都缺乏宏观把握。社会上往往流行着"三个臭皮匠胜过一个诸葛亮"的论调，但学术研究中也会如此乎？

（四） 故事编造式研究的原因审视

以上分析指出，经济学界盛行着故事编造式的研究取向。何梦笔就写道："发表在主要杂志上的大多数论文遵循着同样的行为规则：首先，对相关的理论争论进行全面的评述；其次，对所研究的经验领域和数据进行描述；第三，对所选择的理论命题进行经验检验；最后，按照经验检验，就理论命题的有效性得出结论。如果理论没有遵循这种方法，它们就面临着不被经济学内部圈子所接受的高度壁垒。"[2]在很大程度上，目前大多数经济学文章都是在代表常规范式的凯恩斯—新古典综合框架内进行的，那么，在常规范式下所展开的这种

---

① 美国一位议员在他的州议会上提出了一项新法案，要求将圆周率改为3.2以便小学生更容易进行计算。

② 何梦笔："演化经济学的本体论基础"，载多普菲主编：《演化经济学》，贾根良等译，高等教育出版社2004年版，第85页。

故事编造式研究为何在现代经济学界能够如此流行呢？关于这一点，我们可以且应该从理论和现实两方面加以解释，并由此展开对这种研究取向的反思。

　　首先，人们之所以倾向于在常规范式下作些细枝末节的修补工作，往往是因为他们认为，需要解决的问题已经基本完成了，他们的工作是一种"收尾"工作，并局限于狭隘和自足的基础之上。关于这一点，哈金对库恩意义上的常规科学工作做了解读，包括这样三个方面："①理论留下了某些未能做出足够描述的量或现象，而只是给出了定性的预期。通过测量或其他程序，能够更加精确地确定这一事实。②已知的观察与理论并不十分相符。是什么地方出错了呢？我们需要重新调整理论，或是去证明是实验数据存在缺陷。③理论可能有着很好的数学形式体系，但人们却无法理解其推论。库恩用了一个恰当的词汇'诠释'来命名这一通常是经由数学分析以阐明理论之蕴涵的过程。"①

　　问题是，经济学的基本问题已经解决了吗？现代经济学已经成熟了吗？我们知道，当年穆勒宣称：在价值规律方面已经没有任何问题有待现在和将来的著作家去澄清，它的理论是完整的；但是，在穆勒还在有生之年，经济学就开始出现了翻天覆地的变化。同样，马歇尔构建的均衡分析框架也被视为经济学已经完善的标志，当时有学者这样评价马歇尔的学说：虽然在发展和应用现有学说的路途上有许多事情有待经济学家们去做，但伟大的工作却已经完成了；然而，随后的凯恩斯却开启了一场惊天动地的经济学革命，而正当现代主流经济学家对市场机制的有效性信心满满之时，世纪罕见的全球经济危机爆发了。为此，凡勃伦就指出："今天没有哪个经济学家会厚颜无耻地或者倾向鲜明地认为，无论是在理论结果的细节上，还是在理论的基本特征上，这门科学都得到了最为成熟的阐述。"②

　　不幸的是，在逻辑实证主义的思维支配下以及在数学符号的装扮和计量工具的支持下，现代主流经济学研究方式和相应的专业论文与自然科学越来越相像，其论证和推理似乎越来越严密和精确，数量化的材料、经济计量学的程序、形式化和数学化的演绎体系都使经济学似乎越来越接近"硬"科学；为此，很多主流经济学人都越来越把经济学视为如同物理学一样的科学，并踌躇满志地宣称经济学的现代框架基本已经成熟，人们所要做的仅仅是一些微观的深化和修补工作，从而热衷于将主流经济学的分析范式推广到其他社会科学领域，进而形成了声势浩大的经济学帝国主义运动。然而，且不说现代主流经济

---

① 库恩：《科学革命的结构》，金吾伦、胡新和译，北京大学出版社 2003 年版，第 9—10 页。

② 凡勃伦：《科学在现代文明中的地位》，张林、张天龙译，商务印书馆 2008 年版，第 45 页。

学对其他社会科学领域的分析往往只是信口雌黄，甚至对传统经济问题的认知也越来越表面化和狭隘化。克洛尔和豪伊特就写道："如果我们要严肃地把某种特征赋予现代经济学家的某一个单独的时期——凯恩斯、萨缪尔森、希克斯、阿罗、德布鲁等的时代——我们应该把这个时期称为幻想的时代。因为这个时代的经济学似乎是除了抽象化的幻觉之外没有涉及到任何实际的东西，而且正是由于这些抽象化的幻觉扭转了分析技术的发展方向，我们不能去解决我们所面临的大多数问题。"①

其次，尽管在这些主流经济学人往往美其名曰采用先进的科学方法来进行经济研究，但实际上，他们却往往很少能够从中获得确实的知识增进。问题是，这种研究取向为何能够成为主流并依然盛行呢？有无特殊的社会历史背景呢？事实上，数学之所以在经济学研究中有喧宾夺主之势，很大程度上就如林毅夫指出的，"是因为经济学的研究中心 18、19 世纪时在英国，到了 1930 年以后转移到美国，都是在最发达的市场经济国家，但是发达的市场经济国家从工业革命以后，平均每年的经济增长速度只有 2%，和发展绩效好的发展中国家平均每年可以有 9%、10% 的增长速度相比，是一个相对稳态的社会，没有多少新的、大的经济社会现象，所以，在亚当·斯密等早期的大师对主要的经济现象做出了开创性的研究以后，就很少有大的经济社会现象可以研究，作为后来者的经济学家绝大多数只能是研究一些小现象，提出小理论。或是在一个开创性的研究之后，在主要理论模型的基础上作些注释性的、补充性的、小修小补的研究，这些研究如何来评价贡献呢？只好比技巧，而不是比对经济现象解释的贡献。"②

当前中国面临的社会情形与西方社会存在很大差异：有很多基本问题都没有解决，影响社会发展的根本上是制度问题；为此，中国的经济学研究更具有问题导向的社会基础，更需要关注现实问题。然而，中国大多数学人对周遭现象却往往持有熟视无睹的态度，而刻意地照搬西方已经蜕化的研究取向；尤其是，为了显示其研究的"先进性"，刻意使用西方研究私人领域的理性模型和计量工具，并打着"与国际接轨"和"先进研究方法"的旗号。其实，学者和理论家所看到的现象也都是社会大众所感受到的，学者和理论家与社会大众的不同就在于：他们能够将这种经验感受一般化，从而提炼出启发其他实践的理

---

① 克洛尔、豪伊特："经济学的基础"，载多迪默、卡尔特里耶编：《经济学正在成为硬科学吗》，张增一译，经济科学出版社 2002 年版，第 44 页。

② "林毅夫访谈：中国经济学何处去？"，《21 世纪经济报道》2005 年 9 月 3 日。

论；但是，时下的经济学人却热衷于搞一套社会大众乃至其他学科的专家都会感到云里雾里且没有获得任何实质性认知进展的数理模型。同时，任何精微的思想都是用本国（第一）语言所写的，因为这是作者最擅长的思考方式，从而也是能够最深刻体现其思想的语言；但是，时下的经济学人却热衷于用自己根本不熟悉的英语写作并使尽一切手段试图在英语刊物上发表。之所以如此，在很大程度上是因为，这些学人根本不在乎能否获得真正的认知增进或问题解决，而是以此来实现其"经济人诉求"的个人利益；究其原因，"前沿""科学"等旗号就容易使这些文章能够获得那些受到诱骗的青年学子和学术官僚们的认可，从而更容易发表、更容易获得资助，由此也更容易获得职称的晋升。

因此，我们说，西方经济学界之所以盛行这种故事编撰式的研究倾向，有其理论上和实践上的特定原因。同时，当前中国经济学界之所以出现这种媚俗主义的研究态度，之所以盛行这种热衷于攀比"技巧"而无实质见解的故事编造式研究取向，关键也就与日益偏盛的功利主义学风有关；进一步，这种功利主义学风的盛行加上学术制度的扭曲，使中国这种研究取向比欧美经济学界更为严重。当然，无论是理论上还是实践上的这两大理由，都经受不起现实环境变化以及相应经验事实的检验，在很大程度上，它只是新古典经济学体系在发展上的自我强化和路径锁定的结果。事实上，现代主流经济学编撰故事的两种取向本身就内含着逻辑矛盾：数理建构的故事编撰往往以完全理性为基础，把行为者视为能够快速演算的电脑人；计量实证则完全抛弃或回避了理性，而仅仅被动地接受基于数据处理的任何结果。尤其是，现代主流经济学的常规范式具有明显的方法论工具主义，尽管它与节俭的思维方式之间似乎存在一种自然的亲和力，但对研究纷繁芜杂的社会经济现象来说却存在严重的不足：它以简单化和抽象化的方式取代了对事物内在本质的探究，从而往往只能停留在表象层次，它提出的解释更多的是想象的而非事实的。

可见，故事构造式的研究取向本身是科学研究的一种退化方式，它的流行主要与西方社会特定的社会背景以及日益偏盛的功利主义密切相关。事实上，这种研究方式将一门需要在知识契合下对经济机理进行探究的严谨学问转化成了在特定引导假定下对事物表象进行解释的逻辑游戏，由此也就促进了数理化的泛滥。但问题是，社会经济现象本身是相互联系的，从而需要采取整体主义和因果主义的分析路径。在很大程度上，无论是基于逻辑主义的数理建模还是基于实证主义的计量分析，都必须在一个整体性框架下才有意义，否则，即使经过逻辑实证主义的装扮，依然存在明显的逻辑问题。而基于整体性分析框架，经济学的研究就存在四个层次，数理建模和计量实证仅仅处于思想的表达和检验的层次。然而，故事编造式研究却将整体性现象割裂开来，并编撰出一个个互不相关乃至相互对立的故事以阐述一个个表面现象，以致现代经济学人离真正的社会认知越来越远。一个明显的例子是，现代主流经济学基于行为功利主义看到一个个理性行为，并由此建立了各种模型并做了大量的检验，却不愿去审视这些工具理性本身的短视性，从而也就看不到这种社会非理性及其隐藏的社会经济危机。正因如此，源于欧美的这种故事编撰式研究本身存在着严重缺陷，它造成了经济学研究的琐碎化和形式化，却没有真正增进对社会经济现象的认知，更没有揭示内在的经济规律。

 # 五　尾论：重审故事编造式研究取向

现代主流经济学流行着一种故事编造式的研究：冥思苦想出一个"新颖"的想法，然后对之作数理逻辑化的故事编撰，或者寻找一些数据来进行"证实"，这两者都是基于特定引导假定来构筑自圆其说的解释共同体。这种研究所依赖的主要是数理建模的技巧和计量实证的娴熟，而越来越与对事物本质的认知以及相关的知识素养无关，以致现代主流经济学的问题研究也越来越细化和分立；相应地，现代主流经济学人的知识结构也就越来越狭隘，越来越缺乏整体意识。显然，这种发展取向与社会经济现象的特性以及经济学科的本质背道而驰，从而真正窒息了经济学的发展。加尔布雷思很早就指出："在最近40年里，新古典体系经历了大幅度的修正和细化的过程。实际上，由于这一过程高度专业化和多样化，在细节上过于繁琐，以至于没有哪个经济学家会认为，自己了解的知识能够多于总体知识的极小一部分。在很大程度上，新古典体系正是依靠它所支撑的这种精密化的知识结构才得以生存，这也使它自身的发展走到了尽头。"[1]事实上，正是"经济研究课题的专业化，使学者无须考虑他们的研究课题在更大范围内的价值或作用。对于那种明智的学者而言，他只需要将学术研究牢牢地局限于本学科的范围内，而不必过问研究工作以外的经济真理或谬误。由于牵涉到需要提供更令人满意的解决方案的艰巨任务，因此，一旦他过问这方面的问题，就很容易受到攻击，认为他的研究方法或论证过程存在缺陷或漏洞"。[2]一般地，我们可以从以下两大维度对当前流行的故事编造

---

① 加尔布雷思：《经济学与公共目标》，于海生译，华夏出版社2010年版，第14—15页。

② Galbraith J. K., 1971, *The New Industrial State*, Boston: Houghton Mifflin, PP. 403–406.

式研究取向进行审视。

第一，基于方法论的维度，它具有明显的工具主义特性，往往不适当地将特定环境下得出的结论推广到其他领域，乐于套用教材上的抽象原理来解释复杂多样的社会现象。显然，工具主义方法论关注的是预测的精确性而不是逻辑关系和假设前提的合理性，这使现代主流经济学主要关注理论的有用性而非真实性，从而日益注重工具性而非思辨性的训练。事实上，工具主义分析导致对事物间的认知建立基于数字回归的功能联系上，这使现代经济学研究只关注一个个孤立的表象，乃至内缩在社会经济现象的解释层面上，而忽视了对事物实在结构和内在本质的挖掘；这样，它就无法整体性地认知社会事物，更难以从根本上发现和解决现实生活中的问题。然而，任何理论的进步都在于它能够为更多的经验事实所证实，能够促使更多问题的解决；作为一门致用之学，经济学更是如此。也就是说，经济学的理论研究根本上不仅是要解释现象，更主要的是发现问题和解决问题。例如，琼·罗宾逊和伊特韦尔就写道："经济学包括三个方面或者起着三种作用：极力要理解经济是如何运转的；提出改进的建议并证明衡量改革的标准是正当的。"[①] 那么，如何实现经济理论所应具有的认识和改造现实这双重目的呢？显然，这就需要对经济学研究对象的特性及其相应的研究思维进行审视：经济学的理论研究本质上不应该是工具主义的，应该不断深化对事物的本体论认知；只有深入事物本质的认识，才能提出"不只治标而且治本"的政策措施，才可以避免类似问题的重演。

第二，基于学术影响的维度，它衍生出一股强烈的求新求变学风，热衷于通过进行次级的假设变换以及细枝末节的数据资料来"构设"一系列的文章，热衷于使用主流经济学的分析框架和理论观点来研究那些"陌生"的非传统经济学领域，并由此得出一系列的新见解。显然，目前这种求新求变学风产生了学术的虚假繁荣，使青年学人更加功利，更缺乏知识底蕴；结果，尽管经济学论文汗牛充栋，但经济学理论却很少有实质的进步，一直在低水平层次上徘徊。事实上，当前这种求新求变之学风并不是着眼于对整体理论体系和本体论假定的替代，相反，大多数经济学文章都深受主流经济学思维、理论和价值的禁锢，从而无法形成各流派"百舸争流"的局面，无法出现真正的多元主义思潮。关于这一点，费耶阿本德写道："没有人会满足于抽象的多元性以及通过一会儿否定主流观点的这部分、一会儿否定那部分建立起来的多元性。多元性必须是以这样的方式建立起来：已被接受的理论所解决的问题能被以新的或许

---

① 琼·罗宾逊、伊特韦尔：《现代经济学导论》，陈彪如译，商务印书馆 2005 年版，第 5 页。

更为详细的方式重新加以解决。"① 在很大程度上，大多数经济学子都有一种自以为是"经济学帝国主义"心态：不仅把所谓的计量分析和数理建模视为唯一科学的方法，而且将自身的研究结论视为"理性分析"的必然结果，从而就看不到他不能或不愿看到的。

总之，无论是在方法论上还是在学风上，故事编撰式研究都对经济学的发展造成了极大危害，它使现代经济学日益走上一条机械和封闭的发展道路，并日益偏离对事物内在本质的认知。其实，作为一门根本性质属于社会科学的学科，经济学理应与社会科学的其他分支更为接近而不应刻意攀附自然科学；相应地，它更需要借鉴和吸收其他社会科学所取得的成就来完善自身的认知和思维，而不是简单地将自身还很不成熟的方法和认知推广到其他领域。从根本上说，后一种倾向不是真正的思想交流和知识契合，而是一种学术殖民。不幸的是，现代主流经济学却刻意地与物理学等自然科学攀亲，刻意地与伦理学、心理学、社会学等划清界限，将后者视为处于蒙昧状态的玄学；正是由于长期以来与其他社会科学分支之间存在这样的学术割裂，现代经济学逐渐并已经丢失了其他社会科学领域中那些值得珍视的知识养分，以致大多数经济学人的知识结构都日益狭隘。显然，要解决目前的经济学发展困境，现代经济学人必须有自知之明，要认识自身的不足和无知；否则，就会对大多数经济史学家都能认识到的危机问题漠然置之，就只会培养出目前这样一大批对现实一无所知又自以为是的游戏者。费耶阿本德曾指出："科学，优秀科学的进步依赖于新思想和智力自由：科学往往由局外人推动其进步（记住玻尔和爱因斯坦均把自己看成局外人）……今天大部分科学家都缺乏思想，充满恐惧，故意制造一些毫无价值的结果。结果，他们极大地增加了现在许多领域的'科学的进步'的毫无意义的论文的数量。"② 显然，这句话用来描述现代经济学尤其贴切。

---

① 费耶阿本德：《知识、科学与相对主义》，陈健等译，江苏人民出版社 2006 年版，第 70 页。

② 费耶阿本德：《知识、科学与相对主义》，陈健等译，江苏人民出版社 2006 年版，第 199 页。

破除数量拜物教，提防主流化陷阱

——反思现代经济学的形式化取向

导 读

　　现代经济学以使用数学工具的程度作为主流和非主流的区别标准，这在中国经济学界甚至发展出一种数量拜物教：经济学论文的质量或水平高低典型地体现在它使用的数学符号的复杂性以及模型的优美性。数量拜物教之所以盛行，根本上就源于认识论的误区：它没有区别经济现象与自然现象之间的差异，混淆了经济学和自然科学的学科性质，进而片面追求形式的优美。在很大程度上，正是数学工具的无节制使用，使现代主流经济学日益形式化和庸俗化，从而暴露出与现实日益相脱节的明显问题。面对如此明显的问题，大多数经济学人依旧不屑一顾，这种学术倾向又与经济学主流化的锁定效应有关，更与功利主义的学术风气有关。因此，要破除数量拜物教的研究取向，就必须提防主流化陷阱，进行学风的改造。

 一 引言

　　艺术构造和故事编撰式的变异研究之所以成为流行，根本上与现代经济学的形式化有关，而这种形式化则体现在对数学的追捧。在当前经济学界，大量使用数学符号、公式和术语已经成为一种潮流，进而，是否使用数学工具以及使用数学的程度已成为区别主流经济学和非主流经济学的基本标准；相应地，经济学论文的质量或水平高低也典型地用它使用的数学符号的复杂性以及模型的优美性来体现，没有数量的文章甚至已经不被视为经济学的专业论文，乃至无法刊登在那些核心或权威经济学刊物上。正因如此，绝大多数经济学人都热衷于数理建模和计量实证，甚至经济学界明显形成了一种数量拜物教现象。劳森指出，"'经济理论'甚至仅仅是'理论'一词都变成了数学建模的同义词"，结果，"各种各样的富有成效的高产异端传统被边缘化，但他们却一直追求着对经济学的理解，同时反对主流坚守数学建模方法的顽固立场"。[①]那么，现代经济学为何会出现如此境况呢？它对经济理论发展以及社会实践发展又会产生怎样的影响呢？本章着重对经济学界盛行的数量拜物教的发展、原因以及危害等进行系统地剖析，并由此对现代经济学的发展取向进行深入地审视。

二 何为数量拜物教

"拜物教"源自宗教术语"崇拜物"，被奉为"崇拜物"的某物往往被人们赋予它自身所不具有的力量。事实上，当一个文化崇拜一物时，它的成员就会觉得该物具有这种力量，乃至被错误地归结为它的力量被感知是它固有的，因而这种力量并不在现实世界而在虚幻世界中。后来，马克思用"拜物教"一词来指，把现象视为本质并为现象所左右的错误。一般地，现象只是在我们观看时吸引我们眼球的东西，是表面的、显而易见的东西；本质则是隐藏在现象背后的实在，它包括现象却又超越现象，吸收了一切使任何现象具有特殊性质和重要性的东西，从而更难以把握和认识。因此，"拜物教"现象充斥于整个人类社会之中，不仅体现为马克思关注到的商品拜物教、货币拜物教或资本拜物教，也体现为当前经济学界中日益盛行的"数量拜物教"。

事实上，社会科学研究的是活生生的人类行为及其衍生的复杂多变的社会现象，现象背后的本质往往需要借助人类特有的内省能力才能逐渐认识，而不必也无法追求所谓的精确的数学分析；相应地，在社会科学的理论研究中，数学工具只是思想的"婢女"，是为思想的提炼和传播服务的。不幸的是，在现代主流经济学中，数学工具却成了思想的主宰，成了评价学术水平的基本标准，这就是数量拜物教现象的根本。贾根良就指出，"数学形式主义是一种意识形态或者宗教信仰，而非科学的态度"。[②]同时，数理模型和数量分析在当前的经济分析中被赋予了一种神秘的强大力量，一旦使用了复杂的数学符号，经济学论文即刻就变得高深；一旦使用了抽象的数学推理，经济学论文马上就变得客观。正是受数量拜物教的影响，现代经济学的研究日益追求数理形式上

---

① 劳森：《重新定向经济学》，龚威译，中国书籍出版社 2018 年版，第 4、6 页。

② 贾根良：《西方异端经济学主要流派研究》，中国人民大学出版社 2010 年版，第 40 页。

的优美，而不关心思想认知上的深入；相应地，逐渐撇开了对事物内在本质的探究而热衷于事物表象的描述，撇开事物之间相互作用的因果机理之探索而集中于相互之间的功能性联系尤其是数字之间的相关性之分析上。

于是，笼罩在数量拜物教的氛围中，现代主流经济学就蜕变成了应用数学的一个分支：理论研究主要是基于一定的引导假定构建数理模型，而应用研究中则基于一定的统计数据作计量实证。结果，无论是在国外还是国内，从事数理经济学的学人都与日俱增，主要经济学刊物中的数量化比例也越来越高。克莱因就指出，"在社会科学中，经济学长期受到一种优越感的折磨。经济学家一直把他这个领域看成一门缜密而精确的学科，有一种先进而实用的方法论引领着一个高度发达的理论结构。所有这些都使政治学家、社会学家、人类学家和历史学家不精确的、含糊的理论上的努力远远落在了背后"，"通过把量化奉为神圣，他们相信自己已经确立了一个科学上出类拔萃的标准，足以领先其他落后的社会科学，让他们实际上能够继续无限期对社会学或者历史学这些卑微的本我，扮演着超我的角色"。① 问题是，这种数量化取向在多大程度上深化对经济活动的认知和促进经济理论的发展了呢？乔治斯库－罗根（Georgescu-Roegen）早在20世纪70年代就写道："根据当前在社会科学尤其是经济学领域流行的趋向，那些值得高度赞扬的贡献就是那些沉重的数学装备，数学装备越沉重，理论就越深奥，也就越值得赞扬。而那些反对这种情形的抗议并不很常见，从而迄今还没有得到关注。"②

从根本上说，经济学的数理化取向与经济学科的本质特性以及现代科学的发展趋势是背反的，形式逻辑和数量关系并不能揭示事物间相互作用的因果联系及其内在的变化运动，也无法真正认识和解决现实社会存在的问题。艾尔斯很早就指出，"最近几十年来，正统经济学变得越来越深奥难懂，专业经济学家们把这个行业令人可畏的复杂性作为保护伞，来使自己免受批评……（事实上）科学的进步总是朝着使以前看似复杂的东西简单化这样的一个方向前进……经济学绝非思想法则的例外"，"在我们这个时代的经济思想即将经历简单过程中，

---

① 克莱因："经济学：配置还是评价"，载图尔、塞缪尔斯编：《作为一个权力体系的经济》，张荐华、邓铭译，商务印书馆2012年版，第16页。

② Georgescu-Roegen N., 1979, Methods in Economic Science, *Journal of Economic Issues*, 13（2）: 317–328.

正统学术中的大多数深奥公式将被一扫而空"。① 既然如此，数量拜物教现象又是如何形成的呢？拜物教本身就是一个思想活动，是一种文化过程。相应地，数量拜物教现象也与当前日益膨胀的功利主义学风密切相关：就像子宫的胚胎发育往往受基本营养品（如叶酸）和母亲所处环境（如吸烟、酗酒以及服药等）的影响，一个学者的学术态度和学术取向也与整个社会的精神面貌和学术风气有关。因此，本章着重对经济学界盛行的数量拜物教的发展、原因以及危害等进行系统地剖析，并由此对现代经济学的发展取向进行深入地审视。

三 数量拜物教的发展趋势

（一）数量拜物教的发展现状

现代主流经济学试图将经济学打造成一门类似自然科学那样的硬科学，从而极力模仿自然科学的研究方法，以致经济分析的"技术性"已经成为学术评价的首要标准，成为经济学刊物取舍论文的主要依据。霍奇逊就写道："自马歇尔的《经济学原理》出版后的一百年间，经济学作为一门学科已呈现出急剧的狭窄化和形式化。20世纪最后30年，专门学科已经遭受数学形式主义者的蹂躏，他们不去把握和解释真实的经济结构和经济过程，而是潜心于建立方程。那些已经或即将延续一个世纪的权威刊物，如《美国经济评论》、《经济杂志》、《政治经济学杂志》和《经济学季刊》等，表明了这种变化。20世纪20年代以前，90%以上的文章用的是文字描述。到了20世纪90年代初，代数、积分以及计量经济学在这些权威杂志发表的文章中已超过了90%。"② 事实上，当前现代主流经济学对数学应用和量化关系的崇拜已经达到这样的地步，它"要求我们的理论必须只用可以进行数量计算的语言加以表述"，乃至"引起了一些荒谬的后果"；究其原因，"在谈论市场和类似的社会结构时，有许许多多的事实是我们无法计算的，对于他们，我们仅仅具有很不精确的一般知识。由于这些事实在任何具体场合中的作用无法用量化证据加以证实，于是那些发誓

---

① 艾尔斯：《经济进步理论：经济发展和文化变迁的基本原理研究》，徐颖莉等译，商务印书馆2011年版，第291、292页。

② 霍奇逊：《演化与制度：论演化经济学和经济学的演化》，任荣华等译，中国人民大学出版社2007年版，第2页。

只接受他们所谓的科学证据的人，便对这些事实不屑一顾，他们因此也生出一种十分惬意的幻觉：他们能够进行计算的因素，才是惟一相关的因素"。[①]

　　在很大程度上，正是由于现代主流经济学评价体系上的量化激励、主流激励以及由此而来的自强化效应，使经济学文章在数学上不断精练，却与真实世界越来越不相干。布劳格就感慨地说："现代经济学生病了！经济学已经变成她自身的游戏，而无关于实践的结果；经济学家们逐渐将其领域转变为一种社会数理学，在该领域里，数学所秉持的分析上的严格一统天下，而物理系坚持的经验相关性则被置之脑后。某一主题如果无法为正式的模型所处理，就只能被打入冷宫。拿起今天的《美国经济评论》(AER）或《经济期刊》(JE)，专业出版物可以追求的枯燥乏味足以让你有置身于另一星球的感觉，更不用说《计量经济学》(Econometrica) 或《经济研究评论》(RES）了。"[②] 同时，欧美经济学界的这种数理化和主流化的研究取向不仅已经被完全移植到当前中国经济学界，而且还得到了进一步的强化。事实上，中国经济学界在某种程度上正被一种具有强大统治力的数量拜物教所笼罩，几乎所有的主流刊物、青年学子都匍匐于前（见图1）。

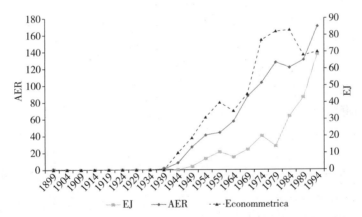

图1　三大主要英语杂志中使用"模型"的文章数量之变化趋势图[③]

注："模型"包括经济模型、数理模型、经验模型、理论模型。

　　①　哈耶克：《经济、科学与政治：哈耶克思想精粹》，冯克利译，江苏人民出版社 2000 年版，第460、461页。

　　②　布劳格："现代经济学的严峻趋势"，载迈凯编：《经济学中的事实与虚构》，李井奎等译，上海人民出版社 2006 年版，第 42 页。

　　③　Backhouse R.E.，2000，Austrian Economics and the Mainstream: View from the Boundary，*Quarterly Journal of Austrian Economics*，2：31–43.

（二）数量拜物教的潜在问题

问题是，尽管现代经济学子经受了越来越严格的高等数学、线性代数、概率论以及工程技术等训练，并由此具有了越来越强的技术分析能力，但正如贝克尔指出的，更好的技术训练并不能保证学生一定能够更好地运用经济学概念去解释人类行为和公共政策的后果，以及我们周围发生的和世界上曾经发生过的各种事件。[①] 相反，很多经济学人都已经看到，当前经济学界更好的技术训练往往是以牺牲学生对历史和人性进行更广泛的研究为代价才得以完成的，而后者对于学生面对经济应用问题时能够产生良好"感觉"或直觉往往非常重要。例如，人类社会中的任何行动和社会经济现象都是序贯进行而非同时产生的，从而必须考虑时间因素，但现代经济学的数学模型却往往将这个历时性过程同步化了。Mayer 写道："本质上，数学均衡理论的核心有一种或多或少地被伪装起来的内化幻象，这就是在联立方程组中人们将在'生成—因果'序列上发生的非共时的维度都结合在一起了，好像这些是同一时刻一起存在的一样。在静态方法中，事件的状态被同步化了，而在现实中，我们要处理的是过程。"[②] 显然，这种静态理论无法应对变动的社会环境，从而应用价值就非常有限。哈耶克就说："在我看来，经济学家在指导政策方面没有做得更为成功，同他们总想尽可能严格地效仿成就辉煌的物理学这种嗜好大有关系——在我们这个领域，这样的企图有可能导致全盘皆输。"[③]

针对现代经济学界日益盛行的数量拜物教之现状，卡列茨基 (A.Kaletsky) 就质问道："亚当·斯密是一个经济学家吗？凯恩斯、李嘉图或熊彼特是经济学家吗？根据当今学院派经济学家的标准，答案是否定的。斯密、李嘉图和凯恩斯没有生产任何数理模型，他们的工作缺乏现代经济学要求的'分析上的严格'和精确的演绎逻辑。他们当中没有一个曾经生产一个计量经济学的预测（尽管凯恩斯和熊彼特也能算是数学家）。如果这些经济学巨人来申请如今大学的工作，都将会被拒绝。至于他们所写的作品，将没有任何机会被《经济杂

---

① 贝克尔：《经济理论》，贾拥民译，华夏出版社 2011 年版，新版导言。

② Mayer H. , 1994, The Cognitive Value of Functional Theories of Price: Critical and Positive Investigation Concerning the Price Problem, In ：Kirzner I.M.（Eds.），*Classics in Austrian Economics: A Sampling in the History of a Tradition.* London: William Pickering，Ch.6.

③ 哈耶克：《经济、科学与政治：哈耶克思想精粹》，冯克利译，江苏人民出版社 2000 年版，第 459 页。

志》或《美国经济评论》所接受。如果那些编辑还有些仁慈的话，也许会建议斯密和凯恩斯去历史学杂志或社会学杂志试试。"① 在很大程度上，尽管数学工具的运算和数学逻辑的推导可以使理论逻辑更加严密，但是，这种严密性主要适用于具有稳定性的自然现象上，而对受社会影响的人类行为并非如此；基于数学公式的运算和推导也不会自然地滋生出新的思想，相反，局限于数理逻辑的推导和经验数据的处理反而会窒息思维的多元化。

因此，尽管经济学的数理化往往被视为科学性的进步，但实际上，它在促进认知的提高方面并不成功。一个明显的事实是，尽管现代经济学的分析技巧比以前有了显著提高，但我们对全球经济危机的预测和应对显然并没有取得多少进步，无论是局部性还是全球性的经济危机还是在周期性地发生。布坎南就写道："如果不是一名经济学家，那么我是什么？是功能角色已经过时的离经叛道者？也许我应该接受这样的看法，光荣退休，然后带着一身酒气整理我的菜园子。也许我可以这样做，如果现代技术确实已经制造出了'更好'的经济捕鼠器。但是，我没有看到进步的证据，我看到的是由'政治经济学'在其鼎盛时期积累起来的知识（与社会）财富正在不断地被侵蚀。"卡普兰也说："近50 年来，（数学方法）在经济学上占据越来越重要的霸主地位，但有关他们的贡献的经验数据明显都是负面的。"② 既然如此，为什么经济学界会出现如此严重的数量拜物教现象呢？本章从对经济学科性质的认知和主流化的引力这两方面加以解释。

 四　数量拜物教的认识论缺陷

（一）偏离经济学科的根本特性

本质上，经济学是一门"经邦济世"和"经世济民"的致用之学，关注的是整个社会经济的发展及人们福利和应得权利的相应提高。相应地，经济学的研究对象不仅涉及人与自然之间的工程学内容，更涉及人与人之间的伦理学内

---

① Kaletsky A. , 2009, Goodbye, Homo Economicus, *Real-world Economics Review*, 50（8）: 151–156, http://www.paecon.net/PAEReview/issue50/Kaletsky50.pdf.

② 转引自卡拉汉:《真实的人的经济学: 对奥地利学派的一个介绍》, 梁豪、牛海译, 上海译文出版社 2013 年版, 第 223、224 页。

容。而且，除纯粹个人消费等之外，现实生活中任何经济行为都必然是社会性的，必然会涉及人与人的社会关系层面，即使纯粹的资源配置也必然会影响他人的利益。一方面，经济学根本上就是理顺公共领域中人类关系的学问，要剖析社会现实中的内在问题，并对扭曲的社会制度进行改造和完善，而不应蜕变为既定制度下的个人发财致富之学问；另一方面，经济学涉及人类社会的目的的认知，涉及对社会发展的选择，而不能简单地蜕变为基于最大化计算的理性选择。

同时，社会经济现象不仅相互之间有千丝万缕的联系，而且还与人的心灵和行为共同演化。因此，我们不能简单地将社会事物独立出来并抽象为一个独立变量，不能简单地基于数理逻辑进行分析而忽视心理的、社会的、历史的因素，否则根本就无法整体性理解社会经济现象及其演化。这意味着，经济学具有强烈的社会性、人文性、本土性和规范性，它不应该被视为自然科学的一种；相应地，经济学研究也就不应该简单地照搬或模仿嵌入在物理学等自然科学中的自然主义思维及其相应的形式逻辑和分析方法，不能简单地将经济现象之间的关系数量化，不能只追求形式的优美，否则，就必然会陷入机械主义和形式主义之中，从而导致经济理论无法取得实质性的发展。

一方面，不同于自然科学，社会经济领域找不到稳定不变的经济规律；相应地，经济学也就不应该简单地模仿物理学等的逻辑思维和分析工具，不能简单地将经济现象之间的关系数量化。关于提防数学在经济学中的滥用，凯恩斯很早就曾提出了明确的告诫："把经济分析体系符号化的伪数学方法的一个重大错误是，它们明白地假定其中因素之间完全相互独立。当这个假设无法被接受时，数学方法的说服力和威信便荡然无存……近来的'数理'经济学大多是胡乱编造，像其所依据的初始假设一样不精确。在一堆自命不凡和无用的符号中，它使作者看不见现实世界的复杂性和相依性。"[①] 同样，哈耶克在诺贝尔经济学奖获奖致辞中也强调，"作为一个行业，我们把事情弄坏了"，"经济学家未能成功地指导政策，与他们倾向于尽可能仔细模仿得到光辉成功的物理科学的方法有密切关系——在我们的领域可能导致直接错误的一种尝试。它是一种以后被称为'科学家的'态度的方法——像我大约三十年前定义它那样，这种态度按词语的真正意义而言，肯定是不科学的，因为它涉及将一种机械的和不

---

① Keynes J.M., 1963, *The General Theory of Employment, Interest, and Money*, New York: Harcourt, Brace &Co., PP. 297-298. 转引自罗斯巴德："人类行为学：奥地利学派经济学的方法论"，载多兰主编：《现代奥地利学派经济学的基础》，王文玉译，浙江大学出版社2008年版，第20页。

加批判的应用思想，习惯于不同于它们在其中形成的领域的方面"。①

另一方面，正是由于社会经济领域根本就没有常量，确定此类常量的任何努力都是徒劳的；相应地，针对现代主流经济学热衷于计量分析并试图确定经济量之间数量关系的研究取向，奥地利学派也提出了强烈的批判。米塞斯写道："无法测量，不是因为没有测量的技术方法，而是因为没有不变关系。……经济学并不像……实证主义者再三强调的那样因为尚未成为'定量科学'而落后。它不是定量科学，也不测量，原因是不存在常量。"② 事实上，奥地利学派的开创者门格尔本人就是一位数理经济学家，而且其父亲就是数学家，但门格尔尖锐地批判经济学中数学表达必定比普通语言更为精确的观点。奥地利学派之所以更注重文字演绎而非数理逻辑，其主要原因有二：①在他看来，"数理逻辑适合物理学这门物理学已经成了模仿科学的科学，现代实证主义者和经验主义者认为所有生活科学和自然科学都应该模仿的科学。在物理学中，公理和演绎是纯粹形式，只有在它们能够预测特定事实时才获得意义。相反，在人类行为学中，在分析人的行动时，公理本身已知是真实的和有意义的，从而文字演绎的每一步也是真实的和有意义的。这是文字陈述的重要性质，而数学符号本身是没有意义的"。② 他认为，不仅将人类行动的含义能用数学表达出来会丢失很多含义，"即使文字的经济学能够成功地被转换成数学符号，然后再转化成英语，从而能够解释结论，这个过程也没有意义，而且违背了奥卡姆剃刀的伟大科学准则：避免不必要的复杂化"。③

从根本上说，作为经济学基石的行为问题、社会制度的变迁问题、个人知识的利用问题以及企业家的发现问题等都无法且也不必用数学加以研究，因为它们都包含了各种不确定性以及相应的心理效应；同时，那些最适合用数学进行研究的供求均衡价格论、一般均衡理论、乘数—加速周期理论、平衡增长理论、最优激励理论等，从原理上说又是没有意义或不合理的经济问题。④ 既然

---

① 哈耶克："似乎有知识"，载王宏昌编：《诺贝尔经济学奖金获得者演讲集（上）》，中国社会科学出版社 1997 年版，第 219 页。

② Mises.，1963，*Human Action: A Treatise on Economics*，New Haven：Yale University Press，PP. 55–56.

③ 罗斯巴德："人类行为学：奥地利学派经济学的方法论"，载多兰主编：《现代奥地利学派经济学的基础》，王文玉译，浙江大学出版社 2008 年版，第 20 页。

④ 多兰："作为非科学的奥地利学派经济学"，载多兰主编：《现代奥地利学派经济学的基础》，王文玉译，浙江大学出版社 2008 年版，第 12 页。

如此，现代主流经济学为何还如此热衷于模仿自然科学的研究方法，乃至形成了目前这种数量拜物教的学术取向呢？很大程度上就在于，很大一部分经济学人对经济学的特质缺乏清晰的认知，由此产生了对自然科学的严谨性和客观性之崇拜进而滋生出一种畏强凌弱的市侩心态；结果，整个经济学的发展也就为虚幻的"科学化"和"客观化"牵着走，并滋生了为科学而科学、为客观而客观的形式主义风气，进而也就造成了研究方法的扭曲和错位。

（二）经济学人的自卑心态

自然科学崇拜的心态在当前国内经济学人身上得到了特别明显的体现，他们往往认为西方经济学之所以高深就在于使用了大量的数学工具和数理模型，现代经济学的"前沿"就在于使用了"数学"的复杂性论证。这里以中华人民共和国成立以来的第一位哈佛经济学博士邹恒甫为例加以说明。邹恒甫极其推崇自然科学，并自我设问道："我们难道不崇拜牛顿、高斯、爱因斯坦？哪一个经济学诺贝尔将得主能超过他们？冯·诺伊曼一个定理便养活了几代经济学家啊！更不用说 Kakutani 的一个小不动点定理！"为了强化其观点，邹恒甫还举例说：巴罗听了费曼一次课便知道自己不是学物理的材料，于是，巴罗和罗斯两人都从加州理工学院转到哈佛念经济学了。[1]

问题是，尽管现代主流经济学推崇物理学理论的科学性，并将之归功为营运严密的数学逻辑，但物理学理论的科学性果真在于其数学逻辑吗？德布鲁就指出，"物理学并没有完全皈依数学，也没有听任自身受数学内在的对于逻辑严格追求的支配。实验结果和事实观察是物理科学的基础，它们提供了对理论架构的持续检验，有时会产生明显违背数学演绎的大胆推理论证"。[2]但是，现代主流经济学的理论却明显脱离现实：既不是来自现实观察，也无法预测事物发展。

而且，根据孔德的观点：基于知识的普遍性和独立性程度可以将各类学科排成一个等级体系，数学、天文学、物理学、化学、生物学和社会学，越往后等级越高；而且，后面每一层级都是前面较低层级构成要素创造性之和的结果，都需要用到较低层级学科的知识。显然，经济学本身是与社会学同等级的，因为它们都是研究社会经济现象，都属于社会科学这一大类；相应地，经

---

[1] 邹恒甫的博客：http://zouhengfu.blog.sohu.com/65633718.html.

[2] Debreu G., 1991, The Mathematization of Economic Theory, *American Economic Review*, 81（1）：1-7.

济学研究者的知识就应该更为广博，需要拥有位于前列的数学、物理等自然科学及其他学科的所有知识。事实上，古希腊的智者就认识到，人类理性难以完全认识宇宙问题，更不要说是更为复杂的道德和政治问题。既然如此，那些在数学、物理学领域都搞不好的学人，又如何能够只是通过简单地将数学和物理学中的分析工具运用到经济学中而成为一流的经济学家呢？

据说，普朗克正是意识到经济学的这一特点，才不再从事经济学研究而转向研究相对简单的物理学；相反，伯特兰·罗素在学了半年经济学后发现它的思维太简单了，从而也失去了继续学习的兴趣。[①] 布莱恩·阿瑟则指出，由于原先曾经接受过数学方面的专业训练，最初转过来学习经济学时也像罗素一样觉得经济学太简单了；但学习几年后才真正发现，要真正搞懂经济学是非常难的。阿瑟写道："经济学从本质上说到底是难是易，取决于提出解决问题的方式。如果在构建一个经济问题时假设决策是理性的，那么通常而言都可以求得一个确定的'解'。这种经济学是简单的，无非是从问题跳到问题的解而已。但是，在这种经济学中，行为主体到底如何从问题得到问题的解的，却仍然是一个黑箱。而且，经济主体是否真的能够达到那个解，也是无法保证的，除非我们能够打开这个黑箱看一看。但是一旦我们试图打开这个黑箱，经济学马上就变得非常困难。"[②]

不幸的是，很多经济学人并没有认识到经济学研究的知识要求，从而往往为经济学现状所困惑：一方面，他们明显看到经济学理论与现实的脱节，从而对现代经济学的数量化趋势感到担忧；另一方面，他们又非常推崇那些在主流刊物上发表文章的数理经济学家，而极力贬低那些不使用或者较少使用数学的经济学家，甚至对科斯、诺思、阿克洛夫、谢林等也不屑一顾。在很大程度上，这也是自卑心态在作祟。例如，邹恒甫在其博客中就宣言，"凡是恒甫会干的，恒甫一定瞧不起；凡是恒甫不会干的，恒甫一定崇拜。所以我最佩服数学家、理论物理学家、哲学家、历史学家，所以我最瞧不起经济学家和管理学家"；究其原因，"经济学对人的智力挑战远没有数学和物理强，这就是为什么

① 同样，格兰诺维特在本科时阅读了亨德特和匡特的《微观经济学》感到很枯燥以及阅读萨缪尔森的《经济学》觉得没有任何意义，从而离开了数理经济学并转向社会经济学的研究。贝克尔在本科时也觉得经济学太拘泥于形式而不能真正解决重大的社会问题，从而打算转向社会学；但是，他后来读帕森斯的著作时又觉得太难了，从而失去了对社会学的兴趣重新回到了经济学。
② 阿瑟:《复杂经济学》，贾拥民译，浙江人民出版社 2018 年版，第 248 页。

得物理学诺贝尔的人都会问是不是必须同经济学诺贝尔站在一排领奖"。①

（三）区分经济学科与经济学人

在某种程度上，笔者面对当前国内的经济学家和管理学家时也持有与邹恒甫类似的态度；在某种意义上可以说，他们是当前学术界最缺乏学术理念和理论深度的一个群体，他们往往在对最基本的人类常识还一无所知的情况下就开始夸夸其谈，更不要谈学术精神和社会责任了。不过，与邹恒甫有所不同，笔者并不轻视经济学和管理学这些学科，并不认为从事经济学和管理学研究所需要的智力会低于自然科学；相反，笔者相信，经济学要比物理科学等面临更大的挑战。维塞尔就写道："理论经济学家不必为缺乏精密自然科学所使用的工具而感到悲哀。无论自然科学家陶醉于拥有什么优势并取得什么伟大的成就，他们没有一个不对研究的对象——自然——是不陌生的。他们绝不可能洞察自然最深处的奥秘。即便他们的工具无限精致，他们也必定只能满足于描绘事件的发生过程，不得不放弃说明事件如何从其原因而发生的奢望。经济科学作为应用科学之一，可以实现更多目标。它的研究对象是活生生的人。因此，我们的内心就可以精确描述他的意识过程，肯定地宣称它就是如此和令人信服地感受它必定如此。"②

很大程度上，笔者之所以对经济学、管理学进行反思和批判，主要是因为其发展现状和研究取向。①笔者并非不认同经济学和管理学这两门学科，最多也就是不认同当前主流的经济学和管理学，因为经济现象本身是复杂深奥的，而目前我们对它的认识还处于如杨小凯所说的刀耕火种阶段，但现代主流经济学却开始强调它的科学性和客观性了，这反而导向了一种"伪科学"状态；②笔者尤其不认同当前国内那些自称主流的经济学家和管理学家，因为尽管我们对经济现象的了解还非常肤浅，但这些"主流"经济学家和管理学家在照搬欧美的一些说教后就开始以为自己拥有了指导社会实践的知识和能力，从而进一步扭曲了国内学术的研究取向。

事实上，与自然科学相比，经济学具有这样两大明显特性：一是经济现象要比自然现象复杂得多，但迄今我们对经济现象的了解还几乎处于无知状态，经济学理论还远不成熟。从这个角度上说，我们更应该抱有一种谦虚的心态和开放的胸怀去探究、思辨和交流，要从无知的扩大中开拓我们的智慧，而不是

---

① 邹恒甫的博客：http://zouhengfu.blog.sohu.com/65633718.html.

② 维塞尔：《社会经济学》，张旭昆等译，浙江大学出版社2012年版，第53页。

以一种帝国的心态去排斥其他的反思。二是经济现象是可以直接感知的，这种感知来源于日常的生活互动，并需要通过内省而理论化，这与自然科学所借助的抽象思维存在明显不同。从这个角度上说，经济学家不应该妄自菲薄，不要被那些复杂的数学符号吓倒，相反应该清晰地认识到这些数理模型中所包含的对现实理解的肤浅性。关于这一点，哈耶克就写道："人的地位……使解释社会现象所需要的对基本事实的认识成了普通经验的一部分、我们的思维能力的一部分。在社会科学中，它是组成复杂现象的不容争论的已知要素。在自然科学中，它们至多是猜测。这些要素的存在远比它们所阐述的复杂现象中的规律性更为确定，以至于正是它们组成了社会科学中真正的经验要素。毫无疑问，关于两个学科的逻辑特征的很多混淆，恰恰源于经验要素在两个学科的演绎过程中的不同地位。"[1] 同样，凯尔恩斯也写道："经济学家一开始就知道根本原因。在他的事业的开始，他已经领先物理学家很多，处于物理学家很长时期的辛苦研究才能达到的位置。"[2]

因此，尽管经济学不是一门"硬"科学，但它的研究一点也不容易。凯恩斯甚至主张，经济学大师应该具备一套比骑士精神甚至圣徒身份所需的品质还要高的品质。[3] 不幸的是，受错误的科学主义思潮支配，时下的经济学子往往将那些充满数学符号或数学模型的现代经济学视为博大精微之学。为此，张五常就回应道："很抱歉，不能同意你！经济学的博大起自斯密，但到了上世纪三十年代费雪之后，日渐式微。萨缪尔森、弗里德曼、阿罗等大师技术了得，天赋可观，论著有看头，但作品可没有斯密或马歇尔那种大气。科斯 1960 发表的大文，深不可测，但真正理解的人不多。那是 48 年前，这样的文章 48 年来没有见过。"[4] 尽管张五常本身几乎完全接受了新古典经济学思维和理论，但

[1]　Hayek. , 1935, The Nature and Hostory of Problem, In : Hayek（Eds.）, *Collective Economic Planning*, London: George Routlege & Sons, P. 11.

[2]　Cairnes J.E. ,1875, *The Character and Logical Method of Political Economy* , London: Macmillan & Co. , PP. 87–88.

[3]　巴克霍尔兹：《已故西方经济学家思想的新解读：现代经济思想导论》，杜丽群等译，中国社会科学出版社 2004 年版，第 4 页。

[4]　参见张五常："今天的大学制度使经济学日渐式微"，http://zhangwuchang.blog.sohu.com/83627592.html。

对现代主流经济学界的数学拜物教现象还是大肆批判。[①] 同样，奥地利学派也强调，数学形式主义的使用不是一种善，而是一种恶，因为数学符号语言被视为满足自然科学、工程学和逻辑学的要求而发展起来的，而运用到人类社会中就会忽视人性最基本的特征。[②] 在很大程度上，正是由于充斥了对自然科学的崇拜心理，我们不能很好地理解经济学的基本特性，不能很好地认识经济思想史的价值，不能很好地反思现代主流经济学中的缺陷；相反，片面地追求自然科学那样的客观性和科学性，片面注重形式的数理逻辑，从而造成当前这种功利主义学风。

可见，数量拜物教之所以在现代经济学界盛行，一个重要原因就是认识论的误区：它没有区别经济现象与自然现象之间的差异，从而混淆了经济学和自然科学的学科性质。在很大程度上，数理经济学之所以在现代主流经济学如此偏盛乃至泛滥，一个重要原因就是 20 世纪 50 年代弗里德曼将逻辑实证主义引入了经济学，并成为经济学理论逻辑的基础。但是，这种取向却遭到科学哲学家和经济学方法论专家的强烈批判。布罗姆利写道："经济学家接受了这具体的研究哲学——逻辑实证主义，而这恰恰是被科学哲学家所摒弃的。实证主义者设想'有意义的'和'形而上学的'存在明显的分界线，这很快就被认为是错误的两分法。然而，与客观的科学相反，关于客观的科学家的想法仍然被认为对作为理论和政策的经济学是恰当的。经济学所需的正是有原则地坚持高水准的观察、诠释和综合的方法……如果分析家相信消费者主权，那么他就必须关注个人和集体的目标，尤其当这目标是用成本分担来表示而非用改进的货币衡量的社会净收益来表示时。"[③] 事实上，正如哈肯指出的，"经济学研究的系

---

① 张五常还写道："在我后面技术了得的无数，可惜他们对真实世界的兴趣不大，考究事实来得马虎，而跟着的一般在方程式打转，对解释世事却失了兴趣。很可能是大学强逼按时发表文章闯了祸。我的一位老师在（20 世纪）60 年代出版的一本厚厚的关于法国某时期的经济历史书，其治学态度对我影响很大，可惜之后再没有见过资料处理得同样详尽的了。弗里德曼合著的《美国货币史》，在资料的考查上大有看头，但那是大话题，对细节的深入处理是比不上我那位历史老师了……今天的经济学发展一般对解释世事没有兴趣，内容空洞，其推断力令人尴尬。不否认有些能以方程式把模型砌得很可观的后起之秀。但他们不能解释或推断世事，除了可观还有什么用场呢？是理论天才吗？"

② 德索托：《奥地利学派：市场秩序与企业家创造性》，朱海就译，浙江大学出版社2010年版，第120 页。

③ 布罗姆利：《经济利益与经济制度：公共政策的理论基础》，陈郁等译，上海三联书店、上海人民出版社 1996 年版，第 288 页。

统远比任何物理学系统都来得复杂。"[①] 既然如此，为何物理学等自然科学领域的学人能很容易地转入经济学领域，并且还能快速成为经济学的权威？在很大程度上，就在于经济学人本身狭隘的知识结构以及由此产生的自卑心态，从而为那些貌似复杂的数学符号所折服，并由此产生了对自然科学的理论形式和数理逻辑的迷信和崇拜；于是，在当前经济学界，内容空洞却高度数学化的现代主流经济学往往被视为进步和前沿的，数理经济学家也往往被视为经济学的理论大师而受到顶礼膜拜。

 数量拜物教的主流化陷阱

（一）数量经济学所遭受的批判

由于盲目攀亲于自然科学，现代主流经济学中就出现了数学化的过度发展取向，以致经济学研究也明显趋于形式化和庸俗化，乃至蜕变成为与现实日益相脱节的黑板经济学。关于现代经济学中数学的滥用情形及其危害，汪立鑫总结了三个重要方面：首先，数学模型化已经由原来推进研究深化之有力手段蜕变为甄别研究者学术能力与水平之单纯"信号"，并沦落为主流经济学加强自身学术垄断地位的重要工具；其次，过度学术模型化的训练或学术要求，给主流经济学的学习与研究带来了莫大的不必要负担，使他们的人力资源配置产生了扭曲；最后，持续、过度的技术性训练也使学习和研究者对主流经济学丧失了应有的怀疑批判精神，对之形成了盲从和迷信，这一训练过程又是一个洗脑过程，它让学习研究者以为只有一种真正"科学"的经济学，并认为它已经成为一门如同自然科学一样成熟严谨的学科。[②] 事实上，目前的数理经济学文章大多基于新古典经济学的分析思维，它的一系列模型推导和实证分析都是为了"证明"新古典经济学理论的正确性；相应地，基于这种"我向思考"思维，现代主流经济学也就热衷于将其特定领域的研究方法拓展到其他领域，而忽视非主流经济学以及其他社会科学所提出的批判和告诫。显然，作为

---

① 哈肯："协同学：从物理学到经济学"，载多普弗主编：《经济学的演化基础》，锁凌燕译，北京大学出版社 2011 年版，第 62 页。

② 汪立鑫："译者序"，载罗默编：《马克思主义经济理论的分析基础》汪立鑫等译，世纪出版集团、上海人民出版社 2007 年版。

流行范式 批 判：经济学的庸俗化取向

一个具有高度学术理念的经济学人，必须能够清晰地认识到现代经济学在思维和理论上所存在的问题，认识到数学的泛滥对经济学发展的桎梏；相应地，也就必须对现代主流经济学的发展走向进行反思和批判，从而引领经济学的革新风潮。

其实，现代经济学这种过度的数理化倾向自出现伊始就遭到一些经济学大家的批判，这些批判主要体现在两方面：一是来自那些"文字型"经济学家的批判，包括门格尔、凡勃伦、奈特、米塞斯、哈耶克以及科斯等；二是来自那些精通数学工具的经济学家的批判，如马歇尔、威克塞尔以及凯恩斯等。例如，奈特就抱怨说，经济学领域有很多成员都"首先是数学家，然后才是经济学家"。而且，经过一番沉寂之后，近20年来西方学术界对现代主流经济学中的数量化偏盛现象重新发出日益增大的反思和批判声音。一般地，这些批判声音主要来自这样几个方面：①科学哲学和经济学方法领域的专家，如哈奇森、罗森伯格、考德威尔、巴克豪斯、豪斯曼、博兰、劳丹、劳森、迈凯、汉兹、克兰特、胡佛、亨德森等。②经济史或经济思想史领域的专家，如诺思、张夏准、弗兰克、沃勒斯坦、布劳格、麦克洛斯基、谢拉·道、亨特等。③源于奥地利学派、老制度经济学派、激进经济学派、马克思经济学派以及行为经济学和社会经济学等非正统经济学家，如贝尔、舒马赫、霍奇逊、金迪斯、鲍尔斯、菲贝尔、纳尔逊、卡尼曼、史密斯、海尔布罗纳、鲍尔丁、柯兹纳、罗斯巴德等。④还有一种批判和反思声音来自主流经济学界，不过往往是在这些人功成名就之后，这包括诺贝尔经济学奖得主里昂剔夫、阿莱、阿罗、希克斯、萨缪尔森、西蒙、索洛、哈恩、缪尔达尔、科斯、布坎南、森、斯蒂格利茨、克鲁格曼以及经济学大师级人物熊彼特、奥尔森、沙克尔、乔治斯库—罗根、萨默斯等，他们都曾对现代经济学的研究取向进行了批判，有的批判还相当尖锐。

（二）数量经济学的畸形化发展

当然，尽管经济学的数量化遭受了很大的批判，但由于知识结构等原因，大多数经济学人依然热衷于纯经济理论的抽象逻辑等问题，从而导致经济学的数量化日益盛行。正如乔治斯库—罗根指出的，自从奈特之后，这种形势更加恶化了，目前被当作对经济学最有贡献的，往往只是简单的数学练习，不仅没有任何经济实质，而且也没有数学价值，那些作者既不是数学家也不是经济学

208

家。[①]尤其是 20 世纪 70 年代以后欧美相继实行了教授终身制以来，经济学中的主流化现象又开始加速膨胀，几乎所有的经济学家都是在承袭新古典经济学的分析思维和基本框架下热衷于数理模型构建和计量实证分析。究其原因，终身制使青年学子更加关注文章能否发表而不是文章的创见，而数量化则更容易通过编辑和匿名审稿人的审查。布劳格写道："西方世界的经济学由美国主导，而美国的经济学又由每年在 3000 所高等研究机构中求职的 400～500 名新出炉的博士们所主导：求职成功以及一旦得到工作而求升迁的方法，就是在 300 份或者那些具有裁判意味的英语经济学杂志上发表论文，最好是在 12 份左右的领导型杂志上发表论文。无论我们如何反对技术导向的经济学数理模型化倾向，也尽管学到这类技术工具的初期投入成本十分高昂，但是一旦习得固有的程式，用这种形式写作能保证论文更容易出产却是事实，而且，也当然比用语言和图表写作的论文更容易得到赞扬和引用。"[②]

经济学的数量化倾向在当前中国经济学界更是严重，以致数学泛滥所招致的问题日益严峻。事实上，当前中国那些所谓的"一流"经济学专业刊物几乎都是还没毕业的博士生或者刚毕业不久乃至刚从数学专业转过来的、正在为职称奋斗的青年学人的"杰作"。但试想：面对如此复杂的社会经济现象，这些仅仅学习了教材上几个定理或模型的博士生或青年学人们又会有何高见呢？而且，尽管中国已有学者对现代经济学的主流取向提出非常严苛的责难，乃至有全盘否定的激烈声音；但是，迄今为止却很少有批判声音是来自"主流"经济学领域的内部，相反，几乎所有那些"功成名就"的主流经济学人往往都在刻意地维护他们从欧美搬来的那一套学术，这表现在海归经济学人身上得更明显。为什么呢？事实上，欧美经济学界的一些主流经济学家之所以往往能够在功成名就后对现代主流经济学存在的问题进行批判和反思，很大程度上就在于，继续维护这种学术并不会给自己增添某种荣誉或利益；相反，通过批判和反思不仅可以表明自身的持续存在，显示自己仍在思考问题，甚至还可能被确立为经济学未来发展的启蒙者地位。与此不同，目前中国经济学还处于被西方主流经济学完全支配的环境，任何一个经济学人的权威地位都比不上国外的相应学者以及主流范式所确立的地位；在这种情况下，这些主流经济学人即使在

---

① Georgescu-Roegen N. , 1979, Methods in Economic Science, *Journal of Economic Issues*, 13（2）：317–328.

② 布劳格："现代经济学的严峻趋势"，载迈凯编：《经济学中的事实与虚构》，李井奎等译，上海人民出版社 2006 年版，第 51 页。

功成名就后对现代主流经济学进行批判和反思，也不可能起到多大作用，反而很可能被批判为知识的落伍，从而会丧失在中国经济学界的权威地位。

（三）数量经济学上的言行分离

即使在欧美经济学界，我们也可以看到两种截然不同的情形：一方面，那些主流经济学家乃至诺贝尔经济学奖得主在取得非凡声誉之后往往也会对现代主流经济学的数理化研究取向和主流思维进行审视乃至批判，里昂剔夫、阿莱、阿罗、萨缪尔森、科斯、诺思、森等都是如此。例如，阿莱就把当前这种学风称为"数学骗术"，阿罗则批评过自己先前提出的理论观点；萨缪尔森的批判则更加激烈："长期以来，经济学家们的研究一文不值——只是为了自身的荣耀。"[①] 正是从这个意义上，麦克洛斯基和劳森等人都指出，现代主流经济学的理论家们反复使用的具体方法、实践、研究手段和推理模式与他们声称的理论观点并不一致，而且，他们实际上使用的方法并不符合其主张的正规方法论的说辞。[②] 另一方面，尽管那些功成名就者可以反过来审视自己以前的工作，甚至提出激烈的批判，从而赢得更高的学术声誉；但是，那些处于外围的经济学人或者青年学子却往往不希望自己的观点和方法偏离主流经济学太远，因为这会阻碍自己可能得到的机会。[③] 艾克纳就写道："一种关于学术经济学家活动的行为理论并不假定，这些经济学家的唯一兴趣是为了了解现实世界的经济现象和能够提出解决经济难题的政策方案。……与正统观点保持一致会使著作得到专家的赞同，这对谋取职业来说是非常有利的……如果候选人的研究表明他们未来可能的同行或上级是些误入歧途的傻瓜，那么他们将不可避免地会受到这些人的敌视。"相反，"只有那些已经接受经济学当前的缺陷的人，才能取得作为这个学科的成员的资格，这些缺陷包括它的非科学的认识方法和未经经验证实的整个思想。因此，它有助于保证以经济学专业为代表的社会系统，能够原原本本地再生出自身。"[④] 为什么出现这种差异呢？从某种意义上讲，无论是那些诺贝尔经济学奖得主还是普通研究者，他们的行为都与现代经济学所宣

---

① 转引自布雷特、蓝塞姆：《经济学家的学术思想》，孙琳等译，中国人民大学出版社、北京大学出版社 2004 年版，第 118 页。

② 劳森：《经济学与实在》，龚威译，高等教育出版社 2014 年版，第 4 页。

③ 陈亮："论主流经济学当今时代之多样性与共同性"，《现代财经》2009 年第 4 期。

④ 艾克纳：《经济学为什么还不是一门科学》，苏通等译，北京大学出版社 1990 年版，第 82—85、206 页。

扬和崇尚的理性经济人相符合：都是在不同的环境约束下追求自己的利益最大化。

事实上，那些属于芸芸大众的经济学人往往不可能遵循那些大师功成名就后的言行，却会重复他们之所以功成名就的那条道路。瓦鲁法克斯写道："如果一位学生想要成为学者，成为一位被社会承认的经济学家，这位野心勃勃的学生就必须积极学习新古典经济学……毕业时，这位学生的新古典经济学成就决定着他本人的就业机会"，"相反，如果一个天才的学生认为新古典经济学的思考方式没有任何价值，却毅然地投身于许多年的新古典经济学训练，直到成为专家才亮出自己的反对观点。这样的天才学生要么会收回他们的反对情绪，要么就是转而去研究其他学科，如历史学、数学、社会学或人类学。"[①] 其结果就是，经济学青年学子大多依从于主流的研究方面，从而集中于数量经济学一途，并导致了经济学的庸俗化发展。究其原因，一是庸俗的往往容易为大多数人所接受，因为庸俗省却了思考的麻烦以及由此带来的困惑和煎熬；二是庸俗化往往与流行的传统智慧相联系，从而为青年学子提供了快速成名的机会。显然，这种庸俗化明显地表现在文体、艺术方面的大众化，那些严肃的文学和艺术往往难以获得市场的青睐；同时，这种庸俗化不仅表现在大众生活方面，也表现在学术探究方面，尤其表现在现代主流经济学的学习和研究上。正是基于这种庸俗化倾向，青年学子大多热衷于数学工具的学习和训练，试图通过构建几个数理模型来立足经济学界，而很少愿意花时间和精力进行思想的思辨和文献的爬梳。博兰在《批判的经济学方法论》一书的开场白写道："当经济学科目受到追求名利思想如此严重的支配，也就是说，受到更关心其事业成就而非为人正直或坚忍不拔美德的人们的支配时，人们怀疑是否还会有人选择经济学方法论作为其专业。这样一种选择需要最低程度的天真。"[②] 因此，现代经济学中严重的数学拜物教现象之形成和发展，主要就与追求主流的功利主义学风密切相关，这一点也在 克兰默和科兰德对美国本科生的调查中得到了很好的印证。调查结果存在明显的矛盾：一方面，大多数学生认为，要成为一个成功的经济学家，解决问题的能力与擅长数学要比经济学知识以及从事实证研究的能力重要得多；另一方面，大多数学生又强烈抵制被视同于工程师，也不喜欢在大学时期专注于技巧与用词，而是希望有更多的思想，更多政策相关性，更多

---

① 瓦鲁法克斯：《经济学的邀请》，赵洱岽、刘立纬译，北京大学出版社2015年版，第524、525页。

② 博兰：《批判的经济学方法论》，王铁生等译，经济科学出版社2000年版，序言。

关于基本假设的讨论以及更多其他可能方案的严肃考虑。①

（四）数量拜物教根基于功利学风

中国经济学界之所以极力仿效乃至扩大源于西方经济学界的这种业已广受批判的数理化道路，即使在这种学术已经与现实出现如此脱节之际，依然对此种明显的问题不屑一顾，很大程度上也与日盛的功利学术风气和整个社会制度密切关联。一般地，方法论的选择本身就是与特定的学风密不可分的：一个功利主义的学风将会引导人们采取流行的研究路径，而过分注重现状和强调实用的分析方法也会导致功利主义学风的泛滥。同时，功利主义学风又与社会的和学术的特定制度有关：功利主义学风往往为一种扭曲的社会的、学术的制度所激励，而功利主义学风的盛行反过来又进一步强化社会的、学术的制度之扭曲和失范。也即，不断变动并被扭曲的社会制度必然会造就缺乏深厚底蕴的庸俗学风，而庸俗学风又强化了扭曲的社会制度。正因如此，当前中国经济学的发展一方面是对传统那种大而化之的教条经济学之反动，另一方面又从崇古的教条转变到了媚俗的教条。之所以形成这种极端化的跳跃，关键就在于，中国大多数经济学人不仅缺乏应有的理论素养，而且缺乏真正求知的学术精神和敢于创新的勇气；因此，他们往往只能尾随于社会之俗流，以致宁可作这种毫无意义的 Paper 制作工作也要遵守主流，从而滋生出当前这种甚嚣尘上的数量拜物教。问题是，这种主流化现象对个体而言是理性的，但对社会而言却不是理性的，因为它并没有为现代经济学带来多少实质性的认知提高和理论进步。

因此，数量拜物教在经济学的形成和发展根本上与时下的学术风气有关：自 20 世纪 70 年代以降物质主义和功利主义就在西方学术界勃然兴起，文章发表就越来越成为安身立命的基本手段。哈利·约翰逊就指出，受过研究生院培养的年轻经济学家，习惯运用他们前辈难以掌握的数学新方法，他们之所以热衷于这些新技术，目的在于使自己的职业前景更加美好。②同时，由于当前中国经济学界的功利之风更为浓厚，因而年轻人对数学的推崇也更为强烈。事实上，林毅夫就曾指出，在当今世界的十大经济学家中只有泰勒尔还在写数理文章，而且，他近来也用得越来越少了，甚至也不愿用数学了。但是，中国经济学界的数理化倾向却方兴未艾，且呈现越演越烈的势头。在较大程度上，也正

---

① Klamer A. & Colander D. , 1987, The Making of an Economist, *Journal of Economic Perspectives*, 1（2）: 95–111.

② 转引自谢拉·道:《经济学方法论》，杨培雷译，上海财经大学出版社 2007 年版，第 8 页。

在于中国经济学界的物质主义和功利主义气息更为浓厚：真正以学术追求为业的学者在经济学界已经越来越少，因而很少有人真正关心经济学的研究方法和理论体系的实质进步问题，相反往往以热衷于"贩卖"西方流行的研究方式和相关理论为能事。正因如此，当前中国社会的经济论文就越来越热衷于技巧展示，从而也就越来越缺少问题意识。

可见，数量拜物教之所以在现代经济学界盛行，另一个重要原因就是主流化导向的陷阱：功利主义的学风和扭曲的社会制度使大多数学人将学术研究当成获取名利的根据，从而热衷于主流化的学术方式。事实上，尽管不少经济学人都宣称，使用数学是为了经济学研究更为科学，从而有助于推动经济学的实质进步；但是，从他们的所作所为看，他们之所以热衷于数理模型的设计，并不是为了发现思想、取得认知，而是为了获得其他利益。这可从两方面加以说明：①这些文章往往只是将原先早已存在的思想有时甚至已经存在几百年并且已经过时的思想用数学重新包装，这种抽象数理模型化必然会丢掉一些"看不见"的内容，从而反而扭曲了原初的思想；②大量学人热衷于数学模型化的直接目的是掩盖研究者本身在思想上的平庸和荒谬性，因为数理模型可以产生一种看似高深的结果，而计量似乎又为之提供了经验事实的基础。同时，数理模型之所以具有如此强大的欺骗性，又是时下功利学风强化的结果；进而，这种功利学风根本上又源自市场的激励，是无节制的市场经济所衍生出的堕落效应的具体体现。

六　尾论：放弃形式主义的研究范式

任何科学研究的根本目的都在于其实践性，在于提高人们对研究对象的认识和解决问题的能力。经济学的研究也是如此。就数学在经济学中的作用而言，它一方面有助逻辑的严密和理论的明晰，但另一方面也可能因简化变量之间的关系而无法深入认知社会现象。从学说史上看，应用数学对一些理论的构建往往会改变理论的内容。谢拉·道就举例说，凯恩斯认为，由于经济可能出现各种变化，而每种变化都可能具有重要意义，因而用概率来测度风险的适用性就极其有限；但是，卢卡斯开创的理性预期说却将凯恩斯的不确定理论转变为可量化的风险理论，这就导致理论内涵发生了蜕化。因此，对凯恩斯理论的数学化并不是中性的，更不代表着理论的进步。[①] 相应地，塞利格曼强调，"数学有助于精确地阐述问题，但是这一事实并不会令擅长数学的人成为更好的经济学家。好的经济学家必须拥有洞察力、感悟力，他需要的是抓住问题核心的智慧"，实际上，"不管采用的是什么方法，文字的、数理的、统计的、历史的还是计量经济学的关键在于问题的选择"。[②] 从经济学说史看，那些真正对社会现实产生重大影响的缪尔达尔、哈耶克、布坎南、科斯等人也不用数学模型，但依然具有严密的推理逻辑。

尤其是，经济学研究的对象是社会经济现象，它与自然现象存在很大的差异：不但任何社会经济现象都处于不断变动之中，而且所有社会经济现象之间都存在整体性联系。因此，经济学也很难照搬自然科学中的数学方法：不仅数理模型根本难以通过几条数量关系说明真实世界中具体事物之联系，而且计量实证也根本难以在保持其他因素不变的条件下真正衡量因变量和自变量之关系。关于这一点，经济学说史中几乎所有的经济学大师都做了强调。例如，马尔萨斯说，政治经济学这门科学更加接近于道德科学和政治学，而不是数学。穆勒强调，政治经济学是同社会哲学的很多其他分支学科不可分割地纠缠在一起的。马歇尔担心过度依赖数学会导致走上追求智力玩具和与实际生活条件不相干的幻想问题的歧途，从而扰乱我们的正常感觉。凯恩斯则指出，假设条件使那些作者们在矫揉造作和毫无用处的数学符号中忘掉现实世界的复杂性和相互依赖的性质。更为典型的是奥地利学派，它强调，经济研究在于揭示事物间的因果联系，而符号和数字无法做到这一点，因而自门格尔起就建立了不用数学的个人主义分析传统。例如，哈耶克就强调，包括经济学在内的社会科学更像生物学的许多内容，而不像物理学科的大多数领域，因而必须研究复杂的基本结构；同时，统计意义上可测度的总量往往并不具有理论用途，而很多在理论上至关重要的概念也不能被测度或作经验处理。

然而，现代经济学发展到现在，却日益热衷于数理建模，甚至数学的使用程度成了区别主流和非主流的重要标准。显然，这种观念将经济学导向了严重的发展误区。哈耶克在诺贝尔经济学奖获奖致辞中就说过："尽管我认为数学技术有个大优点，即使我们不知道将决定它的具体表现的数值，它允许我们利用代数方程描述一个模式的一般性质。没有这种代数技术，我们很难描绘出一个市场中不同时间的相互依赖关系的完整图画。不过它已带来了一种幻想，我

---

①　转引自谢拉·道：《经济学方法论》，杨培雷译，上海财经大学出版社 2007 年版，第 14 页。

②　本·塞利格曼：《现代经济学主要流派》，贾拥民译，华夏出版社 2010 年版，第 803 页。

们能用这种技术决定和预测那些数量的数值；并且这已导致对定量的或数值的常数的劳而无功的搜寻。尽管事实上数理经济学的现代创始人没有这种幻想，这样的事还是发生了。……这种理论的创始人之一的帕累托，清楚地说，它的目的不能是'得出物价的数字计算'，因为，它说，假设我们能确定所有数据会是'荒谬的'。"① 例如，现代主流经济学热衷构建各种竞争模型，并以此证明市场有效。但克莱因指出："经济学家对竞争模型的偏爱，在一定程度上就像把孩子放在防护罩里，通过各种方式在学术课程中加以强调，使其合理化。这里面包含了足够的真理，避免了对这理论的广泛攻击，认为这些攻击都不相关，但其中也包含了大量的谬误，妨碍了经济学家以一种现实主义的、坦率的、直接的方式，更容易地去说明现实世界。"②

　　既然如此，现代主流经济学界为何又会滋生出如此盛大的数量拜物教现象呢？在很大程度上，这与两大因素有关：一是对经济学科性质的认知偏误；二是经济学主流化发展产生的陷阱。就前者而言，现代主流经济学界忽视本学科的特质而过分模仿自然科学的研究思维和方法，充斥了对自然科学的盲目崇拜；正是这种心理致使他们不能很好地审视经济学的学科特性，而仅仅以自然科学的特性来评估它的优势，甚至那些复杂的数理模型也被冠以博大精深以及社会科学明珠的美誉。其实，经济学理论研究本身可以从日常生活中汲取丰富的经验，并借助人的知性内省而确立比自然科学基于纯粹抽象研究的明显优势；但是，现代主流经济学却放弃了这种优势而照搬自然科学的研究思维，从而反而窒息了经济学理论的真正进步。就后者而言，大多数学人热衷于模仿和承袭已经主流化的分析道路，热衷于在常规范式下将一些存在的思想模型化；正是这种心态使他们不能很好地反思现代主流经济学的缺陷，而仅仅以获得社会和学界的承认为满足，甚至极力诋毁和压制那些反思的非常规范式的探索。其实，在很大程度上，正是由于中国经济学界盲目地追求主流化的研究思维，刻意地模仿和承袭数理化的分析道路，从而滋生出一种片面追求形式逻辑的功利主义学风；但是，功利主义却是学术研究的大敌，它导致学术成为利益或权势的附庸，从而严重阻碍了对真理的探索，也窒息了经济学科的生命力。

---

① 哈耶克："似乎有知识"，载王宏昌编译：《诺贝尔经济学奖金获得者演讲集》（上），中国社会科学出版社 1997 年版，第 223 页。

② 克莱因："经济学：配置还是评价"，载图尔、塞缪尔斯主编：《作为一个权力体系的经济》，张荐华、邓铭译，商务印书馆 2012 年版，第 22 页。

第4篇 经济学科的范式转型

　　经济学研究的庸俗化根本上体现在它是方法导向而非问题导向的，从而往往偏重形式规范和统计数据而不注意经济直觉的培育，进而也就无视现实生活中的具体问题，更无法给出治本的解决思路。之所以会形成方法导向的研究取向，又在于这样两大原因：①现代经济学极力模仿自然科学，不仅大量使用数学工具和形式逻辑，而且确立了新古典经济学常规范式，进而就在新古典经济学范式下对细枝末节问题作模型建构的解谜和计量实证的描述；②功利主义的学术风气和学术制度激励并驱使知识狭隘的经济学人刻意地追随主流，由此也就导向了学术的一元主义。因此，本篇对经济学科的本质特征和研究要求做一解析，由此来寻求现代经济学的范式转向。

审视主流经济学的范式

——从特征、弊病到成因的全面分析

导 读

受库恩范式的影响，经济学片面向物理学等自然科学攀亲，从而形成了一种常规范式的研究倾向。同时，目前中国社会的经济学研究大多局限在凯恩斯—新古典经济学的分析范式下作形式化的数理建模和计量实证，而这种分析具有明显的狭隘性和浅薄性。一方面，数理建模把行为者等同于追求最大化的原子个体，它机械性地重复成本—收益的计算，从而得出很多臆想的论断；另一方面，计量实证则将相关性关系和统计规律当成因果性关系或经济规律，它以回归分析确定事物间的作用机理，从而犯了工具主义谬误。至于新古典经济学常规范式如此流行的成因，不仅源于西方社会的自然主义思维，而且也与中国经济学人的狭隘知识结构和中国经济学界的流行学术风气有关。

 一 前言

科学理论具有这样的基本特性：反独断（Anti-dogmatism）、反权威（Anti-authority）、反迷信（Anti-supersition）。这就告诫我们，在从事理论研究时，不仅要对其他不同看法持宽容态度，更要对流行信条持质疑态度，这也是科学范式得以不断更迭和科学理论得以持续进步的基本动因。事实上，试图固守一个主流框架而取得认知上的实质进步，往往是难以想象的，这不仅是因为任何时代对世界的认知都是非常局限的，更是因为任何个体的认知能力是有限的。譬如，就现代经济学而言，某个经济学家甚至某个经济学流派往往都只是从某个特定角度并在某种特定框架下对经济世界进行解释，而放弃了其他可能的解释。根植于自然主义思维以及"假设—演绎"分析框架的现代主流经济学更是如此。事实上，即使主流经济学能够集中最优秀的大脑，它对真实世界的解释也是有限的。纵观经济学科发展史，我们就不难发现，当某个学派成为主流经济学并具有足够强大的控制力量时，经济思想的发展就会停滞下来。①

不幸的是，现代经济学在发展过程中恰恰呈现出一种越来越强盛的主流化趋势。基恩写道："在教学上，微观经济学、宏观经济学和金融学的核心课程都清除掉了非新古典的观点。零碎的非新古典主义经济学课程，无非是为了让那些异议者有事可做而已"，"在科研上，这种清洗更加彻底，因为新古典主义经济学的编辑和评审会把这些异议者的观点排除在他们编辑的杂志之外……那些不用新古典概念的文章总是被拒绝，甚至常常连审都不审"，"在公共政策上，新古典主义经济学称雄主宰著名期刊。鲜有异议者被安排在具有公共影响力的位置上，大多数官僚位置满是名牌大学的毕业生。由于这些大学的核心课程清除了非新古典主义经济学思想，这些人通常甚至不知道还有可能以其他方式来思考经济学。对他们来说，新古典主义经济学就是经济学。"② 在这种情势下，目前大多数经济学人都遵循一种"锤子规则"（The Rule of Hammer），偏重于在新古典经济学分析框架下做一些细枝末节的解谜工作，并主要集中在逻辑证明和数据检验这两方面，尤其倾向于使用日益复杂化的最优化数学技术和最新的计量分析工具进行应用研究。

在很大程度上，正是由于数学主宰了现代主流经济学的研究，现代主流经济学逐渐偏离了探究经济规律的学问要求，而日益成为一种"我向思考"的智力游戏，从而也就严重窒息了经济学思维和认知的拓展。在 20 世纪 80 年代，里昂惕夫就指出，"专业经济学杂志上连篇累牍地充满了数学公式，让读者从一大堆多少有点道理但又是完全随意捏造的假设前提中去推导出精确但毫不相关的理论结论"。③10 年后布劳格进一步发出了这样的感慨："现代经济学生病了。经济学已经日益成为她自身的游戏，而无关于实践的结果：经济学家们逐渐将其领域转变为一门社会数理学，在该领域里，数理所秉持的分析上的严格一统天下，而物理系坚持的经验相关性则被置之脑后。某一主题如果无法为正式的模型所处理，就只能被打入冷宫。拿起一本今天的《美国经济评论》（AER）或《经济刊期》，专业出版物刻意追求的枯燥乏味足以让你有置身于另

---

① 赵峰："经济学的异端及其命运"，http://www.chinavalue.net/Article/Archive/2008/5/3/113213_5.html。

② 基恩：《经济学的真相》，霍彦立等译，电子工业出版社 2015 年版，第 11 页。

③ Leontief W. , 1982, Academic Economics, *Science*, 217（9）:104.

一个星球的感觉，就更不用说《计量经济学》或《经济研究评论》（RES）了。一个世纪前，经济学被称为一门'沉闷的科学'，但昨日之沉闷远逊于今日经院派催眠式的沉闷。"①

显然，无论是科学理论的要求还是当前经济学的现状，都对现代经济学的范式转换和发展提出了要求：经济学研究应该跳出新古典经济学的范式窠臼，摆脱主流思维和数量拜物教的束缚，积极参考其他学科的思维而形成多元化的研究路向。然而，尽管经济学的危机如此沉重，但大多数经济学人依旧固守常规范式，依然沉迷于数理建模和计量实证，这就涉及了当代经济学人的知识结构和学术风气。因此，本章就此相关问题做一阐述。

 ## 二 现代经济学主流范式的基本特征

现代经济学的研究论文往往受羊群效应的引导，以致无论在思想上还是在方法上都形成了明显的主流和非主流之分。一般地，所谓主流经济学，通常是指为一群具有极高声望的经济学家所使用并进入顶级大学的经济学教科书中的那些理论观点和研究思维。正是受这些经济学泰斗和顶级大学的影响，相关理论观点和研究思维就为其他经济学人或次级大学所效仿，从而在学术界形成了理论观点和研究方法上的多数。显然，这种多数不仅体现在研究者人数和刊物上，也体现在受到资助的资金额和被授予的奖项数上。进一步地，新古典经济学的研究思维和理论观点在现代经济学教材中占据了绝对的统治地位，② 这些基本观点和思维还在更高级的著作中被扩展和细化；同时，这种细化和扩展过程往往借助于严格的数理建模和计量实证，这些细化的论文就构成了所谓的"前沿"研究。

承袭新古典经济学，现代主流经济学的研究呈现出两大基本特征：一是所研究的主要领域，它关注工程学内容，集中研究具有稳定的外在偏好并作最大化选择的理性行为，并强调市场机制的有效性；二是所使用的主要方法，它倾

① 布劳格："现代经济学的严峻趋势"，载迈凯编：《经济学中的事实与虚构》，李井奎等译，上海人民出版社2006年版，第42~43页。参见 Blaug M.，2002，Ugly Currents in Modern Economics，In：Maki U. *Fact and Fiction in Economics*，Cambridge：Cambridge University Press.

② 希尔、迈亚特：《你最应该知道的主流经济学教科书的荒谬》，夏愉译，金城出版社2011年版，第2页。

向于自然科学方法，在理论研究中采用在一定约束下的正式数理模型，在应用研究中则以计量实证分析做补充。相应地，这两大特征也就成了现代经济学界界定主流和非主流的基本维度。例如，纳尔逊就认为，主流经济学和非主流经济学的区别就体现在两方面：一方面，就研究领域而言，主流经济学的研究主要集中在公共领域并关注个人行为和效率问题（主要是指市场和政府的活动），而非主流经济学的研究主要集中在私人领域并关注社会制度和平等公正问题（主要是指包括家庭在内的伦理生活）；另一方面，就研究方法而言，主流经济学评价学说所使用的基本方法往往具有严格性、精确性、客观性、科学性、一般性、正式性和数学化，而非主流经济学评价学说所使用的基本方法则更呈现出直觉性、模糊型、主观性、非科学性、偏面性、非正式性和文字化。①

相应地，现代主流经济学的研究就呈现出这样的基本特点：遵循特定的新古典经济学分析范式，将主要注意力放在模型的内部逻辑一致性上而非问题的实际解决上；同时，通过设立一系列外围假设来免除自身理论被经验材料证伪的可能性，从而形成一种逻辑"演进"的解释体系。正是基于这种常规范式，大多数经济学人都热衷于撰写方法导向的"前沿"论文，而不是具有独立体系的专著。多兰就总结了这种常规科学的特点："经济学家们的相互交流主要依靠的是代表对知识有所贡献的期刊文章，而不是关于基本原理的教科书。有牢固确立的教科书传统，学生们只是在他们训练的高级阶段才粗略地接触古典和当代经济学家的原著。经济学家的日常工作是确定显著的经验事实，把事实和理论对照，并扩展理论的应用领域，很少关心什么构成一个正确的问题或什么构成经济分析中一个正确的解之类的基本问题。争论是有的，但在争论的背后，原则上人们对用什么类型的证据和思维方式来解决争论具有一致意见。"②

然而，基于上述两大维度对主流经济学和非主流经济学的界定，主要体现了 20 世纪 70 年代之前的学术情形，而在 20 世纪 70 年代以后这种区别标准就逐渐变得模糊了。究其原因，科学至上主义热衷于对自然科学的模仿，它不仅将新古典经济学范式当成常规范式，而且将其学说视为远比之前更为系统和进步的学说；同时，随着经济学帝国主义运动的推行，现代经济学的研究领域已经大大拓宽了，广泛深入到了家庭等传统私人领域以及社会制度等传统非经济

---

① Nelson J.A. , 1996, *Feminism, Objectivity and Economics* , London & New York: Routledge，P.22.

② 多兰："作为非科学的奥地利学派经济学"，载多兰主编：《现代奥地利学派经济学的基础》，王文玉译，浙江大学出版社 2008 年版，第 3 页。

问题。因此，为了将一部分学人与另一部分学人区别开来并赋予他们以更高的学术地位和更大的资源优势，现代主流经济学对主流和非主流的区别标准就主要集中在第二个维度：方法论的选择上。一般地，主流经济学往往将形式逻辑的严谨性视为科学的根本标志，从而热衷于采用数学工具，建立大量的数理模型和计量模型；相反，非主流经济学更注重对事物本质的探究，从而倾向于采用批判理性主义和演化主义的思维，致力于建立一些典型的理想模型。科兰德写道："经济学史是方法论斗争的历史……这种斗争常常被描述为数学方法与非数学的历史和制度方法之间的斗争，这是主流与异端的一条分界线。"①

因此，对数学逻辑以及数学工具的使用程度就逐渐成为当前区分主流经济学和非主流经济学的基本标准。克鲁格曼就写道："为什么有的思想被人们接受，而有的却被拒之门外呢？答案对于局外人也许有些神秘，但对从事经济学研究的人而言却再明显不过了，那就是只有可以模型化的思想才会得到垂青。"②为此，劳森强调，数学演绎方法是主流经济学的本质特征。实际上，无论是对主流经济学方法论的批判还是捍卫，争论的焦点都集中在数学演绎方法上。非主流经济学认为，充斥在经济学论文中的数学公式只不过是从一系列貌似合理却非常武断的假设出发，最终将把读者引至表述精确却与现实无关的理论上；而且，由于新奇、多样性、复杂性、演化等与数学模型所依据的形式逻辑相抵触，从而在主流经济学的分析程序中就难以嵌入真正的演化思维。③尤其是，随着数学的运用成为主流经济学的根本标志，以及功利主义对"主流化"现象的强化，现代经济学的研究取向也就发生了重大变化。

首先，模糊了正统经济学和主流经济学的界分。按照张林的理解，正统经济学 (Orthodox Economics) 和非正统经济学 (Heterodox Economics) 属于意识形态范畴，主流经济学与非主流经济学则属于历史和地域范畴。从学术史上看，正统经济学的学术主张集中体现为维护现存体制，倡导经济自由主义以及推崇市场机制，研究方法上则采取个体主义的、静态的、机械的方法；相反，非正统经济学的学术主张则集中体现为批判现有资本主义制度、倡导国家干预以及反对维护自由市场的正统经济学说，研究方法上则采取整体主义的、动态的、

---

① Colander D. ,2000,Introduction,In： Colander D.（Eds.）,*Complexity and the History of Economic Thought*, P. 52.

② 克鲁格曼：《发展、地理学与经济理论》，蔡荣译，北京大学出版社、中国人民大学出版社2000年版，第6页。

③ 贾根良：《西方异端经济学主要流派研究》，中国人民大学出版社 2010 年版，第 330 页。

有机的或者演化的方法。显然，无论是凯恩斯经济学、新古典经济学还是奥地利学派或新制度经济学，都属于正统经济学阵营；相反，无论是马克思经济学（以及激进经济学）、美国制度主义还是后凯恩斯经济学或者女性主义经济学，都属于非正统经济学。同时，从学术史上看，正统经济学和非正统经济学以及主流经济学与非主流经济学这两对概念存在这样的关系：①正统学说在大多数历史时期都处于主流地位，只不过在不同历史时期主流经济学的地位分别被不同的正统学派所把持；②这两对概念往往也存在交叉，如德国历史学派在19世纪后半叶的德国是主流经济学，美国制度主义在20世纪前30年的美国也处于主流地位，而属于正统学说的奥地利学派则一直处于非主流地位。[①] 但是，自从数理方法的地位凸显后，正统与非正统的区分就开始为主流与非主流的区分所取代了。

其次，塑造了经济学界的新生态。例如，新制度经济学、公共选择经济学、奥地利学派经济学等新分支都承袭了新古典经济学基本思维，从而依然属于维护现实制度和市场机制的正统学说，并且在一些方面也提供了极有助益的洞见和"革新"；但是，它们没有使用数学这种"科学"语言，因而在短暂的勃兴之后很快就式微了，就不再是获得很多学人追随的主流学说。相应地，为了能够进入主流，社会生活领域的一些研究也转而大量使用数学工具，从而导致了数理政治科学、博弈制度分析等的兴起。与此相反，尽管马克思主义经济学历来被视为非正统学说，甚至马克思主义学术观点迄今依然受到一些主流经济学人的排斥；但是，分析马克思主义经济学或者数理马克思主义经济学却由于使用了大量的数学工具而逐渐被主流经济学所接受，因而相关文章在一些主流刊物上也逐渐获得了发表的机会。相应地，一些马克思经济学者也开始强调马克思经济学的数理化转变，从而导致分析马克思主义经济学和数理马克思主义经济学的兴起。事实上，正是受数理化思潮的影响，新古典经济学的理性选择学说就从相对狭隘的传统经济领域逐渐推广到几乎所有的社会生活领域，从而形成波澜壮阔的经济学帝国主义运动。同时，由于市场交易和政府管制等公共领域中的经济行为分析可以更好地使用数学工具，因而经济分析也就重新开始集中在这些领域；相反，其他诸如经济哲学、伦理经济学、社会经济学以及心理经济学等跨学科研究领域，则因难以使用复杂的数学推理而日益式微。

最后，经济理论研究蜕变成了模型的构造。劳森就写道："在一名主流经

---

① 张林："熊彼特与凡勃伦：谁是演化经济学更恰当的源泉"，《演化与创新经济学评论》2011年第2期。

济学看来，理论就意味着模型，而模型就意味着经济思想必须使用数学现实来表达……在越是高级的课程中，经济理论越是使用更多的数学模型加以阐释。"[1] 相应地，目前经济学专业刊物上发表的绝大多数论文也都必须有数学模型，从而充斥了数学公式和符号。弗雷和艾肯伯格就指出，这些主流经济学刊物往往"把作者在现有范式之内用形式化范式处理问题的能力作为一种低成本的筛选程序，以限制不这样做可能带来的大量潜在投稿"。[2] 正是由于数学模型以及计量分析成了审查和评估论文的标准，从而就逐渐衍生出了一种具有强大统治力的数量拜物教：①经济院校中几乎所有的经济学专业课程都集中在与"三高"相关的课程上，基础训练几乎都是与数理建模和计量工具有关的，这只要浏览一下那些名牌大学经济学专业的课程设计就一清二楚了；②绝大部分青年学子的研究都集中在数量经济学领域，从事机械化的数理建模和形式化的实证分析，这从他们的选课情形和论文选题中可以看得一清二楚。劳森也写道："当前，数学运用成了大学经济学系研究生课程的中心，这些课程通常只包括微观（数学）建模、宏观（数学）建模、计量经济学建模。"[3] 同时，正是由于数学工具的大量使用，现代主流经济学就业已退化成应用数学的一个分支；乃至建立数理模型和计量模型就逐渐成为经济学研究的目的，而本应被放在首位的经济问题却被排挤在一旁。[4]

 ## 三　现代经济学主流范式的缺陷剖析

　　现代主流经济学热衷于使用数学工具和数理逻辑，而数学工具和数理逻辑的使用又以工具理性为基础，从而导致数学分析与理性选择说的紧密结合。同时，当前的数理经济学文章大多是在凯恩斯—新古典经济学分析框架下所做的数理建模和计量实证：数理建模将人还原为追求效用最大化的原子个体，它机械性地重复成本—收益的计算；计量实证则以数据回归来确定事物间的功能联系，并以此回归结论来解释事物间的作用机理。进而，现代主流经济学将数理

---

①　Lawson T.，2003，*Reorienting Economics*，London & New York: Routledge Press，P.6.

②　Frey B.S.，1993，Eichenberge R. American and European Economics and Economists，*Journal of Economic Perspectives*，7（4）：185-193.

③　Lawson T.，2003，*Reorienting Economics*，London & New York：Routledge Press，P.4.

④　贾根良、徐尚：《"经济学改革国际运动"研究》，中国人民大学出版社2009年版，第79页。

模型和计量分析所得出的结论应用于实际生活，或者对社会经济现象的未来发展进行预测，或者为具体现实实践提供政策指导。问题是，一方面，这两大研究取向在分析思维上都存在严重缺陷，从而无法对现实事物提供合理的解释；另一方面，将本来就存在问题的分析结论应用于社会实践，更可能招致灾难性的后果。例如，现代主流经济学基于理性假说根本就预测不到经济危机，恰恰相反，它基于理性模型所设计的各种金融衍生品还是经济危机的导火索。这里分别就主流经济范式的两大分支做一简要剖析。

（一）就计量实证而言

基于计量模型的回归分析所揭示的通常只是一种统计关系，它在某种程度上体现了事物之间的功能性联系，却无法揭示超越经验的因果关系和事物之间相互作用的内在机理。正因如此，由计量分析所获得的仅仅是一些就事论事的经验性知识，它对社会经济现象的解释往往具有很强的片面性，因为它舍去了大量无法量化的因素，而这些因素可能是至关重要的。例如，贝克尔在分析结婚和离婚行为时就提出一个假设：那些离过婚的人通常会比未曾离过婚的人更易于争吵，更不讨人喜爱；因此，令人不快的性情是导致婚姻破裂的重要原因之一，离过婚的人也往往被视为更不理想的婚姻候选人。[1] 但是，这种分析显然存在逻辑谬误：①离婚后再结婚的概率在不同文化和社会中明显是不同的，因而这一分析没有揭示与离婚有关的更深刻的社会和文化因素；②人的性情本身往往因环境而变化，因此，与其说令人不快的性情导致了离婚，还不如说因婚姻中的问题滋生了令人不快的性情。女性主义经济学家伍利（Woolley）就说，贝克尔的这些假设是非常无礼和令人讨厌的。[2] 究其原因，贝克尔的数据分析在很大程度上是基于功能主义思维。

同时，主流经济学人还积极将计量分析的实证结论拓展到其他应用领域，这就是日益泛滥的应用计量经济学。但是，无论是在经济发展的预测上还是在社会实践的指导上，基于逻辑实证主义的计量分析都潜含着明显的工具主义谬误。这里以经济周期理论为例加以说明。凯恩斯基于经济直觉将宏观经济分为长期与短期，其中，长期中经济状况取决于总供给，总供给则受制于一国制度、资源和技术，而短期中的经济状况取决于总需求；经济周期是短期经济围绕这种长期趋势的变动，或者说短期经济与长期趋势的背离。但是，基德兰德

---

① Becker G. , 1991, *A Treatise on the Family*, Cambridge MA: Harvard University Press, PP. 139–140.

② Woolley F. , 1996, Getting the Better of Becker, *Feminist Economics*, 2（1）: 114–120.

和普雷斯科特等基于复杂的计量模型却提出了与之相反的真实经济周期理论。真实经济周期理论认为，市场机制本身是完善的，在长期或短期中都可以自发地使经济实现充分就业的均衡；经济周期主要源于经济体系之外的一些真实因素，如技术进步、石油价格、气候变化、政策变化等的冲击，而不是因为市场机制的不完善。因此，经济周期的发生不是因为暂时偏离了最优的产量水平，而是因为潜在产量发生了波动，经济衰退和繁荣都是市场对真实经济环境中的变化作出的有效反应。相应地，真实周期理论也就不承认非自愿失业的存在。问题是，现实中的失业主要是甚至都是自愿的吗？几乎所有的研究都表明，失业会给失业者造成心理和社会的损失，从而带来重大不幸福。[①]

其实，尽管真实周期理论不承认非自愿失业的存在，但是，长期而普遍的失业以及 2008 年的经济危机都明显证伪了真实经济周期理论。为此，《真实世界经济学评论》杂志 2010 年在评选"经济学炸药奖"时就将普雷斯科特和基德兰德列为主要候选人，其理由是，他们合作发展的真实周期理论"极大地忽视了信贷的作用，从而降低了经济学对宏观经济动态过程的理解"。[②]当然，真实经济周期理论之所以为经济学人广泛接受，一个重要的原因就是，它构建了一个较为精致的计量经济模型并提供了大量的经验证据。问题在于，这些实证分析所提供的经验证据果真具有足够的支持力量吗？显然没有。美国《MIT 技术评论》总编施莱弗就指出，真实周期理论不仅是一个同义反复，因为它将经济周期的发生归咎于经济的增长或下降；而且，它不断重复的"就业率的上升和下降是因为工人选择在生产率更高时多工作而在生产率低时少工作"这一论断也被证明是愚蠢的，因为大量证据提供了相反的结果。甚至最后普雷斯科特和基德兰德也修正说，这只能解释 70% 的经济周期起因，而其余部分要归因于其他原因。[③]在很大程度上，基于数据选择和处理的计量根本上就是选择性的，这些都反映出实证分析所内在的主观性和规范性。布劳格就指出，"他们不是提出可供标准计量经济学方法检验的模型，而是使它们削足适履，服从于'测定刻度'，即他们将模型的参

---

①　弗雷、斯塔特勒：《幸福与经济学：经济和制度对人类福祉的影响》，静也译，北京大学出版社 2006 年版，第 121 页。

②　"Vote for the Dynamite Prize in Economics"，http://rwer.wordpress.com/vote-for-the-ignoble-prize-for-economics/.

③　施莱弗：《经济学家的假设》，邓春玲、刁军、韩爽译，格致出版社、上海人民出版社 2019 年版，第 212 页。

数限定为或者以随机的经验为基础，或者是一些与计量经济学研究无关的变量，之所以如此选择参数是为了保证模型能够模仿历史资料的一些突出特征"。[①]

（二）就数理建模而言

数理建模主要依赖于一种抽象的理性选择学说，它便于以边际主义原则或收益—成本原则为基础进行分析，并根据计算的收益最大化结果来解释或预测个体的偏好及其行为。但是，由理性模型演绎出的很多结论都是臆想的：对社会现象的解释往往是牵强附会的甚至是荒谬的，与社会事实存在明显的脱节。事实上，人类行为本身受各种社会性因素的影响，而社会经济现象往往又是诸多因素共同作用的结果，有时甚至源自一种偶然的触发因素。譬如，一些经济学人基于收益—成本的静态分析以及博弈思维而编造了交通规则"左侧通行"向"右侧通行"的演变：早先的骑士是佩刀的，靠左行驶是为了便于在与敌人相遇时快速攻击；而后来随着枪支取代了刀，于是就开始靠右行了，因为这样更有利于拔枪射击。问题是，这种分析如何解释目前两类交通规则依然在很多国家或地区并行的事实呢？同样，另一编造的说法是：以前驾马车去集市必须右手握鞭，而靠左行驶会伤及过路人。问题是，现在开车不再去集市且不用鞭子了，但为何就不能靠左行驶了呢？其实，从历史上看，交通规则的改变源于法国大革命：在此前，法国及欧洲其他地区大马车按习俗都是靠左行驶的，这意味着行人面对行驶而来的马车只能靠右行驶，由此，靠左行驶就与特权联系在一起，而靠右则被认为更加"民主"；因此，法国大革命之后，这一惯例就由于象征性原因而被改变了，后来拿破仑对他的军队也采用了新的习俗，进而，这一习俗也随着拿破仑军队的扩张而逐渐移植到他所占领的其他国家，并由此形成了自西向东的扩散。[②]

同样，姚洋也以阿西莫格鲁对西方选举权扩展的分析为例来说明以经济逻辑代替深入的社会、政治和历史分析的谬误。西方国家早期的选举权只给予有一定财产的男性，之后才通过降低财产限制扩大到所有男性，并最终在20世纪初扩大到女性；针对这一点，阿西莫格鲁提出的理由是：当权的强势集团惧

---

① 布劳格："现代经济学的严峻趋势"，载迈凯编：《经济学中的事实与虚构》，李井奎等译，上海人民出版社2006年版，第49页。

② H.P.扬：《个人策略与社会结构：制度的演化理论》，王勇译，上海三联书店、上海人民出版社2004年版，第19页。

怕没有选举权的人们的暴力反抗。在这里，阿西莫格鲁对预防暴力反抗的两种方式进行了经济逻辑的分析。①给予潜在的反抗者更多的好处，比如进行更多的收入再分配。但阿西莫格鲁认为，这种方式不具备时间一致性，因为当权者可以在发生危机的时候多给反抗者一些甜头，而只要危机过去就不再给；相应地，反抗者就不会相信当权者的承诺，而会进行暴力反抗。②给潜在的反抗者选举权，让他们拥有自己决定分配的权力。阿西莫格鲁认为，在此种情况下，当权者和潜在反抗者之间的权力分享让后者自己成为决策者，从而让他们失去了暴力反抗的理由。但姚洋指出，按照阿西莫格鲁的逻辑，妇女大概永远也不会有投票权，因为她们的丈夫有了投票权，可以从国家获得利益，而且她们也没有反抗当权者所需的膂力。相反，姚洋认为，妇女之所以能够获得投票权，主要和人文主义的伸张、特别是妇女本身的自我觉醒有关。①

同时，一些经济学人还积极将数理模型的演绎结论拓展到其他应用领域，不仅由此来预测人类的行动，甚至还由此来构设一系列经济的、社会的和政治的制度；但现实是，它不仅无法真正预测和解释社会经济活动和社会经济现象，反而还会引发新的社会问题，使人类社会越来越脆弱。关于这一点，我们可以从周而复始的经济危机中可见一斑。现代经济学认为，市场竞争可以促使信息的披露和传播，而信息足够完备是个人行为理性的基础，在"无形的手"的预定协调之下，以逐利为导向的工具理性之充分发挥可以使一个社会达到利益最大化的均衡状态。因此，理论和制度的关键作用就在于提高人的工具理性，并由此创设各种有助于工具理性运用的组织和制度。何宗武写道："金融市场的衍生性商品，只要财务过程能设定均衡条件且解出相关参数，这个商品就可以被规划一个市场然而上市。"②问题是，金融体系的精密化果真可以化解潜在的经济危机吗？显然，2008 年以来的全球性经济危机有力地证伪了这一点：事实真理与主流经济学的逻辑"真理"恰恰相反，现实的社会经济不是均衡的。

其实，现代主流经济学在形式逻辑的演绎下逐渐成为一种封闭的自我生产体系，将这种封闭系统创造出来的知识应用到社会中当然也就会脱离现实。何宗武写道："在依赖数学模型的研究方法之下，经济学知识的产生过程，如同制造业一样。可以透过一个标准化的生产线，大量生产出来。这类型的知识，

---

①　姚洋："经济学的科学主义谬误"，《读书》2006 年第 12 期。

②　何宗武："经济理论的人文反思"，载黄瑞祺、罗晓南主编：《人文社会科学的逻辑》，松慧文化（台北）2005 年版，第 425 页。

没有历史内容，没有语言逻辑，也没有社会性。只有抽象的市场和复杂的数学运算符号"，于是"'什么是经济活动的知识'在经济问题的研究中，已经不再被人关心"。[①]100多年前，威廉·詹姆士就指出，任何一个问题的最大敌人就是研究这一问题的教授们，因为从事实际业务的人会不断地与生活界和自然界的事实保持接触，从经验中获得观念，并随着实践发展而不断对观念加以改变，并由此改造他的理论，使其适合于必须应用这些理论的事实；但是，教授们却从其他人的关系中去认识那些生活和自然界的事实，并假定这些东西都是别人给予他的，他从这些事实中进行概括并整理出各种概念和理论来，然后再从中推论出更多的概念和理论，基于这些事实，他建立起一套顽强的、违反生活和自然界事实的且非常固执的教义，并企图使生活和自然界符合他的理论模型。[②] 显然，詹姆士的批判正中现代主流经济学以及现代经济学人的要害。

可见，正是基于主流的新古典分析框架，经济学人大多热衷于对一些细枝末节问题的建模解释和计量论证。克莱因就写道："在经济学中，一直以来总是潜伏着人格分裂，并且总是只通过清扫诸多主要问题下面的小毛毯来解决问题，这块小毛毯越来越频繁地偷偷流出来弄脏经济学家和计量经济学家干净的世界。在越来越多的模型中，我们可以处理无论多少个变量，但我们却不能处理这个体系的方向和含义、目标和目的这些根本问题。过分专注于最多只是经济学冰山一角的那些用来解决问题的工具，总是需要让人们相信这些工具解决了经济学的核心问题，这长期以来都是这一学科的特征。"[③] 事实上，现代经济学无休止地使自身的理论体系不断细化，使自身理论变得越来越复杂，并给人一种越来越细致、越来越精确的印象，从而给人一种值得信赖的印象。但是，不切实际地将理论体系不断细化，最终会变成一种类似游戏的东西，而不是经得起经验检验的学术成就；尤其是，由于"主流"经济学人大多把心思放在"他获得的数据和技术性细节"方面，从而会忽略一切社会后果，甚至会在良心不受谴责的情况下"支持一种对大多数人而言有害无益的经济

---

① 何宗武："经济理论的人文反思"，载黄瑞祺、罗晓南主编：《人文社会科学的逻辑》，松慧文化（台北）2005年版，第424页。

② 参见庞德：《通过法律的社会控制》，沈宗灵译，商务印书馆2010年版，第2页。

③ 克莱因："经济学：配置还是评价"，载图尔、塞缪尔斯主编：《作为一个权力体系的经济》，张荐华、邓铭译，商务印书馆2012年版，第17页。

体系"。①

四 经济学人盲从常规范式的原因

　　上面的分析表明，流行研究范式存在严重的逻辑缺陷：它的计量分析是功能主义的，它的理性建模是先验主义的。何梦笔写道："方法论工具主义认为，新古典模型只是为计量经济学工具服务的。它不需要声称是对真实的描述。如果通过统计检验，经验上得出了有意义的结果，那么可以得出结论：理论是正确的，正如对效用的经验研究所测量的那样。"② 这种研究范式显然与科学理论的研究要求相悖。实际上，理论研究的基本目的在于对事物实在结构和内在本质的揭示，在于对事物间相互作用的因果机理的剖析，而功能主义和工具主义分析思维根本上无法做到这一点。因此，局限于现代主流经济学的研究范式，不仅无法得出一般的社会科学理论，而且也无法提供合理的本体论解释和治本的政策主张。例如，尽管经济学人热衷于通过计量实证来为现代主流经济学理论提供经验支持，或者试图通过证伪而提出新的理论假说，但正如拉卡托斯指出的，"没有任何实验结果能单独击败一个'理论'"。③ 既然如此，现代主流经济学为何会如此迷恋新古典经济学的研究范式呢？这就需要从库恩范式的影响以及经济学发展中的正反馈效应说起。

　　现代学术研究深受库恩提出的常规范式的影响。根据库恩范式，在科学的一些分支领域，人们在经受充分训练并已做出了有成效的工作后就会相信基本问题已被解决，接下来的常规科学工作就在于求解当前某一知识领域留下的谜题，也就是"解谜"。例如，那些将牛顿的运动和引力定律提升到行星轨道问题上的科学家就认为，牛顿定律是不成问题的。为此，他们开始热衷于分享一整套关于数学技巧的规范，并致力于对范式进行精确和系统的阐述、发展，以及对范式的细致的理论进展加以验证。显然，在这种共同分析范式下，问题被明确界定了，解决办法也受到严格约束；所以，每个研究者都能比较容易地把握其他人正在做什么，能够在他人成功与失败的基础上继续去做。同时，他们

---

① 加尔布雷思：《经济学与公共目标》，于海生译，华夏出版社2010年版，第31页。

② 何梦笔："演化经济学的本体论基础"，载多普菲编：《演化经济学》，贾根良等译，高等教育出版社2004年版，第87页。

③ 拉卡托斯：《数学、科学和认识论》，林夏水等译，商务印书馆2010年版，第333页。

的许多努力往往也被证明是有道理的，因为研究人员相信他们避免了基础的、困难的、混沌的和费时的理论争论，从而没有将时间"浪费"在毫无答案和胡乱猜想的问题上。所以，库恩写道："这三类问题——确定重要事实、理论与事实相一致、阐明理论——我认为已经涵盖了常规科学的文献，不论是经验科学的还是理论科学的文献。"①

不过，常规范式的适用性主要体现在自然科学领域。究其原因，自然现象比较稳定，在没有出现理论突破之前，自然科学主要集中于一些特定难题的探究或者应用中细枝末节的发现。相反，将常规范式应用于社会科学时却需要非常慎重。究其原因，社会现象更复杂多变，社会科学理论也更不成熟，任何社会现象的解释和解决都需要用到几乎社会科学所有分支的知识。古德纳写道："库恩的'常规科学'概念是了解技术知识分子的认知生活及他们不同于人文知识分子的关键。'常规科学'指的是致力于此的人会将精力集中于解决'范式的'（即常规科学的核心）难题。技术知识分子专注于学科范式内的工作，探索它内部的符号空间，把它的原则延伸到新的领域，并将要作更好的调整。与此相反，人文知识分子的活动领域普遍缺乏一致认可的有效范式，而可能会有几个相互竞争的范式。因此，他们不把具有单一支配范式的常规科学当成常见的情况。"②

然而，在罗宾斯、弗里德曼、萨缪尔森、贝克尔等人的努力下，常规范式思维却逐渐主导了现代主流经济学的研究。究其原因，自新古典经济学以降，现代主流经济学就日益局限于资源配置这一工程学内容，从而开始模仿物理学等自然科学的研究思维，将丰富多样的社会主体抽象还原为同质的原子个体，并大肆引入自然科学所使用的数学工具和分析逻辑。在极力仿效物理学等自然科学的同时，现代主流经济学又刻意地与社会科学其他分支保持距离，把社会科学的其他分支学科都视为科学程度不高的次级学科。结果，正如诺贝尔经济学奖得主布坎南指出的："一旦我们在方法论上陷入求最大值的范式的约束，经济学就变成了应用数学或者说工程学。"③

在很大程度上，现代主流经济学采取的是一种机械论思维。一般地，机械论范式以这样三个基本公理为基础：①现实是由物质—能量组成的"硬"存

---

① 库恩：《科学革命的结构》，金吾伦、胡新和译，北京大学出版社 2003 年版，第 26 页。

② 古德纳：《知识分子未来和新阶级的兴起》，顾晓辉等译，江苏人民出版社 2002 年版，第 59—60 页。

③ 布坎南：《经济学家应该做什么》，罗根基等译，西南财经大学出版社 1988 年版，第 65 页。

在，其行为由不变的规律决定；②现实存在是相互独立的，各自使用其不变的信息；③系统内不会发生内生变化。从中，我们可以得到这样三个推论：第一公理表明，机械论范式不会运用特性来区分研究对象；第二公理表明，不存在相互联系的个体形成的结构；第三公理则表明，结构不会发生变化。①但显然，这三种含义与社会经济现象是不相符的，因而简单地将这种机械论思维引入经济学研究中就犯了认识论谬误。在很大程度上，正是现代主流经济学以理性选择思维为基础的模型建构中对技术的过分强调以及经济论文中对数学的过分推崇，导致经济学缺乏多元化的思维，从而其思想也受到了严重的窒息。德布鲁就承认："在过去的 20 年中，经济理论已经被一股看似不可抵挡的潮流推得更远，而数学化所取得的成功只能部分地解释这一现象……（理论家们）所选择的、试图对其加以回答的问题本身受到了他们数学背景的影响。因此，基于这种看法经济学的一部分如果不是受到边缘化的话，也有可能会变成次生的，这种危险是一直存在的。"②

　　然而，在功利主义心态的驱使下，大多数经济学人却依旧热衷于在新古典经济学范式下进行理性模型的构建，从而导致数理化取向越来越偏盛、主流化现象越来越明显。格林和沙皮罗就写道："令人惊讶的是，20 世纪 50 年代以来，（缺乏经验基础的理性选择建模所包含的）这些缺陷竟然几乎没有什么改变。"③而且，即使这种数理化取向在欧美经济学界已经面临了越来越大的批判，但在当前中国经济学界，数理经济学的地位却依然如日中天。实际上，中国经济学的主流化现象日益明显和普遍，乃至中国经济学几乎被数量经济学家占领。在这种情况下，任何对现代主流经济学研究方法的反思和批判都会遭到这些主流化经济学人的蔑视和压制，任何纯粹文字型的论文都被当作低质量的论文而被弃之一旁。那么，为什么会出现如此情况呢？在很大程度上，这又与现代经济学人的知识结构和经济学界的流行学风有关。

　　首先，就现代经济学人的知识结构而言。20 世纪 70 年代以降，自然科学出身的学人逐渐占据了经济学的主要岗位，他们熟悉的是数学工具和解题技巧，却缺乏足够的人文素养和社会科学知识。譬如，贝克尔就乐于在给定偏好

---

　　① 多普弗："演化经济学：理论框架"，载多普弗主编：《经济学的演化基础》，锁凌燕译，北京大学出版社 2011 年版，第 11 页。

　　② Debru G., 1991, The Mathematization of Economics, *American Economic Review*, 81（1）: 1–7.

　　③ 格林、沙皮罗：《理性选择理论的病变：政治学运用批判》，徐湘林等译，广西师范大学出版社 2004 年版，序言。

和约束条件下解释和预测个体的选择行为，并且，假设偏好对所有个体都是相同的且稳定不变的，从而主要集中于约束条件来分析选择行为。但问题是，如果将主观偏好的解释排除在理性选择范围之外，就根本无法区别不同个体的选择差异。那么，贝克尔为什么不愿对人们怎样接受和改变其偏好进行探讨呢？贝克尔的解释是："对于经济学家来说，将他们的选择理论基于不同的嗜好是令人烦扰的，因为他们知道没有关于嗜好形成的理论，也不能从其他社会科学中获得这样的理论，因为这样的东西根本就不存在……因此，在于它所依靠的嗜好的不同来对行为进行解释，而它既不能解释嗜好是如何形成的，又不能预测它的效果。"[①] 但实际上，社会科学其他分支对人类的习惯、嗜好等已经做了大量的分析，积累了不少的知识和理论。

显然，这暴露了现代主流经济学人的知识缺陷，其知识结构是偏狭的。范伯格就写道："经济学家们经常为他们对偏好的不可知论态度辩护，比如贝克尔，他认为有关偏好的形成还不存在'有成效的理论'。这种观点不仅明显地反映了'知识的狂妄'，而且它相当于成为采用'很强的假定'的借口，该假定似乎使偏好的研究成为不必要之举。"[②] 事实上，无论是历史还是现实都表明，那些知识渊博的学者往往不会简单地照搬既有的分析框架、接受流行的传统智慧，也不会局限于某些细枝末节的东西，而是会对常规范式和整个框架进行审视；也正因如此，他们往往也被视为非主流学者，从事的学术也被贴上非常规科学的标签。多兰就写道："他们写出了较多的著作，而在现有学术期刊上发表的文章不多。他们不写教科书，他们的学生直接向大师们学习。他们都十分重视方法论和哲学基础。非常规科学的标签之所以最适合他们的著作，还因为他们有如下共同信念：正统经济学即将崩溃，因为它不能为今天的经济社会提供一个一致并且清晰的解释。"[③]

其次，经济学界的流行学风而言。一般地，科学范式革命首先依赖于一群学者着手探索和建立新范式的努力，他们不是简单地照搬公认的基本原理和方法，而是对它们进行反思和剖析，不是热衷于在期刊上发表一篇篇孤立的文

---

① Becker G., 1976, *The Economic Approach to Human Behavior*, Chicago/London: University of Chicago Press, P.133.

② 范伯格：《经济学中的规则和选择》，史世伟、钟诚译，陕西出版集团、陕西人民出版社2011年版，第28页。

③ 多兰："作为非科学的奥地利学派经济学"，载多兰主编：《现代奥地利学派经济学的基础》，王文玉译，浙江大学出版社2008年版，第4页。

章，也不是热衷于撰写承袭既有常规范式的教材，而是重视对学术史中思想大师及其经典著作的学术梳理，重视理论以及思维的方法论和哲学基础，并致力于撰写具有系统性的理论著作。事实上，任何学问探究的根本目的都在于深化研究者自身对社会的认知，因为学术根本上就应是"为己之学"。显然，作为"为己之学"，"可以确定的是，我们无须因为一些专家的推崇而非要接受某种特别的经济学方法不可。每个人都得为自己作出选择，问问自己：'这对我有意义吗？''这会有助于我理解那些经历过并认同的事物吗？'"① 但是，自欧美高校实行终身制以来，大多数经济学人就只关心论文的撰写和发表，而不关心理论的批判和思维的反思。

事实上，在现代经济学的研究中，大多数经济学人的写作和"研究"都是基于发表的目的，同时，为了使文章容易被接受，他们往往热衷于追求形式的优美，热衷于使用大量复杂的数学符号。也即这些文章大量使用数理等暗喻的目的就在于，增加文章的说服和劝说力，或者增加批判和反对的成本。相反，绝大多数经济学人都不重视方法论和哲学基础，不关心什么构成一个正确的问题或什么构成经济分析中的一个正确的解之类的基本问题，因为这些文章依赖于深厚的学术功底，同时也难以为他人所接受。我们经常看到的现象就是，一些经济学人就相似论题撰写几十篇论文，每次都是改变一些参数选择、数据选择或者工具选择，却几乎没有形成自己的洞见，更没有为经济学理论带来实质性的进步。这种研究取向在中国经济学界更为突出，主要经济刊物的选稿标准都是形式规范而不是思想洞见，尤其崇尚以理性选择理论为基础进行数理模型构建或者在新古典框架下进行所谓的计量实证，从而使现代经济学的研究更加偏离其作为社会科学的本质。

最后，知识结构和流行学风之间也是相互影响和相互强化的。在很大程度上，正是由于现代经济学人的知识结构越来越狭隘、视野越来越闭塞，他们更加倾向于固守流行的常规范式，更加倾向于研究一些细小琐碎的问题，乃至将经济学研究当成一个逻辑游戏。加尔布雷思就指出，新古典主义"这种体系所具有的一种工具性的作用，就是改变人们的注意力方向，使之不再关注某些容易引起争议的事实和行动"，同时，"它还有另一种作用：它可以无休止地使自身的理论体系不断细化。当它的理论变得越来越复杂时，它会给人一种越来越细致、越来越精确的印象。当个别令人无比困惑的问题貌似得到解决以后，它

---

① 鲍尔斯等：《理解资本主义：竞争、统制与变革》，孟捷等译，中国人民大学出版社2010年版，第48页。

的理论体系，自然会给人一种值得信赖的印象。如果经济学家完全把心思放在'他获得的数据和技术性细节'方面，他就会忽略一切社会后果——他的注意力既已在别的方面，他甚至会在良心不受谴责的情况下，支持一种对大多数人而言有害无益的经济体系"。①

同时，无论是知识的狭隘还是思维的封闭，往往都会带来学术的偏执，乃至会夸大特定分析范式的价值，不仅会放弃理论功底的积累和沉淀，而且还会自觉抵制来自其他流派或学科的批判。英国皇家经济学会会长达斯古普塔就指出："可以想象，如果一位经济学研究者精通他所研究学科的历史，那么他会更有自知之明。但同时，他也会变得更为谦卑，这会束缚他的研究。进一步说，由于时间是稀缺的，阅读一本好的研究生课本（如生态学）而非资本论，可能会对今天的经济系学生研究当前问题更有帮助。为了进行创新性的工作，不知道过去时代学术关注的问题和争论更好：当前的研究会更少受过去的影响。"②问题是：谦卑不是学者应有的品质吗？舍弃前人积累的知识而重新研究难道符合经济原则吗？在很大程度上，正是知识的偏狭以及学术的功利，现代经济学人就致力于寻求更快地推出成果、更多地发表文章的途径，从而转向了对一种既定范式的模仿和一些数理工具的训练，并将主流范式当成科学分析。

可见，尽管生活世界与自然世界存在本质上的不同，从而并不存在普遍性规律，但是现代主流经济学人却像自然科学那样盲从于常规范式，这既与边际革命之后经济学的研究转向有关，更与当前经济学人的知识结构以及他们引领的学术风气有关。一方面，正是在追求普适规律的驱动下，现代主流经济学强烈倾向摆脱归纳而单一依赖演绎来设定片面化、理想化的前提"公理"；另一方面，这种主流经济学范式之所以在当前经济学课堂上得到风行，又在于它更便于知识日趋狭隘的经济学教师和学子进行"教"与"学"。然而，由于这种理论与经验事实间一致性的要求，这种经济学长期以来也一直受到持续不断的挑战和批判。尽管如此，由于试图纳入更多因素考虑的多元经济学并没有寻求像物理理论那样的确定性结论，没有构建整体性的分析框架和逻辑体系，从而也就无法产生类似于物理科学界那样的范式革命。因此，即使理论与现实存在不一致，那些"主流"经济学人仍然会借助"反事实的推理"（Counter-factual Reasoning）维护其形式化理论：如果基于现实的实证不符合其理论推理，往

---

① 加尔布雷思：《经济学与公共目标》，于海生译，华夏出版社 2010 年版，第 31 页。

② 达斯古普塔："现代经济学以及对它的批判"，载迈凯编：《经济学中的事实与虚构》，李井奎等译，上海人民出版社 2006 年版，第 67 页。

往就会归咎于归纳实证是错误的，或者说经验现在还没达到其必然发展到的状态。结果，正如黄宗智和高原指出的，"在经历了一定程度的批评之后，形式主义经济学仍然能够对其理论略作修改和补充而卷土重来，再次以其形式逻辑化的理论来占据学科的主流"。[1]

五　尾论：正确看待主流学术

当前经济学界区别主流和非主流的标准日益单维化，主要体现为研究方法的科学性，而所谓的科学方法则体现为计量实证和数理建模。究其原因，现代经济学认为，计量实证和数理建模这两大方法的逻辑是严密的，由此所得出的结论也是"客观的"。显然，无论是计量实证还是数理建模，都在使用越来越复杂的数学工具，以致数学成为界定主流和非主流经济学的主要标准。劳森就写道："在一名主流经济学家看来，理论就意味着模型，而模型就意味着经济思想必须使用数学形式来表达……在越是高级的课程中，经济理论越是使用更多的数学模型加以阐释……因为所有的模型都是不完全的……对简化的假定提出过多的质疑是不礼貌的表现……真正有价值的工作是建立一个更好的模型，也就是更好的理论……"[2]

同时，由于现代主流经济学基本上承袭了新古典经济学思维，当前经济研究文章大多只是在新古典经济学框架下进行计量实证和数理建模，这严重窒息了经济学的理论发展。一般地，现代主流经济学分析范式的缺陷表现为，它的计量分析是功能主义的，它的理性建模是先验主义的。因此，现代主流经济学根本上无法揭示事物的实在结构和事物之间的因果关系，从而也就无法提供合理的本体论解释和治本的政策建议。在很大程度上，2008 年的经济危机已经充分暴露了现代经济学主流范式的缺陷，昭示我们跳出新古典经济学这一常规范式的窠臼。但不幸的是，大多数经济学人依然故步自封，依然热衷于在新古典经济学范式下进行计量实证和数理建模。西蒙就感慨地说："经济学家在整个经济科学帝国上的分布密度是非常不平衡的，少量有限规模的领域占据着大多数人口。"[3]

---

[1]　黄宗智、高原："社会科学和法学应该模仿自然科学吗？"，《开放时代》2015 年第 2 期。

[2]　贾根良：《西方异端经济学主要流派研究》，中国人民大学出版社 2010 年版，第 21 页。

[3]　西蒙：《西蒙选集》，黄涛译，首都经济贸易大学出版社 2002 年版，第 272 页。

事实上，主流学术往往具有两大特征：①现在的主流是以前的非主流，当它还处于非主流地位时具有很强的洞察力和前沿性，而一旦成为主流后，其思想性很快就消逝了，直至蜕变成为一种陈腐的教条，其日益加强的形式和规范反而成了思想的禁锢。关于这一点，我们可以举出几乎所有的科学理论和学术流派的例子，在经济学领域，马克思主义经济学、凯恩斯主义经济学、新古典主义经济学乃至当前的新制度主义经济学等都是如此。所以，赫胥黎指出，新的真理的通常命运是，以异端邪说开始，以迷信告终。既然如此，我们又为何要膜拜主流范式呢？②主流和非主流往往是以从事人数的多寡区分的，但从事常规工作的大多数人只不过是庸才而已，而真正的思想者一生都在追求与众不同的东西，从而往往一生都只是少数派，也必然属于非主流。例如，一向反对凯恩斯观点的丘吉尔有一天对凯恩斯说，他越来越倾向于凯恩斯的观点了，以至于现在也是一个凯恩斯主义者了，但凯恩斯却回答说，"我的观点已经变了"。同样，马克思留下的一个著名警语就是，"有一点可以肯定，我不是马克思主义者"。① 此外，弗里德曼说："我不是供给学派经济学家。我不是货币主义经济学家。我是经济学家。"② 科斯则对后来的新制度主义发展颇有微词，认为后继者窒息和曲解了他的思想。既然如此，我们又为何不愿做特立独行的非主流呢？

一些经济学人常常辩解说，经济学的数理化本身是欧美的主流，对新古典经济学研究范式的重视体现了"国际接轨"的要求。问题是，欧美流行的研究倾向就一定是合理的吗？其实，欧美学术界目前流行的研究倾向本身就有其特定的历史和社会原因，并根基于西方社会根深蒂固的自然主义思维；同时，由于日益狭隘的知识结构和功利的学术态度，这种研究锁定在一种日益僵化的状态。加尔布雷思就强调，"理论应当与现实紧密地结合在一起，二者之间的纽带不应当拉得太长……否则这种理论一定会被抛弃。不切实际地将理论体系不断细化，最后也会出现同样的结果。它迟早会变成一种类似游戏的东西，而不是经得起检验的学术成就。近年来，新古典主义模式正在失去其群众基础——尤其是在青年一代的学者大众，这一点不足为奇"。③ 既然如此，我们又为何

---

① 《马克思恩格斯全集》（第 35 卷），人民出版社 1971 年版，第 385 页。

② Friedman M. ,1982,*Supply-Side Policies: Where Do We Go From Here*? In: *Supply-Side Economics in the 1980s*, sponsored by Federal Reserve Bank of Atlanta and Emory University Law and Economic Center, Westport Conn.: Quoram Books, P. 53.

③ 加尔布雷思：《经济学与公共目标》，于海生译，华夏出版社 2010 年版，第 31 页。

要盲从欧美学术界日益退化的研究倾向呢？为何不能引以为戒呢？在很大程度上，思想的产生和学术的进步本身就体现为主流理论不断为非主流理论所替代的过程，而其前提就在于那些非主流的少数派存在。

　　就思想史来看，主流理论与非主流理论之间的更替往往有两种方式：一是以扬弃方式渐进进行，二是以否弃方式激进进行。其中，否弃方式往往会导致理论从一个极端走向另一个极端，尽管新理论提供了全新的视角和观点，但不免潜含了偏狭性；相反，扬弃方式则基于各种知识的契合，从而更具全面性，有助于对事物本质认识的不断深入。因此，理论和学术的良性发展往往更应该诉诸扬弃的路径，需要学者能够潜下心来对人类所积累的相关知识进行综合和比较，从而在综合和契合的基础上发展出新的范式思维。显然，对这种状况应该引以为戒，而不是变本加厉地仿效。同时，激进和渐进方式在不同领域的适用性也是不同的：在社会政治领域，不同群体和党派基于追求现世私利的目的而往往倾向于片面地夸大某一思想和学说，甚至把它列为主导思想，从而排斥其他思想或学说，这导致社会政治往往在对抗中曲折前行；相反，在思想和学术领域，其根本的检验在于将来社会，在于它是否能够引导社会的合理发展，从而应该且可以以更为平和的方式进行对话交流。

　　显然，就日益分裂的经济学各流派而言，现代经济学的发展更依赖于主流与非主流之间的平等对话。哈贝马斯就认为，真理的观念是通过职业经济学家之间无主流权威的对话之后得到的，这些经济学家们共同遵守对话伦理的道德约束。[1]不幸的是，当今的学术研究往往与现世利益分配搭上了扯不清的关系，大多数经济学人所追求的不是学术认知的提高而是利益的获取，以致学术领域也与社会事务一样在努力争夺暂时的主导权。同时，在大众学术时代，多数往往代表着力量，可以取得更多的利益（如文章发表、课题承接等）；因此，大多数经济学人也就盲目地追求所谓的主流，这导致经济学界盛行着日益形式化的主流范式。显然，这些问题都涉及学术风气和学术制度问题：要破除主流范式的束缚，改变那种追随主流的研究习性，根本上就要从改造学术风气着手；任何学术风气的普遍流行又与特定时期的学术制度密切相关，从而需要对产生目前这种学术风气的相应学术制度进行剖析，促进学术制度的改革和完善。显然，无论是学术风气的转变还是学术制度的革新，在很大程度上都需要出现一群具有高度使命感和渊博知识的学人；同时，只有出现一群拥有以全心探求

---

[1]　Habermas J. , 1990, *The Philosophical Discourse of Modernity*, London: Polity Press；Habermas J. , 1992, *Moral Consciousness and Communicative Action*, London：Polity Press.

学问为业的学术精神、以强烈追求真理为志的学术态度，并献身学术的经济学人，学术研究才会真正进入一个良性轨道。

可见，基于上述分析，我们就获得了这样一条良性发展的学术路径：学者精神→学术制度→学术风气→思想发展→社会进步，由此，中国经济学界也就可以走出一条适合国情的学术道路。事实上。尽管充满缺陷的流行范式在未来一段时期依旧会得到大量经济学人的刻意维护，但是，这并不能经受社会环境的巨变（如经济危机）所带来的冲击。例如，2008 年经济危机就对主流经济学构成了一场重大挑战。所以，布劳格就指出，"这一切也许正在改变。在对他们的学科的科学地位自我满足了多年之后，越来越多的经济学家开始自问，他们究竟在做些什么这样更深刻的问题。无论如何，怀疑经济学所建立的大厦里面并非一切都很好的人数不断增长"。[①] 我们相信，随着现代主流经济学理论中的缺陷逐渐暴露以及学术制度的逐渐完善，将会有越来越多的学者重新审视经济学的性质，重视经济学的方法论探讨；尤其是，会有越来越多的学者对现代经济学的主流范式进行反思，重新注重经济学研究的思想性，关注人类社会的发展。这样，就不仅可以重新开创现代经济学的春天，而且可以推动人类社会的实质进步。

---

① 布劳格：《经济学方法论》，黎明星等译，北京大学出版社 1990 年版，前言。

从方法导向到问题导向

——促进现代经济学的研究范式转向

导 读

　　现代主流经济学的研究具有明显的方法导向特征，其分析范式建立在理性选择思维之上，由此展开的分析也嵌入了强烈的功能主义和先验主义；因此，它往往难以揭示事物之间真正的作用机理和因果关系，并且与现代科学的方法论明显相背离。其实，无论是在学科性质还是研究对象上，经济学都与社会科学其他分支更为接近，从而应该走与社会科学其他分支相契合的发展道路。尤其是，作为一门致用之学，经济学研究根本上应该是问题导向的，这也就对经济学的范式转化提出了要求。当然，这一切都有赖于学术风气的重塑和学术制度的重建，有赖于一群具有高度学术理念的经济学人。

 一 前言

　　一般地，任何社会科学理论都贵在对现实的真实描述和内在本质的揭示。一方面，就对现实的真实描述而言，它要求理论结论与人们的日常经验相一致。事实上，理论应该源于直觉并将之逻辑化和系统化，而不是训练人们的直觉来应和抽象的理论。凯恩斯就强调，经济学应该依靠直觉，而不该反直觉。也就是说，经济学应该用大多数人能够理解的语言来呈现这个世界，而数学往往会阻碍一般的理解，这也是他反对经济学中过度引入数学分析的原因之一。① 另一方面，就内在本质的揭示而言，它要求不要为局部和短期的外在表现所迷惑。事实上，任何科学理论本质上都是一种本体论假定，科学的发展则体现为一个更为合理的本体论假定取代那些被"证伪"的本体论假定。因此，作为一门致用之学的社会科学，经济学理论发展的基本途径就在于透过社会经济现象来深化对其内在本质和结构的认知，从而提高人们理解社会现象和进行社会实践的能力。这意味着，经济学研究应该是问题导向的，而且应该充分吸收和借鉴经济学各流派以及社会科学各分支长期以来所积累的知识和开发的研究思维，走知识契合的跨学科交叉研究道路。

然而，现代经济学却越来越倾向于将经济学与社会科学其他分支割裂开来，并且不加区分地将新古典经济学处理自然资源配置的理性分析思维和数学分析工具拓展到复杂多变的人类社会经济活动之中，这就形成了方法导向的基本范式：基于先验的理性假设进行数理建模分析，或者基于局部的统计数据进行计量实证分析。凡勃伦很早就写道："（新古典）理论被限定在充分理性的基础上，而不是从动力因出发来阐述。一般说来（除了数学以外），现代科学正好相反，尤其是有关生命现象和发展现象的科学。……这两种推论方法——从充分理性出发和从动力因出发——互不相关，也不会从一种方法转变为另一种方法：没有哪种方法能把一种方法的过程或者结果转变为另一种方法的过程或结果。直接的结果是，推导出的经济学理论具有一种目的论的特征——常常被称为'演绎'或者'推理'——而不是根据原因和结果来阐述。这种理论在它研究的事实中寻求的关系是由未来（被察觉到的）事件对现在行为的控制。当前的现象被当做受到它们的未来结果的约束；在严格的边际效用理论中，只有在由对未来的考虑控制现在这种情况下才能处理现在的现象。未来与现在的进程之间这种控制或者引导的（逻辑）关系包含了一种智力的运用，一种考虑，从而包含了一种智力方法，通过它对可理解的未来有区别的考虑，可能影响到事件现在的进程；否则就只有承认天意所定的自然秩序，或者自然或感应魔法的超自然压力。排除超自然的、天意的因素，一个行为人就是这样经由有偏见的歧视发挥作用的成分理性关系考虑他的未来，引导他现在的行为。"②

正是基于这种理性分析范式，流行的经济学研究往往具有强烈的功能主义和先验主义特征，从而难以揭示真正的作用机理和因果关系。并且，这与现代科学的方法论也产生了明显的背离。凡勃伦继续写道，"充分理性关系只是

---

① 斯基德尔斯基：《重新发现凯恩斯》，秦一琼译，机械工业出版社 2011 年版，前言第 XI 页。

② 凡勃伦：《科学在现代文明中的地位》，张林、张天龙译，商务印书馆 2008 年版，第 183–184 页。

从（被察觉到的）未来对现在产生影响，它只是具有一种知性的、主观的、个人的、目的论的特征和影响力；而因果关系则是从相反的方向产生影响，它具有的是一种客观的、非个人的、唯物主义的特征和影响力。从其确定的基础来说，现代知识体系基本上依赖的是因果关系；充分理性关系只是暂时被接受，在分析中是被当作一种近似因素，总是带有明确的限定，那就是分析最终必须从因果关系出发"；然而，"尽管整个现代科学将因果关系作为理论阐述的惟一根本基础；尽管研究人类生活的其他科学承认充分理性关系，是一种直接的、补充性的或者中介性的研究主题，对来自因果关系的论点是辅助性的、有帮助的；但经济学的不幸——从科学观点来看——是用充分性关系代替了因果关系。"[1] 在很大程度上，现代经济学研究业已陷入了一种套套逻辑中：看似很优美，却解决不了真正的问题。为了真正解决现实问题并促使理论的实质进步，现代经济学就必须跳出理性选择的分析框架，实现从方法导向到问题导向的转换。因此，本章就此做一剖析。

二　流行的理性选择分析范式及其问题

　　基于自然主义和还原主义思维，现代经济学倾向于将丰富复杂的社会经济现象归结为个人理性行为的无意识结果，行为者不仅要通过有效配置其物质资源以实现效用最大化或利润最大化，而且还会在一切资源之间进行最优选择，乃至经济学成了一门从事挑选研究或可选择目标进行研究的学科。贝克尔宣称："经济学之所以有别于其他社会科学而成为一门学科，关键所在不是它的研究对象，而是它的分析方法。"[2] 这种方法也就是源自罗宾斯的定义：经济学是一门研究人类选择的学科。即使是具有反思精神的诺思也认为，"经济学家们已经正确地认识到经济学是一种选择理论"。[3] 基于这一逻辑，无论是个人、政党、利益集团还是政府都被经济学家视为追求其利益最大化的理性决策者，所有行为都纳入了一个狭隘的"在一定约束条件下求效用函数或所选择的目标

---

　　[1]　凡勃伦：《科学在现代文明中的地位》，张林、张天龙译，商务印书馆 2008 年版，第 184 页。

　　[2]　贝克尔：《人类行为的经济分析》，王业宇等译，上海三联书店、上海人民出版社1995年版，第 7 页。

　　[3]　North D. C. ，2005，*Understanding the Pricess of Economic Change*，Princeton，NJ: Princeton University Press，P.170.

函数的最大值"的目的论模式。正是基于这一理性选择框架，极大地推动了经济学帝国主义的扩张。科斯写道："如果经济学（或至少是微观经济学）发展起来的理论在很大程度上是一种分析选择决定因素的方法（我想这是事实），那么，它们能应用于分析诸如法律、政治等方面的人类选择行为就不难理解了。从这个意义上说，经济学家没有自己的研究对象。事实上，由于人类并不是唯一进行选择的动物，可以相信，相同的方法可以运用于老鼠、猫和章鱼，以及所有和人类差不多的、最大化其效用的动物行为中。从而，把几个理论运用于分析动物行为就毫无问题。"①

问题是，经济学果真可以被视为一门基于理性的选择学科，并运用大量的数学公式进行推导、演绎以及使用复杂的计量工具进行描述、解释吗？其中存在严重的事实谬误和逻辑缺陷。一方面，就事实谬误而言，经济学以先验的理性来分析现实世界的人类行为，这就从根本上抹杀了个体间的目的和行为差异。究其原因，人类行为往往是由特定的社会经济刺激所促成的，内含了有特定目的的意向性。劳森写道："我认为人类的能动性是指人类的特殊力量和能力。我理解的人类的行动是指人类有意向地运用能动性，也就是有意向的人类活动。我理解的行动者的意向性是指那些人类活动中的行动是由理性引起的，反过来，其中的理性是以实际生活的利益为基础的信念。"② 另一方面，就逻辑缺陷而言，经济学大量使用数学工具和数学公式，这就使选择退化成了单纯的数学计算而不再需要"决策"。究其原因，求效用函数最大值的前提已经预先确定了进行选择的行为主体的效用函数，因而在可选择目标之间也没有必要去权衡轻重。奥地利学派的主要代表人物沙克尔就指出，"传统经济学并不涉及选择，只涉及根据需要采取行动。经济人服从理性判断，遵循选择的逻辑。如果我们假定他能选择的目标和进行选择的标准是给定的，而且达到每一个目标的手段也是已知的，那么把这一行为称为选择肯定是对这个词的误用。……在这种理论中，选择是毫无意义的。传统经济学应该放弃这个词"。③ 正因如此，在主流经济学论文的模型中，人的选择最终都被否定了，留下的只是数学符号和运算，乃至现代经济学也蜕变为一种空洞的、同义反复的并在封闭系统中自

① 科斯：《企业、市场与法律》，盛洪、陈郁译校，格致出版社、上海三联书店、上海人民出版社2009年版，第3页。

② 转引自汉兹：《开放的经济学方法论》，段文辉译，武汉大学出版社2009年版，第352页。

③ Shackle G. L. S.，1961，*Decision, Order and Time in Human Affairs*，Cambridge: Cambridge University Press.

我循环的逻辑体系。

在很大程度上，现代主流经济学使用的理性概念以及由此建立的理性选择理论都只是一种先入之见，它具有强烈的先验主义特征，因为个体的偏好等本身就是由社会结构所规定的。相应地，流行的理性选择模型只不过是一种数理逻辑游戏，而缺乏坚实的经验基础，从而也就不符合波普尔对科学的可证伪性要求。格林和沙皮罗就写道，尽管理性选择模式在"分析上所遇到的巨大挑战吸引了大量的一流学者；其结果，理性选择理论的发展越来越复杂，且具有狡辩性"，但"理性选择模式在经验上应用成功的事例屈指可数。大多数早期的理性选择著作，不是压根儿没有经验型研究，就是只是粗糙的或印象式的"。[①]同时，将经济学打造成一门理性选择的学科，并在此框架下对社会经济现象进行解释和预则，其结论往往就会严重地脱离现实，脱离真实世界中的人类行为。科斯就承认："经济学家对选择逻辑的痴迷，尽管最终可能使法学、政治学和社会学的研究恢复生机，但在我看来，这对经济学本身的发展却带来严重负作用。这种理论和其研究对象的分离造成这样一个结果：经济学家所分析的选择实体并没有成为研究对象，从而导致分析缺乏实质性内容……我们分析的是没有人性的消费者、没有组织的企业，甚至没有市场的交易。"[②]

下面选择贝克尔的一个分析论断做一剖析，因为贝克尔往往被视为现代经济学中最具超高智力和思想创见的人物之一，他的研究开拓了经济分析的"新天地"。

基于理性选择分析框架，贝克尔得出了这样一个基本结论：一夫多妻要比一夫一妻制对女性更有利。其分析逻辑是，当男、女人数大体相当时，一夫多妻制的存在使高收入男子通过竞争娶到妻子而迫使低收入男子保持单身，从而有更多的女性能够嫁给那些高收入男子来分享他的财富；相反，一夫一妻制实际上是对女性征税来补贴弱势男人，因为此时无能力的穷男人也有了妻子，进而获得了免费的性消费。[③]由此，贝克尔还以大量的社会事实来论证这一观点：具有较高生产力的男子往往拥有一夫多妻制的婚姻，这些人包括大农场主、社会名流和实力人物。贝克尔举的例子是，只有 10%～20% 的摩门教徒

①　格林、沙皮罗：《理性选择理论的病变：政治学运用批判》，徐湘林等译，广西师范大学出版社2004 年版，序言。

②　科斯：《企业、市场与法律》，盛洪、陈郁译校，格致出版社、上海三联书店、上海人民出版社2009 年版，第 3 页。

③　贝克尔：《家庭论》，王献生、王宇译，商务印书馆 1998 年版，第 91 页。

拥有一名以上的妻子，而且这些男性都是成功者或杰出人士；巴西的埃色望印第安人中有 40% 的已婚男子多妻，但只有部落头领享有最高级别的妻妾数目；撒布撒哈拉非洲约 35% 的已婚男子多妻，但他们也是富有者；阿拉伯国家不到 10% 的已婚男子多妻，他们也是成功者。相应地，贝克尔认为，"一夫多妻的衰落通常'归因'于'宗教'及反对多妻制的法律上的限制。但是，正如南非对黑人工人与白人工人的比例进行限制不利于黑人一样，对男子多娶妻室的法律限制对女子是不利的。确实，反对多妻制的立法减少了对女子的'需求'，因而减少了他们在家庭总产出中的份额，并且增加了男子的份额"。①

问题是，贝克尔的理性分析结论真正深入现象背后的本质了吗？其实，这一分析存在明显的缺陷。①它在很大程度上物化了女性：将女性置于卖方的地位，是性供给者，任何有助于提高性需求的因素似乎对女性都是有利的。②它只将人们的追求局限在物质享受上而根本没有考虑人类的精神需求：如果考虑到家庭对夫妻之间情感的塑造，一夫一妻之间的情感显然比一夫多妻之间的情感更为对等，从而更加符合女性的利益。③更为严重的是，它只看到能够"看"得见的一面，却没有看到那些"看"不见的其他方面：一夫多妻制固然对那些作为小妾、姨太的女性可能是有利的，但对那些作为结发之妻的女性却是不利的。固然，在早期社会以及目前依然未真正开化的社会中存在着一夫多妻现象，但这种现实往往是社会权力分配进而社会资源分配不合理、不平等的结果，并不应被当作合理化的存在而加以辩护性解释。

同时，贝克尔还论证说一夫多妻制往往比一夫一妻制具有更高的社会生产力。其基本逻辑是：在规模收益保持不变以及在男子和女子人数相等的情况下，如果男子在"生产力"方面存在差异，那么，一夫多妻制的组合就可以成为最优组合。因为，如果作为一个能人的第二个妻子增加的产出多于作为一个弱者的第一个妻子增加的产出，那么所有婚姻的总产出将会更大；即使在男子或女子的边际产出递减的情况下，一个女子作为某一生产力较高的家庭的第二个妻子可能比她作为一个生产力较低家庭的唯一妻子有更高的边际产出。② 那么，贝克尔的分析存在何种缺陷呢？在很大程度上，这至多适用于自给自足经济的古代社会，因为此时生产活动主要依赖家庭或家族成员；却几乎不适用于

---

① 贝克尔：《人类行为的经济分析》，王业宇、陈琪译，上海三联书店、上海人民出版社1995年版，第 289 页。

② 贝克尔：《人类行为的经济分析》，王业宇、陈琪译，上海三联书店、上海人民出版社1995年版，第 288 页。

自由市场经济的现代社会，因为此时生产活动主要依赖不同"陌生人"（非家庭或家族成员）之间的合作。在现代社会中，有能力的人完全可以且需要从生产上雇用更有能力的女子而不是让自己的妻子参与生产合作，更进一步地，他所雇用的也主要不是女子而是另外一个男子；进而，被雇用的男子不仅可以发挥自身的生产能力，而且有收入供养他自己的妻子……以此类推。显然，后来被雇用者都有了自己的妻子，而这些妻子们在一夫多妻制的社会中是无法享有作为雇佣者的第一个高能力男子的财产的。

事实上，在提出一夫多妻制比一夫一妻制更优这一"革命性"观点之时，贝克尔们也应该思考一下以下一系列的问题。既然传统一夫多妻制对女性如此有利，为何会遭到女权主义者的极力抨击和反对，而且也往往遭到绝大多数现代女性的否定和反对？一个重要原因在于，作为社会化的人，女性不仅需要物质需求，而且追求更高层次的精神需求。显然，由于人类欲望和需求层次随着社会的发展而提升，女性因一夫多妻制而经受的情感性快乐之丧失会越来越超过物质上的补偿。在风行一夫多妻制的古代社会，女性果真是得益者吗？显然，普遍而公认的事实是，女性处于从属和依附地位，甚至失去了人身的独立和自由。进而，家仆制以及奴隶制是否对穷人有利呢？如果不受限制的婚姻选择对处于性别弱势的女性是有利的，那么应该打破一夫一妻制的约束；相应地，不受限制的契约选择对处于社会弱势的穷人也是有利，那么应该打破"废奴制"的约束。尤其是，在生产力决定生产关系的人类社会中，传统的一夫多妻制为何会解体呢？一个重要原因就是，从整个社会发展角度上讲，一夫一妻制促使女性更多地参与到社会分工中，这不仅使女性更为自主独立从而达到自我实现，同时也使弱势男人对生活更有希望进而更努力地工作；由此，一夫一妻制本身就是一种促进生产力的制度安排，这也很早就为李斯特所论述。

同时，关于婚姻制度对社会生产力的影响，我们还可以分别从男女两方面做一分析。一方面，在一夫一妻制并且稳定的婚姻体制下，女性在婚姻上就更愿意找那些具有奋发图强精神并且有较高能力的同龄男性，更愿意与白手起家的丈夫共同打拼；与此不同，在一夫多妻制下，事业有成的男性可以往往也会娶二房、三房乃至四房，青年女性当然也就缺乏意愿去辅助一个当下一无所有但具有未来潜力的男性。事实上，即使女性千辛万苦地与潜力男性共同打拼而获得了事业成功，积累了大量财产，但这些财产依然很可能为与己不相干的其他女子或者丈夫与其他女子所生的子女所分享；在这种情况下，女性当然就不愿全心付出，搭便车的心理必然就会滋生壮大，物质主义和拜金主义思潮必然就会盛行。试问：在这种情况下，人类一半生产力（即女性）都被大大浪费了，又何来社会进步可言呢？另一方面，在一夫多妻制下，大量的男性都将无法获得妻子儿女，而社会成功越来越取决于家庭出身以及其他一些特殊和偶然的因素，因而很多男性也就会及早退出争夺女性"竞赛"，进而对生活的绝望而不再进取；相反，在一夫一妻制下，大多数男子都会需要抚养妻子儿女进而希望下一代过得更好，从而也就激发出更大的斗志和努力，这也就必然会推动社会发展。事实上，正是由于古代社会极端的权利不平等导致事实上的一夫多妻制盛行，从而也就出现大量无所事事、游手好闲以及结群斗殴的男性，在现代一些盛行一夫多妻制的国家还爆发出较大规模的强奸犯罪现象。试问：在这种情况下，社会生产力能够得到提升吗？

最后，需要指出，贝克尔的分析在一定程度上也是对当前某些社会现实的描述：正是由于个人主义盛行导致家庭观念和法律约束的松弛，现代婚姻变得越来越不稳定，乃至隐性的"一夫多妻"现象日益普遍；在这种情况下，青年女性择偶时就越来越看重那些大龄但钱袋饱满的男性，不愿嫁给一个前途莫测的同龄穷困男子；进而，如果那些成功男性已经成家，那么年轻女性往往就会选择破坏这些成功男性的婚姻关系然后再努力上位。波伏娃在更早时期则指出，当女性被系统地剥夺了独立经济资源时，她所能做的只有将自己化为商品，用自己的身心、美貌、家务、生育去换取男性所提供的经济资源；而且，为了获得少数有钱有势的男人，女人之间也势必就会展开战争，每个女人都将其他一切女人视为敌人。但是，贝克尔们的分析却没有揭示这种现象背后的社会原因，而将产生这种现象的文化、制度等因素都视为既定且合理的，进而运用经济学所谓的理性分析为这种现象进行辩护。诺思就指出，"很多被我们看作是理性选择的东西，与其说是个人认知，倒不如说是根植于更大范围的社会和制度环境之中的思想过程"。[①]事实上，人的行为往往根植于特定的社会文化和社会结构之中，每个人往往会选择有利于其自身利益的生活方式；但是，这个有利于个人的生活方式并不一定也有利于群体，更不一定有利于整个社会。但是，现代主流经济学范式根本无法揭示这一点，却为众多经济学人视为科学的而广为接受和传播，乃至陷入一种神话困境之中而不能自拔。有鉴于此，女性主义经济学家伯格曼（Bergmann）认为，贝克尔之所以坚信他的结论就在

---

① 诺思：《理解经济变迁过程》，钟正生、邢华译，中国人民大学出版社年版，2008 年版，第24 页。

于，他相信主流经济学的研究方法更甚于政治动机。①

正是由于局限于所谓的理性行为分析，现代主流经济学的很多分析结论都只是看到并夸大一些表象，而看不到更长远或深层的发展趋势。例如，根据现代主流经济学的分析，女性通过性感的装扮甚至通过整容来引诱和争夺优秀的男性是理性的，结果现代女性花费大量的时间和财力在衣着和美容上，但结果却使男性对女性越来越挑剔，以致"失婚女性"越来越普遍，这就是囚徒困境。显然，现代主流经济学的分析仅仅看到导致囚徒困境之前的个人"理性"行为，并美化这些"理性"行为，却无视囚徒困境这一结果。同样，有经济学人基于利益最大化的分析思维而将男女工资的差异归结为雇主对女性未来人力资本下降（因为生育等退出工作）的预期。但试问：西方社会的雇主对黑人或其他有色人群的工资歧视也是源于对其未来人力资本下降的预期吗？在很大程度上，市场竞争之所以不能自动消除歧视，一个重要原因就在于，顾客本身是怀有偏见的，他们往往对白种人或特定人群的工人所提供的服务支付更高的报酬；因此，如果不能消除整个社会的偏见和歧视，市场力量也就无法自动解决这一问题。显然，经济学帝国主义的方法导向式分析根本上也是嵌入在特定的意识形态之中。

总之，现代主流经济学的经济研究根本上是方法导向的，它在特定的常规范式内进行逻辑推导和计量实证。这种常规范式具体表现为，它基于还原思维形成方法论个人主义，进而在肯定性理性思维下打造了理性选择分析框架，并由此形成了边际主义、成本—收益、供求均衡、策略博弈、激励相容等具体分析工具。现代经济学人之所以盲从这种常规范式，很大程度上就在于他们承袭了自然主义思维，以自然科学的发展轨迹来观察社会科学；同时，基于一元单维的科学进步观，他们往往想当然地认为，新古典范式已经成功地吸纳了科学的特征和属性，从而成为目前最为科学和先进的研究方法。也正是借鉴自然科学的传统智慧，主流的新古典经济学就试图以研究方法的科学性和客观性来平息各种理论上的争论，来压制其他学派和学科的挑战和批判，从而不断强化现代经济学研究的主流化倾向。不过，正如米洛斯基指出的，"这不过是一个徒劳的企盼而已。在方法、认识论和本体论上的争论，并没有因为一个只不过把正义划归在'科学的哲学'类目下、却没有真正回答任何棘手问题的科学符咒而被消除……实际上，只要超越了初级物理学中的说教秘方，对科学史进行一

---

① Bergmann B. , R. , 1195, Becker's Theory of the Preposterous Conclusion, *Feminist Economics*, 1（1）: 141–150.

定的了解就能够证明，单独的'科学方法'这种东西压根就不存在。……经济学家使用的这个纯粹的科学符咒，并不能实质性地说明任何问题，尽管过去已经证明这种方法在恐吓某些批判者的时候非常有用"。[①] 更不要说，社会经济现象与自然现象之间存在根本性的差异，经济学研究具有强烈的人文性、规范性和本土性，从而不可能建立起与自然科学类似的普适性理论，这就对经济学的研究范式提出了要求。

 # 三 经济学科的性质及其范式要求

上面剖析了理性选择分析范式的内在缺陷并批判了流行的方法导向研究，那么，经济学又应该如何研究呢？现代经济学范式该如何变革呢？一般地，任何学科的研究方法都应该与其研究对象或研究内容相适应。基于这一要求，我们就可以得出两点基本结论：①经济学不能照搬自然科学的研究范式。究其原因，经济学的研究对象是复杂多样的社会经济现象，这明显不同于自然科学所研究的行为问题的自然现象这一研究对象。事实上，社会经济生活中并不存在常量，从而也就不能像自然科学那样简单地定量化经济变量之间的关系。②现代经济学不能简单地照搬新古典经济学的研究范式。究其原因，现代经济学的研究内容已经重新拓展到涉及人与人关系的公共领域，这明显不同于新古典经济学局限于既定制度下效用最大化的私人领域。事实上，公共领域的问题几乎都涉及文化、伦理、社会、制度、政治等诸因素，从而也就不能简单地搬用新古典经济学基于个体力量博弈的均衡分析。

雷切尔斯写道："哲学与物理学不同。在物理学中，已经确立了一个资深物理学家不会质疑而初学者必须耐心掌握的巨大的真理体系。（物理学导师很少要求研究生对热力学定律提出他们自己的思想。）当然，物理学中也存在意见不一或未解决的矛盾，但是，这些问题一般建立在广泛而坚实的一致的基础上。相反，在哲学中，每一件或者几乎每一件事情都存在争议。资深哲学家甚至在最基本的问题上也难以达成共识。"[②] 显然，经济学更类似哲学而不是物理学，他们关注的都是如何树立好的社会秩序和人类生活这类问题；而且，由于

---

① 米洛斯基（即米洛夫斯基）："制度主义经济学的哲学基础"，载图尔主编：《进化经济学（第1卷）：制度思想的基础》，杨怡爽译，商务印书馆 2011 年版，第 63—64 页。

② 雷切尔斯：《道德的理由》，杨宗元译，中国人民大学出版社 2009 年版，前言。

在基本问题上的认知差异，产生了不同的具体理论和学派。从根本上说，经济学是一门社会科学，其研究思维理应与社会科学其他分支更为接近而不应刻意地攀附自然科学，它更需要借鉴和吸收其他社会科学领域的成就来完善自身的认知和思维，而不是简单地将自身那一套还很不成熟的思维推广到其他领域。

不幸的是，主流的新古典经济学却刻意地与物理学等自然科学攀亲，并刻意地与伦理学、心理学、社会学等划清界限，将后者视为处于蒙昧状态的玄学。从根本上说，目前那种将成本—收益分析或者理性选择分析拓展到生活世界的方法导向，并不是真正的思想交流和知识契合，而具有强烈的学术殖民色彩。正是由于长期以来与社会科学其他分支之间存在这样的学术割裂，现代主流经济学逐渐并已经丢失了其他社会科学领域中那些值得珍视的知识养分，以致大多数经济学人的知识结构都日益狭隘。正因如此，我们认为，流行的经济学研究范式显然存在严重的缺陷，方法导向的研究取向更成问题。相应地，这不仅要求转换研究的路向，也要求我们以反思和批判为基础进行范式革新。

那么，面对当前方法导向的经济研究，又该如何进行改变呢？一个基本思路就是，在现代经济学的理性选择分析框架上引入行为目的这一因素。也即将凡勃伦所讲的"充分理性"和"动力因"结合起来。只有这样，才能真正揭示社会经济现象背后的本质，才能挖掘社会经济现象之间的因果关系。同时，要做到这一点，又需要对社会科学诸分支的知识进行有机契合。关于这一点，这里从经济学的学科特性和研究对象两方面加以说明。

首先，就经济学的学科特性而言。经济学所研究的是人们的生活世界，它具有不同于自然世界的特性：人类对生活世界的研究主要是发现其不足，并根据人类的理想加以改造从而塑造出更高质量的社会。因此，作为社会科学的经济学，其理论研究就必须将人类的生活目的和发展理想结合起来，必须深入到现象背后的内在本质，同时要剖析现实对本质的偏离。门格尔就曾强调，经济学要研究的不是数量之间的关系，而是经济现象背后的本质，包括"价值的本质、地租的本质、企业家利润的本质和劳动分工的本质"，哈奇森甚至将奥地利学派称为"方法上的本质论"。[①] 显然，经济学的研究重在解释本质，从而不能蜕化为故事编造的研究。同时，本质是一个反经验事实的东西，涉及事物产生的目的。因此，尽管对本质的认知有赖于对社会现象长期而多角度的观察，但又不是基于直接的经验，更无法仅仅通过对现象间数量关系的处理而获

---

① 科兹纳："论奥地利学派经济学的方法"，载多兰主编：《现代奥地利学派经济学的基础》，王文玉译，浙江大学出版社 2008 年版，第 38-48 页。

得。在很大程度上，对事物的内在本质和原初目的的认知往往都有赖于研究者的长期内省和顿悟，但是，这种顿悟不仅来自长期的"孤独默想"，更重要的是建立在广泛知识的契合和各种思维的交锋之基础上，依赖于横向和纵向的集思广益。

其次，就经济学的研究对象而言。经济学研究的是具体社会关系中的人类行为以及行为互动衍生出的社会经济现象，这意味着，经济学理论研究的起点在于对人性及其行为机理进行探索。事实上，奥地利学派就将经济学等同于人类行为学，其研究的对象是人类有目的的行为及其衍生出的无意识的结果。基于这一认识，经济学研究又必须走知识契合的道路，这种契合路径体现在假设、逻辑以及分析视角等各个方面。人性及其行为机理都是具体社会关系的产物，人的心智也是不断演化的，因而相应的人性假设就必须具有历史和逻辑的一致性。显然，伦理学、社会学、心理学、人类学、历史学等社会科学诸分支都已经从一定角度对人性展开了探索，因而经济学的研究必须契合这些学科所积累的知识。经济学研究的不是数量之间的关系，而是经济现象的本质，并且要发现和解决公共领域的问题。事实上，古典经济学等其他一些流派的重要特点就是关注社会结构问题，并形成了一条从本质到现象的研究路线。[①] 从这个角度上说，经济学的研究必须契合非主流经济学流派所开拓的思维，应该向古典经济学回归。当然，这并不意味着，要接受古典经济学对事物本质的理解及其所开出的政策处方；特别是，不能仅仅局限于马克思的具体学说，而是要继承马克思对理论的思辨精神和对现实的批判精神。

总之，无论是从学科性质还是研究对象来看，经济学研究都是与社会科学其他分支不可分离的。穆勒就指出，"政治经济学是同社会哲学的很多其他分支学科不可分离地纠缠在一起的。除了一些单纯的枝节问题，也许没有任何实际问题，即令是其性质最接近于纯粹经济问题的问题，可以单独地根据经济前提来决定"。[②] 事实上，社会经济现象本身就是整体性的、共生性的，我们无法将之隔离开来，无法采用主流范式的还原论思维。相反，经济学研究要解释事物的本体，而本体认知的深化必须走跨学科的交叉道路，要从社会科学各分支的综合和契合中提炼更全面的研究路线和分析范式。正如贝拉等指出的，"关

---

① 朱富强："从本质到现象：比较制度分析的基本路线"，《学术月刊》2009 年第 3 期；载《新华文摘》2009 年第 13 期。

② 穆勒：《政治经济学原理及其在社会哲学上的若干应用》（上卷），赵荣潜等译，商务印书馆1991年版，导言第 7~8 页。

心整体，并非仅仅把各种不同的专门学科累加在一起。只有把这些事实置于容纳并促使它们形成一个整体概念的框架之中，它们之间才有联系。如果只是从字面上理解这种学科间的研究工作，简单地由几个学科的专家进行合作，是不能产生这种概念的。取得对社会整体的知识，不仅要汲取相邻学科的有用见解，而且要跨越学科界限"。[1]从根本上说，知识契合应该成为经济学研究的基本思维，跨学科研究应该成为现代经济学发展的必由之路，这是经济学研究的本体论要求，只有这样，才能深化对社会经济现象的本体论认知。

四　从方法导向到问题导向的范式转变

上面的分析实际上提出了经济学研究的两大路向：一是基于还原论思维的理性选择分析是方法导向的，它是对既有抽象范式的肯定和深化，并主要基于数理建模和计量实证两个路向展开；二是基于本体论思维的跨学科交叉研究是问题导向的，它是对既有抽象范式的审视和修正，主要源于理论意识和现实意识两大视角。事实上，社会科学领域的研究根本上在于揭示事物的本体，因而传统上就非常注重学者本身的理论功底和学术悟性；但是，现代经济学研究却往往停留在表象之间的功能联系，因而越来越注重流行规范和解题技巧。现代经济学理论之所以与现实问题越来越相脱节，在很大程度上，也是由流行研究中的方法导向所致。为此，这里对两条研究路向的差异做一简要比较。

一般地，方法导向走的是专业化道路：研究者主要遵循经济学业已形成的或者为某些学术共同体成员普遍接受的常规范式，以此基本范式为基础，或者建立数理模型并通过形式逻辑的推导而获得结论，或者建立计量模型并通过数据回归的分析而获得结论。同时，方法导向的学术研究集中关注那些细枝末节的经济学定理和观点，并且主要倾向在于对这些定理和观点加以证实，或者将成型的研究方法和分析工具用于对现实的解释和分析。相应地，方法导向的学术研究往往就形成这样的行文格式：提出问题、文献综述、建立模型、理论推导或经验检验。这样，方法导向的行文格式就具有这样几个特点：①问题的提出通常是源于其他文章，从而往往会与经验相脱节，或者只是从一个问题到另一个问题；②尽管开头就有了问题，但作者在文章写作之前并没有形成相对清

---

① 贝拉等：《心灵的习性：美国人生活中的个人主义和公共责任》，周穗明等译，中国社会科学出版社2011年版，第399页。

晰的观点，作者的观点往往有赖于后面的模型推导或计量分析；③文献主要集中在经济学科乃至特定领域和某些刊物的近期论文，但它往往尽可能寻求狭隘领域的全部资料，以致论文综述相当于某段时期某领域的文献收集；④文献主要罗列在文章的开头，接下来就几乎完全或者主要转向了按照既定方法进行建模推理或计量实证，模型推导和计量分析的结果也就成为研究的终点。

与此不同，问题导向倾向于走综合化道路：研究者往往能够不受新古典主义常规范式或分析框架的限制，或者借鉴其他社会科学分支的知识思维并基于思辨逻辑来审视经济理论的逻辑关系以及整个经济学的思维，或者基于现实与理论的不一致来重新审视经济理论的逻辑前提。同时，问题导向的研究集中关注经济学的基本思维和主要理论，并且主要倾向在于对这些思维和理论加以剖析和完善，或者剖析流行理论或思维用于实践中的问题。相应地，问题导向的学术研究往往就会形成这样的行文格式：提出问题、问题的分析、更多的文献或事实检验、基本论断。这样，问题导向的行文格式也就形成了这样几个特点：①问题的提出源于与理论不一致的经验事实，或者源于理论体系的逻辑缺陷；②作者在文章写作之前就已经在长期的思考中形成了初步的观点，文章写作主要将这些观点系统化、逻辑化和理论化；③文献涉及了广泛的跨学科领域，但它并不要求全面，而主要集中代表性人物以及与文章主旨有明确关系的那些文献；④文献材料和经验数据充盈在整个行文过程中，作者观点的提炼、阐发和论证往往都是以这些文献梳理和相关数据为基础，从这些理论或事实的论证和分析中得出逻辑性论断。

显然，由于方法导向式研究的行文范式是既定的，论文研究的重点在于对新收集数据的分析和新解释模型的开发，一个研究者的论文优劣主要取决于他的分析工具训练以及对研究范式的遵守；相反，由于问题导向式研究更加注重多元思维和方法的交叉，论文研究的重点在于对现有数据的二手分析以及由此产生更为全面或系统的新颖观点，一个研究者的论文优劣主要取决于他的知识结构广博程度以及对学术悟性的培育。那么，对经济学的研究来说，这两大研究路向哪个更为可取呢？这就需要对它们的思维特性和结论特性做一比较分析。

一般来说，方法导向式研究遵循的是实证逻辑和形式逻辑。其中，实证逻辑是以经验为根据、以逻辑为工具进行推理，根据一定的程序和策略来分析变量关系；并且，随着回归模型和统计估计技术的飞速发展，经济学研究越来越热衷于计量实证。形式逻辑则以既成的、确定的思维形式，从静态角度来认识对象，反映的是客观对象间最普通、最简单的关系；并且，随着形式逻辑越来越借助数学符号和公式的推理，经济学研究也就越来越趋向于数理建模。在很大程度上，形式逻辑和实证逻辑都借助不断推新的数学工具，从而就构成了常规经济学范式下方法导向的研究基础；因此，方法导向式研究往往是在前人文献的基础上构建计量模型或数理模型，然后就是基于既定规则的数据处理和逻辑演算。显然，实证研究可以为我们揭示事物之间的相关性，但对于"何以相关"的解释却需要在一定的理论框架中做出，而这就需要借助思辨逻辑，思辨就是运用概念、遵循逻辑的法则所作的推理，包括对统计数据背后的成因以及事物本体进行猜测性解释。

同时，思辨逻辑又可区分为形式思辨逻辑和辩证思辨逻辑：其中，形式思辨逻辑往往是基于特定引导假设所展开的数学推理，它在很大程度上是一种同义反复；因此，对事物本体的探讨更应该主要借助于辩证思辨逻辑，它在很大程度上是对思辨逻辑进行梳理和甄别。一般地，辩证逻辑从内在矛盾的运动、变化及其各个方面的相互联结中考察对象，揭示的是客观对象之间动态和具体的内在联系，从而有助于更好地把握事物的内在结构和作用机理；从这个角度上说，基于辩证思辨逻辑展开的是元理论的探究，其目的是确保理论逻辑的内在合理。同时，辩证逻辑把所要研究的对象看作一个整体，力图从多角度来更全面地理解社会经济的运行和社会经济现象的产生，从而注重知识和思维的契合；正因如此，辩证逻辑强调对现有知识的比较、分析和综合，注重对相关文献的比较和剖析，其每个具体观点的提出和论证都建立在前人研究的基础之上。

这样，基于逻辑推理的不同类型和不同特点，我们就可以对方法导向式研究和问题导向式研究做一比较。一般地，方法导向式研究主要采取实证逻辑或形式思辨逻辑，从而倾向于在特定引导假定下进行数理推演或计量实证。相应地，其理论逻辑就具有这样的特征：它的引导假定或模型构造往往基于全面且最新的专业文献，这使其研究课题往往呈现较强的前沿性和进步性；它使用的数理逻辑分析具有形式逻辑一致性的严谨性，这使其结论也往往呈现较强的客观性和精确性。不过，由于方法导向式研究所提出的问题主要来自其他文献，引导假定具有某种先验性，推理过程也是一种套套逻辑，因而其选题以及结论都很可能与现实相脱节。

相反，问题导向式研究主要采取辩证思辨逻辑，从而注重分析和综合相统一、逻辑和历史相统一。相应地，其理论逻辑具有这样的特征：它涉及更为广泛领域的文献梳理和比较，但主要是选择性地使用一些最为主要却并非最新或全面的文献，这使其研究课题往往显得缺乏前沿性；其分析往往借助猜测性的溯因推理而非严密的数理运算，这使其研究结论呈现出较强的主观性以及缺乏形式逻辑的严密性。不过，问题导向式研究所提出的问题往往来自广为人知的流行观点或熟视无睹的社会现象，且思辨性思维有助于拓展人的视野，从而可以更全面地审视流行观点以防陷入工具主义和先验主义的谬误。

显然，这两种逻辑各有优劣。相应地，理想的研究是实现两类逻辑的互补，这也就有待于元哲学和元理论的发展。那么，在此之前，经济学研究更应该重视何种逻辑呢？哈耶克曾说，"我宁愿要真实的但是不完全的知识，即使它丢下许多不确定的和不能预测的事情，而不愿要伪装有精确知识，它可能是错误的。正如现在的例证所表明，对于似乎简单但是错误的理论，所能得到的表面上符合公认的科学标准的信誉，有严重后果"。① 这也是我对现代经济学研究路向的基本看法和态度：经济学研究首先要有合理的定性分析，在此基础上才可以有更为精确的定量分析；而定性分析首先体现在对经济学的基本思维和基本理论的反思，否则在错误的思维和理论下的定量分析只会产生更严重的错误。

其实，方法导向主要适合于自然科学的研究，因为自然科学的理论发展总体上体现了一个不断进步的过程，并主要解决那些抽象的一般性疑难问题；问题导向则更适合社会科学，因为社会科学的理论发展更凸显一个否定之否定的过程，并永远需要解决不断变化的现实问题。尤其是，作为一门致用之学，经济学研究的根本任务在于不断发现和解决现实中的具体问题。因此，经济学的理论研究根本上不应该是方法导向的，不应该是从一个命题到另一个命题；相反，它应该是问题导向的，要研究不断变化的社会现实。

但是，现代主流经济学却极力向物理学等自然科学攀亲，从其引进方法导向的研究思维，并以理性选择为基础构建出了一套普适性的理论体系；结果，现代主流经济学的分析逻辑看似严密和客观了，但它所得出的结论却往往呈现明显的现实无关性。在很大程度上，这种方法导向的研究尽管在文章开头似乎也提出了问题，但这些问题往往不是源于理论本身的逻辑以及那些熟视无睹或者见微知著的现实问题，而是来自其他所谓的前沿文献，这种自我繁衍出来的问题很可能是一个伪问题。霍奇逊就写道："即使建模者对新古典理论的标准假设前提提出了挑战（偶尔出现的关于相互依赖的偏好关系、粘性价格、不完全信息等的正式文章），这些挑战常常也是以智力难题的形式而不是对现实现

---

① 哈耶克："似乎有知识"，载王宏昌编译：《诺贝尔经济学奖金获得者演讲集》（上），中国社会科学出版社 1997 年版，第 224 页。

象的考察提出来的。"①

　　同时，正是由于目前经济学研究盛行着方法导向，尤其是数理工具导向，这就使经济学人热衷于数学工具的训练，热衷于八股格式的模仿；相应地，则放弃对现实世界的研究，甚至对大量的问题和现象都熟视无睹。正因如此，现代经济学人越来越失去了判断和理解复杂情况的直觉能力，从而往往意识不到潜在的社会经济问题；而且，即使在经济危机来临后，往往也是束手无策。例如，当前中国的经济学专业刊物往往发表一些有关欧美经济和贸易等问题的研究文章，但发表这些文章的经济学人却几乎没有去过这些国家，因而这些研究根本不是源自他们的经验直觉，而是源于其他文献。在某种程度上，正是这种方法导向的研究思维，造成了现代经济学研究的"问题"无关性，并且使经济学与其作为社会科学的学科性质相背离。

　　因此，现代主流经济学就遭受有识之士尤其是科学哲学家和经济学方法论专家越来越强烈的质疑和批判。霍奇逊写道："主流大学经济学系主要的注意力并没有集中在当今世界的紧要问题上，他们通常并不培养对现实经济过程、体系和制度的研究。智力资源虽然没有完全被浪费，但却严重配置不当。"② 而要摆脱方法导向的束缚并转向现实问题的研究，尤其是形成有助于上升到理论的经验直觉，就需要有广泛的知识结构，需要对人类所积累的知识进行梳理和综合，这就提出了跨学科交叉研究的要求。在很大程度上，基于知识契合的跨科学研究路径也就是问题导向的具体体现，因为社会经济问题本身就是一个整体。同时，跨学科研究注重基于思维契合的思辨逻辑，从而也是辩证法在理论分析中的具体应用，因为辩证法的基本逻辑就体现为"命题（Thesis）→反命题（Antithesis）→综合（Synthesis）"。

　　关于契合的分析路线，我们可以举两个例子作简要说明。例如，就人性及其行为机理而言，新古典经济学提出了"经济人"这一假设，但这一假设因"社会化不足"而遭到诸多批判；相应地，一些学者提出了"社会人""道德人"等对应的假设，但这些新假设又因"社会化过度"而导致理论的不生产。相应地，一个"极高明而道中庸"的理论体系就需要将两者有机契合起来，由此就可以提炼出"为己利他"行为机理，这一行为假设更贴近现实又便于理论构

---

　　① 霍奇逊：《演化与制度：论演化经济学和经济学的演化》，任荣华等译，中国人民大学出版社2007年版，第3-4页。

　　② 霍奇逊：《演化与制度：论演化经济学和经济学的演化》，任荣华等译，中国人民大学出版社2007年版，第3页。

建。[①] 再如，就企业组织的性质而言，新古典经济学一直推崇"股东价值最大观"，它将企业责任仅仅定位在追求利润最大化，但这种"股东至上主义"在实践中日益暴露出严重问题；相应地，以"增长最大化"和"销售最大化"为企业目标的"管理学派"以及以"工人效用最大化"取代"股东利润最大化"的"工人自治学派"就兴起了，但这同样出现了严重的治理问题。为此，契合两者的"利益相关者社会观"就兴起了，它不仅注重组织本身的有效性，而且考虑不同成员的利益相关性。在很大程度上，只有以广博的知识结构为基础，我们才能形成更为合理的经验直接；同时，也只有基于知识和思维的比较和契合，我们才能更全面地理解现实的人类行为和相应的社会经济现象，并由此形成更全面的理论体系。

五　尾论：经济学范式转换的现实障碍

经济学理论根本上应该揭示社会经济事物的实在结构和内在本质，这要求经济学研究都应该是问题导向的，应该通过自由交流和知识契合来寻求对基本经济问题的共识。但是，流行的经济学研究却往往局限于功能联系，其研究路向也具有明显的方法导向，大多数经济学人都热衷于在凯恩斯—新古典经济学分析框架下进行细枝末节的数理建模和计量实证，并由此滋生出一种数量拜物教现象。在很大程度上，方法导向的经济学研究具有强烈的形式主义和工具主义特点，从而根本就没有提出任何本体论主张，从而也就无法深化对事物本质的认知。例如，现代高级宏观经济学教材中介绍的内生增长理论往往被视为对经济学原理中的传统经济增长理论的替代，但是，正如何梦笔指出的，"作为一种主要的理论替代，新增长理论是不成功的，因为它在同样的新古典本体论框架内，坚持同样的观察语言"；事实上，"新古典理论的工具主义理解是为了让它的谜题回避任何不同本体论基础的反对意见，……（而如果缺乏本体论的竞争，仅仅停留）在经验数据上的争论将不会产生理论观点的任何变化，即使存在着许多与某种理论不相符的观察"。[②] 为此，阿克曼指出，"通常假定了

---

① 朱富强："行为经济学的微观逻辑基础：基本假设和分析维度"，《社会科学战线》2011年第10期。

② 何梦笔："演化经济学的本体论基础"，载多普菲编：《演化经济学》，贾根良等译，高等教育出版社2004年版，第88–89页。

新古典模型的其他数学工具：就像在一场游戏中已有的理论对建模者发起了挑战，如果除了一个以外，你同意其他所有标准假定，那么你又能解释什么呢？……但是，每一轮游戏又重新开始，这些结果永远不可能累积成内容丰富的可供选择的新框架"。[1] 显然，方法导向严重限制了研究思维的拓宽，从而导致了低水平重复的论文不断被炮制。相应地，方法导向的内在缺陷对当前的经济学研究提出了范式转换的要求：要树立问题导向的研究；同时，问题导向的研究又要求走跨学科的交叉学科研究道路，通过知识和思维契合寻求本体论认识的深化。

现代经济学遭受的一个流行批评是：研究的问题越来越细化了，如研究特定因素对经济增长、对外贸易、收入分配的影响等。有学人就形容说，目前的经济学人的研究越来越局限于头发或汗毛的研究，并由此发表了一系列文章而获得了"专家"称谓，但对整个有机体的运行却一无所知。不过，这种批评也并没有击中要害。究其原因，随着分工和专业化的发展，研究问题的细枝末节并不是最为严重的问题，而更为严重的是运用特定且片面的方法和思维来研究这些细枝末节，从而也就根本认识不了这些问题。相反，如果能够以开放而多元的心态积极吸收人类各个领域所积累的知识和思维进行研究，那么就可以更加全面地深化对这些细枝末节的认知。超越经验的认知在很大程度上是悟出来的，这种"悟"首先要了解旧有的认知，类似于佛教强调的要通晓"佛理"。试想，如果对前人的认知都不知道，那么，我们又如何有"悟"呢？如何确信旧有的认知是错的而自己的"悟"更为合理呢？当然，尽管佛家也有渐悟和顿悟之说，但正如张中行指出的，顿渐只不过是由学人得道的迟疾而言的，而迟疾又是相对的，与学人本身的秉性有关；但不管如何，即使真有一霎间的顿悟，"悟"之前也必须有渐。因此，南宗所谓"顿"，只是强调了"渐"的一个阶段，是所谓的"言下大悟"；而大凡学而有成，都是先"渐"后"顿"，所谓的"听法顿中渐，修行顿中渐"。[2] 科学也是如此，迈克尔·波兰尼就强调，"科学是整合的结果，类似于通常知觉的整合"。[3]

不幸的是，现代经济学人却撇开知识的传承性而热衷于顿悟，并将一时兴起的"悟"与特定的抽象方法结合在一起，从而形成了根深蒂固的方法导向的

---

① Acherman F. , 1997, Consumed in Theory: Alternative Perspective on the Economics of Consumption, *Journal of Economic Issues*, 31（3）：651–664.

② 参见张中行：《禅外说禅》，黑龙江人民出版社 1991 年版，第 188–190 页。

③ 波兰尼：《社会、经济和哲学：波兰尼文选》，彭锋等译，商务印书馆 2006 年版，第 314 页。

研究。相反，问题导向的契合式研究在现代经济学界则遭遇了巨大的阻力，大多数经济学刊物和经济学人都持消极和冷漠的态度，以致迄今为止经济学界还缺乏真正的方法论反思。布劳格就写道："在经济方法论方面，过多的作家把他们的作用看作只不过是把经济学家争论的传统方式合理化，这也许是普通的现代经济学家对于方法论的探讨没有多大用处的原因。完全坦率地说，在训练现代经济学家方面，经济方法论没占什么地位。"[①]

那么，经济学界为何会盛行这种方法导向的研究呢？在很大程度上，这就与学者的狭隘知识结构和功利学术风气有关。基于知识契合的跨学科研究本身就依赖于经济学人的知识结构和理论素养，但正如普多菲指出的，"主流经济学家们回避本体论问题，因为这对于他们来说似乎太抽象，他们没有看到在哲学和理论之间架起一座桥梁的可能性"。[②] 这种狭隘的知识结构也对它的学术取向和学术态度产生了影响，以致经济学越来越不关注现实问题。霍奇逊写道：自经济学日益成为应用数学的一个分支，"经济学的目标已不再是去解释经济世界的真实过程和结果，而是为了自身的兴趣去探索数学技巧……经济学因此成了一种数学游戏，一种用自己的语言来玩的游戏，游戏的规则是由那些带着玩游戏的人自己选定的，不再受到描述的充分性或者参照现实这些问题的限制"。[③] 在很大程度上，正是狭隘的知识结构以及功利的学术风气，强化了现代经济学的一元化思维，强化了对新古典范式的固守。因此，基于学术发展和社会进步的考虑，当前这种理论一元化倾向必须转变，而这有赖于知识结构的扩展和学术风气的重塑。

---

① 布劳格：《经济学方法论》，黎明星等译，北京大学出版社 1990 年版，前言。

② 多普菲："演化经济学：分析框架"，载多普菲编：《演化经济学》，贾根良等译，高等教育出版社 2004 年版，第 7 页。

③ 霍奇逊：《演化与制度：论演化经济学和经济学的演化》，任荣华等译，中国人民大学出版社第 2007 年版，第 5 页。

从一元主义到多元主义

——促进现代经济学的学术态度转变

> **导 读**
>
> 　　任何理论的发展都不应囿于一元主义的封闭路径，而是应该秉持基于多种理论共同竞争的多元主义理念，否则就必然会陷入"神话困境"。对"致用之学"的经济学科尤其如此，经济理论的合理发展路径就在于，在多流派和多学科相互竞争和比较的基础上进行知识和思维的契合。然而，现代主流经济学研究具有强烈的一元主义取向，它极力维护特定研究范式而蜕化为一种"我向思考"的解释共同体，进而滋生出明显的主流范式拜物教。这种一元主义取向在中国经济学界尤其明显，其原因就在于，中国经济学界某些功利主义学风更为盛行，一些实用主义学术制度更为扭曲。有鉴于此，现代主流经济学就迫切需要在学术态度上的转向：引入开放而多元的思维和学风以突破一元主义的神话困境；相应地，这需要从两方面着眼：从外部动力上重视非专业人士的质疑和批判；从内部动力上培养根基于批判性思维的学术精神。

一 前言

　　现代主流经济学的研究具有强烈的方法导向，主要是在凯恩斯—新古典经济学的分析框架下进行模型构建和计量实证。同时，由于现代经济学人的知识狭隘性和思维封闭性，流行的经济研究逐渐蜕变成了从一个原理到另一个原理的智力游戏；结果，经济学理论与社会现实之间就呈现出越来越大的差距，其分析结论也离社会常识越来越远，乃至引起了社会科学其他领域的学者以及社会大众的嘲讽。[①] 显然，要避免这种困境，现代经济学人首先必须有自知之明，要清楚自身的不足和无知；否则，就会成为萨缪尔森所说的那种几乎无所不知却对常识一无所知的游戏者，[②] 甚至对大多数经济史学家已经认识到的经济危机也漠然置之。然而，面对现代经济学与社会现实的脱节以及由此引起的各种社会揶揄，那些"主流"经济学人恰恰采取不闻不问的态度，而是热衷于在智力竞赛中寻求自娱自乐的满足；并且还美其名曰：学术水平只需要获得圈内人士认可就行了，外来的批评并没有理解经济学的真谛。例如，田国强就写道："针对那些批判现代经济学，否定现代经济学，将现代经济学说得一无是处，宣称要抛弃现代经济学，要建立自己的经济学的人，笔者希望他们能够对现代经济学的基本框架及方法论真正有所了解，在了解的基础上再去考虑如何对现代经济学的某些理论进行批判或冲击，这样便会出言谨慎，不致误导大众。"[③]

其实，现代主流经济学的问题恰恰在于分析框架和方法论而非具体工具上，因为它根基于肯定性理性思维，从而根本看不到现实世界中的问题实质。[④] 相应地，一些经济学人之所以极力反对对现代主流经济学的根本性反思，就在于他们所接受的经济研究思维根基于强烈的一元主义特质，这也是它遭受社会科学其他分支以及经济学其他流派强烈质疑的根本性原因。显然，现代主流经济学要有真正的自我反思和发展的能力，就必须注入多元主义思维，就需要学术态度的根本转向。在很大程度上，现代主流经济学推崇的"理性"分析逻辑以及相应的"科学"结论，实际上也是根基于一元主义的意识形态，它最终使经济学陷入一种神话困境。关于这一点，美国哲学家费耶阿本德做了深刻而系统的批判。有鉴于此，本章借鉴费耶阿本德的论述来对现代主流经济学进行审视，主要包括现代经济学的一元主义特点、中国经济学主流化和一元化发展的深层原因、一元主义导向的神话困境及其危害以及突破神话困境的动力来源等。本章的这些研究将会提升青年经济学人对现代经济学的全面认知，进而推动现代经济学的健康发展。

---

① 谢拉·C.道：《经济学方法论》，杨培雷译，上海财经大学出版社2005年版，第1–3页。大量的经济学笑话网址：http://netec.mcc.ac.uk/JokEc.html。

② Samuelson P.A.，1960，American Economics，In：Freeman R.E.（Eds.），*Postwar Economic Trends in the U.S.*，New York: Harper，PP. 1652–1653.

③ 田国强：《高级微观经济学》，中国人民大学出版社2016年版，第46页。

④ 朱富强："真实世界的经济分析逻辑：七大基本思维"，《中山大学学报》2016年第1期。

二　现代经济学中的一元主义取向

在科学至上主义的影响下，现代主流经济学越来越数学化，甚至已经蜕化为应用数学的一个分支。那么，这种数学化努力果真使经济学更加科学了吗？果真提高经济学的预测能力和应用价值了吗？答案显然是否定的。然而，通过借助数学工具这一门槛，专业经济学家就将其他社会科学家以及无数的社会大众排除出经济学的研究和争论之外，使他们往往只能作为经济学说的接受者和学说争论的旁观者。20 世纪上半叶，康芒斯就指出，"在我们的时代……纯粹科学变成一组仅仅可由少数数学家来证明的数学方程式。世上无数的门外汉只有接受数学家证明出来的观点。因为这种证明是超过这些人的理解范围的。这样，科学成为一个垄断的世界，高级数学家的权威说法是那些并非专家的大众所必须承认的，这有点类似于中世纪的圣职者"，"19 世纪末，经济学、政治、哲学领域脱颖而出，达到了这种数学的相对性时代，此时，有资格的经济学人，对于无法理解其方程式的大众而言，也达到了同样的垄断程度。一般人在讨论政治经济学法则的时候，他们的无知及混乱被视为幻想和不诚实"。①

问题是，包括经济学在内的社会科学能够像数学那样成为少数人的专利吗？在很大程度上，正是受制于封闭的自然科学思维，现代主流经济学呈现出严重的孤立主义和一元主义倾向，这集中体现在局限于特定的研究范式，乃至整个经济学界都呈现出明显的主流化趋势，进而形成了一种"我向思考"的解释共同体。事实上，经济学论文往往只是引用经济学领域尤其是主要经济学刊物的文献。例如，经济学论文来自本学科内部的文献占81%，而这个比例在社会学中是 52%，在人类学中是 53%，在政治学中是 59%；同时，《美国经济评论》引用经济学领域 25 本顶尖期刊的文献占 40.3%，《美国社会学评论》引用社会学领域 25 本顶尖期刊的文献只占 22%，《美国政治学评论》引用政治学领域 25 本顶尖期刊的文献更是只占 17.5%。② 也正因如此，诺贝尔经济学奖得主基本上都是毕业于名牌大学并且在名牌大学任教，其文章也主要发表在被视为主流的五大经济学期刊上，这与社会科学其他领域也形成鲜明的对比。

---

① 康芒斯：《集体行动的经济学》，朱飞等译，中国劳动社会保障出版社 2010 年版，第 117 页。

② "经济学家为什么地位高挣钱多而且几乎都是男人？"，http://bbs.tiexue.net/-post2_8542226_1.html。

同时，现代经济学的一元主义取向也表现在：经济学界在研究方法、分析思维以及工具使用上已经形成了明确的共识，这些共识存在于标准化的新古典经济学教材中，而这些新古典经济学教材往往又出自那些处于学术顶层的名牌大学经济学教授之手，以致几乎所有的经济学研究生课程都"惊人的相似"；经济学界在大学和刊物地位上也形成了明显的等级划分，这些名牌大学将毕业生派往其他学校，并不断复制这些刊物所偏好的规范论文，以致这些大学及其主导的刊物获得了至高地位。正是基于这些共识和等级，经济学科的学术精英集中了远比社会科学其他分支学科更多的权力，而且，经济学界对于刊物、引用率、影响因子以及学科排名的推崇达到了痴迷的程度。例如，美国经济学会中有超过72%的非指定管理层人员来自美国排名前五的经济学系，而这一比例在美国政治学会和美国社会学会中还不到20%；同样，《美国社会学期刊》中35.4%的文章出自美国排名前五的社会学系，而《政治经济学期刊》和《经济学季刊》中则分别有45.4%和57.6%的文章出自美国排名前五的经济学系（算上从这些系取得博士学位的作者）。①

此外，现代经济学的一元主义取向也体现在方法论导向的八股式论文写作中：提出一个假说，构建一个数理模型或计量模型，由此展开形式逻辑推导或者经验数据检验，得出结论并加以解释，最后提出告诫社会大众的政策建议。但显然，当前经济学人基于理性模型分析所提出的很多论断和建议都与人们的直觉和诉求相差甚远。例如，经济学家提出的"儿童自由买卖""器官自由买卖""排污产权交易""专家号买卖"等，往往都无法为老百姓所接受；社会改革家通常主张提高基本工资和抑制资本利润过高，而这却往往无法为经济学家所认同。而且，当发现社会现实与经济理论之间存在明显差距，或者所提出的政策建议遭到社会大众的批判时，经济学专家们往往不是去审视其理论和思维的缺陷，反而会认定现实出了问题，或者社会大众是非理性的，因为经济学家自己的结论是基于"理性"的分析。

问题是，当经济学家所发现的"规律"与社会大众的直觉相差甚远时，作为"专家"的经济学者能够强迫人们在日常生活中遵守他所"构设"出的这些先验规律吗？即使这种被"构设"出的先验规律是如此违背真实人性！在很大程度上，现代经济学人之所以如此相信其"理性"分析结论，实际上就是囿于一种"科学"神话。当代美国著名科学哲学家费耶阿本德曾指出："科学，优

---

① "经济学家为什么地位高挣钱多而且几乎都是男人？"，http：//bbs.tiexue.net/pos2t_8542226-1.html。

秀科学的进步依赖于新思想和智力自由：科学往往由局外人推动其进步（记住玻尔和爱因斯坦均把自己看成局外人）。……今天大部分科学家都缺乏思想，充满恐惧，故意制造一些毫无价值的结果。结果，他们极大地增加了现在许多领域的'科学的进步'的毫无意义的论文的数量。"[①]也就是说，本质上作为致用之学的社会科学，社会经济规律并不是由"专家"发现并强加到社会大众的脑袋中的。显然，这个认知对重审现代主流经济学的那些规律尤其有意义。究其原因，作为一门致用之学，经济理论会严重影响社会实践，不仅对人类社会发展和社会利益分配产生深远影响，而且严重影响每个人的日常生活和社会福利。为此，基恩强调，"经济学太重要了，不能只交给经济学家们"。[②]

既然如此，经济学研究又为何会坚持这种自闭且自以为是的一元主义学术呢？这种学术倾向又是如何形成的呢？这就与学术风气密切相关。在任何时候和任何社会，学风都是影响研究成果之合理性、全面性和公正性的关键因素，是制约社会科学理论发展的直接且根本性的因素。一般地，功利主义对学术研究往往会产生双重影响：一方面，它会激励青年学子将更多的时间和精力投入到学术研究上，从而发表更多的文章；另一方面，它也很可能会扭曲学术研究的目的，蜕化为对形式主义的追求。就现代经济学而言，它之所以承袭了新古典主义的单一思维，很大程度上在于这样两大原因：①经济学界的主要岗位经过几代人的自我反馈效应已经为数理专业出身者所占据，他们的社会科学知识结构较为偏狭，研究思维则沿袭自然科学的数理逻辑，从而导致经济学分析视野以及洞见力的日益狭隘和萎缩。②终身制的实行使学术界的功利主义学风日益盛行，学术研究不再是出于获得认知和解决问题的目的，而只是获得诸如教学岗位、职称晋升以及行政职务等个人利益的一个手段。

有鉴于此，要扭转现代经济学扭曲性的一元主义取向，根本性工作就在于重塑学风，需要鼓励以提升认知进而以学问探究为志业的"为己之学"，并要警惕以展示智力进而以文章发表来谋生的"为他之学"；进而，经济学的理论研究就需要跳出流行的囿于"常规范式"和"主义"的经院方式，以批判性思维来考察和揭示现实世界中的真实问题及其背后的逻辑机理。图尔写道："我们必须把意识形态和信念体系的研究范式与那种基础明确、逻辑合理的社会研究范式区别开来。和那种在社会研究中建立进化理论的做法不同，意识形态立场都具有僵化的特点。除了作为初始的信仰，这些立场本身并不是研究的对

---

① 费耶阿本德：《知识、科学与相对主义》，陈健等译，江苏人民出版社 2006 年版，第 199 页。

② 基恩：《经济学的真相第二版》，霍彦立等译，电子工业出版社 2015 年版，第二版序言第Ⅶ页。

象。它们反映出对研究的压抑，它们的结构基本上都是静态的，它们受时代和文化的局限。尽管有这样的特点，这类意识形态观点被认为不仅是真理，而且还是适用于源源不断的经历（包括革命领域的）的有意义的箴言。"[①] 同时，任何时代的学术风气，除了与社会制度和学术体系密切相关外，也集中反映出一些学术"引领者"的基本态度和学术精神，因为毕竟人类行为才是各种社会现象的最终渊薮。

 ## 三 现代经济学界日益堕落化的学风

自 20 世纪 70 年代终身职制在西方高校推行以后，学术界就孕育出日趋激烈的竞争环境，青年学子面临的生活压力也变得越来越大。此时，如何获得教师职位以及快速获得职称晋升而得以安身立命，就成为大多数青年学子优先考虑的事情。为此，哪种文章更容易发表，哪种学术更容易获得同行认可，青年学子们就会将精力投入在哪方面。林毅夫就深刻剖析了欧美学者越来越偏重数理的原因："现在，单单在美国被称为经济学家的就有 5 万多人，当中在大学教书的有 1 万多人，这 1 万多位经济学家每年都要发表论文，才能生存，才能晋级，可是哪有那么多现象可以研究？没那么多现象研究，就只好在技巧上下功夫。同时也因为有太多经济学家，比较好的大学要雇用教授，以什么做标准呢？数学就变成了一个门槛，不能用数学工具的人就进入不了这个门槛。这有点像俱乐部，要进入这个俱乐部需要跨过一个门槛，取得身份才能成为会员。"[②] 这种逆向选择在当前的主流学术刊物中得到了非常明显的呈现，《经济学期刊》（EJ）的主编约翰·海（John Hey）对于那些通常投稿于该刊的论文作了评价："许多投稿者看来并非为增进经济学知识而写作。虽然我十分理解作者身上的压力，尤其是年轻作者，但如此众多的经济学者似乎都在玩'期刊游戏'这个事实仍令人颇为沮丧，他们在那些毫无意义或者无足轻重的主题上生产出了太多的变化。"[③]

正是在当今欧美诸国中，经济学研究或论文写作已经不再是体现为追求认

---

① 图尔：《自由抉择的经济：政治经济学的规范理论》，方敏译，华夏出版社2012年版，第24页。

② "林毅夫访谈：中国经济学何处去？"，《21世纪经济报道》2005年9月3日。

③ Hey J.，1997，The Economic Journal, Report of the Managing Editor, *Royal Economic Society Newsletter*，January: 3–5.

知这一本质的"为己之学"，而在很大程度上蜕变成了为获得教职或安身立命的手段；因此，为了职称迁升以及其他利益的考虑，越来越多的经济学人热衷于炮制八股式的论文，越来越轻视思想的思辨，进而也就失去了撰写系统性理论专著的能力。同时，正是出于这种情形，青年学子们在为职业生涯做准备之初就开始偏重于狭隘的数学建模和计量工具之类的技术训练，而很少做知识契合和思辨逻辑的工作；相应地，他们倾力关注主流经济学期刊的近期论文，而无视乃至轻视那些充满思想启迪的经典著作。哈利·约翰逊（Harry Johnson）就指出，受过研究生院培养的年轻经济学家，习惯运用他们前辈难以掌握的数学新方法，他们之所以热衷于这些新技术，目的在于使自己的职业前景更加美好。[1]

　　这种逆向选择效应几乎伴随了当今经济学子的整个学术生涯。杜格和谢尔曼写道："虽然经济学的学生起初可能也不相信这些神话，但为了通过博士学位考试，他们必须接受这些神话——否则就不及格。然后，他们当上了助理教授，他们需要从基金会那里得到经费（这就要求他们接受这些神话），需要在重要刊物上发表文章（这也要求他们接受神话），需要得到老资格教授的支持以获得终身教职（老资格教授要求他们接受神话）。当然，基金会的领导、期刊的编辑，以及老资格的教授都非常真诚地相信这些神话，因此，他们不需要共谋以强化这些神话。这样，整套制度把每一个经济学家塑造成为相信、扩展并传授特定神话的人。"[2]进而，这种功利主义的逆向选择经过二三代人的强化就为现代主流经济学的研究取向奠定了基础：现代经济学的研究范式越来越一元化，主流经济学的那些神话也渐渐渗入整个经济学中。相应地，现代主流经济学越来越热衷于求新求异，越来越有些媚俗化和形式化；但与此同时，这种努力却没有促进经济理论有多大实质性的进步，反而离思想追寻和认知提高这一根本性诉求越来越远。

　　在很大程度上，受西方经济学研究风向的影响，当前中国经济学界也正沿着西方社会的轨迹发展，甚至还更为严重，以致整个中国经济学界都陷入了马尔库塞所谓的单向度状态，对主流范式往往只有肯定而没有否定。结果，当前中国经济学界普遍缺少思辨和反思的精神，而充斥了基于主流范式的数理建

---

　　[1]　Johnson H. , 1971, The Keyesian Revolution and the Monetarist Counter Revolution, *American Economic Review*, 61: 1–14.

　　[2]　杜格、谢尔曼：《回到进化：马克思主义和制度主义关于社会变迁的对话》，张林译，中国人民大学出版社 2007 年版，第 88 页。

模和计量实证，而且这些数理建模和计量实证往往是在对基本问题都缺乏基本理解的情况下进行的。譬如，一些学者在对中国教育以及招生中的基本问题缺乏基本了解的情况下，就热衷于用博弈论来探讨高考如何填报志愿，高考志愿填报机制与大学招生质量又存在何种关系等问题；一些学者在对法律的作用以及现实法律的缺陷都没有剖析的情况下，就运用计量工具对法律活动与经济增长的关系进行回归实证。这些文章还受到普遍的欢迎（首先是那些数理经济学家，接着就是广大青年经济学子），被视为高水平的经济学研究论文。

其实，正如前面指出的，现代主流经济学的这套研究范式和分析思维本身存在严重的问题，它注重形式逻辑的严密而非现实问题的认识和解决，同时，这种研究取向又根源于西方社会的特定环境。问题是，在经济转型和发展时期，中国社会面临众多的现实问题亟待解决，中国经济学人为何还是如此热衷于照搬欧美盛行的方法导向式研究呢？究其原因，大致有二：①"唯洋是瞻"的心态。中国经济学人往往将现代主流经济学的理论观点和研究思维当成必须努力与其保持一致的传统智慧，以致接受欧美经济学熏陶的海归经济学人往往被视为这种传统智慧的化身。同时，基于狭隘的知识结构，这些海归经济学人往往局限于搬用西方主流经济学的研究范式并集中于狭窄的研究领域；相应地，这种取向经过他们的大肆鼓吹也就被合理化了，并成了中国青年经济学子极力模仿的基本研究范式。②功利主义的学风。近年来中国学术界出现物欲主义和利欲主义，以致有些学术研究变得极度功利化、短视化和实用化。在这种情况下，学术研究和文章写作不是致力于现实问题的真正解决，而首先是为了获得学界认可并由此获得其他利益。同时，学者要获得认可，一个重要途径就是显示自己的学术是与国际接轨的，是西方主流的，是当今前沿的。

张曙光等人很早就指出，随着中国经济的飞速发展，经济学突然上升为一门显学，反而使越来越多的经济学家被宠坏了，逐渐丧失了学者的基本理念和素质，导致经济学的发展也潜藏着越来越严重的危机。明显的现象就是，经济学界日益出现两大歪风邪气：一是抄风甚烈，二是炒风更盛。张曙光写道，"抄风烈，许多大同小异、改头换面、东拼西凑的东西充斥市场，许多人将此作为成名成家甚至发财致富的捷径；炒风盛，一些没有多大价值的作品被当作精品佳作被大加吹捧，四处兜售炒卖，学术领域也是假冒伪劣风行，一些人也借此把水搅混，从中渔利"，结果，整个"学界面临着'礼崩乐坏'的局面"，究其原因，"商潮滚滚，巨大的压力、冲击和诱惑，（也）使学者们难以静下心来，专心致志地从事学习、思考、研究和创造"。[①] 从张曙光等学者的早期呼吁到现在已经过了近二十年了，期间经济学的一些形式规范也基本建立起来了，包括附有参考文献、试行匿名审稿制度等；但是，学术理念和独立人格却继续甚至在加速丧失，以致许多形式规范成了新的教条。在很大程度上，一些新的学术"暴发户"正是利用这种形式规范而将之打造成了牟取私利的敲门砖，以致学术的批判精神比二十年前似乎还更为缺少，并越来越远离"求知"这一学术的本质诉求。

四 例证：扭曲性的中国式"合作论文"

关于中国经济学界盛行的功利主义学风，我们可以从一个普遍现象中窥见一斑：欧美经济学家尤其是经济学大家之间的研究合作往往发生在具有相同学术水平（包括知识结构和学术背景）的学者之间，而且往往保持一种长期的、固定的乃至毕生的合作关系，比较明显的就如萨缪尔森与诺德豪斯、诺思和托马斯、布坎南和塔洛克、卡尼曼和特维斯基、史密斯与普洛特、泽尔腾和海萨尼等；但与此不同，当前中国社会那些经济论文的合作者之间往往是"导师"和学生的关系，而且与"导师"合作的学生随着学生的入门和毕业而不断更换。为什么会出现这种鲜明的反差呢？在很大程度上，这跟学术精神和学术风气存在很大关系：西方学者往往将学术探究当成毕生事业，希望通过与具有相同学术层次的学者之间的交流和探讨不断提升学术层次；但是，中国经济学人大多只是将学术研究和论文写作当作一个盈利的工具，一旦获得一定的学术地位后就不再作真正的研究而只是试图通过利用他人（尤其是学生）的廉价劳动来获利。这里具体阐述如下。

本质上，导师指导学生学术研究的意义应该具有这样的根本性特点：导师的出发点在于为自己长期以来的研究心得找到一个传承者和继承者，学生的求学目的则是在领悟和反思老师的学术认知的基础上实现学术发展和超越。当然，学习初期的学生在知识结构上还不圆满、逻辑思考上还不严密，因而学术超越必然存在相当的时滞，进而学术合作往往在同类学者之间展开。问题是，中国大多数经济学"导师"既缺乏真正的学术洞见，又没有切实掌握那些量

[①] 张曙光："序言：立足本土 走向世界"，载张曙光主编：《中国经济学：1998》，上海人民出版社2000年版。

化的分析工具，更不要说将时间和精力用于真正的学术探讨上；可以说，很多"导师"甚至根本写不出一篇像样的学术论文，也缺乏对数量拜物教进行批判的能力，相互之间更难以形成有效的合作关系。同时，出于各种名利的需要，这些"导师"又需要并积极发表文章，从而就开始诉诸师生之间的合作："导师"利用他积累的地位资本和关系资本为论文发表提供舞台，而学生则提供其善于且廉价的劳力资本来从事机械的技工活动，因而这种合作往往很少体现在思想的提升上。

当然，初入经济学界的学生根本没有真正认识社会经济，更不要说形成新的思想洞识；于是，这些"导师"为了寻找学生进行"论文合作"，往往就会招那些数学工具掌握得较好乃至理工科出身的学生。相应地，中国经济学界所形成的那种"导师"与学生之间的论文合作就出现了这样的情景："导师"指导乃至克隆一个常用的论文写作规范，然后学生在此种规范下建模型、搞计量，最后"导师"动用其社会关系或学术资源找杂志社发表。显然，这种"论文合作"倾向进一步强化了经济学研究的一元化倾向：几乎所有的学生为了赢得与"导师"合作的机会都"心甘情愿"地将所有精力用于数学工具的训练上，努力地模仿主流杂志的写作风格，期望这些"合作论文"有助于自己未来的谋职和升迁；那些"功成名就"的"导师"们为了更好地发挥自身的地位资本和关系资本以及更充分地利用学生的劳力资本，不但不能对以前的学术暴露出来的问题进行自我反省，反而会刻意地掩盖它、维护它，这样就便于后来的学生或青年学子心甘情愿地围绕在他的周围，提供他所欲求的那种合作。

正是基于经济学研究的现状以及"导师"和学生之间的扭曲性合作关系，学生的"成就"几乎与"导师"有无学术水平以及从事何种领域没有多大关系，而主要与"导师"的行政岗位、关系网络等密切相关。一方面，一个真正导师的学术水平无论多高、知识结构无论多广，也很少有学生愿意追随。究其原因，这类导师的学术和知识很难为学生在短期内超越，因而极欲"成名"的学生不愿追随这种学术方向；那些水平高、知识广的学者往往是特立独行者，不仅不善于官场和社会关系，甚至是流行经济学的批判者，因而学生就更不愿跟随这类导师这种似乎"看不到尽头"的学术方向。另一方面，一个南郭"导师"的学术水平无论多平庸、知识结构无论多狭窄，但这种低水平的学术和知识却很少对学生构成制约。究其原因，学生很少关注"导师"的个人研究领域和成果，相反，研究生生涯的大部分时间和精力都花在数学逻辑和分析技能的学习和训练上；那些水平一般、知识面不宽的"学者"往往是鹦鹉学舌者，不仅游刃有余于名利场和社会之中，往往也是流行经济学的照搬和鼓吹者，因而学生往往愿意跟随这类似乎可以在短期内获得收益的"导师"。

进而，正是基于这种功利主义的逆向选择效应，当前中国研究生的招生和学习也就呈现这样的明显特征：①那些地位越高、社会关系越广的"导师"，所招的研究生往往越多，其学生发表论文也更容易，乃至获得各种优秀论文奖的机会往往也更大；②"导师"们越来越少地为研究生开课，尤其是其研究的专门领域，而给研究生上课的大多是刚毕业的博士生，所教的课程大多集中在"三高"、计量软件以及一些数学类课程。由此可见，正是由于当前中国社会中学术风气的败坏，经济学专业研究生的学术发展与其"导师"之间已经没有多少关系。事实上，研究生不仅很少关注其"导师"的研究领域和研究观点，同时，"导师"那些所谓的"研究"也很少有什么东西值得关注；相反，经济学专业研究生几乎将所有的学术时间都用于学习基本的数学工具，学习如何使用计量软件，而这些课程往往是刚毕业的博士或助教讲授的。

在某种意义上，当前中国经济学界的学术研究和教育根本就不存在真正的导师制，而只是存在清一色的研究生班：关注什么专业，从事什么领域，几乎所有的研究生都处在一个课堂中，接受如何撰写统一模式文章的技术训练。同时，这些研究生的所谓"研究"往往就是将课堂上教授的模型机械地套在某些经济现象上，却几乎没有多少经济直觉，对这些社会经济现象的本质乃至现状往往知之不多甚至是一无所知，既不知道也不关注前人乃至以前思想大师已有的分析以及相应洞识；正因如此，这些所谓的"研究"根本就没有站在"巨人的肩膀"之上，缺乏实质性的传承和批判性的发展，从而只是一种低水平的自我循环。施特劳斯就写道："我们莫名其妙地相信自己的观点能高人一等，甚至比最伟大的思想家还要高明……我们每一个人都被迫凭一己之力，寻找自己的方向，哪怕这么做存在严重的缺陷。"[①] 不幸的是，在当前功利主义盛行的学术界，任何学术审查都是形式化的，只看你是否发表了文章以及在何种刊物上发表，却不管你是如何发表的，即使明知是买来的也无所谓。所有这些都造成经济学中主流化现象日益膨胀，数量拜物教现象不断盛行，理论一元化倾向日益严重，从而严重窒息了经济学的理论探索。

---

① 施特劳斯：《古今自由主义》，马志娟译，凤凰出版传媒集团、江苏人民出版社2010年版，第6—7页。

五 **理论的神话困境和多元化诉求**

当前经济学人之所以热衷于基于数据收集和处理的计量实证，一个重要依据就是被弗里德曼等人引入经济学之中的逻辑实证主义。正是基于逻辑实证主义，计量经济学逐渐成为现代经济学的重要分支，并且继承和发展了弗里德曼的"假设与现实的无关性"假说。在这些计量经济学者看来，这种计量研究具有扎实的经验和数据的基础，从而比那种具有形而上学色彩的文字推理显得更为客观。果真如此吗？费耶阿本德就指出，那些坚定的信仰者总是可以为他们的理论提供经验性的争论，而最好的神话也是牢固地根基于经验之中，这正如一些受到高度赞扬的科学理论所展示的。费耶阿本德写道，"神话并不是与现实世界明显对立的虚构想象，而是被无数直接和有力经验所支持的系统思想，并且，这种经验似乎比用于建立现代科学的精密实验结果还更有吸引力"；① 同时，尽管"神话常常被人们认为是一种主观现象，同表达人们幻象、希望和恐惧的诗歌相联系"，但实际上，"神话不仅仅是与真实世界有明显差异的梦想或诗歌，它自身被假定为一种同事实一致的真实论述"。②

流行的观点认为，计量经济学所得出的研究结论获得了经验事实的支持。但实际上，要为那些明显难以置信的观点找到经验上的支持并不困难，如对女巫和魔鬼的信仰，更不要说，理论家也往往根据自己的喜好来控制实验。因此，针对一些理论家所提供的"乐观的证据"，真正的学者往往会持怀疑和质疑的态度。例如，费耶阿本德就强调，"神话绝不是强加在同它们没有关系的事实上的梦想，相反，一个好的神话能够引用许多对它有利的事实，它有时甚至比今天受到高度赞誉的科学理论更坚定地根植于事实。"③ 更早的萨伊则指出，没有一个荒谬理论或狂妄言论未曾援引事实以作说明，使政府当局往往受到迷惑的也正是事实。尤其是，科学本身就处于不断变动发展之中，因此，人们根本无法使用是否具有经验或数据的支撑来辨别神话还是科学。在费耶阿本德看来，"某些思想家得出科学和神话除了时间的先后外毫无差异的结论：科

---

① 费耶阿本德：《知识、科学与相对主义》，陈健等译，江苏人民出版社2006年版，第46页。

② 费耶阿本德：《知识、科学与相对主义》，陈健等译，江苏人民出版社2006年版，第45页。

③ 费耶阿本德：《知识、科学与相对主义》，陈健等译，江苏人民出版社2006年版，第44–45页。

学是今天的神话，神话是过去的科学"。[①] 显然，这可以用于对现代主流经济学思维和范式的反思：它日益偏重于实证分析而缺乏思辨审视。

由此，我们就可以更深刻地理解现代主流经济学人为何如此崇尚实证分析了。在某种程度上，这也是源于一种神话的力量：现代经济学中存在着一种数量拜物教。费耶阿本德写道："信仰神话的人们其心理态度可以概括为完全和毫无迟疑的接受态度，神话叙述着真理，并且不可能错误。假如将神话应用于现实或理解现实时出现问题，这并不表明神话自身有缺陷，而是应用神话的人们自身有缺陷，他们没有理解神话所传递的明显信息或者没有遵循神话的要求，神话自身是毫无错误的。"[②] 经济学的数理化之所以会塑造出一种现代神话，还在于造成了经济学家与其他社会科学家以及社会大众之间的隔阂，从而使经济学家的工作附上了一种神秘感。关于这一点，我们可以重温下格兰特的洞见。

"科学家戴着眼罩工作，为了将与研究主旨无关的一切排除在外，只专注于眼睛下方鼻尖上的一个小点儿。这样一来，他们得到的仅仅是成批堆积却又相互孤立的事实，失去了纵观全局的眼光，没有实现真正的理解，也不再能激发智慧的火花。每一门学科、每一个哲学流派都在发展中逐渐形成了各自面向'圈内人'的学术体系，于是，随着人们对世界的了解不断增加，向同样受过良好教育的'圈外人'介绍和解释自己所从事和奉献的行业变得愈加困难，横亘在人生与知识之间的沟壑也愈发宽广：统治者无法理解智者的思考，求知者无法理解知者的观点。前所未有的学习热潮引发的却是集体性无知的蔓延，无知与愚昧的模范被推选为世界伟大城池的统治者。就在科学享受着史无前例的发展和推崇之时，新兴宗教如雨后春笋般冒出，古老的迷信思想正在收复失地。普通大众不得不在悲观晦涩的科学和充满无畏希望的宗教神学之间做出选择"；相应地，"知识若庞杂到无法在民众中普及，则极易沦为经院哲学，甚至演化为民众对权威的盲目迷信；人类也将进入对'职业学者'这个新兴牧师群体无限崇拜的新信仰时代，而人类文明借助教育之类普及升华自身的希望行将破灭；同时，作为人类文明垄断者的学术阶层，在日新月异的术语、词汇的重重包围下，也将蒙上一层神秘莫测的面纱，彻底与世人隔离，在无形中侵蚀、动摇文明原本坚实的根基"。[③]

同时，现代学术界还存在着两种机制来强化这种神话：①横向上形成了一

---

①②　费耶阿本德：《知识、科学与相对主义》，陈健等译，江苏人民出版社 2006 年版，第 48 页。

③　格兰特：《哲学的故事》，蒋剑锋、张程程译，新星出版社 2013 年版，再版序。

种"我向思考"的学术共同体，从而使这种神话产生了一种自我强化效应。费耶阿本德写道，"在诸如负责传播神话（理论）的团体和个人惯性等方面存在更大的相似性：宗教和政治团体都竭力通过武力或说服来消除对立观点，科学期刊的编辑们可能不太愿意刊登引起科学共同体反对的论文，科学教材一般解释广为接受的理论，而对存在争议或缺陷的当代理论很少提及"。① ②纵向上形成了一种灌输式的传导机制，从而使这种神话产生了一种路径依赖效应。费耶阿本德写道，"传授的方式也深刻地为这种态度所影响：传授者理解并因而成为完全的权威；学生缺乏知识（或者至少明晰知识），他们不能对传授者所讲的事物做出判断，因而是完全被动的"，事实上，"许多大学课程以一种独断的方式进行着。考查被设计成不是检测学生独立思考的能力，而是掌握一种教义到何种程度，这样的掌握被认为是惟一重要的事情"。② 显然，科学进步和理论发展过程中最主要的危险就是这种"神话困境"。

　　既然如此，我们又如何突破"神话困境"呢？费耶阿本德认为，"神话困境"主要体现为满足于理论的一元化，而理论一元化受心理机械论的支持，以限制在某一领域里的理论数目，其目的是灌输对某一特殊理论的信仰。理论一元化使一个不开明的墨守成规者以及真理的言说有了力量，导致了想象力、理智的潜在才能以及深刻洞见力的言说的弱化，毁掉了年轻人极好的想象力以及教育言说。因此，要防止和补救"神话困境"，我们就必须使用一套多元的或多重的反复的理论，通过相互验证来解释他们的错误和局限，因而多元化就可以给我们提供确定知识最好的机会。费耶阿本德认为，具体的备选理论的作用体现为："它们提供了对已被接受的理论的批判方法，以一种超越了与这一个理论相比较所做出的批判的方式。尽管一种理论看起来多么贴近地反映了事实，尽管它已被广泛地应用，尽管它的存在对于说着相同语言的人来说是多么必要，关于它的事实充分性的辩护只有在遭遇了备选理论之后才能成立，这些备选理论的发明及更详尽地发展必须因此先于任何关于实践的成功与事实充分性的最终辩护。那么，这便是理论多元性的方法论上的理由：理论的多元性要求对已被接受的观念要比对被认为是独立于理论考虑的主要'事实'提出更尖锐的批评。"③

　　由此可见，理论多元性就暗示，我们必须对现代主流经济学的一元主义思

---

① 费耶阿本德：《知识、科学与相对主义》，陈健等译，江苏人民出版社2006年版，第48页。
② 费耶阿本德：《知识、科学与相对主义》，陈健等译，江苏人民出版社2006年版，第49页。
③ 费耶阿本德：《知识、科学与相对主义》，陈健等译，江苏人民出版社2006年版，第70页。

维保持警惕。事实上，现代主流经济学热衷于简单地照搬自然科学的分析思维和研究范式，热衷于简单地在凯恩斯—新古典经济学分析框架下进行逻辑游戏式的数理建模和计量实证，并由此塑造出强盛的主流化趋势。尤其是，现代主流经济学还将其所持有的一元思维视为中立和客观的，并以此来指责其他流派所存在的意识形态和武断性，乃至对其他流派的研究思维和研究结论往往不屑一顾。在很大程度上，这正体现了现代主流经济学的一元主义困境。德索托就写道："吊诡的是，真正傲慢和武断的在于新古典经济学家习以为常的、他们认为经济学最典型的方法：一个完全地建立在均衡、最大化和偏好稳定原则之上的方法。这样，新古典经济学家就寻求垄断所谓的'经济学'领域，试图对那些遵循更为丰富、更符合现实的范式，给出替代性观点，从而在科学研究领域与新古典经济学家展开竞争的理论家施加封口令。"[①] 有鉴于此，我们就必须引入多元主义和批判性思维，以对现代主流经济学的研究范式和分析框架进行审视和剖析；相应地，这就需要充分理解其他经济学流派以及其他社会科学分支的研究思维和理论观点，进而对各种备选理论进行比较，并在知识和思维相契合的基础上提出新的研究范式。

六 学风改造与经济学多元化发展

社会科学研究的直接目的在于提高研究者本人的认知并用以指导自身实践，而不是为了符合某种公认的标准以获得他人认可、赢得某种赞赏以及获得某种利益。从这个意义上说，社会科学是地地道道的"为己之学"。相反，如果学术研究仅仅是为了符合某种公认的标准，那么，它就会朝两方面发展：①学术为特定权威或机构所掌控，从而退化为经院主义的研究方式，传统经济学研究就带有这种特征；②学术演变为追求形式的八股文，从而只重形式的优美而忽视对真理的探索，现代主流经济学研究就呈现这种倾向。这两种取向的差异在于：一个是唯上，另一个是唯风；两者的共同特点则在于：都与真正的学术精神相背离，都是为了个人利益。相应地，两种情形都会产生大量的利益集团或宗派，尽管有时是隐性的，是以其他的斗争形式出现的。譬如，流行的经验主义观点认为，只有彻底的观察程序才能排除幻想的推测（臆测）和空洞

---

① 德索托：《奥地利学派：市场秩序与企业家创造性》，朱海就译，浙江大学出版社2010年版，第123页。

的形而上学，从而可以阻止知识的停滞并使知识发展的进程走得更远；但现实却是，现代经验主义已经在"证实"的伪装下成了改头换面的教条和形而上学，在经验的名义下灌输教条主义，为流行的学说进行辩护。

在任何时代和任何社会中，当学术成为拉帮结派和谋取利益的凭借时，学术精神也就窒息了，从而也就必然导向学术的"黑暗时代"。关于这一点，我们可以从经济学说史的发展中窥见一斑。譬如，在19世纪下半叶的德国，施穆勒不但成为几个重要大学的政治经济学教授，教授了几代的学生和行政官员，而且还是科学院成员和上议院议员，从而控制了德国学术界的大多数职位任命，被称作"教授制造者"。正因如此，他的学生及其追随者占据了学术职位，而那些奥地利边际学派的信徒却被从大学中排挤出去。结果如何呢？后来的历史学派成员几乎没有在经济学上产生有影响的贡献。同样，20世纪70年代的"滞胀"导致纯粹凯恩斯主义破产后，新古典宏观学派开始支配经济学的理论研究和国家的政策实施，卢卡斯在《凯恩斯主义经济学的死亡：问题和观点》一文中甚至认为，被称为凯恩斯主义者在当时已经被视为对学者的冒犯。进而，我们就可以思考：在当今新古典经济学一统学界的环境中，经济学会有实质性发展吗？现象是，此时几乎所有经济学人都热衷于数理模型的构建，甚至把经济学研究思维向传统的非经济领域不断拓展而掀起求新求变的浪潮；实质结果是，经济学理论离现实越来越远，以至克鲁格曼将2008年经济危机之前的40年称为"宏观经济学愚昧黑暗世纪"。①

由此，就带来了本章关注的核心问题：当学术不再是为了求知而是为了炫耀，并且这种风气日益弥盛之时，又如何推动学术革新并促进学术的发展呢？如何防止这些所谓的"科学理论"对社会的误导和损害呢？一般地，这可以从两大方面着手。

首先，重视非专业人士的质疑和批判，这是外部动力。

费耶阿本德认为，当代科学由于知识分子和社会的双重作用而具有特殊的地位：一方面，知识分子往往不批判科学，这是因为，他们错误地认为科学赋予了获得知识的优越方法；另一方面，社会对科学往往较为宽容，这是因为，它也错误地意识到科学对理想结果的产生掌握着实际垄断权。在费耶阿本德看来，那些"科学"往往只是想象中的，是科学家将自己的臆想施加于其上的；而且，"专家们是一伙在争论上存在偏见的群体，他们想拥有受人尊敬的

① 克鲁格曼："经济学家如何错得如此离谱？"，朱富强、安苑译，《中国社会科学内刊》2009年第6期。

高薪工作，所以很自然地会颂扬自己，谴责他们。因此，必须与外部观察者的观点保持平等，这些外部观察者是否对复杂的情况有深刻的洞察力，并能得到有效的结论？对此的回答是，科学家也没有如此的洞察力。他们经常在基本问题上存在分歧，而由于严重的因循守旧而不是分享真理，将会产生事事苟同的时代"。[①] 这样，由专家所引领的学术往往就会陷入一种"我向思考"的游戏之中，从而与社会现实相脱节。有鉴于此，费耶阿本德强调，此时就"需要和外行交流，向外行解释他们的特殊工作以及确信的理由，将会促使专家们表达得更加简明；将会使他们重新学习那种他们几乎忘记的、被丑陋的思想和狭隘的惯用语取代的语言，这将会使他们的语言更加人性化，使他们自己更加人性化"。[②]

　　一般地，外行的批判主要来自两方面：一是学术共同体或解释共同体之外的其他学者的批判，二是广大社会大众的批判。针对学术界轻视外行的成见，韦伯就指出，"在科研方面，业余人士的想法可以有着同专家见解完全一样甚至更大的意义。我们将许多解决某个问题的最出色的想法，或我们的许多最好的见解，归功于业余人士。如赫尔姆霍兹论说梅耶那样，业余与专家的不同，只在于他的工作方法缺乏严整的确定性，因此他通常做不到对他的想法所包含的全部意义进行控制、评估和贯彻到底。想法并不能取代工作，但换个角度说，工作也同热情差不多，不能取代想法或迫使想法出现。工作和热情，首要的是两者的结合，能够诱发想法的产生"。[③] 对经济学来说尤其如此。就解释共同体之外的学者批判而言，经济学各流派毕竟都关注相似的课题，甚至社会科学各分支学科的根本研究对象都是"人的"，认知的深入和完善就有赖于分析思维和视角的多元化；特定解释共同体之外的学者往往从不同视角对现代主流经济学的观点进行深入的审视和不懈的探索，经济学的理论进步也有赖于将这些不同思维和理论契合起来。就社会大众的批判而言，经济学探究的毕竟是社会大众的日常行为，而社会大众对此有切身的直接感受，因而经济学理论是社会大众自我意识和社会意识的一部分；经济理论本身就会影响广大社会大众的利益，从而也必须能够符合社会大众的诉求。

　　事实上，经济学家、其他社会科学学者乃至社会大众都关注共同的社会经济现象并且生活中也遇到共同的社会经济问题，每个人都从自己的生活感受并

①　费耶阿本德：《知识、科学与相对主义》，陈健等译，江苏人民出版社 2006 年版，第 121 页。

②　费耶阿本德：《知识、科学与相对主义》，陈健等译，江苏人民出版社 2006 年版，第 122 页。

③　韦伯：《学术与政治》，冯克利译，生活·读书·新知三联书店 1998 年版，第 25 页。

基于个人知识结构产生出个人的认知；学者认知仅仅可能比社会大众的认知更加系统化和逻辑化，而经济学家的认知相对于其他人则凸显了明显的经济分析逻辑，但并不见得认知就更正确。正因如此，经济学家要避免陷入特定的认知误区并提高自身的认知，就应该对其他的看法和批判持有包容的态度，甚至应该积极去吸收圈子之外的见解。当然，这也不是说圈外学者或者社会大众的认知往往会更正确，绝大多数圈外人因为知识结构的不足而往往会有夜郎自大或野人献曝的心态；从这个意义上说，圈外人在与经济学家进行争论时也应该抱有求学的心态，而不能像一些民科那样自以为是。关于这一点，约翰·穆勒就曾指出，"一个从来没有系统学习过政治学或政治经济学的人，可能怀着最没有边际的自信，认为自己那其实最为粗陋的见解被阻碍了传播；反倒指控那些将终生奉献给艰苦科学研究的人，认为他们才是最可鄙的无知和愚蠢……系统学习过这门学科的人，反而被认为没有讨论的资格，因为他是个'理论家'，这个表示人类智慧至高无上的词变成了嘲讽的代名词"。① 无论如何，开放、多元和包容是每个人提升自身认知的基本要求，也是学科发展的基本要求。

不幸的是，正如艾尔斯指出的，"每一代人都不仅对当时流行的经济形态，而且也对强有力地支撑这些经济形态的思想体系发出过有力的责难。但人们对这些责难置若罔闻，甚至连学者们都淡忘了，而传统的思维方式却不断延续下去"。② 显然，艾尔斯、费耶阿本德等人的观点对审视现代主流经济学具有深远的警惕含义：经济学的发展更需要引入作为外行的批判。斯基德尔斯基就指出："经济学家使用的模型影响着监管部门和政府的行为，所以经济学的现状关乎所有的芸芸众生，我们甚至可以说，经济学太重要了，不能只成为经济学家所圈的领地。"③ 在很大程度上，如果说自然科学中的分歧通常局限于专业人士的小圈子，那么，社会科学尤其是经济学领域的理论却往往引起不同学科的学者之间的争论，社会大众也会参与进来。例如，新古典经济学就是由来自数学领域的古诺、杰文斯等人对当时占主流的古典经济学的批判而发展起来的，而其后来的发展过程也一直受到非正统经济学者如凡勃伦等以及经济学外学者

---

① 海恩、勃特克、普雷契特科：《经济学的思维方式》，史晨译，机械工业出版社 2016 年版，第393 页。

② 艾尔斯：《经济进步理论：经济发展和文化变迁的基本原理研究》，徐颖莉等译，商务印书馆2011年版，第 34 页。

③ 斯基德尔斯基：《重新发现凯恩斯》，秦一琼译，机械工业出版社 2011 年版，第 196 页。

如帕森斯等的批判。但不幸的是，新古典经济学的现代发展却越来越凭借高度形式的数理构筑了一道外人免进的门槛，甚至经济学内部的不同领域、不同专业、不同流派之间也是井水不犯河水；结果，它不仅已经越来越偏离社会大众的认知，而且更不容忍其他流派或学科的质疑，从而沦为学术共同体内部一种自我逻辑的游戏。

其次，培养根基于批判性思维的学术精神，这是内部动力。

学术精神往往是一群特立独行的先驱者塑造和引领的，由学术精神的兴起到整个学风的转变则有赖于这样一批学者的出现。譬如，在历史学派鼎盛之时，就出现了门格尔这样的批判者和创新者。当时，门格尔被排挤到奥地利的维也纳大学并且只能在法学院教授一些未来将成为律师和公务员的学生，但是，他却坚持不懈地努力并终于找到了自己的嫡传弟子维塞尔以及庞巴维克等人，从而开创了在学术上产生巨大国际影响的奥地利学派。而且，在当时那种极端不利的环境下，门格尔敢于质疑流行学说，敢于挑战学术权威，他撰写的《社会科学方法论探究：经济学方法论的基石》一书与施穆勒的著作《政治社会科学方法》之间爆发了一场持久的论争，并最终改变了当时德国经济学的发展方向。普雷斯曼曾评论说："通常，伟大的经济学家们所留下的思想和理论遗产会为其他大多数经济学家所接受，并成为经济学宝库的一部分，传给下一代的学生们。少数几个经济学家之所以能够在历史上留下自己的印迹，是因为他们敢于越出主流，独树一帜，并能够感召一批学生或追随者。门格尔就是罕见的这两类都符合的人物。"[1]

就现代经济学而言，在崇尚理性建模的新古典宏观学派如日中天之时，西方学术界也出现了一批反思性学者，如森、斯蒂格利茨、克鲁格曼、霍奇逊、张夏准和皮凯蒂等人，克鲁格曼正趁着这次经济危机对整个新古典宏观学派的理论和主张进行全盘审视。事实上，现代主流经济学的思维、观点和政策的突破正面临着这一困境：它在成为主流的过程中经过了几代人的不懈努力，但如今却逐渐演变为一种教条，乃至整个经济学都笼罩着一种形式主义和教条主义的氛围。明显的事实是，自 20 世纪 80 年代以来，经济学的研究对象已经出现了明显的转变，研究内容也远远超出了传统的经济领域；但是，现代主流经济学的研究思维和基本分析框架却依然没有发生实质性的变化，新古典经济学范式的应用范围反而获得了巩固和拓展。因此，现代经济学研究要摆脱目前这种

---

① 普雷斯曼：《思想者的足迹：50位重要的西方经济学家》，陈海燕等译，江苏人民出版社2001年版，第130页。

主流化和形式化的学术取向，真正走上自由交流的多元主义，就意味着一个新的学术风气的出现。同时，重塑学术风气对当前中国经济学尤为重要，因为中国经济学更深层地受教条主义和媚俗主义的双重支配，从而与真正的学术探究相差更远，具有真正理念的经济学人更少。

当然，批判性学术精神的培育以及学术风气的变革往往是一个漫长的过程。试想，古诺、戈森、杰文斯、门格尔、瓦尔拉斯、马歇尔花了半个世纪才使经济学的研究方法从社会科学思维转变到自然科学思维，研究对象从公共领域转变到私人领域，研究内容从资源创造转变到资源配置；而且，新古典经济学人的成功，很大程度上还有赖于科学哲学和科学主义的发展，有赖于物理学等自然科学的成功。在当今社会，科学主义依然一往无前，由此滋生出的数量拜物教依旧盛行；在此情形下，经济学要再次回到社会科学的思维，再次回到对公共领域的探索，必然将会花费更长的时间！不过，这种转变终究会出现。究其原因，在任何组织良好的社会，都存在着这样一些具有高度智慧和坚强意志的事变创造性英雄，尽管他们不能像那些事变性人物那样拥有有利的地位对社会施加即期的影响，从而获得时人的欢呼和称颂，却为更好地理解人类社会的发展付出了毕生的努力，其智慧和洞见也给人类社会的长期发展打上了深深的烙印。

最后，突破主流思想的障碍，基于两大方面的审视。

任何主流思想在被突破和取代之前都会存在相当长的时间，即使期间它与社会环境之间产生越来越大的脱节。这个时滞的长短往往取决于两方面的因素：一是思想本身的坚固性；二是探索者自身的质素。就前者而言，阿莱就曾指出，"所有真正的科学进步都得奋起反对由'现存势力'产生的占主导地位的思想的专制。这些占主导地位的思想越是被认可，就越深入人心，也就越难以接受新观念，无论它后来可能会变得多么有利新观念的发展。占主导地位的思想无论可能有多么大的错误，仅通过连续的重复，最终就能获得既定真理的地位。不勇敢面对'现存势力'的强力排斥，就不能对这些真理提出质疑。哥白尼、伽利略、巴斯德、韦格纳和许多其他人的例子都说明了天才的发现者遭遇的障碍，正是这种对新思想的抵抗，解释了我们在经济学中为什么不得不等待那么长时间才能发现杜普伊特、瓦尔拉斯、埃几沃斯、帕累托和许多其他人的重大贡献。成功的学者总是对大家熟悉的占主导地位的理论做出某种边际改进的人。然而，一旦一种新理论落到了常规之外，它肯定会面对普遍的反对，无论它是否得到了经验上的证明。"① 就后者而言，它也包括了两个方面：一是知识素养，人的知识越匮乏，就越不能对主流意见提出反思；二是学术态度，一个人的意志越脆弱，就越容易为主流的意见所支配。

显然，在当前中国经济学界，无论是从主流思想的坚固性还是经济学人的质素看，都注定了对经济学的反思和革新是一个不轻松的工作。一方面，长期的学术压制导致研究者的知识积累明显不足；另一方面，扭曲的学术体制使唯上学风快速转向了唯洋学风。在此环境中，论文写作成为职称晋升、获取职务、拓展社交、进入政府等的敲门砖，而学术立场也成了宗派小集团的标识。一个明显的事实就是，迄今为止，正统马克思主义经济学和现代西方主流经济学形成了相互否定、相互排斥、相互攻击的两个利益集团：尽管每一方都对对方提出了极具针对性的批判，但每一方都不愿意接受对方的建议和指责，而是在各自封闭式的圈子里作"我向思考"的逻辑或数字游戏。显然，在这种"我向思考"的分析范式下不可能有真正的学术发展。马克思主义学者胡克就写道："一个不遭到异议的见解，是过于平易而不可能是真实的，或者假如是真实的，它在这个世界上也是过于平凡而没有实际意义的。"② 在很大程度上，正是由于缺乏高贵的学术理念和坚定的改革勇气，这些封闭学术共同体的成员往往会刻意地排斥那种基于知识和思维契合的综合化发展之路；相应地，那些具有更为广泛知识而不随波逐流的学人则不会为任何团体和派别所接受，乃至往往只能处于边缘化的地位，几乎被剥夺了任何学术和物质资源。

由此可见，在某种程度上，中国经济学的一元化取向已经导致一种恶性循环，它具有自我强化的倾向。相应地，要打破这种发展怪圈，就有待于以求知为志业的真正学者的出现：他们不仅拥有广博的知识，具有对待学术的真诚态度；而且具有独立探索而不为俗流左右的精神和能够"固穷"的意志，以及高超的领导才能。科斯在诺贝尔经济学奖颁奖演说的结语中说："一个学者必须具备这样的认知：如果他所说的话有错，不久就会有人指出来；至于那些正确的，他可以期待着最终看到被人接受，只要他的生命足够长。"③ 相应地，笔者以为，哪一天中国学人能够在博览群书的基础上进行独自思考和自由交流，既

<hr>

① 阿莱："我对研究工作的热忱"，载曾伯格编：《经济学大师的人生哲学》，侯玲等译，商务印书馆 2001 年版，第 49 页。

② 胡克：《对卡尔·马克思的理解》，徐崇温译，重庆出版社 1989 年版，第 8 页。

③ 科斯："1991：诺贝尔奖获得者演讲：生产的制度结构"，载威廉姆森、温特编：《企业的性质：起源、演变和发展》，姚海鑫、邢源源译，商务印书馆 2008 年版，第 308 页。

不是为那些"前沿"或"权威"的观点牵着走，也不以所谓的"前沿"或"权威"来压制他人的声音；那么，中国学术才真有希望了！在此过程中，真正的学者应该抱着开放而多元的学术态度，要倾听社会大众以及其他社会科学学者对经济学的批判，更要积极吸收他们对社会经济现实和理论逻辑的有益认知。

七 结语

  强盛的一元主义将导向一个欺骗和守旧的理论，进而产生一个单向度的学术状态；相反，多元主义思维则赋予学者某种否定和批判意识，从而引导理论在批判中得以发展和完善。同时，学术的单向度状态往往是由特定的意识形态所维持的，表现为学说、思维和理论都被冠以"主义"和"范式"而得到推崇，从而也就严重窒息了思想的萌生和成长。图尔写道，"当代的社会研究持续进行，不断形成特定的假说，并使之接受经验与逻辑的检验和证明，以构成理论上的真理。人们试探性地用这些理论来解释问题。只要没有新的证据或更充分、更全面的理论出现，只要其解释力还没有受到严重的损害，这些理论就仍将保持解释的作用"，"相反，意识形态对事实和条件的变化几乎没有包容能力。支撑意识形态的理论材料趋于僵化。其意识形态功用导致它们不受变革的力量的影响。作为信念体系，意识形态最后大都成为最基本的形式和内容，并立刻具备信条的性质，成为信仰的对象。意识形态的'圣人'出现了，所谓'圣经'的使徒文学也写就了。寻找意识形态的追随者变成了寻找皈依者和信徒，而不是研究的学生"。[①] 在很大程度上，这正是现代主流经济学的学术取向的写照，它根基于所谓的"理性"和"科学"的意识形态而排斥学术共同体之外的批判，最终只能陷入"神话困境"之中。

  有鉴于此，现代经济学要取得实质性发展，就需要摆脱目前这种一元主义的研究思维。麦金太尔写道："在任何阶段，任何被构成的传统探究都可能发生这样的情况：通过以它自身进步的标准来衡量，它已经无法再获得进步了。"[②] 进而，这又需要树立一种自由开放的学术风气，这也是我们对待学术应有的理解和态度，有助于提升学者应有的学术精神。费耶阿本德写道："要成

---

 ① 图尔：《自由抉择的经济：政治经济学的规范理论》，方敏译，华夏出版社2012年版，第24页。

 ② 麦金太尔：《谁之正义？何种合理性》，万俊仁等译，当代中国出版社1996年版，第473页。

为一名优秀的经验主义者，只有当你宁愿用多种可供选择的备选理论而不是用单一理论或'经验'进行工作。这种理论的多样性必须被认为是知识的最初阶段，这一阶段在后来的某些时候会被一种真理所取代。理论的多元性被认为是所有所谓的客观知识的基本特征。"[1] "一名优秀的经验主义者并不会满足于人们关注的理论以及用一种直接的方式对理论进行检测。既然知道了最为基本的和一般的批判是借助于备选理论来完成的，那么他就会试着去发明这样一些备选理论……第一步……他会发明一种新的形而上学。这种形而上学必须是以足够详细的方式建立起来的，从而将在普遍性考虑、语言的详细性和表述的准确性上可与被研究的理论相竞争。将两个行为合二为一：一名优秀的经验主义者必须是一个批判的形而上学家。……一旦备选理论的推测和发明得到了鼓励，就会产生大量思想的火花。这一思想可能会导致知识及时的变化。……（因此）成为一名优秀的经验主义者也即意味着他是批判的。批判不仅在怀疑主义的抽象原则上，而且是在具体的各种学说之上进行的，这些学说表示在每一个案例中已被接受的思想怎样被进行进一步检测和研究，它因此而为我们只是发展的下一步做好了准备。"[2] 根本上，学术和思想只有在多元而开放的环境中才会健康发展，才会有持续的认知推进，这对现代主流经济学尤为重要。

① 费耶阿本德：《知识、科学与相对主义》，陈健等译，江苏人民出版社 2006 年版，第 70 页。

② 费耶阿本德：《知识、科学与相对主义》，陈健等译，江苏人民出版社 2006 年版，第 91–92 页。

第5篇

经济学科的革新运动

　　庸俗化的发展使现代经济学理论与现实之间愈加脱节，乃至西方经济学人以及青年经济学子发动了一系列运动来尝试摆脱主流规范的束缚。事实上，尽管诺贝尔经济学奖和克拉克奖的设立提升了经济学的"科学"地位，但这种"科学"性往往只是"口号"上的而非实质性的。其原因在于：现代经济学努力向数量化的方向挺进，并着力于计量分析工具的发展和数理模型的精确化，但那些所谓的"前沿"理论很少能够真正揭示出社会经济现象的本质和发展规律；现代主流经济学以高度抽象的形式理性为基础，以高度数学化的形式逻辑作推理，但这些演绎结论往往与现实世界中人类行为和社会经济现象相差甚远。因此，本章就现代主流经济学的内在缺陷及其激发的革新运动做一阐述。

诺贝尔经济学奖和克拉克奖
得主盛名难副

——从一份伟大经济学家的排名表谈起

导 读

诺贝尔经济学奖项和克拉克奖项的设立主要是因为数学被大量引入经济学以及人们试图将经济学改造成物理学等自然科学那样的"硬科学"，而且，迄今为止诺贝尔经济学奖和克拉克奖所奖励的主要是发展分析工具的数学家而不是提供思想洞见的经济学家。因此，这两个奖项的设立进一步推动经济学朝数理化方向发展，甚至蜕化为应用数学的一个分支。问题是，经济学毕竟是一门关注现实生活的社会科学，但这些奖项的激励却使经济学日渐脱离其他社会科学分支，从而使经济学理论与现实之间的距离越来越远。因此，诺贝尔经济学奖和克拉克奖这类奖项的科学设立将更有利于经济学的多元化发展，防止经济学蜕变成"我向思考"的逻辑游戏。

 一 前言

我们知道，在求新求异的学术氛围下，现代经济学派生出了很多流派，他们往往基于不同视角并在特定引导假定下进行研究，从而提出了无法通约和优劣比较的知识论体系。尽管如此，那些被归属为主流经济学的各流派在认识论上却存在明显的相似性：都基于根深蒂固的自然主义思维，都将自然科学当成经济学的发展方向，进而在分析时热衷于大量使用数学工具。正是基于数学工具这一共同媒介，理性建模和计量实证就构成了数量经济学的两大分支，它们主导了主流院校经济系的主要研究取向，无论是新古典流派还是凯恩斯流派都集中于这两大研究领域。进而，这两大研究领域也共同瓜分了研究资金、教学课程以及各种奖项：一个明显的事实是，除非出现明显的社会经济变动，诺贝尔经济学奖和克拉克奖得主几乎都是轮流倾注在这两大方向上。例如，就统计实证而言，凯恩斯在统计分析的基础上构建其失业理论，而弗里德曼则在统计分析的基础上构建其货币数量论；就数理建模而言，凯恩斯学派的萨缪尔森为数理经济学奠定了基础，新古典宏观学派的卢卡斯则宣称萨缪尔森的数理方法对他产生了深远影响，并将那些缺乏方程式的文字论文称为废物。正因如此，尽管凯恩斯经济学派和新古典宏观经济学派在具体政策上争吵不休，但它们所使用的分析工具却基本一致，这也是当前数理建模和计量实证如此甚嚣尘上的重要原因。

关于现代主流经济学的这一点共性，哈耶克很早就作了总结："从这一点看，弗里德曼的货币主义与凯恩斯主义的共同点，要多于我与他们两派的共同点。"[1]事实上，尽管以哈耶克为代表的奥地利学派和以弗里德曼为代表的芝加哥学派都高举自由主义的旗帜，但它们在经济现象的研究方法上却存在截然的不同。哈耶克1977年在接受《理性》杂志编辑采访时就说过，"40年前，我就写过文章，强烈反对数量理论，因为这种方法太粗略了，遗漏了很多重要的东西，我只能乞求上帝，希望观众永远不会相信那些理论。因为它太吸引人了，简单的方程式，容易理解。我很遗憾，弗里德曼那样才智出众的人竟然把它看成一切，而不是仅仅将其作为一种主要的工具来利用。所以，归根到底，我们之间的分歧主要是方法论上的"，"弗里德曼是实证主义者，他相信，任何东西只有是经验上可以验证的才能进入科学研究范围。我的看法则是，我们对经济学的了解已经够详尽的了，我们的任务是让我们的知识形成秩序。我们不再需要太多新信息了，我们最大的难题是消化我们已经掌握的东西。统计信息不会使我们更聪明，除非它可以告诉我们关于特定时刻的特定情势的信息，但从理论上讲，我相信统计研究做不到这一点"。[2]哈耶克甚至还说，在凯恩斯的《通论》之后，最危险的书就要数弗里德曼的《实证经济学论文集》。

在很大程度上，尽管克拉克奖和诺贝尔经济学奖的设立为经济学戴上了科学的光环：这不仅使经济学被推崇为"社会科学的明珠"，而且助长了经济学家的帝国主义心态。问题是，这些奖项的设立果真促进经济学理论的实质进步了吗？它更好地解决现实世界的具体问题了吗？因此，本章就此做一阐述。

---

①② 哈耶克："走出奴役之路：预见没落"，载《知识分子为什么反对市场》，秋风编译，吉林人民出版社2001年版，第261页。

二　一份 20 世纪伟大经济学家排名表

这里首先来看一份有关 20 世纪最伟大经济学家的名单表，它是由 2000 年来席卷整个欧洲经济学界的"后—我向思考"经济学评论杂志在 2006 年根据网络调查所获得的。这里的"伟大"主要是指他能够最大限度地增进我们对经济现象的理解，而不是指对经济学这个职业和意识形态的影响。投票方法是：每个投票者选出他认为最"伟大"经济学家的前 5 位，并且给最高的 5 分，第二位 4 分……最后一位 1 分；如果你愿意的话，也可以投票少于 5 位。共有 1249 位订户进行了投票，最终的投票结果如下：

20 世纪最伟大经济学家名单[①]

排名	票数	姓名	获奖信息	排名	票数	姓名	获奖信息
1	3253	凯恩斯（J.M.Keynes）		13	319	弗里德曼（M.Friedman）	诺奖、克奖
2	1080	熊 彼 特（J.A.Schumpeter）		13	319	萨缪尔森（P.Samuelson）	诺奖、克奖
3	904	加尔布雷思 J.K.Galbra-ith		15	268	斯威齐（Paul Sweezy）	
4	708	森（Amartya Sen）	诺奖	16	267	戴利（Herman Daly）	
5	607	琼·罗宾逊（J.Robinson）		17	250	西蒙（Herbert Simon）	诺奖
6	591	凡勃伦（T.Veblen）		18	246	科斯（Ronald Coase）	诺奖
7	481	卡莱斯基（M.Kalecki）		19	216	缪尔达尔（G.Myrdal）	诺奖
8	469	哈耶克（F.Hayek）	诺奖	20	211	马歇尔（A.Marshall）	
9	456	波兰尼（K.Polanyi）		21	208	赫希曼（A.Hirschmann）	
10	383	斯拉法（P.Sraffa）		22	205	乔治斯库—罗根（N.Georgescu-Roegen）	
11	333	斯蒂格利茨（J.Stiglitz）	诺奖、克奖	23	174	鲍尔丁（K.Boulding）	克奖
12	320	阿罗（Kenneth Arrow）	诺奖、克奖	24	153	里昂惕夫（W.Leontief）	诺奖

---

① Greatest Twentieth-Centery Economists Poll, *Post-autistic Economics Review*, 36（February），2006.

续表

排名	票数	姓名	获奖信息	排名	票数	姓名	获奖信息
25	141	卡尔多 N.（Kaldor）		47	43	费雪（Irving Fisher）	
26	138	诺思（Douglas North）	诺奖	48	42	丁伯根（Jan Tinbergen）	
27	102	普雷维什（R.Prebisch）		49	41	多布（Maurice Dobb）	
28	97	希克斯（John Hicks）	诺奖	49	41	库兹涅茨（S.Kuznets）	
29	87	曼德尔（Ernest Mandel）		51	40	索洛（Robert Solow）	
30	78	米塞斯（L.von Mises）		52	38	阿格列塔（M.Aglietta）	诺奖
31	76	康芒斯（John R.Commons）		52	38	弗尔布里（Nancy Folbre）	
32	72	纳尔逊（R.R.Nelson）		54	37	格塞尔（Silvio Gesell0	诺奖
33	71	阿克洛夫（G.Akerlof）	诺奖	54	37	**卢森堡**（Rosa Luxemburg）	诺奖
34	67	舒马赫（E.F.Schumacher）		56	36	列宁（Vladimir Lenin）	
35	64	克鲁格曼（Paul Krugman）	诺奖、克奖	57	35	史密斯（Vernon Smith）	
36	60	卡尼曼（D.Kahneman）	诺奖	58	34	加夫尼（Mason Gaffney）	
37	58	贝克尔（Gary Becker）	诺奖、克奖	59	32	卢卡斯（Robert Lucas）	
38	57	海尔布罗纳（R.Heilbroner）		59	32	威廉姆森（O.Williamson）	诺奖、克奖
39	54	明斯基（Hyman Minsky）		61	31	巴兰（Paul Baran）	
40	53	谢林（Thomas Schelling）	诺奖	62	28	佩鲁（François）Perroux	
41	52	刘易斯（Arthur Lewis）	诺奖	63	27	沙克尔（George Shackle）	
42	51	纳什（John Nash）	诺奖	63	27	斯坦纳（Rudolf Steiner）	
43	49	阿明（Samir Amin）		63	27	托宾（James Tobin）	
43	49	布坎南（James Buchanan）	诺奖	66	26	帕斯尼惕（L.Passinetti）	
45	48	富尔塔多（C.Furtado）		67	24	阿瑟（Brian Arthur）	
45	48	诺伊曼（J.von Neuman）		67	24	麦克洛斯基（D.McCloskey）	诺奖

续表

排名	票数	姓名	获奖信息	排名	票数	姓名	获奖信息
67	24	劳森（Tony Lawson）		82	19	泰勒（Lance Taylor）	
70	23	艾尔斯（Clarence Ayres）		86	18	弗兰克（A.G.Frank）	
70	23	维克塞尔（Knut Wicksell）		86	18	沃勒斯坦（I.Wallerstein）	
72	22	奥尔森（Mancur Olson）		88	17	凯尔索（Louis O.Kelso）	
72	22	阿莱（Maurice Allais）		88	17	科尔奈（Janos Kornai）	
72	22	张夏准（Ha-Joon Chang）		90	16	博耶（Robert Boyer）	
72	22	弗里曼（C.Freeman）		90	16	戴维森（Paul Davidson）	
72	22	韦伯（Max Weber）		90	16	盖普（William Kapp）	
77	21	索托（Hernando de Soto）		90	16	勒讷（Abba Lerner）	
78	20	鲍尔斯（Samuel Bowles）		94	15	鲍莫尔（William Baumol）	
78	20	施蒂格勒（George Stigler）		94	15	埃尔森（Diane Elson）	
78	20	萨克（Anwar Shaikh）		94	15	加列格纳尼（P.Garegnani）	
78	20	特沃斯基（Amos Tversky）		94	15	哈罗德（Roy Harrod）	
82	19	霍奇逊（Geoffrey Hodgson）		94	15	莫迪利安尼（F.Modigliani）	诺奖
82	19	奈特（Frank Knight）		94	15	塞勒（Richard Thaler）	诺奖
82	19	帕累托（Vilfredo Pareto）		94	15	维克瑞（William Vickrey）	诺奖

尽管这份排名并非一定是科学和客观的，却有几个显著的现象值得我们关注和反思。

第一，仅有 32 位诺贝尔经济学奖得主在此名单中，而不在其中的则有 52 位。后者分别是弗里希（R. Frisch，1969）、康托罗维奇（L. Kantorovich，1975）、库普曼斯（T. C. Koopmans，1975）、俄林（B. Ohlin，1977）、米德（J. E. Meade，1977）、舒尔茨（T. W. Schultz，1979）、克莱因（L. R. Klein，1980）、德布鲁（G. Debreu，1983）、斯通（R. Stone，1983）、哈维默（T. Haavelmo，1989）、米勒（M. H. Miller，1990）、马科维茨（H. M. Markowitz，1990）、夏普（W. F. Sharpe，1990）、福格尔（R. W. Fogel，1993）、海萨尼（J. C. Harsanyi，1994）、泽尔腾（R. Selten，1994）、莫里斯（J. A. Mirrlees，1996）、默顿（R. C. Merton，1997）、斯科尔斯（M. S. Scholes，1997）、蒙

代尔（R. A. Mundell，1999）、赫克曼（J. J. Heckman，2000）、麦克法登（D. L. McFadden，2000）、斯宾塞（A. M. Spence，2001）、格兰杰（C. W. J. Granger，2003）、恩格尔（R. F. Engle，2003）、基德兰德（F. E. Kydland，2004）、普雷斯科特（E. C. Prescott，2004）、奥曼（R. J. Aumann，2005）、菲尔普斯（E. Phelps，2006）、赫维奇（L. Hurwicz，2007）、马斯金（E. S. Maskin，2007）、迈尔森（R. B. Myerson，2007）、埃莉诺·奥斯特罗姆（E. Ostrom，2009）、彼得·戴蒙德(P. A. Diamond，2010)、莫特森（D. T. Mortensen，2010）、克里斯托弗·皮萨里德斯(C. A. Pissarides，2010)、托马斯·萨金特（T. J. Sargent，2011）、克里斯托弗·西姆斯（C. Sims，2011）、罗伊德·沙普利（L. S. Shapley，2012）、埃尔文·罗斯（A. Roth，2012）、罗伯特·席勒（R. J. Shiller，2013）、拉尔斯·汉森（L. P. Hansen，2013）、尤金·法马（E. F. Fama，2013）、让·梯若尔（J. Tirole，2014）、安格斯·迪顿（A. S. Deaton，2015）、本特·霍姆斯特罗姆（B. Holmstrom，2016）、奥利弗·哈特（O. Hart，2016）、保罗·罗默（P. M. Romer，2018）、威廉·诺德豪斯（W. D. Nordhaus，2018）、阿比吉特·班纳吉（A. Banerjee，2019）、埃斯特尔·杜弗洛（E. Duflo，2019）和迈克尔·克雷默（M. Kremer，2019）。

第二，在41位克拉克奖获得者中，只有9位名列此名单中。不在其中者分别是克莱因（L. R. Klein，1959）、霍撒克（H. S. Houthakker，1963）、格里利克斯（Z. Griliches，1965）、内洛夫（M. L. Nerlove，1969）、乔根森（D. W. Jorgenson，1971）、费希尔（Franklin M. Fisher，1973）、麦克法登（D. L. McFadden，1975）、费尔德斯坦（M. Feldstein，1977）、斯彭斯（A. M. Spence，1981）、赫克曼（J. J. Heckman，1983）、豪斯曼（J. A. Hausman，1985）、格罗斯曼（S. J. Grossman，1987）、克雷普斯（D. Kreps，1989）、萨默斯（L. H. Summers，1993）、卡德（D. Card，1995）、墨菲（K. M. Murphy，1997）、施莱弗（A. Shleifer，1999）、拉宾(M. Rabin，2001)、利维特(S. Levitt，2003)、阿塞莫格鲁(D. Acemoglu，2005)、苏珊·艾希(Susan C. Athey，2007)、伊曼纽尔·赛斯（Emmanuel Saez，2009）、埃斯特·迪弗洛(E. Duflo，2010)、乔纳森·莱文（J. Levin，2011）、埃米·芬克尔斯坦（A. Finkelstein，2012）、哈吉·柴提（R. Chetty，2013）、马修·根茨科(M. Gentzkow，2014)、罗兰德·小福瑞尔（Roland Fryer，2015）、尤利·桑涅科沃（Y. Sannikov，2016）、戴夫·唐纳森（D. Donaldson，2017）、帕劳格·帕塔克(P. Pathak，2018)以及中村惠美（E. Nakamura，2019）。

第三，不在此名单中的诺贝尔经济学奖和克拉克奖得主几乎都是数理出身并热衷于数理建模和计量工具的学者。例如，弗里希、库普曼斯、克莱因、斯通、哈维默、福格尔、赫克曼、麦克法登、格兰杰、恩格尔、基德兰德主要发展了计量分析方法或应用，康托罗维奇、德布鲁、米勒、马科维茨、夏普、海萨尼、泽尔腾、维克瑞、默顿、斯科尔斯、斯宾塞、奥曼、菲尔普斯、赫维奇、马斯金、迈尔森等人则主要在数理模型上有所建树；另外的俄林、米德、舒尔茨、蒙代尔研究则相对集中在专门经济领域，同时也主要是作为技术性经济学而存在。诺贝尔奖委员会在所有社会科学中单独设立经济学家奖项在很大程度是"二战"以后国民经济日益计划化的结果，经济学的研究对象局限于物质资本的配置这一工程学方面，因而一开始就是被当成自然科学来看待的；正因如此，早期诺贝尔经济学奖得主，如弗里希、丁伯根、萨缪尔森、库兹涅茨、里昂惕夫、康托罗维奇等人，他们的成就都与经济计划有关，都受到计划经济的影响或者直接就是经济计划的领导者和推行者。而且，由于从事数量分析的人获得了诺贝尔奖并逐渐控制了经济学界的话语权，因而在此后的很长一段时间内甚至直到现在，经济学的走向也为这些从事数量经济学研究的人所控制；结果，后来被授予诺贝尔经济学奖的也大都是这一领域中的学者，如阿罗、希克斯、库普曼斯、弗里德曼等都是如此。当然，随着计划经济问题的日益暴露以及完美市场的崩溃，诺贝尔经济学奖所授予的领域逐渐有了扩大，但定量化和精确化还是控制诺贝尔经济学奖颁发的基本意识形态；因此，诺贝尔经济学奖得主大有年轻化的趋势，至少获奖成果大多是那些数理经济学家青年时期所做出的。

第四，克拉克奖得主不在此名单中的比例更高，这是因为克拉克奖更有利于激励数理经济学的研究。事实上，社会科学和自然科学的研究对象是不同的：自然科学集中于一般规律，而社会科学所感兴趣的主要是那些特殊的、个别的和独特的事件；因此，自然科学的研究主要是运用基本原理去分析大量自然现象，而社会科学的研究则需要综合各方面的知识来分析复杂多变的社会现象。正因如此，两者产生成果的时间也存在很大差异，如哈耶克指出的，人类智力产生最佳劳动的年龄与一个人成为合格专家而必须积累知识的年龄之间的距离，随着我们从纯理论学科转向具体现象为主要研究对象的领域而会变得越来越长。事实上，在自然科学中有大量的天才涌现，而社会科学领域的天才则是罕见的，它需要建立在后天知识不断积累的基础之上。例如，数学家或逻辑学家也许18岁就可以做出最辉煌的成果，而历史学家有可能在80岁才能成就其最好作品；事实上，康德到了71岁才开始写作《论永久和平》，哈耶克到80岁才完成他的《法律、立法与自由》一书。但是，克拉克奖授予的对象却是 40 岁以下的经济学者，从而就会激励经济学者转向数理经济学的研究，因为数理经济学的研究范式已经自然科学化，从而更容易早出成果。[①] 事实上，克拉克奖得主几乎全是数理经济学家，如萨缪尔森、弗里德曼、托宾、阿罗、克莱因、索洛、乔根森、费希尔、费尔德斯坦、斯彭斯、赫克曼、格罗斯曼、克雷普斯、卢卡斯、墨菲、施莱弗以及阿西莫格鲁等，尽管其中一些得主在功成名就之后也开始思考更广的社会经济问题。

 ## 三 排名表引起的主流经济学之反思

我们知道，经济学是一门研究人类行为及其所衍生出的经济现象的学科，分析人与人之间的互动关系以及由此构成的市场和组织等。显然，人具有很强的能动性和自主性，其行为深受社会的、经济的、心理的、文化的、政治的以及制度的影响，这与以自然物为研究对象的天文、化学、物理等自然学科以及以一般生物为研究对象的动物学、生物学等存在很大的不同。然而，现代主流经济学却偏偏要借鉴和照搬这些以非人为分析对象的物理学等使用的分析工具，而以所谓的"硬"科学自居；在这种思维的指导下，现代主流经济学将作为经济学基石的人性及其行为机理极度简化，由此推导出在无人的环境中才能存在的诸多原理。在这种情况下，现代主流经济学与其他社会科学之间就出现越来越大的脱节：它不仅热衷于以非常烦琐的数学符号来证明其他学科早已认

---

① 这里，我们也可以对国内各院校热衷的百篇优秀博士论文评比（简称"百优"）进行反思。"百优"评比的原初目的本来有二：一方面对各院校是一种荣誉，以促使其加强对博士论文的指导和监督；另一方面对获得者是一种荣誉，以激励他们重视博士论文的写作。但是，在盛行的政绩观支配下，并首先由于一些名牌高校动用各种资源对"百优"评比所展开的争夺，"百优"评比已经完全偏离了其原初目的。在很多院校，"百优"似乎已经成为仅次于院士的头衔或称号：不仅"百优"获得者可以很快就连升三级，如从一个博士毕业生很快就晋升为教授、博导；而且各种级别的课题、奖励、职务以及其他荣誉纷至沓来，从而成为垄断各种资源的"赢者通吃"者。有学界同仁戏说："百优"就是"五百万"，意即一篇"百优"论文给作者所带来的各种收益之贴现至少会高达数百万元之巨。同时，由于"百优"评比中一个不成文的基本条件就是在这类数理取向的杂志上发表论文，实际上，绝大多数的"百优"论文都是数理经济学的文章，甚至很多"百优"获得者都是由数学和理工科专业转向经济学的；因此，"百优"评比必然会激励青年学子们从事数理经济学的研究，而他们很少能够趁年轻时夯实理论素养以在思想上有所创见。更甚者，很多院校不断地要求这些"百优"获得者给青年学者、博士们作讲座，教导他们如何撰写论文，诸如此类。

识到的现象乃至一些常识性的问题，而且还以复杂的数学逻辑来对这些常识进行"革新"。譬如，全球性经济危机的爆发使各国政府、社会大众乃至经济学界重新关注在现代主流经济学的"掩盖"下已经熟视无睹的社会失业问题：一方面，雇主往往难以找到所需要的员工而出现缺工问题；另一方面，有这种技能的劳工又往往难以找到工作而陷入失业困境。其实，产生这种现象的原因本来就是显而易见的，市场提供的信息是不可能完全的，搜寻工作需要付出大量的个人成本。[①] 正因如此，如果一般人由此宣称他有了重大发现，那么他的行为就只能属于野人献曝，将会招致整个社会的嗤笑；但是，当这个问题被现代经济学长期忽略或视为"伪"问题后，某个经济学家开始认真运用高度复杂的数学模型来推证它时，就可以获得诺贝尔经济学奖的桂冠，2010 年美国经济学家戴蒙德等获奖的贡献也就在此。

同样，教育对社会生产力提高、经济增长乃至社会进步的作用已经为现代社会绝大多数人所认识，而且也为社会实践所证实；但是，一些现代主流经济学家却为了其建模的方便却假设：教育仅仅起到甄别能力或智力水平的作用，而对提高自身的效率并没有帮助，智力水平则是天生的。也即教育本身是无用甚至有害的，因为它增加了社会成本却没有提高总产出。例如，阿罗就认为，毕业文凭基本上只是一种不完备的衡量工作能力的尺度，而不是拥有技能的证据；大学就像一个双层过滤器：一方面对进入与没有进入大学的社会成员进行挑选，另一方面是对能否通过大学的社会成员进行筛选。[②] 斯彭斯则进一步发展出了劳动力市场模型以及信号机制理论：领头者是一个知道自己生产率的工人，并且他必须选择一个教育水平；跟随者是一家（或数家）厂商，它观察到工人的努力水平，但不知道他的生产率，却决定支付工资。[③] 天哪，这种理解与现实是何其远哉！教育对个人生产力的提高没有作用吗？这一假设是何其大胆。入学和毕业考试能够完全甄别出一个人的生产能力吗？在很大程度上，它甄别出的仅仅是适合这种规则的优胜者。一个人的教育水平主要是

---

①　实际上，只要撇开现代主流经济学的信条，搜寻成本会造成工作机会的供求失衡都是显而易见的，尽管这并不是唯一原因，甚至不是主要原因。因此，我们更应该努力探究特定时期发生工作机会的供求失衡的主要原因，要剖析产生搜寻成本的主要原因，并探究减少搜寻成本的方法。但是，现代主流经济学显然不在这方面着力。

②　阿罗：《息经济学》，何宝玉等译，北京经济学院出版社 1989 年版。

③　Spence A.M., 1973, *Market Signalling: Information Transfer in Hiring and Related Process*, Cambridge, MA: Harvard University Press.

其在孩童时代就能够决定并选择的吗？在很大程度上，教育状况受父母旨趣、经济状况、社会文化等众多因素的影响。莱亚德（Layard）和塞凯罗波罗斯（Psacharopoulos）就给出了三条驳斥理由：①退学者与完成学位者得到同样高的教育收益率，所以学历不能是信号，尽管教育年限可能是；②不同教育水平的工资差异随年龄而提高，但当雇主已多次观测工人的产出后可以预期信号的重要性将降低；③尽管各类测试成本低于教育，但它在雇用中并未得到广泛使用。然而，这种理论却为数位学者赢得了诺贝尔经济学奖。①

诺贝尔经济学奖得主阿莱也曾指出，尽管数学是一种工具，掌握它是很难的，它却也只能是一种工具，一个人只有数学方面的能力和技巧是不能成为一个好的物理学家或是经济学家的。显然，根据这一看法，即使是在当前那些诺贝尔经济学奖得主或者克拉克奖得主当中也有相当一部分人并不是"合格"的经济学家；相反，不懂数学或者数学水平不高的人往往照样可以搞经济学研究，甚至可以成为经济学大师，因为他们同样具有严密的逻辑推理能力，并且还具有异常的观察和提出问题的能力。譬如，历史上特别是古典经济学时期已经出现的那一大批经济学大师基本上都出身于社会科学，但他们的思想见解及其对经济学的影响却源远流长。不幸的是，当今经济学界懂数学而不知历史何物的经济学者却所在皆是，张五常认为，这些人即使获得了诺贝尔经济学奖，其思维的传世机会看来还是零。事实上，美国哈佛大学的数学教授默顿1997年因提出"期权定值公式"而获得诺贝尔经济学奖时就说过一句意味深长的话："这完全出乎我的意料，我感到非常吃惊。"这种情况不仅发生在默顿身上，甚至也发生在纳什等诸多诺贝尔经济学奖得主身上。试想：经济学皇冠上的明珠却成了数学家摆弄数学的"意外收获"，这又说明了什么呢？固然，这些现象反映了很多诺贝尔经济学奖得主的研究本身是出于兴趣，而不是像那些普通学者尤其是中国有些学者那样是为了获得某种学术之外的特定目标（如奖励、晋升、声名）；但同时也反映出，这些得主本身也没有意识到其研究在经济学中的价值，不具备基于这种坚定的学术信念而不断呐喊的精神。这与早期经济学家的特质存在很大的不同：早期经济学者往往对其学说具有强烈的自信，如果没有为社会所认同就会不断地为之呐喊。

事实上，我们知道古典经济学自斯密以降本身就是一部经济学相互争论史：这种争论不仅体现在李嘉图和马尔萨斯、萨伊和马尔萨斯、萨伊和李嘉图

---

① Layard R. & Psacharopoulos G., 1974, The Screening Hypothesis and the Returns to Education, *Journal of Political Economy*, 82：985-998.

之间，而且也体现在西斯蒙第、德国历史学派、社会主义学派和英国古典经济学家之间。在古典经济学末期，一些新兴的边际主义者更是为之付出了毕生的努力。例如，数量经济学先驱古诺坚信将微积分引用到经济学分析中的作用，并完全运用数学分析撰写了经济学论文《财富理论的数学原理之研究》，从而成为提出完全垄断、双头垄断和完全竞争的精确数学模型的经济学家；但是，他在微观经济学分析上所开创的这种史无前例的创新方法并没有引起世人的兴趣，为此他一生都在努力地阐述这种数理分析的意义，不仅试图通过简化数学的使用而使人更容易接受，而且还努力影响周围的人。正是古诺的坚持，他在巴黎高等师范学校时的同班同学奥古斯特·瓦尔拉斯成了他的崇拜者，后者将《财富理论的数学原理》一书送给他儿子里昂·瓦尔拉斯，要他沿着古诺开辟的道路去研究经济学；也正是在古诺开创性工作的基础上，里昂·瓦尔拉斯发展出了一般均衡理论。但是，尽管里昂·瓦尔拉斯对自己的研究充满自信，在当时却依然无法刺激其同伴或学生的研究兴趣。为此，里昂·瓦尔拉斯不遗余力地兜售他的一般均衡体系：为使概述其体系的文章能够被发表，里昂·瓦尔拉斯竭尽全力游说杂志编辑；而且，为了寻求其他经济学家对数学分析的支持，里昂·瓦尔拉斯几乎与当时所有的经济学家都进行了通信，把自己先前所有未发表的手稿免费呈送给别的经济学家请求评论。正是这种基于宗教狂热的努力，使里昂·瓦尔拉斯的分析体系逐渐为整个经济学领域所接受，最终经济学皈依了对一般均衡的"信仰"。

与早期经济学这种"有心栽花"情形形成鲜明对比的是，现代经济学的发展往往成了数学家的"无意插柳"；以致有人就说，如果你要在经济学上有所作为，你应该去读数学，而不是读经济学。问题是，尽管很多数学家对经济学的贡献往往是"无意插柳"之作，但由于克拉克奖以及诺贝尔经济学奖这类奖项的设立为其他后来者树立了一个追逐的"圣杯"，这种有利于数量经济学的评价体系使后人在数量道路上"刻意栽花"。譬如，因为一般均衡以及纳什均衡的证明用到了拓扑不动点定理，因而经济学系也就积极开设拓扑学和泛函之类的课程，似乎都在为获取未来的诺贝尔经济学奖而努力。正因如此，这两个奖项的设立就进一步激励经济学朝数量化方向发展，甚至蜕化为应用数学的一个分支，从而完全混同了作为社会科学的经济学与自然科学在研究方法上的区别。一般地，这两大奖项的设立对数量经济学的强化作用表现在以下两个方面：一方面，获奖带来的巨大学术声誉和丰厚物质财富激励众多的经济学人为之奋斗；另一方面，这些巨大学术声誉使得主们可以培养更多类似研究倾向的学者。事实上，每年克拉克奖和诺贝尔经济学奖得主的研究领域都会成为新闻媒体乃至学术界炒作的话题，那些追随者们也乐此不疲地把自己的大部分研究精力集中于这些泰斗所划定的"领域"——学习、传播和发展；而那些奖项的得主如萨缪尔森、弗里德曼以及卢卡斯等人则怡然自得地被那些追随者供奉为"教主"，在他们周围则形成了一群上流或一流的研究者，旁支者则努力挤入"主流"的行列。正因如此，现代经济学主要为美国的一些主要大学和那些诺贝尔经济学奖得主所把持，他们把自己的学生派遣到各个高校，并垄断了主要的学术刊物以及各种学术委员会；在这种情况下，不仅美国的学者在追随主流经济学的研究框架，世界其他国家的学者也在模仿美国的主流研究范式。

在这种体制下，美国社会就诞生出众多声名赫赫的世界顶级经济学家，甚至每年的诺贝尔经济学奖和隔年的克拉克奖的颁布都在不断"制造"着这样的经济学大家，他们垄断了指导整个世界经济发展的话语权。但试问：美国的经济在他们的"治理"和"良策"下运行得如何呢？持久的失业扩大、社会矛盾的加剧以及社会经济的萧条，当前已经持续两年的深度危机及其在全球的蔓延做出了最有说服力的回答。所以，2008 年的诺贝尔经济学奖得主克鲁格曼就对现代主流经济学展开了猛烈的攻击，认为 30 年宏观经济学的研究成果"在经济好的时候没有用，在经济坏的时候反而会起到负面作用"，因而我们正生活在"宏观经济的黑暗时代"；特别是，他在 2009 年 9 月 2 日发表于《纽约时报》上的《经济学家如何错得如此离谱》一文中强调指出，"经济学需要放弃基于每个人都是理性的和市场运作是完美的这一假设之上的简洁却错误的解决方案……这种经济学的分析当然不会是简洁的，但我们能够期望它至少具有部分正确的优点"。[①] 那么，为什么会出现这样的现象呢？究其原因，现代主流经济学的基本思维是自然主义的，它起源于对自然利用的理性，从个人角度为个人的功利行为支招，但却不知如何应对人与人之间的关系，不知如何促进整个社会的和睦合作；显然，将自然主义的思维应用于人类社会之中，把个人的最大化行为用于公共领域，就不可避免地会导致机会主义的泛滥和囚徒困境的丛生。在某种意义上讲，这种根深蒂固的自然主义思维，正是现代主流经济学的阿基里斯之踵。正因如此，越来越多的学人已经开始对这些奖项的评审产生了质疑，因为这些奖项的设立极大地壮大了经济学家的世界声誉，但对这些"圣杯"的追逐却激励人们不断推出新的却根本无法解决问题的"理论"；相应地，这导致了经济学理论不断求新求变却几乎是在反复轮回，不仅几乎没有实质的

---

① 克鲁格曼："经济学家如何错得如此离谱？"，朱富强、安苑译，《中国社会科学内刊》2009 年第 6 期。

理论进展，而且现实问题也没有得到令人满意的解释和解决。正因如此，由经济计划化所设立的诺贝尔经济学奖以及由诺贝尔经济学奖进一步强化的经济学数理化取向就引起了众多有识之士的反思。

四　诺贝尔经济学奖的学术误导

诺贝尔经济学奖项和克拉克奖项的设立是在科学至上主义的思潮中，由于数学的大量引入，经济学被试图改造成物理学等自然科学那样的"硬科学"的产物。如哈耶克就指出，"建立诺贝尔经济学奖标志着，按照普通公众的意见，经济学被授予物理科学的某种尊严和地位的过程中的一个重要步骤"。[1] 但问题是，经济学所效仿的牛顿力学本身已经受到了极大的挑战，如普利高津就论证牛顿的线性力学和平衡态分析只是一个更普遍过程中的特定情形，而这一更普遍的过程则是非线性的、远离平衡态的。曼德尔布罗特就论证说，欧几里得几何也是一个更普遍过程中的一个特定情形，在更普遍的过程中，真实的世界必须用分型的坐标来作基本度量。为此，沃勒斯坦就指出，"新古典经济学以牛顿的前提为基本，但就在物理学家拒绝牛顿前提的时候，在当前的知识画面中，难道新古典经济学家却想成为一个日益不重要的、日益增长着的理论化的反科学模式的最后的辩护者吗？一方面经济学家给定理提供证据，但另一方面诺贝尔物理学奖或化学奖获得者却为此提供反证，难道诺贝尔经济学奖会继续给这些经济学家吗？"[2]

更不要说，尽管诺贝尔物理、化学和医学奖通常是没有太大争议的，但经济学的学说却有巨大争议：它像其他社会科学学科一样，既是一门科学，也是一种意识形态。事实上，经济学毕竟本质上属于社会科学，无论是在研究对象还是研究方法上，经济学与自然科学之间都存在很大差异；因此，这些奖项的激励反而使经济学日渐脱离其他社会科学分支而扭曲性地向物理学等攀亲，从而使得经济学理论与现实之间的距离越来越远。而且，为了追求所谓的形式逻辑，经济学家的视野也越来越狭隘。萨缪尔森就曾指出，在这个专业化时

①　哈耶克："似乎有知识，"载王宏昌编译：《诺贝尔经济学奖金获得者演讲集》（上），中国社会科学出版社 1997 年版，第 219 页。

②　沃勒斯坦：《否思社会科学：19 世纪范式的局限》，刘琦岩译，生活·读书·新知三联书店 2008 年版，第 119 页。

代，他可能是最后一位全能的经济学家。从某种程度上讲，正是这些奖项的设立，经济学的发展方向遭受了进一步误导：在这两大奖项设立之前，最为知名和博学的经济学家大多是经济史学家，但此后的却是越来越多的数学家被视为经济学家；相应地，经济学"科学化"取向日益加深，以至技术性经济学大行其道，经济学也越来越像自然科学。究其原因，这些奖项往往具有指针性作用，它为其他学者以及青年学子设立了一个模仿的路标。正是在此"灯塔"指引下，人们把对萨缪尔森的评价置于他的老师熊彼特之上，将弗里德曼置于他的竞争对手加尔布雷思之上，将与主流范式接轨的科斯、威廉姆森等置于注重演化分析和学科交叉的凡勃伦、康芒斯、霍奇逊等人之上，将希克斯、索洛、莫迪利安尼等置于注重人文分析的琼·罗宾逊之上；而且，另外一些曾极大拓宽经济学视野的经济学大师如韦伯、凡勃伦、加尔布雷思、卡尔·波兰尼、斯拉法、斯威齐、卢森堡、沃勒斯坦等人则越来越不为青年经济学子所关注，而一些试图重新引入社会科学分析思维来研究经济学的新一代学者如朱莉.纳尔逊、鲍尔斯、劳森、麦克洛斯基、费尔布里等人则更不为主流经济学人所知。为此，瓦鲁法克斯指出，"意识形态和历史条件在不断地塑造着经济观点完全相悖的经济学家，像罗萨·卢森堡、熊彼特、凯恩斯、哈耶克、保罗·斯维兹（即斯威齐）约翰·加尔布雷思、琼·罗宾逊、弗里德曼、罗伯特·卢卡斯等。他们之间的分歧，不在于其学术水平高低，而正是因为他们最初的意识形态立场不一样，因为他们所处的历史背景不尽相同。"①

同时，诺贝尔经济学奖和克拉克奖迄今为止所奖励的主要是发展分析工具的数学家，而不是提供思想洞见的经济学家；相反，许多具有杰出思想但并不符合流行时尚的经济学家往往不可能获得此类奖项，尽管未来将会证明他们对经济学发展所做出的贡献远比那些技术型的诺贝尔经济学奖得主和克拉克奖得主重要。譬如，琼·罗宾逊就曾在垄断竞争、价值和价格、收入分配、资本、经济增长、通货膨胀、军备竞赛、宏观经济政策等众多领域取得有目共睹的学术成就，却一直无法获得诺贝尔经济学奖。究其原因就在于她所持的学术认知和研究思维两个方面：①她的理论具有强烈的改造现实取向，这脱离了主流经济学家注重解释的理论框架；②她的研究思维新颖别致而富于感染力，这与主流经济学强调"客观"的分析方式不相符。同样，尽管老制度经济学的复兴者加尔布雷思写了大量影响广泛的著作，但由于他热衷于使用社会的、历史的分析方法，且毕生都在反对抽象的工具模型和数理分析，从而也就无法获得诺

---

① 瓦鲁法克斯：《经济学的邀请》，赵洱莯、刘立纬译，北京大学出版社 2015 年版，第 50 页。

贝尔经济学奖。萨缪尔森也曾中肯地评论说：当我们的数理经济模型变成垃圾时，人们还在读加尔布雷思。

事实上，如果不是 20 世纪 70 年代滞胀的出现，哈耶克很可能无法获得诺贝尔经济学奖，因为他在当时已经不被认为是经济学家，从而也没有能够在经济系获得教席，只是被接纳为没有正式薪水而由一个私人基金会向他支付薪水的芝加哥大学社会思想委员会的一员。而哈耶克最终获得诺贝尔经济学奖的根本原因就在于，尽管哈耶克继承了奥地利学派的研究方法而对以洛桑和剑桥学派共同组建的主流经济学的数理化取向提出批判，但无论在基本思维和政策主张上他都与主流经济学相一致，都主张经济形势的普遍性而试图建立一般性的规律，都主张市场机制的有效性而反对政策干预。巴克豪斯就指出，以新古典经济学为代表的现代主流经济学与奥地利学派在基本政策主张上是一致的，都相信市场的有效性；两者的主要不同则在对待数理模型的态度上：主流经济学强调模型化，而奥地利学派则持反对态度。[①] 同样，如果不是 2008 年这场全球性经济危机，埃莉诺·奥斯特罗姆也几乎没有获得诺贝尔经济学奖的可能，因为她也不被认为是经济学家，而且也是受聘于政治学系。其实，在 2009 年诺贝尔经济学奖揭晓前，从路透社到哈佛大学甚至是英国热门博彩公司的竞猜中，埃莉诺的名字从未出现过；《商业周刊》首席经济学家迈克尔·曼德尔 12 日在其专栏中坦承，在该奖项宣布前"从未听说过"埃莉诺·奥斯特罗姆这个名字，甚至连马斯金、克鲁格曼等诺贝尔经济学奖得主对其研究都知之甚少。[②]

正因为诺贝尔经济学奖得主和克拉克奖得主的贡献主要体现在技术层面的经济学研究，而他们对人类思想的影响远不如我们想象的以及主流媒体吹嘘的那样大；而且，在诺贝尔经济学奖和克拉克奖设立之前经济学界出现了很多经济学大师，但设立之后思想大师反而急速减少了。事实上，即使在 20 世纪二三十年代，西方经济学界也活跃着马歇尔、帕累托、维克塞尔、埃几沃斯、克拉克、霍布森、凡勃伦、奈特、费雪、庇古、米塞斯、凯恩斯、哈耶克、熊彼特、罗宾斯、斯拉法、琼·罗宾逊、阿林·杨格、康芒斯、米契尔、库兹涅茨等一大批经济学大师。而且，美国经济协会是在美国历史协会 1885 年年会

① Backhouse R. E. , 2000, Austrian Economics and the Mainstream: View from the Boundary, *Quarterly Journal of Austrian Economics*, 3（2）: 31–43.

② 笔者去英国访学不久就遇到 2009 年诺贝尔经济学奖的宣布，于是努力询问了所在大学经济系的那些教师对埃莉诺及其研究的看法，但似乎只有一个年轻学者以前了解过她的研究。

上成立的，因为当时几乎所有参与成立经济协会的学者都属于历史协会；因此，为纪念美国经济协会成立 125 周年而特别发行的《2010～2011 年经济学家日历》所介绍的 18 个著名经济学家几乎都是思想性的，他们分别是斯密、李嘉图、马尔萨斯、马克思、穆勒、瓦尔拉斯、马歇尔、埃几沃斯、伊利、凡勃伦、费雪、凯恩斯、熊彼特、哈耶克、冯·诺伊曼、琼·罗宾逊、施蒂格勒、弗里德曼，这些学者基本上都是活跃在诺贝尔经济学奖设立之前或者在此之前受到的经济学教育。当然，美国经济学协会成立的一个基本宗旨是，对所有经济问题的争论自由完全给予鼓励，然而，诺贝尔经济学奖和克拉克奖的设立却为经济学的研究设立了单一的研究范式和思维，只奖励那些为主流经济学发展做出贡献的理论创新，而对任何在基本信念、研究方法、基本理论方面与主流经济学背道而驰的探索都采取毫不理会的态度。

最后，需要指出，诺贝尔经济学奖得主的"学术"贡献也是导致 2008 年爆发金融海啸的主要原因。事实上，正是由于诺贝尔经济学奖的光辉，金融结构、银行大肆创造各种金融衍生品，从而使社会经济关系越发脆弱。为此，2007 年曾预告银行家过度依赖"风险模型"可能导致意料之外大灾难的畅销书作家塔勒布（Taleb）就向瑞典中央银行提告索赔，因为正是瑞典央行 1968 年创设诺贝尔经济学奖并将诺贝尔桂冠颁给这类数理经济学者，从而导致了经济、金融危机。中国台湾《经济日报》2010 年 10 月 13 日的社论就指出，现代经济学"充其量，只能说是一个试图'虚拟实境'的'拟真'人工智能"，而且，"如果 1968 年瑞典央行未曾多事地为一个稚嫩的'拟真科学'设立诺贝尔奖，或许金融海啸在 2008 年不致造成，而事发后也不会引发政府种种过当作为，酿成严重的后遗症，令经济迟迟不能回归正轨"。[①] 为此，克莱因（P.Klein）在《经济学与经济的对峙》（*Economics Confronts the Economy*）一书中就强调，现代经济学的大部分研究所具有的一个重要特点就是使经济学琐碎化，且一味地追求风格优美，而不顾为其付出多少代价；其重要原因就在于，学院派经济学受制于顶级学院的一小撮经济学家，这些人负责主要期刊的编辑工作，扮演着阻挡新思想出现的角色。[②]

---

① "诺贝尔经济学奖的启示"，http://udn.com/NEWS/OPINION/OPI1/5907050.shtml。

② 巴克豪斯：《经济学是科学吗？现代经济学的成效、历史与方法》，苏丽文译，格致出版社、上海人民出版社 2018 年版，第 4 页。

 **结语**

　　社会经济现象不同于自然现象，我们很难在经济学中发现和确立类似物理学中牛顿引力常数、法拉第常数、普朗克常数、波尔茨曼常数那样的东西，相反，爱因斯坦的相对论更值得经济学关注和借鉴，经济学更应该关注社会经济现象的变动性。霍奇逊就曾指出，"马克思提供了我们对社会经济体制的认知，凡勃伦致力于探究经济演化和制度变迁，凯恩斯诊断了货币和就业的病理学，熊彼特打破了主流经济学的均衡契约而突出了创新和企业家精神，哈耶克则分析了市场经济中知识的性质和作用。不过，他们仍然没有获得应得的荣誉"[①]由此来审视当前那些获得了极大声誉的诺贝尔经济学奖得主和克拉克奖得主，他们的工作又为人们的认知提高提供了多大作用呢？又为社会发展做出了多少贡献呢？难道就是凭借一股工具理性创造出各种水晶球般的金融衍生品和金融市场？难道就是把社会发展交给那些充满功利主义的赌徒手中？斯基德尔斯基就写道："新古典主义宏观经济学的三大前提是理性预期假说、真实经济周期理论和有效市场理论，他们相互关联，构成了现代宏观经济学的核心。这些理论的创建者先后都获得了诺贝尔经济学奖。非经济学家会把这些理论看为无稽之谈，但它们却是如今大多数宏观经济学家研究这门学科的唯一路径。"[②]

　　在很大程度上，2008 年的经济危机正肇始于诺贝尔经济学奖得主的"风险模型"。为此，瑞典经济学教授彼得·索多鲍姆就强调，诺贝尔经济学奖得主大部分属于具有狭隘心智的新古典学派，诺贝尔经济学奖已成为新思想的绊脚石，从而应该被撤销；或者应该承认，它所标榜的所谓经济学假定是价值中性的这种观念是虚假的。[③]甚至曼昆也感慨道："现代经济学家掌握着不同时期的数据，却没有做出更好的预测。换言之，即使另一场萧条临近，你也不可

---

　　① Hodgeson G.M. , 1999, *Economics & Utopia: Why the Learning Economy is not the End of History* , London & New York: Routledge, Preface xvii.

　　② 斯基德尔斯基：《重新发现凯恩斯》，秦一琼译，机械工业出版社 2011 年版，前言第 X 页。

　　③ 彼得、索多鲍姆："诺贝尔经济学奖：新思想的绊脚石"，贾根良译，《经济学消息报》2004 年 11 月 26 日。

应该指望经济学界能够做出预警。"[①] 因此，无论是从本源意义上还是实践功效上讲，人们不妨思考：如果能取消诺贝尔经济学奖和克拉克奖的颁发，是否将有利于经济学的多元化发展，防止经济学蜕变成自我演绎的"我向思考"学科呢？早在 2001 年，诺贝尔家族成员就在《瑞典日报》上发表公开信批评诺贝尔经济学奖，认为设立诺贝尔经济学奖降低了诺贝尔奖的格调，甚至批评诺贝尔经济学奖已经沦为一些经济学家为了提高自己的知名度而采取的"公关策略"。费耶阿本德曾指出，"今天的科学肯定还不是最后的结论，不合理的不会仅仅因为在其背后有大队的诺贝尔奖获得者就变得更合理些"。[②] 显然，这句话对现代经济学尤其适合，在很大意义上，经济学需要且可以借鉴物理学等自然科学的基本治学方法，但不应该追求像物理学公式那么准确的理论，而结果的确定性恰恰是现代数理经济学所追求但永远无法实现的目标。

---

① 转引自施莱弗：《经济学家的假设》，邓春玲、刁军、韩爽译，格致出版社、上海人民出版社 2019 年版，第 217 页。

② 费耶阿本德：《知识、科学与相对主义》，陈健等译，江苏人民出版社 2006 年版，第 158 页。

现代主流经济学为何一再遭到质疑？

——哈佛学生大罢课的深层原因及其启示

导 读

2011 年 11 月哈佛大学的学生罢课事件具有深刻的学术和现实根源：它是 20 多年来西方经济学反思运动的延续，也是经济危机以及"占领华尔街运动"直接促发的结果。从学科特征上说，经济学研究应该以问题为导向，应该关注周边的社会经济现象，解决熟视无睹的社会经济问题；但是，现代主流经济学的研究却是方法导向的，热衷于在既定范式下进行抽象的数理建模和计量实证，从而导致现代经济学日益形式化和黑板化。因此，随着"黑板经济学"弊端的日益暴露，西方经济学人以及青年经济学子开始反思并寻求改变，从而经常爆发出类似的罢课事件。但是，在现实问题更为严峻的当前中国社会，面对西方社会如火如荼的经济学反思浪潮，大多数经济学人却无动于衷。究其原因，有些中国经济学人深受功利主义和崇洋主义学风的双重束缚，而这种学风又得到了社会经济环境和系列学术制度的支持和激励。

 引言

科学理论要取得实质性的发展，需要鼓励多元化的思维和方法，社会科学尤其如此。只有基于多元化视角，我们才能更好地审视复杂的社会现象，才能更好地利用各分支学科所积累的文献和理论。事实上，不少学者都指出，学术的首要原则是谨防一个作者、一种方法或一种工具一统天下，依靠单一方法会让人变得束手束脚。① 同时，不同研究对象往往需要采用不同的研究方法，这在 18 世纪初叶就为意大利历史哲学家维柯所强调。就此而言，社会科学和自然科学就应该采用不同质的研究方法，因为它们在研究主体和研究对象上存在明显差异：自然本身就是自我存在的，研究者只是自然的观察者；社会、文化和历史本身则是人类精神的产物，研究者在一定意义上亲身参与到其他人类的生活和活动中去。在很大程度上，正是由于社会经济现象源自具有强烈意向性的个体行为的社会互动，其中必然需要大量运用包含人类意识的文字词汇和术语，从而难以简单地用数学语言来加以刻画。科学哲学家海塞（Hesse）就写道："一种形式上的、符号性的语言永远不可能替代思想，因为符号方法应用于任何经验实例，须以对主体情况进行十分细致的分析为前提……也就是要抓住了本质，并恰当地用语言加以描述……当一个词语成为恰当的和唯一的符号的时候，它所表达的另一些必要的含义也就丢失了。与数学相比，现存语言的不明确，正是他们对世界的实用性以及他们能得以发展的代价。"② 在很大程度上，只有摆脱自然主义思维，我们才能更好地剖析人类行为的意向性和动机，而不是将人类行为还原为无机的原子运动。

也就是说，在人文社会科学中，我们无法对主客体作笛卡儿式的区分，而是要把社会和文化作为人类欲望和动机的一项表现来寻求对它们的理解。相应地，我们不能将研究自然现象的研究方法简单地拓展到对社会现象的研究之中，尤其难以将社会经济现象化约为数量分析。然而，在日益共同体化的当前学术界，学者们普遍倾向于遵循"锤子规则"（The Rule of the Hammer），不加区别地使用单一方法，而不论它是否适合特定的研究项目。③ 这种倾向在现代经济学界表现得尤其明显，大多数研究都是在新古典经济学框架下使用成本—收益和理性经济人分析，从而滋生出一种强盛的主流化趋势。尤其是现代主流经济学倾向于使用自然科学的分析思维和方法来分析复杂的社会经济问题，这就导致数理经济学的偏盛；其极端取向就是，不少经济学人将数学当成唯一科学的语言，对社会经济现象的描述和论证都要基于数学工具和数学逻辑。霍奇逊写道："经济系已经成了应用数学家的天堂，而非研究现实世界经济的

---

① Clark，R.S.，1977，*Fundamentals of Criminal Justice Research*，Lexington MA: Lexington Books，P. 10.

② Hesse M. B.，1955，*Science and the Human Imagination*，New York: Philosophical Library，P. 88.

③ 波蒂特、詹森、奥斯特罗姆：《共同合作：集体行为、公共资源与实验中的多元方法》，路蒙佳译，中国人民大学出版社 2011 年版，第 4 页。

学生的乐园。令人遗憾的是，经济系滋养了符号而非实质，成就了公式而非事实。"①

在很大程度上，正是由于现代主流经济学对数学符号和工具的滥用，从而也就无法深入到社会经济的内在结构和因果机理；它不仅严重窒息了经济学理论和思想的发展，而且也与不断变化的社会经济现实日益相脱离，从而被嘲讽为"黑板经济学"。进而，随着现代主流经济学的这种缺陷在实践中的暴露，很多有识之士也提出了反思和批判，由此形成了周而复始的反思和批判浪潮。例如，《凯恩斯传》作者斯基德尔斯基就指出，"我深信当前这场危机的根源就是经济学的思想误区。经济学家让放松监管合理化是非常错误的，正是对金融业的放松监管使得信贷过度膨胀最后演变成了信贷紧缩。目前占据主导地位的新古典主义经济学所带来的祸害简直难以描述，有那么多聪明的头脑会致力于如此奇怪的思想，历史上也很少见"。② 同时，这种现实反思思潮也已经扩散到了青年学子之中。一个典型事件是，2011 年 11 月哈佛学生罢了大名鼎鼎的经济学家曼昆的课，并发布了致曼昆的公开信。③

然而，与经济学革新运动如火如荼的国际形势形成鲜明反差的是当前中国经济学界的面貌和青年学子的态度：经济学人对欧美高校发生的经济学革新大多毫不了解，甚至也根本不愿了解，而只是一味地追随所谓的"主流"。更为甚者，这些经济学人对学术反思和批判持一种本能的反感，认为只有那些做不了真正的经济学研究的人才去从事所谓的方法论探究，进而他们也就将那些现代主流经济学的批判者视为没有掌握现代经济学分析工具的能力低下者，甚至将其当成非理智的愤青。为什么会这样呢？森就曾指出，"回避理智思考的人通常并不是愤怒反抗的民众，而是社会秩序与司法的温和的卫道士。纵观历史，那些当权者手握公共权力，但并不清楚他们行为的缘由，也不愿审视他们决策的基础，往往都会选择保持沉默"。④ 在很大程度上，中国经济学界的现状也是如此，一群知识狭隘而无力反思的经济学人占据了重要岗位，并通过各种制度安排来限制经济学的多元化思维。有鉴于此，本章以哈佛大学的罢课事

① 霍奇逊：《演化与制度：论演化经济学和经济学的演化》，任荣华等译，中国人民大学出版社2007年版，第 8 页。

② 斯基德尔斯基：《重新发现凯恩斯》，秦一琼译，机械工业出版社 2011 年版，前言第 X 页。

③ An Open Letter to Greg Mankiw by Concerned Students of Economics 10, *Monthly Review*, 2011–11–03.

④ 森：《正义的理念》，王磊、李航译，中国人民大学出版社 2012 年版，第 4 页。

件为契机，对以新古典经济学为代表的现代主流经济学的思维和理论做一深层次的剖析，由此来反思中国经济学的现状及其社会基础。

 二 哈佛大罢课的深刻背景

哈佛学生罢课事件具有学术和现实两方面的深刻根源，它是30多年来经济学界反思运动的延续，也是无法根治的现代主流经济学的内在缺陷在教学上的周期性爆发。《经济问题杂志》主编图尔写道："正统的资本主义学者倾向于只给学生提供一部分概念工具，和他们所需要的相差甚远。古典和新古典理论家的研究方法——资本主义意识形态就是其派生物——是提出一种与早期牛顿物理学的高度成功相媲美的科学方法。其主要任务是以因果关系揭示自然规律。这种研究在经济学家手里变成了理性主义的、演绎的、片段式的、实证的研究，并主要关注价格和市场现象。"[①] 正是由于现代主流经济学局限于关注"表面"的市场现象，并且热衷于为之提供某种理性逻辑的解说，而无法真正剖析现象背后的社会问题，因而也就一直受到一些具有强烈现实主义精神的非主流学者的批判。例如，早在1992年，一封由霍奇逊和麦克洛斯基起草并得到44名杰出经济学家（包括4名诺贝尔经济学奖得主）签名的"请愿书"就在《美国经济评论》上以付费广告形式发表，它"呼吁在经济学中形成一种新的多元化精神，包括不同方法之间极为重要的对话和彼此宽容的交流"。[②]

之所以呼吁多元化，重要原因就在于尽管现代主流经济学"貌似"崇尚市场竞争，但它却一直刻意地排斥和压制其他经济学思维和流派，否定和无视来自其他领域的声音。对此，索多鲍姆就评论道："经济学家们推崇竞争，但为什么竞争就不能应用于他们自己的学科呢？"[③] 在很大程度上，正是现代主流经济学的学术垄断以及对其他竞争思维的排斥，造成了经济学界的单向度状态以及对现实问题的集体沉默；同时，这种沉默除了换来偶尔的抱怨外，最终将导致矛盾的集中爆发。也即哈佛大学罢课事件就是现代经济学理论危机的总爆

---

① 图尔：《自由抉择的经济：政治经济学的规范理论》，方敏译，华夏出版社2012年版，第25页。

② 霍奇逊：《演化与制度：论演化经济学和经济学的演化》，任荣华等译，中国人民大学出版社2007年版，第80页。

③ 彼得、索多鲍姆："诺贝尔经济学奖：新思想的绊脚石"，贾根良译，《经济学消息报》2004–11–26。

发，这里从几个方面对此事件做一剖析。

首先，罢课事件在哈佛大学已经多次出现。2003 年 3 月，700 多名哈佛本科生和毕业生就签署了一封对哈佛大学经济学系的请愿书，请愿书要求对 Ec10（即《经济学原理》课程）进行改革以促进经济学课程的多元化，其中还特别提出要提供由马格林（S. Marglin）教授等开设的替代性导论课程，因为这个课程倡导更广的视野和批判性思考。在当时，Ec10 是哈佛大学所提供的唯一的经济学导论必修课程，而该导论课程讲授的则是各种新古典经济学模型，其课程原始资料的大部分文章是由讲授者费尔德斯坦（M. Feldstein）教授自己或同类经济学家所撰写。面对来自学生的压力，同时为了保住哈佛大学和经济学系原任课教授的面子，哈佛大学给出了一个折中结果：在经济学系之外另开设学生们所要求的课程。问题是，正如此次公开信指出的，许多哈佛大学学生并没有选择 Ec10 之外课程的权力，因为此课程对于经济学、环境科学以及公共政策学是必修的，而即使社会学专业可以选择一门经济学导论课程，但唯一可供选择的马格林教授开讲的经济学批判课程却是每隔一年才开设一次（2011 年就没开课）。

其次，主流经济学课程遭遇的挑战已经成为世界性运动。2000 年 7 月法国经济学学生就在世界范围内掀起了一场被称为"后—我向思考"（post-autistic）的经济学革新运动，它将目前在经济学课程表中居压倒性支配地位的新古典理论及其方法称为"我向思考"（Autistic Thinking）的。这种学说的特点包括：①局限于狭隘的视野而缺乏与其他学科进行交流的能力，甚至也没有与其他学科进行交流的兴趣，而倾向于作离群索居的和自我封闭的思索，乃至排除或禁止批判性的思考；②将研究兴趣集中于自身的智力游戏之中，迷恋于数学演绎逻辑或数理模型，而根本缺乏直面现实世界的勇气，没有解决现实问题的能力。法国经济学学生在互联网上发表了一封对其教授们的请愿书，呼吁脱离虚构的世界，寻求一种适于分析对象复杂性的多元化方法，更多地关注具体的经济现实。两个月后在英国发行了电子出版物《post-autistic 经济学通讯》，再过两个月又创立了"http://www.paecon.net/"网站，并将《post-autistic 经济学通讯》改名为《post-autistic 经济学评论》；2000 年 12 月，"后—我向思考"经济学运动的法国学生领导人参加了在英国召开的"经济学的未来"国际会议，从而激发了该项运动在法国和世界其他地方之间的联系。"后—我向思考"运动 1 周年，剑桥大学 27 名博士生发表了名为"开放经济学"的公开信以呼应法国学生的要求，要求对主流方法的基础作公开争论并引入其他相竞争的理论和方法。2001 年 8 月，来自 22 个国家的 75 名学生、研究者和教授又在美国堪萨斯城密苏里大学发表了呼吁对经济学进行根本性变革的"堪萨斯城宣言"，请求世界各地的经济学家们克服有关人类行为的僵化观念，在研究中认真考虑文化、历史和方法论问题，开展跨学科对话。① 自此，这一经济学反思浪潮就蔓延到了美国主流大学，并在哈佛大学获得了总爆发。

再次，经济危机为挑战主流经济学提供了新的契机。事实上，针对 2008 年 11 月英国女王访问伦敦经济学院时向学者们提出的"为什么没有人预见到信贷紧缩"这一所谓的"女王难题"，英国 10 位非主流经济学家谢拉·道（S. Dow）、彼得·厄尔斯蒂（P. Earl）、约翰·福斯特（J. Foster）、杰弗里·哈科特（G. Harcourt）、杰弗里·霍奇逊（G. Hodgson）等就联合上书指出，"经济学家的受训面太窄，只关注数学技术和建构不依赖经验的形式模型，这是我们这一职业失败的主要原因。在许多主流经济学学术期刊和院系中存在的为数学而数学的研究追求进一步加剧了这一缺陷"，正是"这一不大关注现实世界的对数学技术的偏好，让许多经济学家偏离了至关重要的整体性观察的轨道。这导致经济学家们无法对经济学分支领域的过度专业化及进一步探讨损害大局观念形成的原因之动力进行反思"。② 同时，在这些"后—我向思考"经济学家们看来，英国及其他国家有影响力的主要经济学家尤其是那些诺贝尔经济学奖得主对此次危机是负有部分责任的。2010 年，"后—我向思考"杂志为追究经济学家对此次经济危机的责任而设立了"经济学炸药奖"（The Dynamite Prize in Economics），最终获奖的 10 位是格林斯潘、弗里德曼、萨默斯、布莱克和斯托尔斯、法玛、萨缪尔森、卢卡斯、理查德·波兹、普雷斯科特和基德兰德、林德伯格；他们几乎都是新古典经济学的发展者和鼓吹者以及数理模型的构建者和应用者，在经济危机的酝酿和爆发中扮演了重要角色。

最后，"占领华尔街运动"为挑战主流经济学提供了社会基础。新古典经济学一直基于抽象的数理逻辑来为市场机制以及市场经济中的收入分配进行辩护，它不仅认为市场经济中的收入获得都是公正合理的，而且认为市场机制将会导向整个社会的和谐以及社会福利的最大化。更甚者，主流经济学人还热衷于以抽象的数理逻辑来设计社会制度和市场规则，不仅将基于形式逻辑获得的稳定均衡视为最优机制，而且认为人类社会的发展应该且必然会朝他们模型设计的方向发展。有新古典经济学人就宣称：如果这个世界与他的模型不相像，

---

① 参见贾根良、徐尚：《"经济学改革国际运动"研究》，中国人民大学出版社 2009 年版，第 3—5 页。

② "女王难题"是英国女王 2008 年 11 月访问伦敦经济学院时向学者们提出的，参见"全球经济危机的'女王难题'"，http://business.sohu.com/20090917/n266795778.shtml。

那这个世界就太糟了。[①] 然而，现实世界的运行与任何理论模型都不可能完全相一致，与主流经济学的理性模型更是相差甚远，糟糕的经济危机就是明证，而主流经济学不仅无法预测它，更无法解决它。同时，当前的经济危机根本上是收入差距不断拉大的结果。美国国会预算处（CBO）2011 年 10 月公布的研究结果就指出，1979～2007 年，美国最富有的 1% 高收入族群税后所得增长多达 275%，中产阶级同期间税后所得只增长 40%。而且，收入差距的拉大本身又是欧美社会经济政策受新古典自由主义支配的结果。哥伦比亚大学政治学教授李普曼在《外交事务》一文就指出了美国经济鸿沟日益扩大的两大原因：一是市场力量的自然结果，美国崇尚自由市场主义，而市场机制下的分配机制根本上就是由力量决定的，强势的管理阶层可以享受高额薪资而不必管公司的业绩如何，以致少数精英攫取了巨额的金融利益。二是公共政策的扭曲，自20 世纪 70 年代至今公共政策持续偏向有钱人：国会一再为高所得者减税、放宽资本利得和其他投资所得的税负，一再放松对金融市场的监理，让富有的经理人及投资者通过银行及其他金融机构创造出的衍生金融工具而变得更富。[②]面对经济危机，新古典经济学家却争辩说，衰退是由暂时的混淆引起的，并宣称任何试图与商业周期做斗争的努力都只能适得其反；面对美国社会爆发的声势浩大的"占领华尔街"运动，大多数主流经济学家都持冷漠乃至敌视的态度。显然，经济危机使新古典经济学的理论缺陷完全暴露出来了。

 三　反思主流经济学的思维和理论

作为一门致用之学，经济学理论研究的根本目的在于不断深化对人类现实行为的认知并逐渐解决现实社会中不断暴露出来的问题。为此，经济学理论就不能仅仅停留在现象的解释层面，而是要深入探究现象背后的本质。这为古典经济学家、老制度经济学家以及奥地利学派经济学家等所认识。例如，奥地利学派的开创者门格尔就"坚持认为经济学家寻找的不仅是数量间关系"，还包括经济现象的本质。[③] 问题是，如何才能深入认识事物的本质呢？这就有两方

---

① 转引自繁人都重：《制度经济学回顾与反思》，张敬惠等译，西南财经大学出版社2004年版，第79 页。

② 李柏曼："美经济模式赢者全拿不健康"，http://udn.com/NEWS/WORLD/WORS1/6646392.shtml。

③ 科兹纳：《市场过程的含义》，冯兴元等译，中国社会科学出版社 2012 年版，第 84 页。

面的要求：一是需要观察大量的经验事实并由此形成基本直觉；二是需要借助于人的知性思维对直觉进行逻辑化提炼而形成系统性的理论。

（一）现代主流经济学的缺陷审视

一般地，研究应遵循从现象揭示本质以及由本质来审视现象的双向逻辑，这就为构建"极高明而道中庸"的经济学理论体系提出了双重要求：既不能脱离日常经验；又要把基于经验的认识与逻辑化的知识体系结合起来。进而，一个"极高明而道中庸"的经济理论体系要得到广泛的接受和传播，还必须经受这样的双重检验：理论逻辑自洽的内在一致性检验；理论与事实相符的外在一致性检验。但是，现代主流经济学恰恰在这两方面的检验上都存在问题，从而也就必然面临着问题意识的批判。

首先，就经济理论与经验事实的相符性而言。经济理论是为实践服务的，尤其是要解决现实问题；从这个角度上讲，经济理论本身具有一定的弹性，能够与社会环境的演化保持一种历史逻辑的一致性。不幸的是，现代主流经济学却割断了理论与历史之间共同演化的逻辑关系，而日益被打造成一种具有普遍主义的抽象理论，从而导致理论体系变得越来越形式化。从这个角度上讲，现代主流经济学应该重新回归其本质，重新回归深化社会认知和解决社会问题这一基本要求，以使经济学的理论和思维随着社会的发展而取得实质性的不断推进。

其次，就经济理论内在逻辑的一致性而言。经济理论必须以某些可行的前提假设作为微观基础，这个前提假设是分析微观个体行为以及宏观社会经济现象的逻辑出发点，由这个前提假设推演出的系列论断也必须符合严格的逻辑关系；从这个角度上讲，经济理论体系必须建立在自洽性的逻辑之上，而且，各个具体理论的内在逻辑基础也必须具有一致性。不幸的是，迄今为止在社会科学各分支之间以及经济学各流派之间，还存在差异巨大乃至截然对立的前提假设，不同的社会科学领域往往采取不同的分析逻辑。从这个角度上讲，社会科学以及经济学科还很不成熟，整个社会科学或者经济学领域的各理论之间还没有实现内在逻辑的一致性。

在很大程度上，正是遵循自然科学的研究逻辑，现代主流经济学形成了"八股"的论文写作范式：先设定一个前提假定，然后再基于形式逻辑推演出结论。在主流经济学人看来，只要前提假定是真实的，那么推理结论也就是真实的，从而也就是与现实世界相关的。问题是，这种模型分析始终置于一个封闭的系统下，即使在一定程度上适合于自然科学，也与作为社会科学的经济学相差甚远。其原因在于，社会经济现象与自然现象存在根本性差异：社会经济现象本身不是静止的，不是可逆的，而是不断演化的；形塑社会经济现象的人类行为也具有明显的意向性，这种意向性不仅体现为行为方式受各种社会性因素的影响，而且也会产生行为的变异和创新。

同时，研究对象上的这种差异也赋予经济学与自然科学以不同的学科特性，并导致内在逻辑在自洽性上的差异：自然科学注重的是物理或数理的形式逻辑，而社会科学注重的是人的行为逻辑。正是由于人类行为具有意向性，数理模型就永远不能真实地反映与人类社会同向演化的心智和行为。沙克尔写道："数学所能够探讨的，要么是其本身就可以隐含地表达的含义，要么是已经给定的含义。社会经济事务方面的数学模型可以把社会成员视为稳定地活着逐渐地获取知识的人……这样一个模型无法将我们所说的创新也包含在内。"[①]这意味着，经济学的研究不能简单地蜕化为静态的形式逻辑或数理逻辑关系，经济学也永远不可能达到像物理学那样的"科学"和"客观"的程度。

然而，长期以来占据支配地位的新古典经济学却刻意地向自然科学攀亲，与社会科学其他分支则不断拉大距离。在很大程度上，现代主流经济学的明显特征就是数学化，努力用复杂的数学符号来遮蔽那浅薄和空虚的思想探索。《女性主义经济学》杂志编辑斯特拉斯曼（D. Strassmann）就写道："对一位主流经济学家来说，理论意味着模型，模型意味着用数学形式表达的思想。在学习如何'像经济学家那样思考'时，学生学到了某些关键性概念与模型，通常一开始就通过简单的数学分析传授一些思想。学生学习这些模型，它们就是理论。在较高级的课程中，经济理论是以更加复杂的数学模型表述的。主流经济学家们相信正确的模型——好模型——采取的是一种可识别的形式：用等式（方程式）表达，采用数学表达的定义、假设和设计清晰的理论上的发展成果。学生们还学习经济学家是如何辩论的。通过学习，他们得知合理的辩论方式是借助模型和按计量经济学的证明现实。……因为所有的模型都是不完全的，所以，学生们还知道了没有完美的模型。的确，学生知道，从事过度质疑简化假设的工作显得很差劲。声称一个模型不足、功绩不大——可能任何人都会做。真正有价值的是搞出一个更好的模型，找到一种更好的理论。"[②]

---

① Shackle G.L.S.，1972，*Epistemics and Economics: Acritique of Economic Doctrines*，Cambridge: Cambridge University Press，P. 26.

② 劳森：《重新定向经济学》，龚威译，中国书籍出版社 2018 年版，第 6 页。Lawson T.，2003，*Reorienting Economics*，London & New York: Routledge，P. 6.

正是由于这种极度的数理化，现代经济学课程往往将精通数学方法和解决难题的能力视为比了解和解决现象更为重要；相应地，现代经济学人也更热衷于数理逻辑的训练和计量工具的使用，但学会了先进的数学方法来证明公理，却对经济制度、经济统计、政治制定中存在的问题知之甚少；进而很多经济学人也就转向并沉迷于智力游戏，甚至不再考虑其研究是否揭示了现实世界的真实情况。[①]为此，里昂惕夫对现代经济学的发展非常不满，认为它是一种随心所欲的理论，而在提高解释力方面则几乎完全失败。他早在20世纪80年代就批评："经济学家们年复一年地不断建造着难以计数的数学模型，并极为详细地探究着其形式特性；计量经济学家们则把所有可能的、各种形式的代数函数应用于本质上相同的各类数据，却无论如何也看不出能够提高对真实经济的结构和运行机制的有系统的解释力。"[②] P.唐纳森在《真实世界的经济学》一书也写道："（我）越来越怀疑，经济学家们实际上不太善于处理我们面临的实际问题"，"似乎主要应当谴责的是经济学家们所干的事与实际不相干。"[③]

（二）现代主流经济学的批判遭遇

正是现代主流经济学极力向自然科学靠拢，并积极模仿自然科学的研究思维，乃至大肆使用数学工具，由此也就自诩为社会科学的明珠，进而以其"科学性"跻身于诺贝尔奖序列。但试问：尽管每年的诺贝尔经济学奖都会捧出一两个"著名"经济学家，但这些经济学家对社会发展究竟提供了什么帮助呢？有人就调侃地说，未来诺贝尔经济学奖的可能热门议题包括：发展一个数学模型解释"在不完全信息之下，为什么肚子饿了要吃饭"且能精确地预测吃几碗；发展一个严格数学模型解释"在不确定时，为什么理性的经济人会迟到"且能精确地预测迟到几分钟；发展一个严格数学模型解释"在不完全信息之下，为什么一群高学位的经济人凑在一起会变得很不经济"。在很大程度上，正是由于现代主流经济学课程只是提供了一个与任何具体问题都没有联系的"想象世界"，而且它还借助数学工具极力排斥其他思想的挑战，从而就对学生的思想和理解力造成了严重的压制。麦克洛斯基则说："或许在一些事情

---

① 巴克豪斯：《经济学是科学吗？现代经济学的成效、历史与方法》，苏丽文译，格致出版社、上海人民出版社2018年版，第9页。

② Leontief W. , 1982, Academic Economics, *Science*, 217（9）：104.

③ Donaldson P. , 1984, *Economics of the Real World*, Harmondworth: Penguin, P.11, 13. 转引自劳森：《经济学与实在》，龚威译，高等教育出版社2014年版，第2页。

上，小孩子也比哲学家更加明白事理：在经济学或任何专门知识中孤立地使用比喻、故事、事实和逻辑，会造成无穷无尽的祸害。"①

有鉴于此，现代经济学说首先受到众多经济学方法论专家以及非主流经济学家的严厉批判。"后—我向思考"网站的扉页上就刊登了索德鲍姆（Peter Söderbaum）、基恩（Steve Keen）、金迪斯（Herbert Gintis）、本尼科特（Emmanuelle Benicort）、纳尔逊（Julie A. Nelson）、劳森（Tony Lawson）、霍奇逊（Geoffrey M. Hodgson）、吉利斯（Donald Gillies）以及布劳格、阿克曼、张夏准、奥默罗德等人的批判。索多鲍姆指出，"新古典经济学接近垄断的地位与民主政治的一般思维是不相容的。经济学在某种程度上是科学，但同时也是一种意识形态。将经济学限制在新古典范式内意味着强加一种严肃的意识形态限制。经济系成了政治宣传中心"；基恩认为，"从经济学硕士或博士课程毕业的学生，往往对经济学存在一种茫然若失的理解，对他们专业的智力发展史缺乏正确评价，而只知追逐那种不仅妨碍其对经济学之批判性理解而且妨碍其对数学和其他科学最近发展之鉴赏能力的数学方法。这些所知不多的学生中少数日后却会成为学院派经济学家，然后重复这一过程。（于是）无知便成了永恒"；金迪斯认为，"本科经济学是一个笑话——宏观还好，但微观就是一个笑话，因为他们讲授那些你知道不是真实的材料。他们知道一般均衡模型不是真实的。那个模型有很好的稳定性，它并不预测任何有趣的事，但是他们就教这个……"；贝尼科特指出，"大多数课程处于一个'想象的世界'，它与无论何种具体问题都没有联系"；纳尔逊认为，"塔利班及其原教旨主义思维对妇女来说已经成为现代社会中最为控制和压迫的体制。现代学院派经济学和全球经济政策已经为乔治·索罗斯所抨击的那种'市场原教旨主义'的僵硬思维所控制"；劳森指出，"现代经济学作为一种解释的努力是很不成功的。这在很大程度上已经为这个学科中绝大多数的严肃评论者所接受，包括它的许多最杰出的阐释者"；霍奇逊认为，"因为数学已经淹没了主要大学和研究院的课程，经济学系学生既没有受到鼓励也缺乏装备来分析真实世界的经济和制度"；吉利斯说："数学在经济学中的应用已经被证明是很不成功的，因为它是基于一种在经济学和物理学之间类比的误导。经济学如果用另一个非常成功的领域（也即医学）的模型来武装自身，像很多医学一样采用定性因果方法论，可能会做得

---

①　麦克洛斯基："经济学专业的修辞"，载麦克洛斯基等编：《社会科学的措辞》，许宝强、刘健芝、罗永生等编译，读书·新知·生活三联书店 2000 年版，第 153 页。

更好。"①

　　同时，这种批判不仅来自非主流经济学家，而且也来自众多主流经济学家。事实上，很多经济学人都深深认识到现代主流经济学思维和理论的缺陷，从而往往在"功成名就"之后就会对其进行质疑并发出强大的批判声音。"后—我向思考"网站的扉页上同样刊登了弗里德曼、斯蒂格利茨、科斯、诺思、里昂惕夫、缪尔达尔、索洛等诺贝尔经济学奖得主的反思，另外哈耶克、阿马蒂亚·森、克鲁格曼、萨缪尔森、阿罗以及保罗·罗默等诺贝尔经济学奖得主也都提出了强烈的质疑。这里引几段这些现代主流经济学"教父"们的评论。弗里德曼说："……经济学正日益变成数学的神秘分支而不是处理现实经济问题的学科。"斯蒂格利茨说："在美国研究院正在被教授的经济学是一种对胜利的意识形态而非对科学的宣言。"科斯说："现存经济学是一种飘浮在空气中的理论的（意即数学的）体系，它与真实世界中所发生的事情很少有关系。"诺思说："我们生活在一个充满不确定和永远在变化的世界，它以新的和异常的方式在不断地演化。（但）标准理论却对此无能为力。要试图理解经济的、政治的、社会的改变，就需要对我们的思维进行根本性反思。"索洛则说："今天，如果你问一个主流经济学家关于经济生活的任何方面的问题，他的反应将是：假设我们将这个情形模型化而后看将会发生什么……现代主流经济学是由这个过程的例子所构成之外，就很少有其他东西了。"②萨缪尔森也承认，"有时候的确看来如此，我们最优秀的学生可谓是无所不知，但就是对常识一无所知。"③克鲁格曼说："经济学科的迷途在于，经济学家作为一个整体误将优美——套上外表华丽的数学外衣——当作了真理。"④

　　在很大程度上，正是由于片面地向自然科学攀亲，现代经济学研究论文越来越注重模型的优美，以致经济学研究蜕变成向他人展示智力的一种游戏而非探究事物内在本质及其因果关系的科学，乃至经济理论也就离社会经济现实越来越远。琼·罗宾逊很早就对科学和艺术进行了区分，"诗歌的优美是一个有关精细鉴赏力的问题。一个年青的初学者几乎不可能确定自己的诗歌是否优美，因此，再也没有什么比得到朋友和公众的好评更能使他喜气洋洋；再也

―――――――――

　　①② 参见"后—我向思考"经济学网站的扉页，http://www.paecon.net/PAEmovementindex1.htm.。

　　③ Samuelson P.A. , 1960, American Economics, In : Freeman R.E. (Eds.), *Postwar Economic Trends in the U.S.*. New York: Harper, PP. 1652–1653.

　　④ 克鲁格曼："经济学家如何错得如此离谱？"，朱富强、安苑译，《中国社会科学内刊》2009年第6期。

没有什么比相反的评价更能使他深感羞辱。前者确定了他急于获得的对自己诗歌的好评，后者动摇了这种好评。经验和成就也许会适时地给他对自己的判断增加一点信心。然而，他老是容易为公众做出相反的判断而感到极度的羞辱"，"相反，数学家对自己的发现的真实性和重要性充满自信，因此对于人们怎样对待自己毫不介意……自然哲学家们，就其不受公众评价的制约来说，同数学家相近；就其对自己发现和观察所得知识的优点的判断来说，具有其程度同数学家相等的自信和泰然自若"；正因如此，"数学家和自然哲学家们由于不受公众评价的制约，很少受到要维护自己声誉和贬低对方声誉的诱惑而组成派别和团体。他们通常是态度亲切举止坦率的人，他们相互之间和睦相处，彼此维护对方的声誉，不会为了获得公众的赞扬而参与阴谋诡计，他们在自己的著作得到赞同时会感到高兴，受到冷遇时也不会很恼火或非常愤怒"，而"对诗人或那些自夸自己作品优秀的人来说，情况总是与此相异。他们非常容易分成各种文人派别；每个团体往往公开地和几乎总是隐秘地把别人当作不共戴天的仇敌，并运用各种卑劣的诡计和圈套以抢先获得公众对自己成员作品的好评，攻击仇敌和对手的那些作品"。[①]

不幸的是，在新古典经济学范式的支配下，大量的经济学学子热衷于严守所谓的常规范式，并滋生出日益严重的数量模型崇拜现象；此时，经济学研究似乎不再是"自己相信"的"为己之学"，而蜕变成一种"努力让他人相信"的体育竞赛。结果，以新古典经济学思维为基础的现代主流经济学就日益封闭和僵化，从而成为一种彻头彻尾的"黑板经济学"。这种现象在主流经济学教材中表现得尤其明显，希尔和迈亚特就写道："主流教科书的口径统一到了何等严整的地步，它们体现的世界观谱系又是何等狭隘——的确，甚至比那些主流经济学家所持有的价值观谱系还要狭隘。"[②]譬如，典型的经济学教科书都会宣称，它传授的是一门与价值观无关的学问，但它给人印象却又是，市场整体上是充分竞争的且处于有效状态，而最低工资和工会等对工人自己有害无益，政府的监管更是既无效又有害。显然，这些论断又充满了价值判断，体现了主流经济学家的方法论定见。哈佛大学的罗德里克就描述道："业外的人很容易把经济学看成一套尊崇市场的教条，或者是一系列（配置）效率的狭窄定义。如果你选中的恰恰是典型的那种经济学入门概要……日后要念的恐怕还真是那些东西。不过，若是多选几门不同的经济学课程，或者花点功夫到其他地方听

---

① 琼·罗宾逊：《经济哲学》，安佳译，商务印书馆2011年版，第153-154页。

② 希尔、迈亚特：《你最应该知道的主流经济学教科书的荒谬》，夏愉译，金城出版社2011年版，第2页。

听课，你绝对能领略到全然不同的景色。"①

正是深受主流经济学教材之害，进入 21 世纪后，一个命名为"后—我向思考"经济学的革新运动就如火如荼地兴盛起来了，它要求对经济学作根本性的改革。例如，2001 年的剑桥大学公开信强调，"经济学正为对经济现象解释和分析的单一方法所垄断，这种方法的核心就在于依赖于一种正式模型推理，它被认为是对研究正确的，而相关的证据却并不是'硬条件'，经济学专业的主要杂志、教师以及课程都指向这个方向"，但是，"这种形式分析对理解经济现象的一般适用性却是值得怀疑的"。② 随后在美国密苏里州的堪萨斯大学发布的"堪萨斯宣言"强调，"受无历史的分析和抽象的形式主义方法论限制的经济理论只能对挑战复杂性的经济行为提供有限的理解。经济学狭隘的分析方法阻碍了它产生真正适用和现实的政策处方的能力以及与其他社会科学进行富有成效的对话的能力"，因而"所有经济学系应该对经济学教育进行改革，这包括对那种强化我们这种学科的方法假设的反思"。

在经济学改革运动者看来，经济分析应该立刻朝以下几方面拓展：①拓展对人类行为的理解。"经济人作为一个自洽性的理性最大化者的定义太狭隘了，以致无法容得下诸如本能、习惯、性别、阶级和其他社会因素等在经济心理和社会代理中的决定性作用。"②重视文化。"经济活动像所有社会现象一样必然是根植在文化中的，这包括所有社会的、政治和道德的价值体系和制度，它们通过强加义务、赋予和剥夺特殊选择以及创造社会和团体身份的方式深深地塑造和引导了人类行为，所有这些都会影响经济行为。"③考虑历史。经济现实与其说是静态的不如说是动态的，作为经济学家，我们必须调查如何和为何事物会有时空上的变化。"现实主义的经济调查需要集中在过程而不是简单的结果。"④知识的新理论。"传统上被社会科学使用的实证和规范的二分法是有问题的，事实—价值的差别能够被这一认知超越：调查者的价值不可避免地与科学的调查和科学的成熟结合在一起。"⑤经验主义的基础。"为了证实理论主张需要在经验证据上作更多的努力。经济学教学中那种不涉及经验观察而赋予理论原则特权的取向产生了这种解释的现实主义怀疑。"⑥拓展研究方法。诸如参与者观察、案例研究和讨论分析等都应该和计量经济学及正式建模一样被视

---

① 希尔、迈亚特：《你最应该知道的主流经济学教科书的荒谬》，夏愉译，金城出版社2011年版，第6页。

② "Opening Up Economics: A Proposal By Cambridge Students", http://www.btinternet.com/~pae_news/Camproposal.htm.

为获得和分析数据的合理手段。"基于不同的优势点并用不同的数据收集技术来观察现象往往可以提供新的洞见，并提高我们的理解力。"⑦跨学科的对话。"经济学家应该意识到经济学内部的不同学派，也应该意识到其他学科尤其是社会科学的发展。"①

 ## 四　哈佛大罢课引起的中国经济学反思

学术的发展本身是在反思、批判和综合的基础上不断前行的，而不能囿于特定的解释共同体，不能盲从于所谓的主流范式。图尔就强调，"理论是为人服务的，出于对真理的尊重，它不会向尘世中的任何大师低头；意识形态并不信仰真理，从而只是对人、制度及历史进程等盲目崇拜的牺牲品"。②但是，现代学术却日益丧失了这种学术理念，主流经济学教材尤其热衷于阐发新古典经济学的传统智慧，从而导致整个经济学都陷入没有思想、缺乏反思的单向度状态。加尔布雷思很早就指出，"在我们这个时代，即使是稍有批判精神的任何个人，也有可能被视为一头愤怒的狮子，与周遭的整体心境格格不入。在这个时代，具有各种社会信条和政治信仰的人都在寻求安逸的生活和既定的观点，有争议的人会被看作一种不安定的因素，创新会被当作不稳定的标志；在这个时代，对被奉为金科玉律的教条稍加修正，又会导致无穷无尽的陈词滥调。"③这一情形充分体现在当前中国经济学界，从而形成了截然背反的一种图景：一方面，随着现代主流经济学在实践中的失败以及内在缺陷的暴露，它就遭受到越来越严厉的批判和反思；另一方面，随着中国经济学界的主流化取向越来越强烈，大多数青年学子都投入到这一领域之中。那么，这种情形如何形成的呢？我们继续进行解析。

（一）当前中国经济学界的沉闷现状

一般地，作为社会科学的经济学研究应该是问题导向的，应该关注周边的社会经济现象，解决熟视无睹的社会经济问题，从而需要广阔的知识和视野。但是，随着学科的分野，各个学科日益封闭在特定领域和思维之中，每个学科

---

① "The Kansas City Proposal", http://www.btinternet.com/~pae_news/KC.htm.

② 图尔：《自由抉择的经济：政治经济学的规范理论》，方敏译，华夏出版社2012年版，第24页。

③ 加尔布雷思：《富裕社会》，赵勇等译，江苏人民出版社2009年版，第4页。

的学者也不了解其他学科的知识积累和思维模型，更不要说能够将不同学科的知识进行融会贯通。这种封闭性缺陷在自封为"科学"的现代主流经济学特别明显，因为它过度看重那些可以量化的因素而忽视了更为基础的方面，集中关注细枝末节的局部领域而忽视了社会的整体发展。美国著名投资家查理·芒格（巴菲特的黄金搭档，伯克希尔·哈撒韦公司的副主席）就写道，"经济学的这个大的整体缺陷就是它的封闭性。怀特海曾经指出，学科各自孤立的情况是致命的，每个教授甚至并不了解其他学科的思维模型，将其他学科和他自己的学科融会贯通就更别提了"，"这种缺陷会引发我所说的'铁锤人综合症'。那个名称来自下面这句谚语：在只有铁锤的人看来，每个问题都非常像一颗钉子……'铁锤人综合症'能够把人变成彻底的白痴"，"商业领域的'铁锤人综合症'真的很可怕。你们拥有一个复杂的系统，它吐出来许多数字，让你们能够测量某些因素。但还有些别的因素特别重要，可是你们没有相关的准确数据。你们知道它们很重要，但就是没有数据。实际上，每个人都会过度强调那些有相关数据的因素的重要性，因为它们让人们有机会使用在高等学府学来的统计学技巧，并且不把那些可能更加重要但没有相关数据的因素考虑在内"。①

正是根基于这种自闭性，现代主流经济学就形成了一种方法导向的研究：它热衷于在既定范式下进行抽象的数理建模和计量实证，而忽视这些分析工具在真实世界的运用，从而导致了现代经济学日益形式化和黑板化，而经济学界的思想则犹如一潭死水。在很大程度上，当下流行的新古典"黑板经济学"，一方面把青年经济学子训练成了一个个建模高手，另一方面却缺乏有关社会经济现象的基本常识。这就如我们在《雨人》《自闭历程》《我是山姆》《马拉松》《我的名字叫可汗》《地球上的星星》《守望的天空》《海洋天堂》中看到的自闭症患者，他们往往具有特异的才能，在适当场合也可以发挥重要作用并由此获得大量收益。例如，具有超强记忆力的自闭症患者甚至可以被培养成赌圣，由此获得的收益甚至可以雇用多个正常人为之服务。问题是，如果社会充斥了自闭症患者，那么社会就会被割裂成一个个孤独的个体，就不再有热情和欢笑，也形成不了良好的合作秩序，从而也就会导致社会的解体。在很大程度上，现代主流经济学也正处于这种处境，它正在培养出一个个"自闭症患者"，而这最终又将会解体整个经济学。这一点可以从西方高校中选修经济学的学生大幅减少和经济学的学生大量离开可以看出。瓦鲁法克斯写道："全世界的人经济学家都在思考为何学生们成群结队地离开了经济学，为何我们成了为其他学科

---

① "查理·芒格近2万字详谈学院派经济学的9大缺点"，http://finance.ifeng.com/c/7k77g7dQcRy。

'服务'的教师，而且，我们在新生入学时拥有近 1000 名学生，为何毕业前夕只剩 20 个？因为经济学的教科书太枯燥了。当有天赋的学生以如此生硬的方式接触社会生活的时候，他们不会觉得亏吗？当然会，而且，对复杂技术的错误强调，也成了学生们放弃经济学的原因。以我们的经验（也是我大多数同事的经验）来看，大多数学生对经济学的评价都很低。就我所知，没有任何一门学科（除了会计）如此被学生瞧不起。"[1]

　　进而，正是基于对自闭症的认知和反思，制度经济学、社会经济学、行为经济学、文化经济学、演化经济学、女性主义经济学、生态经济学等新学科也逐渐兴起，它们逐渐成为现代经济学的重要分支，从而在一定程度上缓解了现代主流经济学的"自闭病症"。这样，尽管新古典经济学还在极力维系它的正统支配地位，还在坚持理性＋均衡的分析范畴，但是，正如科兰德宣布的，新古典经济学实际上已经死亡了，我们也不能再用新古典标签来描述当前的主流经济学了。[2] 实际上，任何现实主义经济学人都可以清晰地认识到现代盛行的那种经济学的弊端，有社会实践经历的学者更是如此。例如，斯蒂格利茨早年主要热衷于不对称信息下的保险、信贷、租佃、失业等抽象信息经济学理论的探索，但自 2006 年任世界银行高级副总裁兼首席经济学家后，对主流经济学的批判就加强了。同样，以开发内生经济增长模型闻名的保罗·罗默在就任世界银行首席经济学家后也发生了很大的认知转变，他指出，宏观经济学研究利率、经济衰退、失业、通货膨胀以及长期经济增长等大事件，但显然，几乎没有人能够成功预测经济大萧条，因为迄今为止的宏观经济学本身就是胡说八道。[3]

　　然而，具有讽刺意味的是，保罗·罗默获得了 2018 年的诺贝尔经济学奖之后，国内经济学人又开始大肆推崇他开创平衡经济增长模型的意义。但试问：保罗·罗默的模型对提升社会认知又有何贡献呢？甚至说，他提出的东西连假说也算不上呀！因为假说毕竟是没有被证伪而有待进一步检验的，而平衡增长说却没有任何现实性，也一直在为现实所证伪。同时，保罗·罗默的平衡增长模型承袭索洛模型的思路将全要素生产率的变化完全归结为技术的演化，

---

①　瓦鲁法克斯：《经济学的邀请》，赵洱崇、刘立纬译，北京大学出版社 2015 年版，第 528 页。

②　Colander D. , 2000, The Death of Neoclassical Economics, *Journal of Economic Thought History*, 22（2）：127–124.

③　Kein Drum. , 2016, Famous Economist Paul Romer Says Macroeconomics Is All Bullshit , http://www.motherjones.com/kevin-drum/2016/09/famous-economist-paul-romer-says-macroeconomics-all-bullshit.

至多引入知识和创意来解释规模报酬递增，从而倡导政府对科研、教育投入的增加。但是，无论是报酬递增还是全要素生产率提升根本上都体现为总体生产力，而这又源于更为合理的分工（分工的深化和广化），进而合理的分工又关涉社会制度（包括组织结构以及文化伦理等）的变革。显然，这些已经为古典经济学家所高度关注，但现代主流经济学出于构建数理模型的目的却将这一明显且根本性的变量丢弃了，进而也就丢弃了人类知识的宝贵遗产。

由此可以反思中国经济学的现状：尽管中国经济学人大都热衷于社会热点关注和应用政策研究，而新古典经济学在过去 20 多年时间里已经在西方社会遭到了激烈批判并处于衰落之中，但是，中国经济学人却将之捧若至宝而大肆引进。更不要说，当前中国社会经济情形与欧美诸国存在很大的不同：它更需要关注和解决现实问题，更需要走问题导向的跨学科交叉研究道路；但是，中国经济学人却如此热衷于照搬主流经济学教材中的方法导向研究，大肆从事抽象的数理模型构建和定量分析。正因如此，这种"黑板经济学"对中国经济学所造成的恶果更为严重。在很大程度上，目前中国的那些经济研究论文根本上是无意义的：从事计量实证的那些人士根本不能对现实社会环境作正确的理解，从而那些实证分析往往是非常牵强附会的因而根本无助于预测或指导实践，从而表现为"下不着地"；从事数理经济学的那些人士根本无力在数理逻辑或模型构建上有所创新，而往往是机械地搬用（最多是对变量做些调整）西方学界的数理模型，从而表现为"上不入天"。既然如此，在哈佛大学的经济学学生们又一次走出了"黑板经济学"课堂的今天，中国的青年经济学子又有何反应呢？

不可否认，随着"黑板经济学"缺陷的逐渐暴露，中国一些学者也提出了反思，并倡导"上天着地"式研究。问题在于，流行的所谓"上天着地"式研究往往被扭曲为，基于流行的新古典经济学理论来讲述中国社会发生的故事，或者搬用教材中的流行思维来对具体问题进行分析、解释或解决，结果，这反而对社会经济发展造成更严重的恶果。例如，有人利用供求规律或激励理论来倡导提高高校学费，或者基于"谁受益谁付费"的原则来进行教育产业化改革，结果就造成了社会新的不公平。究其原因，现代主流经济学的方法导向思维往往静态地看待问题，看不到现实的异化；相反，制度的优化和改进需要全面地认识现状的危害及其产生原因，这就是基于从本质到现象研究路线的"上天着地"思路。一般地，这种思维强调，我们要借助人的知性思维，不断深化对现象背后的本质及其内在结构和作用机理的认知，提高对社会经济发展规律的认识；因此，研究过程中就不能简单地局限于利用某单一理论对现象进行分析或解释，而是应多视角地把相互联系的社会现象作为一个整体来作全面剖析，基于各种理论的契合提炼出更具一般性的理论体系。

（二）中国经济学界如此沉闷的根源

经济学的现实主义发展需要走知识契合的道路，但这一研究取向在当前中国经济学界却遇到了极大的阻碍。究其原因，中国经济学界已经形成了一个个不同的利益共同体，他们往往简单地基于"主义"的立场来看待学术，从而也就缺乏起码的学术交流、对话和尊重。结果，基于知识反思和契合的研究路向就面临着这样的困境：一方面，它对现代主流经济学的反思和批判往往不能被当前甚嚣尘上的"主流"们所青睐；另一方面，它对马克思经济学的反思和批判往往又不能为正统马克思主义者所接受。尤其是，功利主义的盛行使青年学子们更加迷恋于现代主流经济学的分析范式，从而对那些反思的声音要么是故作不理不睬，要么就是竭尽嘲讽之能事。事实上，自"后—我向思考"运动兴起之初，贾根良教授就一直保持跟踪并作了系列的介绍，但似乎没有几个学人感兴趣。即使这次在 2008 年经济危机下爆发的哈佛大学学生罢课事件在西方社会得到了广泛报道，但中国经济学界却依旧像一潭死水，青年学子依然毫无反应。由此，我们就需要思考：为何会出现这种现象呢？

一般地，中国经济学界的沉闷情形可以从以下几方面得到说明。第一，有些中国经济学人往往具有根深的崇洋心态：对国外经济学者往往采取一种仰视的态度，称之为"大师"或"泰斗"；相反，对中国经济学人则采取犬儒主义态度，把任何批判和质疑都视为一种"自傲"和"不自量力"。第二，中国社会在某种程度上还缺乏独立的人文思想这一"道统"：那些与政治需要不符的思想往往会受到各种政治力量的压制，甚至根本就无法发表；相反，承袭西方的主流范式尤其是数理范式则往往在一定程度上可以规避学术压制，因为这体现了与国际接轨的前沿研究，数学逻辑更显中立。第三，中国经济还处于增长周期，较好的经济形势在一定程度抵消了人们对主流经济学理论基础的批判，而稍纵即逝的经济机会也使大多数经济学人热衷于去把握现实机会而不是理论批判；相反，西方经济学子之所以反对主流经济学，因为这种理论指导下所引发的经济危机明显影响了他们的生活。第四，中国的市场经济远远不是完全竞争的，不同岗位的收益相差极大，而进入具有高收益的财经岗位往往依赖于文凭之类的"敲门砖"；为此，经济学专业的学子往往热衷于获得这样的"敲门砖"，而不在乎是否真正学到了知识、提高了认知。在很大程度上，前两者反映了崇洋主义、媚俗主义的学术精神，而后两者则反映了功利主义和务实主义的人生态度；两者的共同作用使中国经济学人热衷于追随主流学术，热衷于模仿数理经济学的形式，而鲜有时间和精力对这种范式进行根本性的反思和质疑。

事实上，在当前中国经济学界，很少有经济学人愿意且能够对社会科学各分支以及经济学众流派的学说进行系统梳理以及对相关知识进行契合并由此对主流经济学的思维和理论展开系统审视和批判。这些经济学人往往不仅会为维护既得利益的各类学术宗派所排挤，而且还要受到政治的以及社会的各种压力；结果，这类学人往往沦为李商隐、苏东坡之属，处于悲哀的生活境遇和边缘的学术地位。在这种情形下，中国经济学界当然也就难以有真正的学术探究，相反，盛行的大多是那些最大限度地利用现有学术规则以牟取私利的学术蟑螂。① 特别是，由于当前中国经济学界的话语权基本上都为一些功利主义的海归经济学人所掌控，他们倾向于制定一系列的学术奖惩制度来推行现代主流经济学范式，只有那些遵循新古典经济学基本思维和分析范式的数理文章才能得到认可，乃至形成了居绝对支配地位的新古典主义中心观。在这种游戏规则下，大多数经济学人也就热衷于撰写为主流认可的形式文章。博兰写道："如果你想得到终身职位或提升，你就应试图在有地位的杂志——也就是那些突出以数学为基础的经济学的杂志——上发表你的论文。但是更为重要的是，永远不要为你的分析模型的真实性或者怎样你才有可能发现你的模型的确是正确的还是错误的这类问题而冥思苦想。"②

在某种意义上，当前中国经济学界的思潮类似于文化上的西方社会中心观：西方社会中心观以西方社会的行为、制度和文化来审视乃至排斥东方的行为、制度和文化，而新古典主义中心观则以新古典主义的思维和理论来审视乃至排斥其他经济学流派的思维和理论。不过，当前的买办学术比以前的买办文化更为强盛，以致新古典主义中心观似乎更为偏激；同时，以前也不是所有学者都盲从于西方文化，相当一部分学者具有深厚的儒家文化底蕴，从而对当时日益盛行的买办文化进行深刻的反思。关于这一点，我们可从当年胡适的主张及其所面临的批判中略见一斑。胡适是文化西化的主要倡导者，他提出的"大胆假设小心求证"之重点也就在于，以西方的逻辑思维来否弃儒家文化的合理性。这种学术取向和学术态度尽管为社会大众所普遍接受，却遭到金岳霖、陈

---

① 朱富强："'蟑螂性生存'还是'优胜劣汰'？基于现实收入分配之决定机制的思考"，《社会科学战线》2012 年第 12 期。

② 博兰：《批判的经济学方法论》，王铁生等译，经济科学出版社 2000 年版，第 151 页。

寅恪、钱穆、牟宗山等大儒的强烈批评。

　　例如，钱穆批评说，"适之提倡新文化运动，其意不在提倡专门，凡属中国旧学，逐一加以批评，无一人一书足资敬佩"，结果，"其所假设者，似仅为打倒孔家店，中国文化要不得。一意广泛批评，即其小心求证矣。至民主科学两项，究当作何具体之开创与设施，则初未之及"。[①] 于是，吃鸦片烟、裹小脚等都成了胡适证明"中国文化落后"的"小心求证"了。同样，金岳霖也写道，看胡适的《中国哲学史大纲》，"有时候简直觉得那本书的作者是一个研究中国思想的美国商人；胡先生于不知不觉间所流露出来的成见，是多数美国人的成见。在工商业那样发达的美国，竞争是生活的常态，多数人民不免以动作为生命，以变迁为进步，以一件事体之完了为成功，而思想与汽车一样也就是后来居上。胡先生既有此成见，所以注意效果，既注意效果，则经他的眼光看来，乐天安民的人难免变成了一种达观的废物"。[②] 显然，当前那些海归经济学人的学术倾向也是大胆假设主流经济学的基本理论是对的，然后"小心"地找一些数据来加以"证明"。其实，即使我们承认中国文化存在不足，合理的研究取向也应该是努力去探索这种文化形成的机理以及发展中的偏差，从而可以吸收其精华并去其糟粕，而不能简单地全盘照收或全盘否定；这种研究取向和态度也是正确对待现代经济学理论应有的取向和态度，只有这样，才能真正全面地了解理论，从而促进理论的实质进步。

五　现代主流经济学的傲慢和偏见

　　任何现象往往都有众多的影响因素，如果过度执拗于某些可测量或量化的特定因素，就可能忽视另外因素的重要性。为了避免这种错误，现代遗传学"基因学说"的创立者（1933 年获诺贝尔生理学及医学奖得主）托马斯·汉特·摩根在加州理工学院生物系就禁止使用当时科学界和工程界普遍使用的弗莱登计算器，其终生奉行的宗旨是："我就像一个在 1849 年的萨克拉门托河边寻找黄金的人。虽然才智有限，但我能够弯腰捡起大金块。只要能够要捡到大金块，我就不会让我系里的人浪费稀缺的资源，用矿金开采的方法去找金

---

① 钱穆：《现代中国学术论衡》，生活·读书·新知三联书店 2001 年版，序言。

② 转引自冯友兰：《冯友兰集》，群言出版社 1993 年版，第 60 页。

子。"[1] 生物学如此，经济学就更是如此。几乎所有的社会经济现象都可以通过对经验的观察以及人的逻辑思维加以认识，而不是要像自然科学那样诉诸抽象的先验逻辑。为此，马歇尔很早就指出，"经济学必须遵循日常生活的实践"，"经济学的理论必须用大家所明了的语言来表达；所以，经济学必须力求使它自己与日常生活中惯用的名词相合，而且在可能范围内必须像平常所用的那样来使用这些名词"。[2]

然而，现代主流经济学却恰恰热衷于复杂的数理推理，刻意地使用大家所不熟悉的术语名词和数学符号，而主要目的只是提高进入经济学的门槛；但结果就是，经济学与社会大众以及其他社会科学日益相割裂，最终蜕变成一种"我向思考"的经济学。其实，尽管现代主流经济学内部各流派之间往往在政策上存在很多分歧，但它们的基本社会哲学观是一致的，相应地，基本理论前提也是共通的。布依特就指出，新古典经济学和凯恩斯主义的领军人物都信奉"完全市场范式"，都认为"不管发生什么不测事件，他们认定市场始终是存在的。在这样的情况下，'违约、破产和倒闭是不可能的'"。[3] 不过，随着"黑板经济学"的弊端在社会实践中日益暴露，随着它在经济预测和社会实践中遭遇越来越多的失败，西方社会就有越来越多的经济学人以及青年经济学子开始寻求改变，以致每一次重要事件的发生都会引发类似哈佛罢课的事件。

在很大程度上，由于对数学工具和形式逻辑的推崇，现代主流经济学内含的思维和理论缺陷早已暴露无遗了。塞利格曼在 20 世纪 60 年代初就指出，"从总体上看，今天经济学各个流派都过于关注形式主义的技术特性，能够为政策制定提供指导的理论非常少。往往只有在经济危机发生时，才会有人提出与现实有关的理论，这实在是一件相当奇怪的事情。勉强地说，这或许也算的上一个小小的安慰，但是难道我们真的就应该坐等经济危机一再地重复发生吗？"[4] 劳森则提出了四个论题。"论题 1：当前，学院派经济学在很大程度上被主流传统或正统派统治着，其实质是一味坚持数学演绎主义建模方法"。"论题 2：这个主流理论已处于不很健康的状态"。"论题 3：主流理论之所以表现如此差劲，是因为数学演绎主义方法正在被应用于不适合它的情况"。"论题 4：与其雄心

---

① 芒格："论学院派经济学：考虑跨学科需求之后的优点和缺点"，https://new.qq.com/omn/20190207/20190207A03TA6.html。

② 马歇尔：《经济学原理》（上卷），朱志泰译，商务印书馆 1964 年版，第 71 页。

③ 斯基德尔斯基：《重新发现凯恩斯》，秦一琼译，机械工业出版社 2011 年版，第 31 页。

④ 本·塞利格曼：《现代经济学主要流派》，贾拥民译，华夏出版社 2010 年版，第 804 页。

相反，现在主流理论主要起到了限制经济学获得其潜在（却真实）的理论解释力和作为自然科学的科学性"。[1] 为此，数理经济学家哈恩等也强调，经济学的中心若从数理经济学转向其他领域，将会更为关注具体的社会现实问题。[2]

然而，尽管现代经济学的问题是如此严重，但它依旧以科学和客观的名义在数理化道路上不断前行，这在很大程度上正体现出现代主流以"社会科学皇后"自居的傲慢与偏见。阿克洛夫（George Akerlof）在《遗漏之罪和经济学的实践》一文中就指出，现代经济学研究基于精确性而被区分为"硬的"和"软的"两部分，其中，定量分析被认为比定性分析更硬，数学模型被认为比文字表述更硬；进而，现代主流经济学偏向于"硬的"研究，由此使得研究的重要性降低，甚至导致了"遗漏之罪"。现代经济学研究偏"硬"的主要原因在于：①经济学家的傲慢，自认为处于社会科学金字塔的顶层，经济学应该比其他社会科学更像科学；②经济学的评估过程，学术期刊更倾向于选择那些争议更少的技术性论文而非争议更大的重要性论文；③职业发展的路径选择，专业上越硬可以使得在职业选拔上也会更硬，由此形成了一个负反馈的闭环。但是，这种偏重数理技术的"硬"研究潜含了这样的偏见：①对新思想充满偏见，因为新思想所借助和使用的工具不多，从而往往显得"不精确"；②过度专业化，因为通才往往需要满足多个硬性标准，而专才则只需要满足一个硬性标准；③ Top5 诅咒，经济学家对"硬性"标准的追求导致 Top5 期刊对教师获得终身教职和晋升越来越重要，这其实是评审委员会的"懒政"。[3]

尤其是，即使现在主流经济学作为科学的信誉在西方已遭受越来越大的质疑，但中国经济学人却依旧在大肆照搬这种新古典的主流范式。霍奇逊说，"政党危机的风暴在外部世界肆行无忌的时候，整体经济理论的拥护者们却还在用一个并不存在的世界的'模型'玩着机巧的但是无用的游戏"。[4] 这句话固然适用于西方经济学的总体情形，但显然更是当前中国经济学界的写照。之所以如此，是因为中国经济学人深受功利主义和传统智慧的双重束缚，而无论是功利主义还是传统智慧都促使中国经济学人追慕西方的主流，与主流一致才会

---

①　劳森：《重新定向经济学》，龚威译，中国书籍出版社 2018 年版，第 3 页。

②　伊东光晴：《现代经济的蜕变》，郑海东译，上海财经大学出版社 1999 年版，第 18 页。

③　Akerlof G., 2020, Sins of Omission and the Practice of Economics, *Journal of Economic Literature*, 58（2）：405-418.

④　霍奇逊（本书译为霍奇森）：《资本主义、价值和剥削》，于树生、陈东威译，商务印书馆 2013 年版，第 24 页。

带来认可，才会带来利益。显然，正是这种学术取向导致了中国经济学的主流化和一元化，从而严重窒息了新思想的出现和成长，严重制约了学说理论的发展。加尔布雷思就强调："经济学的缺陷不在于创新性的错误，而在于人云亦云的陈词滥调。这些陈腐的观点之所以会出现，是因为便利已经被神圣化。任何人要想挑战这类理念似乎都需要有自信，甚至还需要具有挑战性。"①

最后，中国经济学的僵化和形式化，很大程度上又与学者的知识结构和学术精神有关。只有具备广博的知识结构，才能充满自信地对弊端日益凸显的主流范式发起挑战；只有具备高度的学术理念，才会积极自愿地对弊端日益凸显的主流范式发起挑战。怀特海曾经说，在中学阶段，学生应该伏案学习，而在大学，他该站起来四面张望。但是，在当前中国高等经济院校，大多数经济学人却缺乏学术反思和批判精神，而热衷于学术的"照搬主义"，乃至整个经济学界日益陷入一种缺乏否定的单向度状态。之所以如此，很大程度上又源于特定的社会经济环境和学术制度的激励：出身数理的海归经济学人掌控中国经济学话语权并逐渐取得了经济学刊物和经济院系的行政岗位，为了控制学术话语权，他们设立了一系列奖惩制度来激励青年学子在英文刊物上发表文章而不是使用自己最为熟悉的中文，这样，青年学人就不得不选择数理经济学的研究道路，不得不遵从现代主流经济学的分析范式；相应地，中国经济学界就形成了一股自我强化的主流化效应，中国经济学论文的形式化取向更为严重，并与本国的现实需求更加脱节。

囿于科学至上主义的追求，现代主流经济逐渐变成了与现实无关的"黑板经济学"；同时，随着新古典经济学人对经济学话语权的掌控及其带来的自增强效应，各方面对现代主流经济学的反思和批判之声也被阻断了。对此，瓦鲁法克斯指出了这样三点：第一，"任何人都可以写一本书批判新古典经济学。也的确有很多人写过这样的书。但是……目前经济学所处的学术环境是，经济利益都倾向于那些围绕新古典经济项目展开的经济学分支，因此，即便使反对新古典经济学观点的经济学家，巨大的（通常是自我施加的）压力也使得他们不得不发表新古典经济学文章，否则，他们便不可能帮助他们所在的部门争取到资金（而且他们还有可能害了自己）"；第二，"非古典（或反对新古典）的书籍和文章不是不能出版，就是获得很低的学术评价。为什么？因为，如果你是一位经济学家，当你设法撰写一本新古典经济学的书籍时，阅读那些非主流的著作毫无用处，你需要的是一些新古典经济学的文章，帮助你提出你的新古

---

① 加尔布雷思：《富裕社会》，赵勇等译，江苏人民出版社 2009 年版，第 3 页。

典模型，并使著作更具市场价值。因此，非新古典经济学著作的需求量很低，低需求量则进一步减少了它的出版量和市场价值。最终，那些反对新古典经济学的观点不战而退"；[①]第三，"尽管记者和学生们都不喜欢新古典经济学家（他们对记者要报道的，学生们感兴趣的真实世界缺乏兴趣），他们仍然听从了新古典经济学的花言巧语，因为他们很难从另一个角度思考，或者推崇一种没有'更多市场'的观点。这种政治潮流不仅让新古典经济模型的反对者沉默了，也湮没了新古典经济学创始人的抗辩。"[②]

　　在很大程度上，瓦鲁法克斯的上述剖析尤其值得中国经济学人的反思。究其原因，囿于长期以来在由于文化和学术上的不自信，国内经济学人产生出一种对西方社会中的显性制度和主流学说的偏爱和狂热，乃至现代主流经济学的弊端在当前中国社会得到更为充分的呈现，从而也更需要进行改变和革新。事实上，笔者曾多次与一些同仁就此做过交流，大部分同仁也深表赞同，不过，他们又都感慨改变目前这种风气太艰难了，从而也不愿身躬亲践。显然，这就是学术精神问题。从这个角度上说，要突破目前这一学术困境，根本上就需要我们学人重新树立应有的学术精神，培养良好的学术风气和理念，需要有一群把经济学研究当作"为己之学"的学人。当然，笔者也深知"与其临渊羡鱼，不如退而结网"的道理，因此，长期以来，笔者只能效仿叔本华、凡勃伦、西斯蒙第等人，"通过书本而与古人神交"，并沿着一个新的视角默默地独自思索；也正是在大量文献梳理的基础上，笔者逐渐理清了自己的分析思路，不断提高了自己对社会事物的认知，并逐渐形成了大量看似庞杂的而与流行理论不同的分析体系。在某种意义上，笔者希望，长期的默默工作能够缩短经济学的理论从畸形复归正常的时滞。同时，笔者也深信，中国经济学界一定还有其他学者也在默默地进行这一努力。不过，笔者以及少数学人的努力仅仅是沧海一粟，而学术面貌的根本改变则有待于出现更多能够理性思考并且学识渊博的学人！

---

①　瓦鲁法克斯：《经济学的邀请》，赵洱岽、刘立纬译，北京大学出版社2015年版，第523–524页。

②　瓦鲁法克斯：《经济学的邀请》，赵洱岽、刘立纬译，北京大学出版社2015年版，第519页。

后　记

　　自 20 世纪 80 年代以来尤其是在 2008 年经济危机爆发之后，现代主流经济学就已经并且正在遭受越来越大的批判，而这套 4 卷本丛书则从最深层次的哲学思维和方法论上探究经济学如此情形的问题、何以如此的原因，尤其是集中剖析中国经济学的现状及其深层次原因，由此来寻求经济学的发展方向和要求。同时，基础理论著作重在学理和逻辑，因而本套丛书也力求逻辑上的严格、学理上的思辨、见解上的兼顾以及框架上的整体。当然，这套丛书的写作纯粹是源于笔者的个人兴趣，主要体现了笔者从事经济学教学和研究 20 年来的观察和思考。相应地，这套丛书所阐发的观点根本上属于"为己之学"，而社会上对此问题往往有截然不同的主张，因此，也希望读者和社会大众明我之心，期盼就不同看法加强交流。

　　其实，本套丛书的绝大多数内容都是在 2015 年前完成的，其中一些内容也以论文的形式发表在各种专业刊物上。不过，一篇篇孤立的文章所呈现的往往是片段式知识，这增加了读者整体性把握这些看法的难度，甚至还产生了种种的误解。因此，不少同仁也一直敦促并期待这套丛书的早日面世。但是，由于笔者素来不喜且不善填表，因而也就一直无力出版这套丛书。这套丛书十多年后得以出版，才国伟教授居功至伟，是他积极帮助争取岭南学院学科建设经费的资助；同时，也要感谢陆军教授等岭南学院的新一届领导层，期间李义华女士也积极协助处理各种事宜。最后，要感谢王光艳女士，我们自第一次接触就产生强烈的学术共鸣，她在整套丛书的校对和出版过程中尽心尽力、细心周到，为本套丛书增色不少。

朱富强

2019 年 4 月 1 日